交通职业教育教学指导委员会推荐教材
"十三五"职业教育工程机械类专业规划教材

Gongcheng Jixie Jishu Fuwu yu Yingxiao
工程机械技术服务与营销

(第2版)

吕其惠　主　编
徐化娟　岳玉革　杨冬艳　副主编
　　　　　　汤振周　主　审

人民交通出版社股份有限公司
北京

内 容 提 要

本书是交通职业教育教学指导委员会推荐教材、"十三五"职业教育工程机械类专业规划教材。本书以工程机械技术服务与营销过程典型工作任务或典型案例为载体,通过实施具体任务过程来促进学生学习相关知识和培养学生的岗位能力。本书主要内容包括十个项目,分别是:树立现代工程机械营销观念、分析工程机械市场营销环境、调研与选择工程机械目标市场、选择工程机械分销渠道、制订工程机械产品与价格策略、实施工程机械营销策划方案、制订工程机械营销流程、销售工程机械配件、开拓工程机械租赁业务和管理工程机械技术服务。本书配以丰富的营销和技术服务案例,增加了拓展学习模块,帮助学生开阔视野,提高学生的学习兴趣。

本书为高职高专工程机械运用与维护专业、工程机械技术服务与营销专业的教学用书,既可作为工程机械类其他专业的教学参考书,也可供工程技术人员参考。

＊本书配套多媒体课件,教师可通过加入职教路桥教学研讨群(QQ:561416324)获取。

图书在版编目(CIP)数据

工程机械技术服务与营销/吕其惠主编. —2 版. —北京:人民交通出版社股份有限公司,2020.1
ISBN 978-7-114-16278-7

Ⅰ.①工… Ⅱ.①吕… Ⅲ.①工程机械—营销服务 Ⅳ.①F407.405

中国版本图书馆 CIP 数据核字(2020)第 008529 号

交通职业教育教学指导委员会推荐教材
"十三五"职业教育工程机械类专业规划教材

书　　名:	工程机械技术服务与营销(第 2 版)
著 作 者:	吕其惠
责任编辑:	刘　倩　王　丹
责任校对:	孙国靖　魏佳宁
责任印制:	张　凯
出版发行:	人民交通出版社股份有限公司
地　　址:	(100011)北京市朝阳区安定门外外馆斜街 3 号
网　　址:	http://www.ccpcl.com.cn
销售电话:	(010)59757973
总 经 销:	人民交通出版社股份有限公司发行部
经　　销:	各地新华书店
印　　刷:	北京虎彩文化传播有限公司
开　　本:	787×1092　1/16
印　　张:	17.5
字　　数:	397 千
版　　次:	2013 年 5 月　第 1 版
	2020 年 1 月　第 2 版
印　　次:	2023 年 8 月　第 2 版　第 5 次印刷　总第 10 次印刷
书　　号:	ISBN 978-7-114-16278-7
定　　价:	52.00 元

(有印刷、装订质量问题的图书,由本公司负责调换)

第2版前言
PREFACE

《工程机械技术服务与营销》主要面向高职高专工程机械类专业编写的专业核心课程教材,也可以作为工程机械销售人员和技术服务人员培训教材使用。

本教材以市场营销学的基本理论为基础,结合工程机械营销的专业特点,选取了工程机械营销环境、目标市场选择、销售渠道、营销策略制定、销售流程、融资租赁和技术服务流程等与销售岗位密切相关的核心内容;在知识拓展模块选择性地介绍国内外著名工程机械品牌的营销策略和品牌文化,拓宽学生的视野。教材内容以培养学生职业能力和岗位需求为核心,理论知识以"够用"为度,对工程机械营销实践和规范开展工程机械技术服务具有较强的实用价值。本教材采用项目化及任务导入模式编写,每一项目设计了多个源于真实岗位任务和案例的典型工作任务,围绕典型工作任务学习相关知识和实施任务工作流程,注重培养学生解决问题、完成岗位工作的职业能力。

本书由广东交通职业技术学院、甘肃交通职业技术学院和山西交通职业技术学院富有教学经验的教师编著,具体分工如下:项目七、项目九、项目十由广东交通职业技术学院吕其惠编写;项目一、项目二、项目三、项目四由甘肃交通职业技术学院徐化娟编写;项目五、项目八由广东交通职业技术学院岳玉革编写,拓展学习部分由沈凌编写;项目六由山西交通职业技术学院杨冬艳编写,全书由吕其惠统稿,汤振周主审。

在教材编写过程中得到了沃尔沃建筑设备(中国)有限公司程利军的大力帮助,也参考了相关专业文献资料,在此对付出辛勤劳动的各位文献编著者表示衷心的感谢!由于水平所限,书中错漏在所难免,恳请读者批评指正。

编 者

2019 年 12 月

第1版前言
PREFACE

随着"一带一路"建设的推进，我国工程机械行业以高速发展的态势在全球工程机械行业中大放异彩。工程机械销售量和销售额已双双超越美国、日本、德国，位居世界第一；一大批工程机械产品(包括装载机、挖掘机、汽车起重机、压路机、叉车、推土机、混凝土机械等)产量跃居世界首位，标志着我国已成为真正的世界工程机械制造大国。同时，在开发海外市场过程中，我国工程机械产品性能质量也不断提高，知识产权意识和自主创新能力不断加强，海外销售渠道和服务网络日趋完善，海外投资和资本运作步伐加大，我国工程机械整体的国际化战略布局初见端倪。工程机械行业的大发展使得工程机械营销模式需要从传统(如直观地阐述产品功效、围绕市场需求上做文章或者在促销条件上下功夫)的营销模式转向以人为本，调动人的积极性与创造性，用循序渐进的方法，强调企业的理念、宗旨、目标、价值观、品牌个性等文化元素，逐层渗透，在引导市场中慢慢培育消费者，建立起市场认可度和消费者的忠诚度。

为适应工程机械行业的跨越式发展对工程机械营销与技术服务人才的需求，培养满足行业发展需要的工程机械营销人才。2012年4月人民交通出版社在北京组织召开了"示范院校工程机械专业教学教材改革研讨会"，确定编写《工程机械技术服务与营销》专业教材。本教材以市场营销学的基本理论为基础，结合工程机械营销的专业特点，全面分析了工程机械营销的影响因素、营销礼仪、顾客购买行为、融资销售法律法规等知识，探讨了工程机械市场调研方法、营销策略、销售流程和技术服务流程的内容，对工程机械营销实践和规范开展技术服务具有较强的指导意义。本教材采用项目化及任务导入模式编写，每一项目设计了多个该项目需要完成的工作任务。这些工作任务来源于真实的岗位任务和案例，围绕典型工作任务介绍相关知识和实施任务工作流程，注重培养学生解决问题、完成工作的能力。

本书由广东交通职业技术学院、甘肃交通职业技术学院和山西交通职业技术学院富有教学经验的教师编写,具体分工如下:项目七、项目九、项目十由广东交通职业技术学院吕其惠编写;项目一至项目四由甘肃交通职业技术学院徐化娟编写;项目五、项目八由广东交通职业技术学院岳玉革编写,拓展学习部分由沈凌编写;项目六由山西交通职业技术学院杨冬艳编写。全书由吕其惠统稿,由福建船政交通职业学院汤振周主审。

本书在编写过程中得到了沃尔沃建筑设备(中国)有限公司程利军的大力支持,在此表示衷心的感谢!本教材由于编写时间有限,书中错误和不足在所难免,敬请专家和同行批评指教。

编 者
2013 年 1 月

目录 CONTENTS

项目1 树立现代工程机械营销观念 ····· 1
  任务1 认识工程机械市场营销 ····· 1
  任务2 了解工程机械营销发展历程 ····· 9
  思考与练习 ····· 16

项目2 分析工程机械市场营销环境 ····· 21
  任务1 认识工程机械市场环境 ····· 21
  任务2 分析影响工程机械营销的微观因素 ····· 26
  任务3 分析影响工程机械营销的宏观因素 ····· 30
  任务4 制订应对工程机械市场营销环境因素变化策略 ····· 32
  思考与练习 ····· 36

项目3 调研与选择工程机械目标市场 ····· 37
  任务1 实施工程机械营销调研 ····· 37
  任务2 选择工程机械目标市场 ····· 45
  任务3 分析工程机械顾客购买行为 ····· 49
  任务4 建立工程机械市场营销信息系统 ····· 52
  思考与练习 ····· 59

项目4 选择工程机械分销渠道 ····· 66
  任务1 认识与设计工程机械分销渠道模式 ····· 66
  任务2 管理工程机械分销渠道 ····· 75
  任务3 授权与考核工程机械代理商 ····· 79
  思考与练习 ····· 86

项目5 制订工程机械产品与价格策略 ····· 90
  任务1 制订工程机械产品生命周期营销策略 ····· 90
  任务2 开发工程机械新产品 ····· 95
  任务3 保护工程机械品牌 ····· 99
  任务4 制订工程机械价格策略 ····· 104
  思考与练习 ····· 114

项目6　实施工程机械营销策划方案 …… 116
　任务1　组织工程机械的营销策划活动 …… 116
　任务2　选择工程机械营销模式 …… 124
　任务3　工程机械展览会 …… 127
　任务4　利用工程机械促销组合 …… 132
　任务5　管理工程机械营销活动 …… 140
　思考与练习 …… 144

项目7　制订工程机械营销流程 …… 145
　任务1　成为一名合格的工程机械营销师 …… 145
　任务2　工程机械营销礼仪训练 …… 154
　任务3　工程机械销售流程 …… 161
　任务4　销售液压挖掘机 …… 177
　思考与练习 …… 184

项目8　销售工程机械配件 …… 187
　任务1　销售与管理工程机械配件 …… 188
　任务2　网上销售工程机械配件 …… 194
　任务3　配送工程机械配件 …… 200
　思考与练习 …… 207

项目9　开拓工程机械租赁业务 …… 210
　任务1　认识工程机械设备租赁业务 …… 211
　任务2　融资租赁工程机械设备 …… 215
　任务3　控制工程机械融资租赁风险 …… 224
　任务4　签订工程机械融资租赁合同 …… 228
　任务5　销售工程机械保险 …… 231
　思考与练习 …… 234

项目10　管理工程机械技术服务 …… 236
　任务1　认识工程机械技术服务 …… 236
　任务2　创建工程机械顾客管理系统 …… 243
　任务3　实施工程机械技术服务 …… 251
　任务4　管理工程机械技术服务 …… 258
　思考与练习 …… 268

参考文献 …… 270

项目 1　树立现代工程机械营销观念

概述

市场营销学是一门建立在经济科学、行为科学、现代管理理论基础之上的综合性应用科学,主要研究以满足消费者需求为中心的企业产品营销活动过程及其规律性,具有全程性、综合性、实践性等特点。

工程机械市场营销是指工程机械生产企业某种与市场紧密联系的经济活动或经营活动,用以指导工程机械生产企业研究市场变化规律,创造满足市场需求和令生产用户满意的工程机械产品的经营活动。

工程机械市场营销作为一种综合性经营活动,是工程机械生产企业在一定经营思想指导下进行的,这种指导思想即营销观念。它是工程机械生产企业经营活动的一种导向、观念,是用以指导工程机械生产企业的生产、经营、销售的一种思维方式。

任务 1　认识工程机械市场营销

1　任务导入

1.1　任务描述

对于工程机械销售代表来说,营销学知识无疑是其必须掌握的,没有学问作为根基的销售,只能视为投机,无法真正体验销售的妙趣。学习工程机械市场营销,首先要认识工程机械市场和市场营销。

1.2　任务完成形式

学习任务:学生整体了解工程机械市场情况,并以小组的形式选择某一工程机械品牌,详细了解该公司的发展历史、市场分布、销售产品、经营方针和营销理念等。

任务要求:

(1)学生以小组为单位,共同完成资料搜集整理工作,要求每个学生都参与,并进行汇报介绍。

(2)以书面形式详细介绍所选工程机械品牌(或企业)。要求内容详尽、条理清晰,并结合理论知识确定介绍内容。

2 相关理论知识

2.1 市场营销及其相关概念

2.1.1 市场的概念

市场是企业营销活动的出发点与归宿点,正确分析市场是正确制订企业营销策略的前提。市场是社会生产和社会分工发展的产物,它与商品生产、商品交换同时出现,哪里有社会分工和商品生产,哪里就有市场。

关于市场概念,古今中外的说法有很多。最初的市场是指劳动产品交换的场所,即做买卖的地方。我国古代文献《易经·系辞》中记载:"庖牺氏没,神农氏作,……,日中为市,致天下之民,聚天下之货,交易而退,各得其所。"这一记载反映了古代的原始市场总是设置在交通方便、人们容易聚集的地方,就像人们经常聚集在井边汲水一样,所以有时把市场称为市井。在古代,市场总是和城市联系在一起。因此,市场成为城市不可分割的组成部分,即所谓"前朝后市"。随着商品生产与商品交换的发展,市场不断扩大,交易场所也固定了。因此,市场又指在一定时间、地点条件下商品交换关系的总和。也就是说,在社会分工的条件下,每个独立的生产者进行商品生产,他们为了满足各自不同的需求,必须相互交换其劳动产品,从而出现了商品生产和商品交换,也就出现了市场。马克思指出:"生产劳动的分工,使它们各自的产品互相变成商品,互相成为等价物,使它们互相成为市场。"列宁指出:"哪里有社会分工和商品生产,哪里就有市场。"

综上所述,从经济学观点看,市场是商品交换的场所,是商品交换关系的总和,反映了人与人之间的关系。经济学家现在则用市场泛指对一个特定产品或某类产品进行交易的卖方和买方的集合。从营销者观点看,卖方构成产业,买方构成市场。产业与市场的联系如图1-1所示。

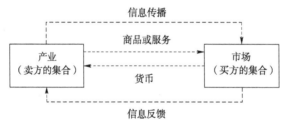

图1-1 产业与市场的联系

由图1-1可见,卖方和买方通过四个流程联系起来。卖方将商品、服务及其信息传送到市场,买方将货币及信息反馈给产业。图1-1中,内环表示钱物交换,外环表示信息交换。

2.1.2 市场构成要素

从经济学与市场营销学观点看,市场构成要素有差别。从经济学观点看,市场构成要素主要有以下三个:

(1)有一定量的商品和劳务,这是人们进行交换的物质基础,它使商品交换成为可能。

(2)存在商品的不同所有者,彼此又需要对方的产品或服务,它使商品交换成为必要。

(3)有参加交换活动的当事人,即生产者、消费者以及中间商。

从市场营销学观点看,在上述三个因素存在的前提下,市场主要突出消费者现实与潜在的需求,因此,构成市场的因素是人口、购买动机及购买力。这三个要素相互制约,缺一不可。其中,人口是决定市场大小的基本因素。人口多,市场的规模和容量就大,但人口多,而购买力低也会影响市场规模与容量的扩大;反之,居民收入高,购买力很高,但人口少,也会影响市场规模与容量的扩大。进一步地说,如果人口多,购买力高,但消费者将货币储蓄起来或持币待购,也不能成为现实的市场。只有当人口多,购买力高,购买动机又强烈时,才能构成现实的理想市场。因而有人这样描述市场:市场 = 人口 + 购买力 + 购买动机。

2.2 市场营销的含义

"Marketing"一词有时是指社会的某些经济活动或企业的某些经济活动,或视为企业的市场营销活动;有时是指以市场营销活动为研究对象的市场营销学。由此可见,"Marketing"在不同场合的含义是不同的,不能将两种不同场合的"Marketing"的含义混为一谈。

对于市场营销,西方学者已下过上百种定义,其中较有代表性的有以下几种。

美国市场营销协会(American Marketing Association,AMA)于1960年下定义:"市场营销是引导商品和劳务从生产者流向消费者或使用者的一切商业活动。"

麦卡锡(E. J. McCarthy)认为:"市场营销是引导商品和服务从生产者到消费者或使用者的企业活动,以满足顾客需要并实现企业的各种目标。"这一定义比AMA的定义前进了一步,指出了满足顾客需求及实现企业盈利成为公司的经营目标。但这两种定义都说明,市场营销活动是在产品生产活动结束时开始的,当商品转到用户手中就结束了,因而把企业营销活动仅局限于流通领域的狭窄范围,而不是视为企业营销活动的全过程,即包括市场营销调研、产品开发、定价、分销及促销等。

菲利浦·科特勒(Philip Kotler)于1984年对市场营销下了如下定义:市场营销是指企业的如下职能,"认识目前未满足的需要和欲望,估量和确定需求量的大小,选择和决定企业能最好地为其服务的目标市场,并决定适当的产品、劳务和方案,以便为目标市场服务"。

AMA于1985年对市场营销下了更完整、更全面的定,市场营销是对观念、产品及服务进行设计、定价、促销及分销的计划和实施的过程,从而产生满足个人和组织目标的交换。

从菲利浦·科特勒及AMA的定义看,市场营销有以下特点:

(1)产品概念扩大了,它不仅包括产品和劳务,还包括观念(或思想)。
(2)市场营销概念扩大了,它不仅包括营利性的经营活动,还包括非营利性的组织活动。
(3)强调市场营销计划的制订与实施。
(4)突出了交换过程。

2.3 市场营销学的含义及其性质

2.3.1 市场营销学的含义

市场营销学研究以市场(或顾客)需求为中心的企业经营销售活动及其规律,即研究企业如何从满足消费者的需求与欲望出发,有计划地组织企业的整体活动,通过交换,将产品、服务或观念从生产者手中传递到消费者手中,以实现企业的营销目标。

根据上述定义可以总结如下:

(1)企业营销的对象是产品、服务或观念。

(2)满足顾客的需求与欲望是企业营销的出发点。

(3)有计划地组织活动或市场营销整合策略是满足消费者需求及实现企业目标的手段。

(4)交换是企业产品营销的核心。

(5)获取利润是企业营销的目的。

2.3.2　市场营销学的性质

市场营销学是不是一门科学？它是什么性质的科学？对此,国内外学术界持有不同的见解。概括起来,大致有以下三种观点：

第一种观点认为,市场营销学不是一门科学,而是一门艺术。他们认为市场营销学同工商管理学一样,是一门教会人们如何作营销决策的艺术。

第二种观点认为,市场营销学既是一门科学,又是一种行为和一门艺术,有时偏向科学,有时偏向艺术。当搜集资料时,尽可能地采用科学方法搜集和分析,这时科学成分较大;当取得资料以后,要做最后决定时,这时艺术成分就大一些。这种双重观点的主要问题在于把市场营销同市场营销学混淆了。市场营销是一种活动过程,一种策略,因而是一门艺术。市场营销学是对市场营销活动规律的概括,因而是一门科学,二者是不能等同的。

第三种观点认为,市场营销学是一门科学。这是因为市场营销学是对工商业营销活动经验的总结和概括,它阐明了一系列概念、原理和方法并指导着国内外企业营销的实践活动。我们同意此种观点。

市场营销学是一门经济科学还是一门应用科学,学术界对此有两种观点：一种观点是少数学者认为市场营销学是一门经济科学,是研究商品流通、供求关系及价值规律的科学;另一种观点是大多数学者认为市场营销学是一门应用性边缘的管理学科。无疑,市场营销学是于20世纪初从经济学的"母体"中脱胎出来的,但经过数十年的演变,它已不是经济科学,而是建立在多种学科基础上的应用科学。菲利浦·科特勒曾指出："市场营销学是一门建立在经济科学、行为科学、现代管理理论之上的应用科学。""经济科学提醒我们,市场营销是用有限的资源通过仔细分配来满足竞争的需要;行为科学提醒我们,市场营销学涉及谁购买、谁组织,因此必须了解消费者的需求、动机、态度和行为;管理理论提醒我们,如何组织才能更好地管理其营销活动,以便为顾客、社会及自己创造效用。"

2.4　市场营销的核心概念

市场营销的核心概念是随着市场营销实践与市场营销理论的发展而变化的。菲利浦·科特勒在其《营销管理》第8版及之前的版本中,提出了市场营销的14个核心概念,第9版提出了15个核心概念,第10版提出了19个核心概念。其中,有些核心概念一直保持不变,如需要、欲望、需求、交换与交易、价值、成果、满意、产品、营销者等;一些核心概念更明确,如关系与网络;有些核心概念是新提出的,如营销渠道、竞争、供应链、营销环境及营销组合。由此可见,随着市场营销的发展,其核心概念将不断地扩大。这里主要对菲利浦·科特勒出版的《营销管理》第10版有关的营销核心概念进行简单介绍。

1)目标市场与细分(Target Markets and Segmentation)

顾客的需求千差万别,企业资源有限,难以满足每个消费者或满足消费者的所有需要。

企业应当针对市场的这一特点进行细分,主要依据地理、人口、心理以及行为上的差异进行细分;再从中选择能给其带来最大机会的服务对象作为目标市场,并开发能为目标顾客带来核心利益的产品或供应品。

2)营销者与预期顾客(Marketers and Prospect)

(1)营销者(Marketers)是指希望从他人那里取得资源并愿意以某种有价值的东西作为交换的人。营销者也可以是买方,当买卖双方都在积极寻求交换时都可称为营销者。

(2)预期顾客(Prospect)是指营销者所确定的有潜在愿望和能力进行交换的人。

3)需要、欲望和需求(Needs、Wants and Demands)

(1)需要(Needs)是指没有得到某些基本满足的感受状态。需要是人类的基本要求,如人们需要食品、空气、水、衣服和住房以维持生存,人们还强烈地需要娱乐、教育和文化生活。营销者可以用不同的方式去满足需要,但不能创造它。

(2)欲望(Wants)是指想得到基本需要的具体满足物的愿望,如人们需要食品而欲望大米、面包、面条等。人的欲望受社会因素及机构因素的影响,如职业、团体、家庭,营销者能够影响消费者的欲望。

(3)需求(Demands)是指人们有能力购买并愿意购买某个具体产品的欲望,如人们为便利交通,有能力支付,并愿意购买某品牌汽车等。营销者不仅要了解有多少顾客愿意购买其产品,还要了解他们是否有能力支付并有针对性地开展营销活动。

4)产品或供应品(Product or Offering)

(1)人类通过产品来满足其需要和欲望。产品是用来满足人类某种需要或欲望的。

(2)供应品是比产品更广泛的东西,主要类型包括:商品、服务、经验、事件、人员、地点、财产权、组织、信息和观念。可见,供应品既包括实体物品,又包括无形物品。营销者的任务是向消费者展示产品实体中所包含的利益和提供的服务。

5)价值和满意(Value and Satisfaction)

(1)如果某公司的产品或供应物能给目标购买者带来价值并令其满意,那么该公司的产品和供应物就是成功的。价值是指顾客所得与其所支出之比,即顾客所获得的利益及支出的成本。利益主要包括功能利益及情感利益,而顾客所付出的成本包括货币成本、时间成本、精力成本及体力成本。价值可用下列公式表示:

$$价值=\frac{利益}{成本}=\frac{功能利益+情感利益}{货币成本+时间成本+精力成本+体力成本} \tag{1-1}$$

如何给顾客带来最大价值,从而提高其满意度呢?在实践中有以下几种途径:

①提高利益(功能利益与情感利益)。

②减少成本(货币成本、时间成本、精力成本及体力成本)。

③既提高利益,又降低成本。

④提高利益的幅度比增加成本的幅度大。

⑤成本降低幅度比利益降低幅度大。

(2)满意是指某人通过对某种产品的可感知的效果与他的期望相比较后,所形成的愉悦或失望的感觉状态。可见,满意水平是可感知效果与期望价值之间的差异函数。如果效果低于期望,顾客不会满意;如果可感知效果与期望相符合,顾客就会满意;如果感知效果超过期望,顾客就会高度满意。

6)交换与交易(Exchange and Transaction)

人们可以通过四种方式获取产品,即自产自用、强取豪夺、乞讨和交换。前三种方式不存在市场营销,只有交换才能促使市场营销产生。交换是市场营销的核心概念。

(1)交换是指通过提供某种东西作为回报,从他人那里取得所需物的行为。交换的发生必须具备五个条件:①至少有两方;②每一方都有被对方认为有价值的东西;③每一方都能沟通信息和传递物品;④每一方都可以自由接受或拒绝对方的产品;⑤每一方都认为与另一方进行交换是适当的或称心如意的。此外,交换能否成为现实,还取决于双方能否找到交换条件,即交换后双方是否都比交换前更好。

交换被看作是一个过程,是一个创造价值的过程,而不是一个事件。如果双方正在进行谈判,并趋于达成协议,这就意味着他们正在进行交换。当双方通过谈判达成协议,交易便由此产生。

(2)交易是交换活动的基本单元,是由双方之间的价值交换所构成的行为。一次交易包括三个可以量度的实质内容:①至少有两个有价值的事物;②买卖双方所同意的条件;③协议时间和地点。此外,还要建立维护和迫使交易双方执行承诺的法律制度。

7)关系和网络(Relationship and Networks)

关系营销是交易营销的进一步发展,关系营销通过建立企业与利益相关者(如顾客、供应商、分销商、经销商、政府、公众及竞争者等)之间强有力的经济、技术及社会关系,不断承诺和提供高质量的产品、优质的服务和公平的价格等来实现保留顾客、降低成本和营利的目标。

关系营销的主要结果是建立起企业的独特资产,即营销网络。营销网络由企业利益相关者(如顾客、员工、供应商、分销商、零售商、广告代理人等)建立起互利的、长期的关系。从而,竞争不但在企业之间发生,而且主要在整个营销网络之间进行。只要能建立起好的营销网络,并能协调好多种矛盾,利益就会随之而来。

8)营销渠道(Marketing Channels)

营销渠道比分销渠道具有更广的含义,它包括信息传播渠道、分销渠道及销售渠道。通过这三种渠道,企业能更好地接触目标市场以及更好地为目标顾客服务。

营销者通过销售渠道与潜在购买者进行有效的交易。销售渠道不仅包括分销商和零售商,还包括交易的便利者,如银行和保险公司等。

9)供应链(Supply Chain)

营销渠道把营销者与目标顾客联系起来,而供应链则描述了从原材料、零部件延伸到最终买方的一条更长的产品通路。例如,服装的供应链开始于购买布料和线,然后是裁剪和制作,最后是营销渠道。供应链代表了价值传递系统,每一方都只服务于供应链的一部分,并都极力地提高其在供应链价值中所占的比例。

10)竞争(Competition)

竞争包括购买者可能考虑的所有实际存在的、潜在的竞争产品和替代物。企业可能面临同类产品竞争者,或替代物竞争者,或面临以下四种层次的竞争:

(1)品牌竞争(Brand Competition)。当其他公司以相同的价格向相同的顾客提供类似产品和服务时,公司将其视为竞争者。例如,三一重工将徐工、中联重科、小松、卡特皮勒等品牌的工程机械制造商视为其竞争者。

(2)行业竞争(lndustry Competition)。公司把制造同类产品并在同一市场销售的公司都视为竞争者。例如,三一重工把其他工程机械制造商都视为竞争者。

(3)形式竞争(Form Competition)。公司将所有能提供相同服务的产品的其他公司视为竞争者。例如,大众汽车公司将能为顾客提供运输服务的汽车公司、摩托车公司、自行车公司、载货汽车公司都视为竞争者。

(4)一般竞争(Generic Competition)。公司将所有争取同一消费者的其他公司都视为竞争者。例如,福特汽车公司将耐用消费品、新房产和房屋修理公司、旅游公司等都视为竞争者。

11)营销环境(Marketing Environment)

竞争仅是营销者所面临的环境的一个因素,营销环境包括工作环境(Task Environment)及大环境(Broad Environment)。

(1)工作环境包括直接影响生产、分销及促销等因素,具体包括公司、供应者、分销者、商人及目标顾客。在供应组织中则包括材料供应商及服务供应商,后者如营销调研机构、广告公司。分销商与经销商则包括代理人、经纪人、制造商代理人,他们有利于产品及服务的销售。

(2)大环境包括人文、经济、自然、技术、政治和文化环境。它们不但成为影响工作环境的主要因素,而且是不可控的因素。营销者必须密切关注这些因素的趋势及作用特点,不断调整营销战略。

12)营销组合(Marketing Mix)

营销组合是指公司在目标市场上用来追逐其营销目标的一系列营销工具的综合运用。麦卡锡将营销组合概括为4P,即产品(Product)、价格(Price)、促销(Promotion)、分销途径(Place),每个P下面包括若干特定的变量,如图1-2所示。

图1-2 营销组合四因素

营销从以交易为导向的4P演进为以顾客为导向的4C,即消费者(Consumers)、成本(Cost)、便利(Convenience)、沟通(Communication)。消费者是企业营销的出发点,开发用户比开发产品更重要,满足消费者的需求和欲望比产品功能更重要。不能仅仅卖企业想制造的产品,而是要提供顾客真实想买的产品。成本是指消费者为满足自己的需要和欲望愿意付出的成本。便利是指营销者为顾客提供便利,让顾客既购买到商品,也购买到便利。沟通是指营销者与用户的沟通,要着眼于加强双向沟通,增进相互了解,培养顾客的忠诚度。

13)市场营销管理(Marketing Management)

市场营销管理是指为创造达到个人和组织目标的交换,而规划和实施理念、产品和服务的构思、定价、分销及促销的过程。市场营销管理过程包括分析、规划、执行和控制。其管理的对象包含理念、产品和服务。市场营销管理的基础是交换,目的是满足各方的需要。市场营销管理的主要任务是刺激消费者的需求以及影响消费者的需求水平、需求时间和需求构成,并且创造消费者的需求。

因此,市场营销管理的任务是刺激、创造、适应及影响消费者的需求,从这个意义上说,市场营销管理的本质是需求管理。在实践中,市场存在不同的需求状况,营销者应有针对性地采取不同的营销策略,完成相应的营销任务。

2.5 工程机械市场营销学

2.5.1 工程机械市场营销学的含义

1)工程机械的含义

工程机械是人类改造自然、开发资源和进行基础设施建设的技术装备,被广泛应用于交通能源开发、农林水利建设、冶金矿山开采、市政建设及国防工程等行业。因此,通常将一切用于工程建设的机械称为工程机械。它直接地反映了一个国家改造自然、开发资源和基础建设的能力与水平。经过数代人长期坚持不懈地努力,我国的工程机械发展取得了长足的进步。

工程机械是机械工业的重要组成部分,该行业在国内已经排在机械工业十大行业中的第四位,在世界范围内我国也步入了工程机械生产大国的行列。它与交通运输建设(如公路、铁路、港口、机场、管道运输等)、能源工业建设和生产(如煤炭、石油、火电、水电、核电等)、原材料工业建设和生产(如黑色矿山、有色矿山、建材矿山、化工原料矿山等)、农林水利建设(如农田建设、农村公路、农田水利、农村建设和改造、林区建设、林业工业、江河建设、湖泊建设等)、工业与民用建筑以及国防工程建设等领域的发展息息相关。也就是说,以上领域是工程机械的主要市场。

2)工程机械市场营销的含义

工程机械市场营销是指工程机械生产企业进行的某种与市场紧密联系的经济活动或经营活动,用以指导工程机械生产企业研究市场变化规律,创造满足市场需求和生产用户满意的工程机械产品的科学。

2.5.2 现代工程机械营销与营销人才

现代工程机械营销学的发展对于工程机械营销人才提出了更高的要求。所谓工程机械营销人才,就是具备扎实的工程机械与市场营销理论知识和一定的实际操作技能,具有较好的沟通、理解、协调能力以及良好的意志品质,能够成功从事工程机械营销的综合素质较高的人才。

工程机械行业的兴起,必然促进工程机械营销与服务需求的增长。与此同时,对工程机械营销与服务人才的需求也随之加大。工程机械是服务于工程建设的生产资料,不同于家用电器、家用轿车、服装、日化等生活消费品,也不同于运输车辆、机床设备和农用机械等传统生产工具。工程机械的生产、销售、服务都具有其独特的方式、方法、技巧和策略。与工程机械行业迅猛发展极不相称的是,工程机械营销与技术服务人才的培养严重滞后。造成这种人才短缺现象的原因主要有以下两点:

(1)工程机械产品的市场竞争越来越激烈,用户对工程机械供应商服务质量的要求也越来越高,而传统的从业人员由于企业内部分工的限制,没有同时具备"营销"与"服务"两方面的职业技能,所以通过企业内部转岗培训的这类人才的数量非常有限。

(2)原有的人才培养模式存在着很大的弊端,没有将工程机械专业技术与市场营销能力的培养有机地结合起来,更没有开设针对工程机械特点的营销与技术服务专业或课程,从而导致了该类复合型人才的严重短缺。

培养工程机械营销人才的方法是"两个结合":一是工程机械技术知识与市场营销知识的结合,即技术与知识的结合;二是理论与实践的结合。在产品同质化竞争日趋激烈的今天,对上述两种结合的任一偏废都是不可取的。

3 任务实施

3.1 准备工作

学习相关理论知识,多渠道查阅资料,搜集相关案例。

3.2 操作流程

完成本学习任务,可按以下流程进行:
(1)分组。根据班级情况自由组合成若干学习小组,选出组长。
(2)根据学习任务要求搜集工程机械市场信息。
(3)分小组讨论选择一个工程机械品牌。
(4)组长进行分工,搜集该工程机械品牌的详细信息,并进行信息汇总。
(5)小组成员共同完成该品牌详细说明书。
(6)小组推荐一名成员向大家介绍该品牌或企业发展历程。

3.3 操作提示

(1)在任务实施过程中可以选择多种渠道搜集资料。
(2)内容要求具体、翔实、条理清晰,具有一定逻辑性。

任务2 了解工程机械营销发展历程

1 任务导入

1.1 任务描述

近年来,世界工程机械的格局变数迭起,卡特彼勒、VOLVO、斗山、现代等都在强化自己的扩张战略。而中国工程机械市场的高速发展,市场集中度不断提高,更成为世界瞩目的焦点,中国工程机械行业国际化进程取得进展,除了积极拓展海外业务、建立海外营销服务体系外,我国企业海外并购重组步伐加快。随着"一带一路"建设的推进,战略性新兴产业等加快培育;消费结构和产业结构升级;各项改革不断深化,包括非公有制经济发展政策和制度环境等不断改善,必将进一步激发工程机械市场的活力。基于对中国工程机械行业发展的理解,以小组为单位,以每组选择的品牌详细说明书作为本节课的案例进行讨论分析。

1.2 任务完成形式

学习任务:学生整体了解工程机械营销发展历程,根据本小组选择的工程机械品牌,归纳该公司发展过程中的营销观念的形成和发展。

任务要求:

(1)学生以小组为单位,在上一任务的基础上共同完成资料整理工作;要求每个学生都参与,以小组为单位提供案例供大家讨论分析。

(2)要求最终以案例的形式展现,课堂分享案例并讨论。

2 相关理论知识

2.1 我国工程机械市场的形成与发展

工程机械行业在我国的机械行业中具有举足轻重的地位,涉及多个领域,纵观我国工程机械行业的发展史,大致可以分为以下五个阶段:

1)第一阶段——创业时期(1949—1960年)

在1949年以前,我国是没有工程机械制造业的,仅有为数不多的几个作坊式的修理厂,而且只能修理简易的施工机具和其他设备。在此期间,工程机械在我国仍未形成独立行业,只是由别的行业兼产一部分简易的小型工程机械产品。"一五"期间,我国对工程机械的需求量猛增,机械制造部门生产的产品远远不能满足需求,因而其他工业部门(如当时的建筑工程部、交通部、铁道部等)便自行生产一些简易的工程机械。

2)第二阶段——行业形成时期(1961—1978年)

1961年4月24日,由第一机械工业部组建的五局(工程机械局)成立,归口企业20个,其中有4个直属厂,即抚顺挖掘机厂、沈阳风动工具厂、宣化工程机械厂和韶关挖掘机厂。在此之前,于1961年2月在北京成立一机部工程机械研究所。1963年10月,建筑工业部机械局与一机部五局合并,并将其直属厂陆续转为一机部五局直属。1964年12月,工程机械行业建设了一批三线企业。1978年8月9日,原一机部和国家建委下文将行业中的挖掘机械、压实机械、桩工机械、混凝土机械由一机部划归国家建委归口管理,并划给国家建委60个直属厂,这样形成了两个制造体系。

3)第三阶段——全面发展时期(1979—1990年)

十一届三中全会以后,随着国家基本建设投资规模和引进外资力度不断加大,两个制造体系给工程机械行业造成的分散局面不适应新的发展形式。国家计委组织一机部、建设部、交通部、铁道部、林业部、兵器部和工程兵等部门共同成立了全国工程机械大行业规划组,负责统筹协调全行业的投资、企业布点、引进国外技术、引进外资等。1998年,撤销机械部,成立国家机械工业局,全面进行机械工业宏观管理,取消了有关部、局对机械行业的管理职能,实现了工程机械大行业管理。"七五"计划以来,随着市场经济的发展,工程机械行业得到了迅速的发展,工程机械企业遍及全国各个地区,新产品、新技术、新的营销模式被广泛地应用到工程机械行业中的各个方面。

4) 第四阶段——快速发展时期(1990—2004年)

20世纪90年代以来,我国的工程机械行业步入了快速发展期。在这一时期,制造企业逐渐意识到仅有好的产品已经不够了,不但要将产品快速高效地送达到客户那里,而且要提供及时完善的售后服务,于是纷纷改变了过去"产、供、销一体化"的运作模式,开始搭建自己的销售渠道。我国的工程机械代理商正是在这一时期应运而生,并逐渐成长为一个群体;也是在这一时期,中国市场潜在的巨大需求吸引了越来越多的国外资本,众多国外工程机械制造企业相继在中国投资建厂。伴随着境外资本而来的还有先进的技术、设备和管理经验,以及国外成熟的代理制。代理制作为一个商业名词和一种理念,开始在工程机械行业被广为流传。有相当一部分代理商在与国外企业合作的过程中,成功吸取了先进的管理方法和运作经验,经营理念也日趋成熟,逐渐成为优秀的工程机械代理商。2004年3月24日,中国人民银行宣布自2004年4月25日起实行差别准备金率,紧接着国家出台了一系列由缓至急、由点到面的宏观调控政策。受此影响,工程机械快速发展的势头有所遏制,工程机械将进入调整阶段。

5) 第五阶段——高速发展时期(2005—2015年)

2005年后,中国工程机械行业经过调整后,迎来了明媚的春天;2007年全行业销售总收入达到2 223亿元,是2004年销售总收入的1.95倍;到2008年行业产值一路飙升,主要工程机械产品产销量连续突破新高。2004—2007年行业销售收入平均增长速度达到22.3%,进入国家"十一五"规划阶段后的两年,平均增速高达34.2%。在这期间,工程机械行业百亿企业数量增多。据中国企业家联合会、中国企业家协会公布的2008年中国企业500强中,已有15家工程机械企业位列其中,同时,已有一批优秀工程机械企业已经剑指千亿,向国际型、综合型、规模型大企业方向迈进。而国际跨国公司进入中国兼并和兴办独资企业的势头也愈加猛烈,外资企业在中国境内四处林立,国有品牌的崛起,使中国工程机械行业在境内竞争呈现全面国际化的状态。

6) 第六阶段——工程机械高质量发展阶段(2016年至今)

在这一阶段,国产重大技术装备研制取得新突破。工程机械行业作为"中国制造2025"战略计划的重点领域之一,在积极推进工业互联网建设,在技术创新与产品可靠性上不断突破,中国工程机械行业迈向高质量发展阶段。2018年,工程机械行业国产重大技术装备研制取得一系列巨大突破:我国最大吨位的挖掘机——总重700吨的液压挖掘机在徐工集团下线,中国成为继德国、日本、美国之后,第四个具备700吨级以上液压挖掘机研制生产能力的国家;山河智能入围工信部"2018年智能制造试点示范项目名单",工程机械行业在智能制造领域所取得的成就再次受到国家认可;由中铁装备等单位联合研制的直径15.8米国内最大直径泥水平衡盾构机"春风号"在郑州下线,标志着中国盾构的设计制造迈向高端化。无论是产品大型化方面的突破,还是智能制造领域的创新,都展示了中国工程机械行业为摆脱规模化、同质化竞争所做的努力,生态环境部也发布了《非道路移动机械污染防治技术政策》,指出了"国四"升级的技术标准。工程机械企业正以智能制造作为产业发展的核心路线,进一步加快中国工程机械行业迈向高质量发展的步伐。

2.2 现代市场营销观念的确立

1)生产观念(Production Concept)

这是一种古老的企业经营哲学,它产生于20世纪20年代前,当时社会生产力仍比较落后,市场趋势表现为供不应求的卖方市场,企业产品价值的实现不成问题。因而,企业经营哲学不是从消费者需求出发,而是从企业生产出发,以企业为导向。生产观念主要表现是"我生产什么,就卖什么",消费者喜欢那些可以到处买得到而且价格低廉的产品。因此,企业的任务是提高生产率、增加产量、降低成本及提高分销效率。例如,美国皮尔斯堡面粉公司,从1869年至20世纪20年代,一直运用生产观念指导企业的经营,当时这家公司提出的口号是"本公司旨在制造面粉"。

2)产品观念(Product Concept)

这是一种较早的企业经营哲学,它和生产观念几乎在同一时期流行。这种观念认为,消费者最喜欢高质量、多功能及具有某些创新特色的产品,并认为只要企业生产这些产品就会顾客临门,因为经常迷恋自己的产品,而未看到消费者的真正需求及其需求的变化。所以这种观点必然导致"一孔之见"的营销近视,致使企业营销陷入困境乃至失败。例如,美国著名的爱尔琴国民钟表公司自1864年创立以来,在美国享有盛名,销售量一直上升,支配了美国的钟表市场。但自1958年以后,消费者对手表的需求已发生变化,对手表的计时准确、名牌及耐用的观念已改变,消费者只需要一个能告诉时间、外表吸引人及价格低的手表,因此,分销渠道由珠宝商店向大众化商店扩展。当竞争者适应市场需求变化而投入相应产品时,该公司仍陶醉于自己高质量的手表,从而导致了经营的失败。

3)推销观念(Selling Concept)

这是20世纪20年代末至20世纪50年代前盛行的一种企业经营哲学。在这一时期,由于科技进步,社会生产力有了巨大的发展,市场趋势由卖方市场向买方市场过渡,尤其是在1929—1933年经济大危机期间,大量产品卖不出去,因而驱使企业不能只注重大力发展生产,还必须重视采用广告术与推销术去推销产品。

推销观念认为,如果让消费者和企业自行抉择,他们不会大量购买某一企业的产品,因为消费者通常表现出一种购买惰性或者抗衡心理。因此,企业必须积极推销和大力促销,以刺激消费者大量购买企业产品。可见,推销观念既盛行于20世纪50年代以前,也存在于20世纪50年代以后。以至于当今社会推销术依然大行其道。这种观念虽然比前两种观念前进了一步,开始重视广告与推销,但其实质仍是以企业为导向、以生产为中心,以产定销,而不是以消费者需求为导向。

4)市场营销观念(Marketing Concept)

市场营销观念产生于20世纪50年代以后。第二次世界大战后,随着第三次科技革命的兴起,社会生产力迅速发展,市场趋势逐步呈现为供过于求的买方市场。同时,广大消费者个人收入迅速提高,消费需求不断变化,有能力对产品进行选择。企业之间为实现产品价值的竞争加剧,许多企业开始认识到,必须转变经营哲学,才能求得生存和发展。

市场营销观念认为:实现企业目标的关键在于确定目标市场的需要与欲望,并且比竞争者更有效能、更有效率地传递目标市场所期望的产品或服务。

市场营销观念的出现,使企业经营哲学发生了根本性的变化。哈佛大学教授西奥多·李维特(Theodore Levit)对推销观念与市场营销观念做了深刻的比较:推销观念注重卖方需要,营销观念则注重买方需要;推销观念以卖方需要为出发点,考虑如何把产品变为现金,而市场营销观念则考虑如何通过产品以及提供、传递与最终消费品有关的所有东西,来满足顾客需要。推销观念与市场营销观念的比较如图1-3所示。

图1-3 推销观念与市场营销观念比较

由图1-3可见,市场营销观念基于四个支柱:目标市场、顾客需求、整合营销和盈利能力。从本质上说,市场营销观念是一种以顾客需求为导向的经营哲学。

5)社会营销观念(Social Marketing Concept)

社会营销观念产生于20世纪90年代。市场营销的发展主要体现在两个方面:一方面给社会及广大消费者带来巨大的利益,另一方面造成了资源短缺、环境污染,破坏了社会生态平衡,同时出现了假冒伪劣产品及欺骗性广告,引起了广大消费者的不满,并掀起了保护消费者利益运动及保护生态平衡运动,迫使企业营销活动必须考虑消费者及社会的长远利益。

社会营销观念认为,企业的任务是确定各个目标市场的需要、欲望和利益,并以保护或提高消费者和社会福利的方式,比竞争者更有效、更有利地向目标市场提供所期待的满足物。

社会营销观念要求企业在营销活动中考虑社会与道德问题。营销者必须不断平衡和评判公司利润、消费者需要的满足及公众利益三者的矛盾。

6)当代营销观念的创新

(1)顾客满意

基本理念:通过满足需求达到顾客满意,最终实现包括利润在内的企业目标。

顾客满意是顾客的一种主观感觉状态,是顾客对企业的产品和服务满足其需要程度的体验和综合评估。通常可以用顾客让渡价值去研究顾客满意问题。顾客让渡价值是指在顾客与企业的交往过程中,顾客从企业那里获得的总价值与顾客支付的总成本的差额。

顾客获得的总价值包括产品价值、服务价值、人员价值、形象价值。顾客支付的总成本包括支付的货币资金、耗费的时间、精力、体力。

企业为了争取顾客,战胜竞争对手,巩固或提高企业产品的市场占有率,往往容易采取顾客价值最大化策略。但追求顾客让渡价值最大化常常会增加成本,减少利润。因此,在市场营销实践中,企业应掌握一个合理的度,而不是片面强调顾客价值最大化,以确保实现顾客让渡价值所带来的利润超过因此增加的成本费用。换言之,企业的顾客让渡价值的大小应以能够实现企业的经营目标为原则。

(2) 绿色营销

基本理念:谋求消费者利益、企业利益与人类环境利益的协调。

绿色营销有广义和狭义之分。广义上的绿色营销是指企业营销活动中体现社会价值观、伦理道德观,充分考虑社会效益,既自觉维护自然生态平衡,又自觉抵制各种有害营销。狭义上的绿色营销主要是指企业在市场营销活动中,谋求消费者利益、企业利益与人类环境利益的协调。

实施绿色营销的企业,对产品的创意、设计和生产,以及定价与促销的策划和实施,都要以保护生态环境为前提,力求减少环境污染,保护和节约自然资源,维护人类社会的长远利益,实现经济的可持续发展。

(3) 整合营销

基本理念:要求各种营销因素方向一致,形成合力,共同为企业的营销目标服务。

整合营销观念改变了将营销活动作为企业经营管理的一项职能的观点,它要求企业和相关利益主体把所有的活动都整合和协调起来,努力为顾客的利益服务。同时,它强调企业与市场之间互动的关系和影响,努力发现潜在顾客和创造新市场,注重企业、顾客和社会的共同利益。

企业把与顾客之间的交流、对话和沟通放在特别重要的地位,并形成以顾客为中心的新的营销组合。

(4) 关系营销

基本理念:将建立与发展同所有利益相关者之间的关系作为企业营销的关键变量,把正确处理这些关系作为企业影响的核心。

它把营销活动看成是一个企业与消费者、供应商、分销商、竞争者、政府机构和其他公众发生互动作用的过程。企业营销活动的核心在于建立并发展与这些公众的良好关系。企业和这些相关成员(包括竞争者)的关系并不是完全对立的,其所追求的目标存在着相当多的一致性。关系营销的目标在于建立和发展企业和相关个人及组织的关系,取消对立,成为一个相互依赖的事业共同体。

关系营销更为注重的是维系现有顾客,认为丧失现有顾客无异于失去市场、失去利润的来源。这就要求企业要及时掌握顾客的信息,随时与顾客保持联系,并追踪顾客的动态。因此,仅仅维持较高的顾客满意度和忠诚度还不够,还必须分析顾客产生满意感和忠诚度的根本原因。满意的顾客会对产品、品牌乃至公司保持忠诚,忠诚的顾客会重复购买某一产品或服务,不为其他品牌所动摇,且会购买企业的其他产品;同时,顾客的口头宣传,有助于树立企业的良好形象。

(5) 客户关系营销

基本理念:以客户为中心,建立客户的忠诚度,实现客户让渡价值最大化和创造企业价值相统一的营销活动。

客户关系营销是指对客户建立与维系良好的关系,并使客户让渡价值最大化的同时,实现企业营销活动和创造价值。

客户关系营销源于关系营销,但又不同于关系营销。客户关系营销认为客户是企业最重要的资源,高质量的客户关系正在成为企业唯一重要的竞争优势。客户关系营销比关系营销更注重企业与客户的关系。

客户关系营销既是一种营销管理思想,又是一套管理企业与客户关系的运作体系。一方面,客户关系营销要求以"客户为中心"来构架企业,追求信息共享,完善对客户需求的快速响应机制,优化以客户服务为核心的工作流程,搭建新型管理系统;另一方面,客户关系营销实施于企业与客户相关的所有领域,使企业与客户保持一种卓有成效的"一对一"关系,向客户提供更快捷、更周到的优质服务,以期吸引和保持更多的客户资源。

(6)网络营销和电子商务

基本理念:企业以电子信息技术为基础、以互联网为媒介进行的各种营销活动。

网络营销符合顾客主导、成本低廉、使用方便、充分沟通的要求,使得企业的营销活动始终和三个流动要素(信息流、资金流、物流)结合并流畅地运行,形成企业生产经营的良性循环。

电子商务主要是指将销售业务借助计算机网络系统完成商品交易的形式。其中,计算机网络系统包括企业网络和互联网络,网上完成的商务内容包括网上商品资源查找、网上定价、在线谈判、网上签约、网上支付等具体与商品销售环节相关的手续。电子商务不能等同于网络营销,它只是网络营销的部分业务。无论网络营销还是电子商务,都需要物流配送的支撑,才能最终完成有形商品的实物销售。

网络营销和电子商务丰富了营销或销售的形式,其主要意义不是在于营销观念的变革,而是在于它们促进了营销方式及手段的创新。

(7)营销道德

基本理念:维护和增进全社会和人民的长远利益。

道德是评价某决定和行为正确与否的价值判断,并用来评价某决定和行为是否被大众所接受。市场营销道德则指消费者对企业营销决策的价值判断,即判断企业营销活动是否符合广大消费者及社会的利益,能否给广大消费者及社会带来最大的幸福。这势必涉及企业经营活动的价值取向,要求企业以道德标准来规范其经营行为及履行社会责任。

最基本的道德标准已被规定为法律和法规,并成为社会遵循的规范,企业必须严格地遵守这些法律和法规。而营销道德不仅指法律范畴,还包括未纳入法律范畴但作为判断营销活动正确与否的道德标准。企业经营者在经营活动中应当遵守这两种类型的营销道德。营销道德是调整企业与所有利益相关者之间关系的行为规范的总和,是客观规律及法律以外约束企业行为的又一要素。营销道德最根本的原则是维护和增进全社会和人民的长远利益。

3 任务实施

3.1 准备工作

学习相关理论知识,多渠道查阅资料,熟悉自己选择的品牌,寻找相关案例。

3.2 操作流程

完成本学习任务,可按以下流程进行:

(1)根据学习任务要求,搜集工程机械品牌营销案例。
(2)小组讨论并根据理论知识内容设计相关问题。
(3)确定案例及问题形成书面材料。
(4)小组推荐一名成员向大家介绍该品牌营销案例并提出问题。
(5)其他小组讨论并回答相应问题。

3.3 操作提示

(1)在任务完成过程中可以选择多种渠道搜集资料。
(2)内容要求具体、翔实、条理清晰,具有一定逻辑性。

 思考与练习

(1)什么是市场营销与市场营销学?
(2)市场营销主要包括哪些核心概念?
(3)企业经营哲学的发展经历了哪些阶段?市场营销观念的革命性及局限性表现在哪些方面?
(4)市场营销学的发展经历了哪些阶段?各阶段的主要特点是什么?

 拓展学习

1. 国内工程机械厂商简介

1)徐州工程机械集团

徐州工程机械集团有限公司(以下简称"徐工集团")成立于1989年3月,目前居世界工程机械行业第6位,中国机械行业100强企业第4位,是中国工程机械产品品种和系列齐全、极具竞争力和影响力的大型企业集团。"徐工"是行业首个"中国驰名商标",徐工装载机是"中国名牌产品"。

徐工集团主要产品有工程起重机械、筑路机械、路面及养护机械、压实机械、铲土运输机械、挖掘机械、高空消防设备、特种专用车辆、专用底盘、载重汽车等主机和工程机械基础零部件产品。其中,汽车起重机、压路机、摊铺机、高空消防车、平地机、随车起重机、小型工程机械等主机产品和液压件、回转支承、驱动桥等基础零部件市场占有率名列全国第一。徐工集团建立了以国家级技术中心为核心的研发体系,建成了机械行业首个智能化产品试验研究中心,徐工技术中心在国家企业技术中心评价中名列全国第15位,居行业首位。

徐工集团积极实施"走出去"战略,产品销售网络覆盖182个国家及地区,在全球范围内建立了280多个海外网点为用户提供全方位的营销服务,年出口突破16亿美元,连续28年保持行业出口额首位。目前,徐工集团9类主机、3类关键基础零部件市场占有率居全国第1位;5类主机出口量和出口总额持续位居国内行业首位;汽车起重机、大吨位压路机销量全球第一。

2)三一重工股份有限公司

三一重工股份有限公司(以下简称"三一重工")由三一集团投资创建于1994年,总部坐落于长沙经济技术开发区。公司名称源于创业初期提出的"创建一流企业,造就一流人才,做出一流贡献"的企业愿景。多年来,三一重工以"品质改变世界"为使命,致力于为中华民族贡献一个世界级品牌。三一重工主要从事工程机械的研发、制造、销售,产品包括建筑机械、筑路机械、起重机械等26大类、200多个品种,主导产品有混凝土输送泵、混凝土输送泵车、混凝土搅拌站、沥青搅拌站、压路机、摊铺机、平地机、履带起重机、汽车起重机、港口机械等。目前,三一重工混凝土输送机械、搅拌设备、履带起重机械、旋挖钻机已成为领先的国内知名品牌,混凝土输送泵车、混凝土输送泵和全液压压路机市场占有率居全国首位,泵车产量居世界首位,是全球最大的长臂架、大排量泵车制造企业。

三一重工将销售收入的5%~7%用于研发,拥有国家级技术开发中心和博士后流动工作站,目前,三一重工共申请专利1560多项、拥有授权有效专利862项和近百项核心技术。

在全球范围内,三一重工建有30个海外子公司,产品出口到一百多个国家和地区。目前,三一重工已在印度、美国相继投资建设工程机械研发制造基地。2009年1月,三一重工在德国投资1亿欧元建设工程机械研发制造基地项目正式签约。

2012年1月,三一重工收购"世界混凝土第一品牌"德国普茨迈斯特(Putzmeister),一举改变全球行业竞争格局。

凭借自主创新,三一重工成功研制的66米泵车、72米泵车、86米泵车,三次刷新长臂架泵车世界纪录,并成功研制出世界首台全液压平地机、世界首台三级配混凝土输送泵、世界首台无泡沥青砂浆车、亚洲首台1000吨级全路面起重机、全球最大3600吨级履带起重机、中国首台混合动力挖掘机、全球首款移动成套设备A8砂浆大师等,不断推动"中国制造"走向世界一流。

3)广西柳工机械股份有限公司

广西柳工机械股份有限公司始创于1958年,其前身是从上海华东钢铁建筑厂部分搬迁到柳州而创建的"柳州工程机械厂",于1993年在深交所上市,成为中国工程机械行业和广西第一家上市公司。公司总部位于广西柳州。

广西柳工机械股份有限公司在国内有9大制造基地,分别位于柳州、上海、天津、镇江、江阴、蚌埠等地。2008年公司在印度投资建设第一个海外研发制造基地。公司发展了全球工程机械主流产品线,包括轮式装载机、履带式液压挖掘机、路面机械(压路机、平地机、摊铺机、铣刨机等)、小型工程机械(滑移装载机、挖掘装载机等)、叉车、起重机、推土机、混凝土机械等。

柳工装载机产品多年来市场占有率稳居全国第一。柳工在澳大利亚、印度、美国及南美、欧洲等国家和地区设立子公司和营销公司,产品市场遍及80多个国家和地区。

4)中联重工科技发展股份有限公司

中联重工科技发展股份有限公司(以下简称"中联重科")创建于1992年,2000年10月在深交所上市,是中国工程机械装备制造领军企业。其主要从事建筑工程、能源工程、交通工程等国家重点基础设施建设工程所需重大高新技术装备的研发制造。

目前,中联重科生产建造基地分布于全球各地,在国内形成了中联科技园、中联麓谷工业园、中联泉塘工业园、中联灌溪工业园、中联望城工业园、中联沅江工业园、中联上海(松江)工业园、中联渭南工业园等十四大园区,在海外拥有意大利CIFA工业园、德国M-TEC工业园等园区。

中联重科继承了国家建设部长沙建设机械研究院的技术优势,建有国家级技术中心,目前是187项有效标准的制(修)订归口单位,行业技术覆盖率75%以上。中联重科先后完成了90多项国家"九五""十五""863"等国家重大装备开发、科技攻关课题和专项,是国际标准化组织ISO投票P成员单位(Participating Member),每年销售收入的40%来自新产品开发。

中联重科自成立以来年均增长速度超过60%,目前生产具有完全自主知识产权的10大类别、55个产品系列,460多个品种的主导产品。中英文商标——"中联"与"ZOOMLION"均获认定为"中国驰名商标",多个系列产品获中国免检产品、中国名牌产品称号。

中联重科以产品系列分类,形成混凝土机械、工程起重机械、城市环卫机械、建筑起重机械、路面施工养护机械、基础施工机械、土方机械、专用车辆、液压元器件、工程机械薄板覆盖件、消防设备、专用车桥等多个分、子公司。

5) 山推工程机械股份有限公司

山推工程机械股份有限公司(以下简称"山推股份")是中国生产、销售铲土运输机械、道路机械、建筑机械、工业车辆等工程机械系列产品及零部件的国家大型一类骨干企业。全球建设机械制造商50强、中国制造业500强、中国机械工业效益百强企业。1997年1月"山推股份"在深交所挂牌上市,入选"深证100指数""沪深300指数"股。山推牌推土机荣获中国名牌产品称号。

山推股份现有12家控股子公司和2家参股子公司,拥有国家级技术中心、山东省工程技术研究中心和博士后科研工作站。公司在中国推土机行业内多年保持了"销售收入、销售台量、市场占有率、出口额、利润"五个第一的优势,产品出口120多个国家和地区。

2. 国外工程机械厂商简介

1) 卡特彼勒(CAT)

(1) 简介

美国卡特彼勒公司成立于1925年,其总部位于美国伊利诺伊州。它是世界上最大的工程机械和矿山设备生产厂家、燃气发动机和工业用燃气轮机生产厂家之一,也是世界上最大的柴油机厂家之一。九十多年来,卡特彼勒公司一直致力于全球的基础设施建设,并与全球代理商紧密合作,在各大洲积极推进持续变革,成为建筑机械、矿用设备、柴油和天然气发动机以及工业用燃气轮机领域的技术领导者和全球领先制造商。据统计,公司大约有一半的销售额产生于美国境外的客户,这使得卡特彼勒得以保持全球供应商和美国主要出口商的稳固地位。

(2) 卡特彼勒在中国

卡特彼勒产品的主要市场在美国、英国、德国、中国和印度。其中,美国以外市场占51%。早在1979年,卡特彼勒就开始了在中国的业务,相继设立了北京和上海代表处,成立了卡特彼勒中国投资有限公司。40年来,卡特彼勒在中国投资建立了7家企业(5个合资生产厂,2家合资子公司)。

1995年,卡特彼勒与中国最大的工程机械制造企业——徐州机械工程集团合资,组建了卡特彼勒徐州有限公司,生产液压挖掘机和筑路机械。1997年,卡特彼勒与日本伊藤忠公司及SNT公司共同投资,组建了亚实履带天津有限公司和亚实锻造天津有限公司,制造液压挖掘机履带行走装置。1997年,由卡特彼勒中国投资有限公司、亚洲战略投资有限公司和中信机械制造有限公司合资,成立了山西国际铸造公司,为卡特彼勒的发动机生产缸体和铸件。两家合资子公司是帕金斯发动机天津有限公司、广州马克柴油机公司。

2)日立建机(HITACHI)

(1)简介

日立建机株式会社(以下简称"日立建机")隶属于日本日立制作所,在与其合资子公司(日立建机集团)的努力下,凭借其丰富的经验和先进的技术开发并生产了众多一流的建筑机械,成为世界上最大的挖掘机跨国制造商之一。日立建机以其近百年的机械制造经验和雄厚的技术开发能力,制造出了 0.5~800t 各种型号的系列液压挖掘机。公司总部位于东京,通过遍布全球的经销网络向全世界销售产品,注册资金 815 亿 7 659 万日元,成立时间 1970 年 10 月 1 日,营业范围包括建筑机械、运输机械及其他机械设备的制造、销售和服务。

(2)日立建机在中国

随着中国经济的不断发展,日立建机不断加大在中国的投资。日立建机在中国的业务中心是负责生产制造的日立建机(中国)有限公司和负责销售的日立建机(上海)有限公司;此外,还有位于北京的日立建机中国办事处、专营融资租赁业务的日立建机租赁(中国)有限公司和覆盖全国的各代理店。

3)小松(KOMATSU)

(1)简介

株式会社小松制作所创立于 1921 年 5 月 13 日,是一家有着近百年历史的全球著名的工程机械制造公司,同时还涉及电子工程、环境保护等高科技领域。

(2)发展简况

1921—1945 年,从创建到初具规模。

1946—1960 年,重建和发展。

1961—1965 年,提高产品质量,登上世界舞台。

1966—1970 年,飞速发展,从日本小松到世界小松。

(3)产品设计领域

矿业设备:大型推土机、大型自卸车、大型挖掘机、大型平地机、大型轮式装载机。

一般建设:推土机、自卸车、挖掘机、平地机、轮式装载机。

特殊用途:微型挖掘机、小型装载机、挖掘装载机、滑移式装载机。

其他设备:起重机、移动式破碎机、压实设备。

4)住友(SUMITOMO)

(1)简介

住友集团是日本最古老的企业集团之一,拥有 400 多年历史。17 世纪由住友政友(1585—1652 年)在京都创办的"富士屋"发展而来。从经营铜制乐器的商号开始,住友在 1691 年取得别子铜山的经营权后不断成长。经历了明治维新混乱时期的别子铜山,在引进外国的技术和机械后生产能力得到大幅飞跃。之后,住友在吸收西洋技术不断扩大铜生产量的同时,机械工业、石炭工业、电线制造业、林业等关联事业也相继得以开展,后发展成为以矿工业和金融业为中心的近代财团。住友集团主要由住友建机、住友商事、住友银行、住友电工、住友生命保险等 20 余家集团公司组成。

(2)住友建机

住友建机集团是住友集团旗下一家专门从事工程机械开发和制造的公司,主要产品有液压挖掘机、沥青摊铺机、废品再利用机械等,在世界拥有100多个集团子公司。

项目 2　分析工程机械市场营销环境

概述

工程机械的市场营销活动,是在不断发展、变化的环境条件下进行的,它既对工程机械市场产生影响,又对工程机械营销造成制约。这来自市场影响和营销制约的两种力量,就是工程机械市场营销环境,它包括宏观环境和微观环境。工程机械市场营销环境分析的目的:一是要发现工程机械市场环境中影响工程机械营销的主要因素及其变化趋势;二是要研究这些因素对工程机械市场的影响和对工程机械营销的制约;三是要发现在这样的环境中的机会与威胁;四是要善于把握有利机会,避免可能出现的威胁,发挥工程机械市场营销者的优势,克服其劣势,制订有效的工程机械市场营销战略和策略,实现工程机械市场营销目标。

任务1　认识工程机械市场环境

1　任务导入

1.1　任务描述

中国工程机械行业发展前景

近年来,国家对工程机械行业政策主要强调提高基础设施配套水平、提高自主创新能力以及节能环保等方面。行业下游方面,国家出台的一系列稳增长政策措施和相关举措将协同拉动经济发展,为工程机械行业发展提供了良好的外部发展环境。

1)国务院《关于推进国际产能和装备制造合作的指导意见》

国务院《关于推进国际产能和装备制造合作的指导意见》,有助于从以下几个方面推动工程机械行业发展:一是重点围绕"一带一路"倡议加强对企业"走出去"重点国别和产业的指引,特别是要大力推动与"一带一路"沿线国家和地区在基础设施建设和加工制造等重点领域的合作;二是引导企业开展售后运营维护管理,探索投资、建设和运营相结合的建营一体化合作方式,推进产融结合,使产能和装备制造合作向高附加值领域拓展;三是布局国际产能和装备制造合作发展方向和重点;四是加大力度支持支持一些重点项目;五是避免中国企业在"走出去"过程中恶性竞争。《关于推进国际产能和装备制造合作的指导意见》有利于引导、支持工程机械行业企业强强联手、优势互补,加强国际合作,有助于解决行业需求和关键领域技术问题,帮助企业拓展国外市场。

2) 工程机械行业"十三五"发展规划

2016年3月,中国工程机械工业协会颁布《工程机械行业"十三五"发展规划》,《工程机械行业"十三五"发展规划》从规模发展、质量效益、结构优化、持续发展等指标方面来表述工程机械行业"十三五"总体发展目标;并结合当前经济形势和国际产业发展趋势,针对行业发展现状和市场需求,分析研究我国工程机械行业发展状况及存在的问题,提出了"十三五"期间工程机械行业发展的战略思路、发展目标、主要任务、应对措施及政策建议。

3) 非道路移动机械国四排放标准实施

2019年2月20日,生态环境部办公厅对外发出关于征求《非道路移动机械用柴油机排气污染物排放限值及测量方法(中国第三、四阶段)(GB 20891—2014)修改单(征求意见稿)》意见的函。"自2020年12月1日起,凡不满足本标准第四阶段要求的非道路移动机械不得生产、进口、销售;不满足本标准第四阶段要求的非道路移动机械用柴油机不得生产、进口、销售和投入使用。"该标准实施将显著提高工程机械行业污染排放控制标准和产品生产成本,加速低水平生产企业的市场退出,有利于行业集中度的提升和过剩产能的淘汰。

工程机械行业具有较强的周期性,与我国宏观经济、固定资产投资的波动密切相关,易受经济周期影响。随着"一带一路"倡议和"十三五"规划的实施,基础设施投资将成为工程机械行业需求的重要支撑,我国工程机械行业有望稳定发展;行业竞争格局将更加清晰,龙头企业之间产品开始渗透,行业竞争将有所加剧,但竞争格局不会发生较大变化,大部分市场份额及行业利润被龙头企业占据,龙头企业抗周期能力将进一步增强;与此同时,更为严格的环保政策,较高的产品保有量带来的需求不足对企业提出了更高的挑战,我国工程机械企业开始向后市场延伸,将有利于行业长时期的可持续发展。

1.2 任务完成形式

阅读以上案例并思考讨论以下问题:

(1) 2011年第一季度中国工程机械市场增长的影响因素有哪些?

(2) 这些增长因素中哪些是企业可以主动控制的?哪些是企业被动接受的?

(3) 通过案例归纳总结我国工程机械市场现状。包括其环境如何?今后发展趋势如何?企业应如何面对?

2 相关理论知识

2.1 工程机械行业的基本情况

2.1.1 我国工程机械市场需求情况

目前,我国已超越美国、日本、欧洲成为全球最大的工程机械市场,是世界工程机械第一产销大国,中国制造的工程机械走向了世界各地,综合实力迅速增强。随着三一重工、中联重科等企业走向国际,产品质量和品牌认知度在不断提高,国际竞争力和产业地位大大提升。我国工程机械行业各类产品的技术水平及可靠性大多已达到甚至超过了国际先进水平,在世界工程机械领域有了诸多响当当的中国品牌。中国工程机械行业经过长时间的发展,已基本能满足国内市场需求,成为具有相当规模和蓬勃发展活力的重要行业。2017年,工程机械主要产品销量同比增长45%,全行业20大类行业的营收是5403亿人民币,实际同比增长12.7%。其中,挖掘机销量140303台,同比增长99.5%,国内市场销量130559台,同比增长107.5%;出口销量9672台,同比增长32.0%,国内市场大幅增长。同时,工程机械行业的其他产品,如起重机、推土机、装载机也紧随挖掘机销量增长出现同步回暖。起重机2016年销量9455台,同比增长2.60%;推土机销量4061台,同比增长10.29%;装载机销量75445台,同比增长2.50%。在挖掘机复苏行情带动下,工程机械整体回暖,景气度不断提升,并由点及面扩散。截至2017年年底,挖掘机械六年保有量约78.9万台,八年保有量约118.3万台,十年保有量约141.1万台。其中,大挖、中挖和小挖的六年保有量分别约为11.9万台、23.3万台和43.7万台;八年保有量分别约为18.5万台、41.3万台和58.6万台;十年保有量分别约为22.1万台、52.4万台和66.6万台。随着"新型城镇化"战略重新定义城市建设进程,我国的工程机械市场需求也在悄然发生改变,适合于农田、社区建设与城市管道铺设、物料搬运作业的轮式挖掘机越来越引起行业关注,也成为众多国际工程机械领军企业的战略首选。

在历经2017年恢复性增长之后,2018年依然保持着稳步增长。从2018年1—8月份的产销数据看,工程机械市场的销售热度依旧不减,部分产品仍保持大幅上涨。1—8月份,工程机械主要产品销量同比增长32.8%,其中挖掘机同比增长56.2%。在出口方面,工程机械产品出口量同期相比增长了40.3%,出口形势好转,海外成绩步步攀升,行业整体表现出了稳中向好的发展态势。其增长的原因具体包括持续地开展投资、供给侧结构性改革、产品更新换代、环保政策推动、"一带一路"倡议带动出口增长和企业新一轮盈利能力的提高等六个方面。

当前,我国已经步入工业化后期,并在经济新旧动能转换、结构转型升级发展方面中迈出了可喜的一步。在《中国制造2025》宏伟目标和"一带一路"倡议的战略指导下,工程机械产业由此催生了大量的新技术和产业革新。一批优秀的企业不断加快转型升级,深化智能化相关技术探索、研究和应用,加快了工业互联网建设和应用实践。并在国际产能合作范围和领域不断扩展,体制机制不断完善。企业发展及"走出去"的战略方针,均取得了显著成果。工程机械行业取得了比较突出的成绩,标志着行业迈向了高标准、高质量发展的美好新时代!

2.1.2 我国工程机械行业发展趋势

当前,我国工程机械行业面临的局面是机遇与挑战并存。主要机遇和挑战有以下几个方面:

(1)补基础设施短板。在新的国际环境下,拉动经济增长,拉动内需,补基础设施短板,已经作为国家重要的举措。虽然基建投资总体增速低于上一年同期,但PPP模式在国家管控下逐步成熟,将成为工程机械市场未来稳增长的动力!

(2)环保新政落地,加之二手工程机械将进入更新周期,存量市场逐步替换,需求进一步释放。新的排放标准从2020年开始,旧的5万排放以下的在很多区将来受限力度很大。这种排放力度升级,会促进产品的更新换代。但是做好标准切换前后的平稳过渡,是工程机械行业即将面临的一个大问题。

(3)"一带一路"建设的深入推进,将进一步打开出口增长新空间,驱动企业国际化发展,工程机械出口将持续保持稳健增长态势。

(4)企业回归理性,风险意识将进一步增强,应对风险能力和整体盈利能力大幅度提高。

我国工程机械行业由向国际先进水平学习到追赶、超越,如今再到一些领域实现了领跑。尽管如此,在世界竞争格局愈演愈烈的状况下,我们还应深刻认识到,时代在变化,行业在创新。互联网+、大数据、智能化等热词的出现,对传统行业也形成了巨大冲击。因而,互联网对于工程机械而言,更是机遇和挑战并存。一方面,它将为工程机械提供新的经营模式、商业理念和革新技术,为产业迈向高端智能化发展,提供了宝贵的发展机遇和空间。另一方面。面对"互联网+产业"的必然趋势,工程机械如何转变思维,实现传统制造业向互联网+制造企业的蜕变与升级,成为工程机械从业人员亟待思考的问题。

2.2 工程机械市场营销环境

2.2.1 工程机械市场营销环境概述

工程机械市场营销环境是指影响与制约工程机械企业市场营销活动的不可控制的各种外部因素的总和。虽然市场营销环境独立存在于企业之外,不以企业的主观意志为转移,但是它对企业的管理水平、促进成功交易等方面都具有重要影响。因此,对工程机械营销环境的研究是工程机械营销活动的最基本课题之一。

工程机械市场营销环境由微观环境和宏观环境构成。微观环境由工程机构企业的供应商、营销中介(中间商、物流企业、融资企业及其他营销服务机构)、用户、竞争对手和社会公众以及企业内部影响营销管理决策的各个部门(计划、财务、人事、营销等部门)组成。宏观环境影响微观环境,它由人口环境(人口的规模、自然构成、地区分布、教育程度、地区间移动等)、经济环境(购买水平、消费支出模式、供求状况等)、自然环境(原料资料、能源、污染等)、技术环境(科技进步等)、政治环境(政治体制法令法规等)和社会文化环境一些大范围的社会约束力量构成。

工程机械企业面对着的这些环境力量经常处于变化之中。环境的变化,或者给工程机械企业带来可以利用的机会,或者给工程机械企业带来一定的威胁。监测、把握环境等力量的变化,善于从中发现并抓住有利的机会,避开或减轻不利的威胁,是企业营销管理首要问题。市场营销过程,其实就是企业适应环境变化,并对变化着的环境作出积极反应的动态过程,能否发现、认识进而适应环境的变化,关系到工程机械企业的生存与发展。

从一般意义上讲,工程机械企业虽不能从根本上去控制环境的变化,但工程机械企业可以积极主动地去预测、发现和分析环境变化的趋势及其运动特点,进而及时甚至超前性地采取相应的措施去适应它们的变化。从另一个角度来看,工程机械企业营销活动也在影响着环境的形成及其变化。特别是在影响和改善微观环境方面,工程机械企业拥有很大的主动权,充分发挥自己的主观能动性不仅是可能的,而且是完全必要的、必然的。

2.2.2 工程机械市场营销环境特点

工程机械营销环境是一个多因素、多层次而且不断变化的综合体。其特点主要表现在以下几个方面。

1)客观性

企业总是在特定的社会经济和其他外界环境条件下生存、发展的。企业只要从事市场营销活动,就不可能不面对着这样或那样的环境条件,也不可能不受到各种各样环境因素的影响和制约,包括微观的、宏观的。一般来说,企业是无法摆脱营销环境影响的,它们只能被动地适应营销环境的变化和要求。因此,企业决策者必须清醒地认识到这一点,要及早做好充分的思想准备,随时应对企业将会面临的各种环境的挑战。

2)差异性

市场营销环境的差异性不仅表现在不同的企业受不同环境的影响,而且同样一种环境因素的变化对不同企业的影响也不相同。例如,不同的国家、民族、地区之间在人口、经济、社会文化、政治、法律、自然地理等各方面存在着广泛的差异性,这些差异性对企业营销活动的影响显然是很不相同的。又如,我国工程机械企业处于相同的国内经济环境、政治法律环境、技术环境、竞争环境等,但这些环境对不同企业影响的程度是存在着差异的。由于外界环境因素的差异性,企业必须采取不同的营销策略才能应对和适应这种情况。

3)相关性

市场营销环境是一个系统,在这个系统中各个影响因素是相互依存、相互作用和相互制约的。这是由于社会经济现象的出现,往往不是由某个单一的因素所能决定的,而是受到一系列相关因素影响的结果。例如,企业在开发新产品时,不仅要受到经济因素的影响和制约,更要受到社会文化因素的影响和制约。又如,价格不但受市场供求关系的影响,而且还受到科技进步及财政政策的影响。因此,要充分注意各种因素之间的相互作用。

4)动态性

营销环境是企业营销活动的基础和条件,这并不是意味着营销环境是一成不变的、静止的。恰恰相反,营销环境总是处在一个不断变化的过程中,今天的环境与十多年前的环境相比已经有了很大的变化。例如,国家产业政策,过去重点放在航天工业上,现在已明显向农业、轻工业、服务业倾斜,这种产业结构的变化对企业的营销活动带来了决定性的影响。又如,我国消费者的消费倾向已从追求物质的数量化为主流正在向追求物质的质量及个性化转变,也就是说,消费者的消费心理正趋于成熟。这些变化无疑会对企业的营销行为产生最直接的影响。

5)不可控性

影响市场营销环境的因素是多方面的、复杂的,并表现为不可控性。例如,一个国家政治法律制度、人口增长以及一些社会文化习俗等,企业不可能随意改变。这种不可控性对不同企业表现不一,有的因素对某些企业来说是可控的,而对另一些企业则可能是不可控的;有些因素在今天是可控的,而到了明天则可能变为不可控因素。

另外,各个环境因素之间也经常存在着矛盾关系。例如,消费者对家用电器的兴趣与热情就可能与客观存在的电力供应的紧张状态相矛盾,那么这种情况就使企业不得不做进一步的权衡,在利用可以利用的资源前提下去开发新产品,并且企业的行为还必须与政府及各管理部门的要求相符合。

2.2.3 工程机械市场营销环境与企业活动

市场营销环境通过其内容的不断扩大及其自身各因素的不断变化,对企业营销活动造成影响。企业营销活动既要积极适应营销环境又要设法改变营销环境。

市场营销环境是企业经营活动的约束条件,它对企业的生存和发展有着极端重要的影响。现代营销学认为,企业经营成败的关键,就在于企业能否适应不断变化的市场营销环境。由于生产力水平的不断提高和科学技术的不断进步,当代企业外部环境的变化速度,远远超过企业内部因素变化的速度。因此,企业的生存和发展,越来越决定于其适应外界环境变化的能力。"适者生存"既是自然界演化的法则,也是企业营销活动的法则,如果企业不能很好地适应外界环境的变化,则很可能在竞争中失败,从而被市场所淘汰。强调企业对所处环境的反应和适应,并不意味着企业对于环境是无能为力或束手无策的,只能消极被动地改变自己以适应环境,而应从积极主动的态度出发,能动地适应营销环境。也就是说,企业既可以以各种不同的方式增强适应环境的能力,避免来自营销环境的威胁,也可以在变化的环境中寻找自己的新机会,并可能在一定的条件下转变环境因素,或者说运用自己的经营资源去影响和改变营销环境,为企业创造一个有利的活动空间,然后使营销活动与营销环境取得有效地适应。

美国著名市场学者菲利普·科特勒针对这种情况,提出了"大市场营销"理论。该理论认为,企业为成功地进入特定市场或者在特定市场经营,可应用经济的、心理的、政治的和公共关系技能,赢得若干参与者的合作。菲利普·科特勒举例说明:假设某家百货公司拟在美国某城市开设一家商店,但是当地政府的法律又不允许,在这种情况下,公司必须运用政治力量来改变法律,才能实现企业的目标。"大市场营销"理论提出企业可以运用能控制的方式或手段,影响造成营销障碍的人或组织,争取有关方面的支持,使之改变做法,从而改变营销环境。这种能动的思想不仅对开展国际市场营销活动有重要指导作用,对国内跨地区的市场营销活动也有重要意义。因此,营销管理者的任务不仅在于适当安排组合,使之与外部不断变化的营销环境相适应,还要积极地、创造性地适应环境并积极改变环境,创造或改变目标顾客的需要。只有这样,企业才能发现和抓住市场机遇,因势利导,进而在激烈的市场竞争中立于不败之地。

3 任务实施

3.1 准备工作

结合案例及思考问题学习相关理论知识。

3.2 操作流程

完成本学习任务,可按以下流程进行:
(1)案例阅读,明确问题并带着问题学习理论知识。
(2)分组讨论问题,课堂分享案例并讨论。
(3)小组选派学生代表回答问题。

3.3 操作提示

(1)在任务完成过程中可以小组讨论,找到最优答案。
(2)内容要求具体、翔实、条理清晰,具有一定逻辑性。

任务2 分析影响工程机械营销的微观因素

1 任务导入

1.1 任务描述

工程机械市场营销环境由微观环境和宏观环境构成。微观环境由工程机构企业的供应商、营销中介(中间商、物流企业、融资企业及其他营销服务机构)、用户、竞争对手和社会公众以及企业内部影响营销管理决策的各个部门(计划、财务、人事、营销等部门)组成。那么,这些环境到底会对工程机械企业有何影响?

1.2 任务完成形式

学习任务:学生整体了解工程机械市场环境,并以小组为单位,根据任务选择工程机械品牌,详细了解该公司所面临的微观环境,并对该环境进行分析,找出对企业有利的影响和不利的影响,以及企业应如何面对微观环境的影响。

任务要求:

(1)学生以小组为单位,共同完成资料搜集整理工作。

(2)要求内容详尽、条理清晰,并结合理论知识确定介绍内容。

(3)要求每个学生都参与,并进行汇报介绍。

2 相关理论知识

2.1 工程机械市场营销的微观环境

微观环境(Micro-Environment)是指与企业关系密切、能够影响企业服务顾客能力的各种因素,如企业自身、供应商、营销中介、用户、竞争者和社会公众。这些因素构成了企业的价值传递系统。而营销部门的业绩,建立在整个价值传递系统运行效率的基础之上。

1)企业内部环境

微观环境中第一个因素是企业本身。企业的市场营销部门不是孤立的,它面对着企业的许多其他职能部门。一般而言,工程机械企业内部基本组织机构包括高层管理、财务部门、研究与发展部门、采购部门、生产部门、销售部门等。这些部门之间、各管理层次之间的分工是否科学、协作是否和谐、精神是否振奋、目标是否一致、配合是否默契等,都会影响管理的决策和营销方案的实施。

2)供应商

供应商向工程机械企业提供包括工程机械零部件、设备、能源、劳务、资金等生产所需的资源,对企业营销活动的影响主要表现在以下三个方面:

(1)供应商提供的资源质量将影响企业所生产的商品质量。

(2)供应商所提供的资源价格将影响企业所生产商品的成本和售价。

(3)供应商对资源的供货能力将影响企业的生产和交货期。

因此,工程机械企业在选择供应商时,应通过制订详细计划,选择那些能提供优质产品和服务的供应商。现代企业管理很重视供应链的管理,工程机械企业应认真规划好自己的供应链体系,将供应商视为战略伙伴,按照"双赢"的原则实现共同发展。

3)营销中介

营销中介(Marketing Intermediaries)是指协助工程机械企业从事市场营销的组织或个人。它包括中间商、实体分配公司、营销服务机构和财务中间机构等。

中间商是销售渠道公司,能帮助公司找到顾客或把产品售卖出去。中间商包括批发商和零售商。寻找合适的中间商并与之进行有效地合作并不是一件容易的事。制造商不能像从前那样从很多独立的小型经销商中任意挑选,而必须面对具备一定规模并不断发展的销售机构。这些机构往往有足够的力量操纵交易条件,甚至将某个制造商拒之门外。

实体分配公司帮助企业在从原产地至目的地之间存储和移送商品。在与仓库、运输公司打交道的过程中,企业必须综合考虑成本、运输方式、速度及安全性等因素,从而决定运输和存储商品的最佳方式。

营销服务公司包括市场调查公司、广告公司、传媒机构、营销咨询机构,它们帮助公司正确地定位并负责促销产品。由于这些公司在资质、服务及价格方面变化较大,公司在作选择时必须认真对待。

财务中间机构包括银行、信贷公司、保险公司及其他金融机构,它们能够为交易提供金融支持或对货物买卖中的风险进行保险。大多数公司和客户都需要借助金融机构为交易提供资金。

营销中介对企业市场营销的影响很大,如关系到企业的市场范围、营销效率、经营风险、资金融通等。因此,企业应重视营销中介的作用,获得它们的帮助,弥补企业市场营销能力的不足并不断地改善企业财务状况。

4)顾客(用户)

顾客是企业产品销售的市场,是企业赖以生存和发展的"衣食父母",企业市场营销的起点和终点都是满足顾客的需要,工程机械企业必须充分研究各种工程机械用户的需要及其变化。

一般来说,顾客市场可分为消费者市场、企业市场、经销商市场、政府市场和国际市场五类。其中,消费者市场由个人和家庭组成,他们仅为自身消费而购买商品和服务;企业市场购买商品和服务是为了深加工或在生产过程中使用;经销商市场购买产品和服务是为了转卖,以获取利润;政府市场由政府机构组成,购买产品和服务用以服务公众,或作为救济物资发放;国际市场由其他国家的购买者组成。每个市场都有各自的特点,营销人员需要对此做出仔细分析。

5)竞争者

通常情况下,企业不可能独占某一市场,每个市场都存在数量不同的竞争者,企业的营销活动会受到竞争对手的干扰和影响。因此,企业不仅要对竞争对手进行辨认和跟踪,还要有适当的战略谋划,以巩固本企业的市场。

工程机械市场竞争基本上有以下三种类型:

(1)生产同类产品的企业竞争。这类企业生产相同的产品满足用户相同的需求,如同是生产平地机的厂家。

(2)生产替代产品的企业竞争。这类企业生产不同的产品,但满足的是用户相同需求。

(3)生产不同产品企业间的竞争。

【案例】

工程机械生产企业之间的竞争

伴随着行业的发展,市场容量的持续放大,市场整合的压力进一步显现。据分析,工程机械行业属于进入和退出壁垒均相对较高的行业,设备投资巨大、人员培训成本高是其行业特点。对已有的工程机械企业而言,在今后一段时期内,将面对来自诸多潜在竞争者的挑战。一是汽车行业的进入。例如,北汽福田大步进入装载机市场,拟订了年产销万台的规模;宇通客车控股郑工,成立"宇通重工";以"铁盒子"起家的中国国际海运集装箱(集团)股份有限公司,简称"中集集团",生产出混凝土搅拌车投放市场,并欲收购和参股国内其他工程机械企业。二是上规模的配套件企业进入工程机械行业。比较典型的是我国大型柴油机制造企业——玉柴,进入了小型挖掘机与装载机行业。三是在配件比较充足,技术来源比较方便的地方新出现了较多的工程机械民营企业。例如,山东青州新近涌现了10多家年产200台左右的装载机民营企业;长沙则滋生了数十家产能不等的各种拖式混凝土泵的小厂。四是一部分原有的机械制造企业转行或已破产关闭后,通过改制重组,又重整旗鼓以新的面貌重新进入工程机械行业。例如,"四平华银"破产后,被民营企业买下,成立了重新制造装载机的"吉林恒业"公司等。另外,还有一些国外大企业入驻中国工程机械行业,比较典型的有,世界工程机械排头兵美国卡特彼勒凭借其经济实力,通过收购和参股等方式兼并了多家企业;日本神钢与成工集团整体组成了"神钢成工集团",从2003年起2年内达到由神钢控股;沃尔沃建筑设备在上海建立独资厂生产挖掘机;利渤海尔在大连建立独资厂生产挖掘机;宝马在上海建立合资厂生产压路机;BHS在天津建立独资厂生产混凝土搅拌设备等。

6) 社会公众

公众是指对企业的营销活动有实际的潜在利害关系和影响力的一切团体和个人。一般包括融资机构、新闻媒介、政府机关、协会社团组织以及一般群众等。

公众对企业市场营销的活动规范、对企业及其产品的信念等有实质性影响,如金融机构影响一个公司的获得资金的能力;新闻媒体对消费者具有导向作用;政府机关决定有关政策的动态,一般公众的态度影响消费者对企业产品的信念等。现代市场营销理论要求企业采取有效措施与重要公众保持良好关系、树立良好企业形象,为此,企业应适时开展正确的公共关系活动。

企业的市场营销活动除了应重视研究本企业微观营销环境的具体特点外,更重要的是要研究市场营销的宏观环境。

3 任务实施

3.1 准备工作

学习相关理论知识,多渠道查阅资料,熟悉工程机械市场微观环境。

3.2 操作流程

完成本学习任务,可按以下流程进行:

(1) 分组。延续上一任务的分组情况。
(2) 小组共同学习理论知识并根据理论知识进行分工。
(3) 小组分工后,根据学习任务要求搜集工程机械行业所面临的微观环境相关资料。
(4) 小组进行资料汇总并经过讨论后形成书面材料。
(5) 小组推荐一名学生代表向大家介绍该工程机械品牌所面临的微观环境及所受到的影响。

3.3 操作提示
(1)在任务完成过程中可以选择多种渠道搜集资料。
(2)内容要求具体、翔实、条理清晰,具有一定逻辑性。

任务3　分析影响工程机械营销的宏观因素

1　任务导入

1.1　任务描述
工程机械市场营销环境由微观环境和宏观环境构成。宏观环境由包括人口环境(人口的规模、自然构成、地区分布、教育程度、地区间移动等)、经济环境(购买水平、消费支出模式、供求状况等)、自然环境(原料资料、能源、污染等)、技术环境(科技进步等)、政治环境(政治体制法令法规等)和社会文化环境一些大范围的社会约束力量构成。那么这些环境对工程机械企业到底会有何影响?

1.2　任务完成形式
学习任务:学生整体了解工程机械市场环境,并以小组为单位根据任务选择工程机械品牌,详细了解该公司所面临的宏观环境,并对该环境进行分析,找出对企业有利的影响和不利的影响,以及企业应如何面对宏观环境的影响。

任务要求:
(1)学生以小组为单位,共同完成资料搜集整理工作。
(2)要求内容详尽、条理清晰,并结合理论知识确定介绍内容。
(3)要求每个学生都参与,并进行汇报介绍。

2　相关理论知识

2.1　工程机械市场营销的宏观环境
宏观环境(Macro-Environment)是指能影响整个微观环境和企业营销活动的广泛性因素——人口环境、自然环境、经济环境、科技环境、政策法律环境以及社会文化环境。一般来说,企业对宏观环境因素只能适应,不能改变。宏观环境因素对企业的营销活动具有强制性、不确定性及不可控性等特点。上述宏观环境与微观环境和企业营销活动之间的关系如图2-1所示。

工程机械企业所面临的宏观市场营销环境包含多种因素,每一种因素又包含很多具体内容,为更好地利用环境,就必须对这些环境因素及其内容做深入分析。宏观环境的因素主要包括以下六个方面。

1)政治环境

政治环境是指那些影响工程机械企业市场营销活动的政治因素,主要包括国家政治制度,政府方针、计划、措施及其稳定性,社会安定程度,群众利益团体(保护消费者利益团体)状况等。这些政治因素,对工程机械企业营销活动有着重大的影响。因此,工程机械企业必须认真分析政治形势,吃透方针政策,以便及时发现市场机会,避免环境威胁。

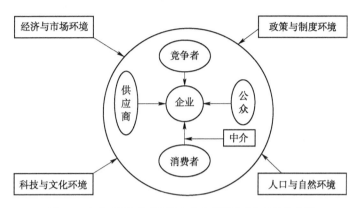

图 2-1 宏观环境与微观环境和企业营销活动之间的关系图

2) 经济环境

经济环境是指影响工程机械企业市场营销活动的外部经济因素,主要包括国民经济发展的规模、速度与经济结构,人民的消费水平,交通运输业和公用事业的发展状况,货币的发行量与币值以及对外贸易的状况等。

(1) 国民经济增长状况。国民经济增长的重要标志是国民收入增长,而国民收入增长,则积累和消费都会随之增长。

(2) 人民的消费水平。影响人民消费水平的主要因素是收入。在收入中,主要是国民收入总额和人均国民收入,它既反映一个国家的经济实力,也反映整个社会市场的供求状况。

(3) 货币的供应量和币值。

(4) 交通运输业和公用事业发展状况。

(5) 对外贸易状况。对外贸易发展水平对企业营销产生着较大影响,既给企业带来机会,又给企业造成威胁。

3) 社会文化环境

决定着社会生活素质的社会文化环境,既有物质的表现,也有精神的表现,它主要表现在文化水平、风俗习惯和宗教信仰等方面。

4) 法律环境

法律环境是指影响企业市场营销活动的法律因素,包括国家法律、法令、条例及政府的规定,如经济合同法、商标法、广告管理条例、物价管理条例、环境保护法、保护消费者权益条例等。从事国际市场营销的企业还应包括贸易往来国家的有关立法。法律环境对企业营销活动的影响是强制性的,企业必须无条件执行,否则就要受到惩罚。

5) 技术环境

技术环境是影响工程机械企业营销活动的技术因素,主要包括技术状态、新技术成就、技术发展动向等。由于技术的每一次进步都会给整个社会经济带来进步,必将创造新的需求,从而为某些企业创造新的市场营销机会;同时也给某些企业造成环境威胁。因此,工程机械企业在营销活动中必须注重采用新技术,以求得企业生存和发展。

6)自然环境

自然环境是影响工程机械企业营销活动的自然因素,主要包括原材料来源、能源动力供应及环境保护状况。自然环境对工程机械企业市场营销的影响比较直接,每一变化都产生着机会和威胁。例如,我国正在进行西部大开发,西部地区特殊高原环境就会对工程机械提出特殊要求。

3 任务实施

3.1 准备工作

学习相关理论知识,多渠道查阅资料,熟悉工程机械市场宏观环境。

3.2 操作流程

完成本学习任务,可按以下流程进行:

(1)分组。延续上一任务的分组情况。
(2)小组共同学习理论知识并根据理论知识进行分工。
(3)小组分工后,根据学习任务要求搜集工程机械行业所面临的宏观环境相关资料。
(4)小组进行资料汇总并经过讨论后形成书面材料。
(5)小组推荐一名学生代表向大家介绍该工程机械品牌所面临的宏观环境及所受到的影响。

3.3 操作提示

(1)在任务完成过程中可以选择多种渠道搜集资料。
(2)内容要求具体、翔实、条理清晰,具有一定逻辑性。

任务4 制订应对工程机械市场营销环境因素变化策略

1 任务引入

1.1 任务描述

工程机械企业所面临的市场营销环境复杂多样。那么,怎样才能对市场营销环境进行准确的分析,并好好利用呢?常用的方法是环境分析法,即SWOT分析法。本任务要求学生能够制订应对工程机械市场营销环境因素变化的策略。

1.2 任务完成形式

学习任务:在学习理论知识的基础上,对自己小组选择的工程机械企业进行SWOT分析,分析它的主要优势、劣势、机会和威胁,并根据SWOT分析选择并制订出相应的营销策略。

任务要求:
(1)学生以小组为单位,共同完成理论学习、资料搜集、整理工作。

项目2 分析工程机械市场营销环境

(2) 要求内容详尽、条理清晰，并参考SWOT分析报告的写法完成任务。
(3) 要求每个学生都参与，并进行汇报介绍。

2 相关理论知识

营销者必须善于分析营销环境的变化，研究相应的对策，提高企业市场营销的应变能力。只有如此，企业才能在"商战如兵战""市场无常势"中立于不败之地。

2.1 企业对抗环境变化的策略

对企业市场营销来说，最大的挑战莫过于环境变化对企业造成的威胁。而这些威胁的来临，一般又不为企业所控制，因此，企业应做到冷静分析、沉着应对。面对环境威胁，企业可以采取以下三种对策：

(1) 对抗对策。这种对策要求尽量限制或扭转不利因素的发展。例如，企业通过各种方式促使或阻止政府或立法机关通过或不通过某项政策或法律，从而赢得较好的政策法律环境。显然企业采用此种策略时必须要以企业具备足够的影响力为基础，一般只有大型企业才具有采用此种策略的条件。此外，企业在采取此种策略时，其主张和所作所为，不能倒行逆施，而应同潮流趋势一致。

(2) 减轻策略。这种策略适宜于企业不能控制不利因素发展时采用。它是一种尽量减轻营销损失程度的策略。一般而言，环境威胁只是对企业市场营销的现状或现行做法构成威胁，并不意味着企业就别无他途，俗话说："天无绝人之路""东方不亮西方亮"，企业只要认真分析环境变化的特点，找到新的营销机会，及时调整营销策略，不仅减轻营销损失是可能的，而且谋求更大的发展也是可能的。

(3) 转移策略。这种策略要求企业将面临环境威胁的产品转移到其他市场上去，或者将投资转移到其他更为有利的产业上去，实行多角经营。例如，KD方式转移生产、产品技术转移等都是转移市场的做法，但转移市场要以地区技术差异为基础，即在甲地受到威胁的产品，在乙地市场仍有发展前景。企业在决定多角度经营（跨行业经营）时，必须要对企业是否在新的产业上具有经营能力作审慎分析，不可贸然进入。

总之，当企业在遇到威胁和挑战时，营销人员尤其是管理者，应积极寻找对策，率领全体职工努力克服困难，创出光明前景才是企业家的风度。

2.2 企业调节市场需求的策略

调节市场需求的水平、时间和特性，使之与供给相协调，是营销管理者的重要任务。现代市场营销理论总结出多种调节市场需求的方法，具体如下：

(1) 扭转性经营。采取适当的营销措施，改变用户对本企业产品的信念和态度，把否定需求改为肯定需求。此策略适合于用户对本企业产品存有偏见或缺乏了解等情况下采用。

(2) 刺激性经营。设法引起用户的注意和兴趣，刺激需求，扩大需求规模。此策略一般适合于企业成功的新产品在推向市场时采用。

(3) 开发性营销。当用户对现有产品已感到不满足，希望能有一种更好的产品取代时，即意味着某种新产品就有了潜在需求，企业应尽快推出适合用户需要的新产品，将用户的潜在需求变为现实需求。

(4)维持性营销。当某种产品目前的需求水平与企业期望的需求水平基本吻合,出现更大规模需求的可能性不大时,宜采用此策略,即维持营销现状,不再对此产品做更大的投资。

(5)限制性营销。当产品呈现供求不平衡时,企业可以通过宣传引导、提价等措施,以抑制部分需求,当产品供过于求时,企业可以加强促销,以扩大需求;必要时,还必须减少产品的供给,实行限制性营销。

有人说,市场营销管理的实质就是需求管理,这说明了调节市场需求对企业市场营销的重要性,它体现了企业市场营销的高超技艺。

2.3 环境分析的具体方法

企业只有不断地适应各种营销环境的变化,方可顺利地展开营销活动。为此,企业除了在技术上应建立预警系统,监视环境变化以及加强营销环境变化的预测外,还必须掌握分析环境变化的具体方法。从而主动调整营销策略,使企业的营销活动不断地适应营销环境的变化。

对企业来说,并非所有的环境机会都具有相同的吸引力,也不是所有的环境威胁都产生相同的压力。因此,企业对于每种营销环境的变化给企业带来的机会或环境威胁,应从数量上或程度上加以分析,运用比较的方法,找出和抓住有吸引力的营销机会,避免受到严重的环境威胁。这种分析方法即环境分析。

环境分析的具体方法可以通过选择"潜在吸引力(或危害性)"和"成功可能性(或出现威胁的可能性)"两个指标进行。根据这两个指标的具体特点去评价某种环境变化的具体特点。环境分析的具体过程如图2-2所示。如果某种环境变化对企业营销机会的"潜在吸引力"大,而企业营销活动的"成功可能性"也大,即图2-2a)中所示的阴影部分,表明该种环境变化将对企业的营销活动非常有利,企业应当抓住这样的机会;反之,如果某种营销环境变化对企业营销活动的"潜在危害性"大,而这种"危害出现的可能性"也大,即图2-2b)中所示的阴影部分,表明该种环境变化将对企业的营销活动产生非常不利的影响,企业应及时调整营销策略,甚至改变营销战略,以避开或减轻营销环境变化对企业营销活动的威胁。

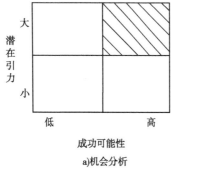
a) 机会分析

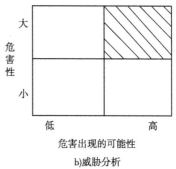
b) 威胁分析

图2-2 营销环境分析方法

清楚自己的营销机会和环境威胁,是取得营销业绩和谋求企业发展的基本前提。如果综合地考察企业面临的营销机会和环境威胁,企业在营销环境的变化过程中所处的地位和类型可能是:①理想企业;②风险企业;③成熟企业;④困难企业(图2-3)。显然,以理想企业所处的环境最好,以困难企业所处的环境最差。对进入新的历史时期的我国工程机械企业来说,大型工程机械企业(集团)更多的可能属于风险企业,而某些中小型企业,尤其那些经营思想不端正,市场营销能力差的企业,则更多的可能属于困难企业。因此,各工程机械企业对自己所处的地位和类型应保持清醒的认识。

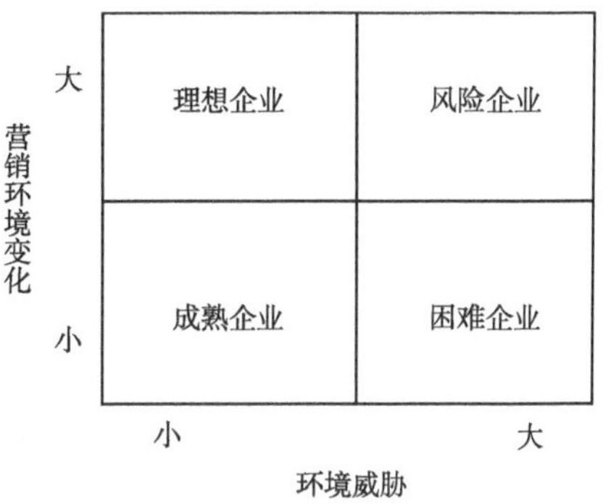

2.4 企业适应营销环境变化的措施

为了适应环境变化,企业必须在营销实践中找到一些行之有效的措施。具体措施有:

图2-3 企业在营销环境的变化过程中所处的地位和类型

(1)加强市场营销计划的弹性。富有弹性的市场营销计划,有利于发挥营销计划的先导作用,使企业在实施营销计划时能够适应环境的变化。因此,企业在制订营销计划时应做到:①企业要在制订好市场营销基本计划的基础上,再制订一套或几套应急计划或方案;②企业要建立滚动性营销计划;③计划指标要有合理的上限和下限幅度。同时,企业在制订计划和决策的早期阶段,应使计划和决策既处于大体形成,又处于实验性状态,以备突发事件来临后游刃有余。

(2)重视后备资源的建设。如上所述,企业在制订应急计划后,还应落实应急措施和办法,积蓄打赢应急战的力量。

(3)提高控制水平。它包括企业提高对流动资金、生产物资、生产指挥和中间商等市场营销重要因素的控制水平。

(4)建立快速应变的组织保证体系。企业在组织领导体制上要有"统一指挥、个人负责"的指挥系统,完善企业内部的信息流通机制加强各部门的协调配合,提高整个组织的灵活性和协调性。

3 任务实施

3.1 准备工作

学习相关理论知识,多渠道查阅资料,熟悉自己选择的品牌环境。

3.2 操作流程

完成本学习任务,可按以下流程进行:
(1)以小组为单位进行理论学习。
(2)根据学习任务要求搜集工程机械企业所面临的营销环境。
(3)小组讨论并运用SWOT分析法分析工程机械企业所具备的优势和劣势、面临的机会和威胁。
(4)通过对企业进行SWOT分析,制订企业下一步的营销策略。

3.3 操作提示

(1)在任务完成过程中可以选择多种渠道搜集资料。

(2)内容要求具体、翔实、条理清晰,具有一定逻辑性。
(3)要求SWOT分析报告写作规范。

思考与练习

(1)工程机械企业为什么要进行营销环境分析?
(2)工程机械市场营销环境的特征有哪些?
(3)如何分析工程机械企业的宏观环境?它由哪些因素组成?
(4)如何分析工程机械企业的微观环境?它由哪些因素组成?
(5)你认为工程机械企业可以通过哪些策略调整市场需求?

拓展学习

工程机械行业市场的SWOT分析

1. 优势(Strength)分析

我国工程机械规模巨大,经过前几年的高速发展,我国工程机械行业规模已跃居世界第一,成了我国国民经济发展的重要支柱产业。机械行业的快速增长带动了配件市场的繁荣发展,推动了整个产业链运营成本的降低,加上我国加工制造业人工成本较低、资源充足,大大缩减了工程机械的生产成本,在价格方面的优势明显。并且,我国工程机械制造规模和能力都很强,产品性价比较高,深受发展中国家欢迎,具有很大的国际市场。

2. 劣势(Weakness)分析

我国工程机械行业部分操作人员没有经过正规的培训,操作人员的专业性不够,尤其是短聘人员,对机械的使用保养知识欠缺,超负荷的工作状态使得机械的使用寿命和安全性降低,国内产品的可靠性比国外先进水平低。此外,工程机械行业经营销售依旧是传统模式,它显然并没有和互联网时代接轨。

3. 机会(Opportunity)分析

"十三五"国家发改委加大在投资领域的力度,与此同时,以沿海地区、西部地区为代表,各地也都在积极推进城际高铁、高速公路以及桥梁建设,加快完善各地交通设施。不仅如此,我国一直积极参加国外交通设施建设,在国际基建中担当中坚力量,因而,对工程机械的需求量巨大。同时,为应对全球经济危机,促进国家经济又快又好发展,国家提出"一带一路"倡议,明确发展目标,刺激各地经济发展,助力工程机械行业发展。

4. 威胁(Threat)分析

随着我国工程机械市场规模的不断扩大,我国部分工程机械制造企业采取了降价、延长保修期、低首付等营销策略,严重扰乱了市场秩序,增加了工程机械行业整体的经营风险,进而影响我国工程机械行业安稳、理性、有序发展。

项目 3　调研与选择工程机械目标市场

概述

市场营销调研,即市场营销调查与研究的简称,它是指个人或组织为某一个特定的营销决策问题而进行的搜集、记录、整理、分析、研究市场的各种状况及其影响因素,并由此得出结论的系统活动过程。市场营销是以市场和消费者需求为基础而开展的经营活动,科学地认识市场和消费者,准确地把握市场和消费者的实际情况是市场营销的出发点。为了了解和掌握市场和消费者的实际情况,市场营销调研也就成了市场营销活动一个必不可少的、最基本的环节。市场营销调研是市场营销的信息基础,是制订营销决策的主要来源。市场营销调研有利于企业发现市场机会,开拓新市场;有利于企业开发新产品;为制订市场营销组合策略提供依据;有利于企业提高经济效益。对于工程机械企业来说,要制造出让客户满意的产品,也必须进行相应的市场调研,通过市场调研来了解工程机械市场和消费者的需求。

工程机械企业面对着成千上万的消费者,他们的需求和欲望是千差万别的,不但分散于不同的地区,而且随着环境因素的变化而变化。对于这样复杂多变的大市场,任何一个规模巨大的企业、资金实力雄厚的大公司,都不可能满足该市场上所有顾客的全部需求。又由于生产企业其资源、设备、技术等方面的限制,也不可能满足全部顾客的不同需要。企业只能根据自身的优势条件,从事某方面的生产、营销活动,选择力所能及的、适合自己经营的目标市场。细分市场理论为企业提供了科学选择目标市场的思路和方法,是企业选择目标市场的基础和前提。目标市场就是企业决定要进入的市场。企业在对整体市场进行细分之后,要对各细分市场进行评估,然后根据细分市场的市场潜力、竞争状况、本企业资源条件等多种因素决定把哪个或哪几个细分市场作为目标市场。

任务 1　实施工程机械营销调研

1　任务导入

1.1　任务描述

学习任务:学生根据某一营销任务,确定调研主题后,根据资源情况会同小组其他成员制订出调研计划书,然后根据计划组织实施,最后对搜集到的数据进行整理分析,得出相关结论,并撰写调研报告。

任务要求:
(1)学生以小组为单位,共同完成调研计划的制订工作,并撰写计划书。
(2)设计出调查问卷。
(3)开展调研活动。
(4)分析调查数据,得出结论,撰写调研报告。

1.2 任务完成形式

(1)调研策划书。
(2)调查问卷。
(3)调研报告。

2 相关理论知识

2.1 市场营销调研概述

没有调查研究就没有发言权,市场营销调研在整个市场营销活动中占有重要地位。一个企业在其自身的营销活动中,需要作出各种不同的决策。例如,生产什么产品?顾客在购买一种产品时,他们的实际需要是什么?希望得到什么利益?如何满足顾客的需求?某种新产品是否应开发?竞争对手是谁?如何在激烈的市场竞争中立于不败之地?……这些问题都需要通过市场营销调研来解决。这是一项十分细致而复杂的工作,它为企业进行市场营销提供了有力的依据。

市场营销调研是一个在市场营销观念指导下,以满足顾客需求为中心,通过调研信息把消费者、客户、大众和市场人员联系起来。营销者借助这些信息可发现和确定营销机会和问题,开展、改善、评估和监控营销活动并加深对市场营销过程的认识的过程。由此得出的市场营销信息资料为企业营销管理者制订正确的营销决策提供依据。

2.1.1 市场营销调研的作用

企业如何了解、确定消费者的需求?如何把握自己产品的生产方向?如何知晓新产品的受欢迎程度?企业从哪里获取迅速、准确的信息?

市场调研作为营销手段对于发达国家的企业来说已成为一种武器,在他们看来,企业不搞市场调查就进行市场营销决策简直是不可思议。企业对国内外市场的行情及其走势、对顾客的消费需求及消费心理、对竞争对手的种种情况都应了如指掌,有比较准确的把握,自然胜券在握。相反,企业不重视市场调研、盲目生产,受到市场规律无情惩罚的也不乏其例。令人遗憾的是,许多企业管理者对市场调研的意识淡薄,认为市场调研的费用是一项支出,而不是一项必要的额外投入。不少企业重视搞新产品开发,对市场调研却不重视,或调查不够细致,仅凭个人经验,对市场作直观、感性的判断,就开展某个项目,结果成功率较低。

有效的营销调研会使企业获益匪浅,其作用综述如下:市场营销调研是为企业营销决策提供依据,即市场营销调研在企业制订营销计划、确定企业发展方向、制订企业的市场营销组合策略等方面有着极其重要的作用。在营销决策执行过程中,为调整营销计划、改进和评估各种营销策略提供依据,有着检验与矫正的作用。

2.1.2 市场营销调研的类型

市场营销调研经常遇到不同性质的问题,需要以不同的方法取得不同的资料。按其研究的问题、目的、性质和形式的不同,一般分为以下四种类型。

1) 探测性调研

探测性调研用于探询企业所要研究问题的一般性质。如果研究者对所需要研究的问题或范围不甚明确时,可采用探测性调研,以便发现问题,确定研究的重点。

探测性调研的目的是明确的,但研究的问题和范围较大,在方法上比较灵活,事先不需要进行周密的策划,在研究过程中可根据情况随时进行调整。探测性调研的资料主要来源于二手资料或请教一些专家,让他们发表意见、谈自己的想法,或参照过去类似的实例来进行,多以定性研究为主。

2) 描述性调研

描述性调研主要进行事实资料的搜集、整理,着重回答消费者买什么、何时买、如何买等问题,它是通过详细的调查和分析,对市场营销活动的某一方面进行客观的描述,是对已经找出的问题作如实反映和具体回答。

3) 因果性调研

描述性调研可以说明某些现象或变量之间的相互关系,但要说明某个变量是否影响或决定着其他变量的变化,就要用到因果性调研。

因果性调研的目的是要找出关联现象或变量之间的因果关系,一般是为回答调研中"为什么"的问题提供资料。如果要了解企业可控制的变量、产品产量、产品价格、各项销售促进费用等与企业无法控制的变量、产品销售量、市场的供求关系等之间的变化关系和影响程度,需通过因果性调研得知。因果性调研是在描述性调研的基础上进一步分析问题发生的因果关系,弄清原因和结果之间的数量关系,揭示和鉴别某种变量的变化究竟受哪些因素的影响及影响程度如何。

4) 预测性调研

预测性调研,即对未来市场的需求进行估计,是企业制订有效的营销计划和进行市场营销决策的前提。它是在前述调研的基础上组织信息处理,估计市场未来需求,对于企业今后发展有着一定的意义。预测性调研涉及范围比较大,可采用的研究方法比较多,研究方式较为灵活。

2.2 问卷调查

问卷调查是市场营销调研中较常用、较为有效的方法,是用于搜集第一手资料的最普遍的工具,是沟通调查人员与被调查对象之间信息交流的桥梁,通过问卷调查可以使企业根据调查结果了解市场需求、消费者倾向等,从而做出相应的决策,促进企业的发展。

2.2.1 调查问卷的设计

调查问卷的设计是市场调研的一项基础性工作,需要认真仔细地设计、测试和调整,其设计是否科学直接影响到市场调研的成功与否。

1) 调查问卷设计原则

设计调查问卷的原则如下:

(1) 主题明确。根据调查目的,确定主题,问题目的明确、重点突出。

(2)结构合理。问题的排序应有一定的逻辑顺序,符合被调查者的思维顺序。

(3)通俗易懂。调查问卷要使被调查者一目了然,避免歧义,愿意如实回答。调查问卷的语言要平实,语气要诚恳,避免使用专业术语。对于敏感问题应采取一定技巧,使问卷具有较强的合理性和可答性。

(4)长度适宜。问卷中所提出的问题不宜过多、过细、过繁,应言简意赅,回答问卷时间不应太长,一份问卷回答的时间一般不多于30分钟。

(5)适于统计。设计时要考虑问卷回收后的数据汇总处理,便于进行数据统计处理。

2)设计调查问卷的程序步骤

设计调查问卷者要求有清晰的思路、丰富的经验、一定的设计技巧以及极大的耐心。设计调查问卷的过程应遵循一个符合逻辑的顺序。

基本步骤:

(1)深刻理解调研计划的主题。

(2)决定调查表的具体内容和所需要的资料。

(3)逐一列出各种资料的来源。

(4)写出问题,要注意一个问题只能包含一项内容。

(5)决定提问的方式,如哪些用多项选择法、哪些用自由回答法、哪些需要做解释和说明。

(6)将自己放在被调查者的位置,考量这些问题能否得到确切的资料,哪些问题便于被调查者回答,哪些难以回答。

(7)按照逻辑思维,排列提问次序。

(8)每个问题都要考虑怎样对调查结果进行恰当的分类。

(9)审查提出的各个问题,消除含义不清、倾向性语言和其他疑点。

(10)以少数人应答为实例,对问卷进行小规模的测试。

(11)审查测试结果,对不足之处加以改进。

(12)打印调查问卷。

3)调查问卷的组成

一个正式的调查问卷一般由以下三部分组成:

(1)前言。前言主要说明调查主题、调查目的、调查的意义,以及向被调查者致意等。最好强调此调查与被调查者的利害关系,以取得被调查者的信任和支持。

(2)正文。正文是问卷的主体部分。依照调查主题,设计若干问题要求被调查者回答,这是问卷的核心部分,一般要在有经验的专家指导下完成设计。

(3)附录。附录可以列入有关调查者的个人档案,也可以对某些问题附带着说明,还可以再次向被调查者致意。附录可随调查主题不同而增加内容。

调查问卷的结构要合理,正文应占整个问卷的2/3~4/5,前言和附录只占很少部分。

4)调查问卷的外观

外观也是调查问卷设计中不可忽视的一个重要因素。外观影响到被调查者是否愿意、顺畅、容易地答题,如问卷所用的纸张品种、颜色及问卷的编排字体样式等,都会影响到被调查者回答问卷的质量水平。因此,调查问卷外观的设计应注意以下几点:

(1)小张纸比大张纸好。四小张比两大张使被调查者感到有压力的可能性小。
(2)外观庄重、正式的问卷可使被调查者感觉到这是一份有价值的调查问卷。
(3)调查问卷应当只印在纸张的一面,而且必须为答案留出足够的空白,关键词应当划线或用醒目字体。
(4)调查问卷的每一页应当印有供识别用的顺序号,以免在整理时各页分散。

5)"有问题"的调查问卷

一份调查问卷是由许多问题组成的,而调查问卷是非常灵活的,这就涉及多种提问方法和技巧。一份调查问卷需要对每一个问题进行分析、测试和调整,看它的设计是否合理,是否能取得真实可靠的第一手资料,被调查者是否易于回答等。

2.2.2 调查问卷的提问方法与技巧

一份调查问卷要想成功取得目标资料,除了做好前期大量的准备工作外,在具体操作设计问题时,一般有两种提问方式:封闭式提问和开放式提问。提问方式从一定程度上决定了调查问卷水平质量的高低。

1)封闭式问题

封闭式问题是指被调查者在包括所有可能的回答中选择某些答案。这种提问方式便于统计,但答案伸缩性较小,较常用于描述性调研、因果性调研。

2)开放式问题

开放式问题允许被调查者用自己的话来回答问题。采用这种方式,被调查者不受限制,可产生许多新的信息,供调查方参考。开放式问题运用于探测性调研阶段,了解人们的想法与需求。一般来说,开放式问题因其不易统计和分析,所以在一份调查问卷中只能占小部分,对于开放式问题的选择要谨慎,所提的问题要进行预试。

2.3 实地调研

在一些情况下,搜集资料不够及时准确时,就需要适时地进行实地调研来解决问题,取得第一手的资料和信息,使调研工作有效、顺利地开展。所谓实地调研,是指对第一手资料的调查活动。随着社会经济的发展和营销活动的深入开展,现场搜集信息的方法越来越多,一般可归纳为访问法、观察法和实验法三种。

1)访问法

访问法是指将拟调查的事项,以当面或电话或书面的形式向被调查者提出询问,以获得所需资料的调查方法。它是最常用的一种实地调研方法。访问法的特点在于整个访谈过程是调查者与被调查者相互影响、相互作用的过程,也是人际沟通的过程。它包括面谈、电话访问、信函调查、会议调查和网上调查等。

2)观察法

观察法是指调查者在现场从侧面对被调查者的情况进行观察、记录,以搜集市场情况的一种方法。它与访问法的不同之处在于,后者调查时让被调查者感觉到"我正在接受调查",而前者则不一定让被调查人感觉出来,只能通过调查者对被调查者的行为、态度和表现的观察,来进行推测、判断问题的结果。常用的观察法有直接观察调查和实际痕迹测量等方法。

3)实验法

实验法是最正式的一种方法,主要分为产品试销和市场实验等它是指在控制的条件下,对所研究的对象从一个或多个因素进行控制,以测定这些因素间的关系。它的目的是通过排除观察结果中的带有竞争性的解释来捕捉因果关系。在因果性的调研中,实验法是一种非常重要的工具。

当然营销调研是一门专业性的工作,它不仅要求调研员受过专业培训,且需要有某些专用技术才能发挥作用。

以上所述的调查方法是市场调查中常用的,每种方法各有所长,在具体的调查过程中,究竟采用哪种方法,应根据调查目的、要求和调查对象的特点来选择。

一般应考虑以下因素:

(1)调查项目的伸缩性。调查内容只要求一般回答的,宜采用邮寄、网上调查;需要灵活改变题目、深入探求的内容,则以面谈访问或电话访问为好;若调查项目要求取得较为真实可靠的数据,则以直接观察调查和市场实验为好。

(2)需要调查资料的范围。资料范围广泛,可采用邮寄、网上调查;调查项目资料简单的可用电话访问。

(3)调查表及问卷的复杂程度。较复杂和要求较高的,宜采用面谈、市场实验等调查方法;一般的和较简单的,则可以采用邮寄、网上调查的方法。

(4)掌握资料的时效性。如果需要调查的项目急需搜集到一定的信息,以利迅速决策的,宜采用电话访问或面谈访问;时效性要求不太高、不很紧迫的,可采用其他几种方法。

(5)调查成本的大小。根据调查项目的规模、需要和目的,调查者的人力、物力、财力,在保证调查质量的前提下,精打细算,统筹安排调查方法,以求事半功倍。

在实际工作中,选择一种或多种调查方法,可大致考虑以上一些因素,但是经济现象是千变万化发展的,要灵活地进行选择。通常,可选择一种方法为主,再辅以其他方法,或是几种方法并用的形式,会取得好的效果。

2.4 市场数据处理

在进行案头调研和实地调研后,营销调研人员一般已经搜集了大量资料。但是,所有这些原始材料不会向调研人员提供清晰的市场面貌,它们是比较分散的、零星的,不会直接显示出所需要的现成答案。为了反映事物的本质,必须把这些原始资料进行整理分析和处理,使之系统化、合理化。而市场资料整理分析就是把各种调查所得的数据资料归纳为反映总体特征的数据的过程。

2.4.1 市场数据整理过程

数据的整理分析一般包括以下五个程序:

1)分类

分类是指把资料分开或合并在有意义的类目中,它是数据资料整理的基础,也是保证资料科学性的重要条件。分类的方法有两种:一种是事先分类,即在问卷设计时已将调查问题预先作了分类编号,资料搜集后只要按预先的分类进行整理即可;另一种是事后分类,市场调查中有些问题事先无法分类,如购买动机、非结构性问题的询问等,只能在事后分类。资料分类编组一般有按照数量分组、按照时序分组、按照地区分组、按照质量分组四种类型。

2)编校

资料的编校工作包括检查、改错,对资料进行鉴别与筛选。编校时要求按照易读性、一致性、准确性和完整性这四个标准来进行工作,特别是对完整性的要求尤其重要,即市场调查问卷的所有问题,都应有答案。如果发现没有答案的问题,可能是被调查者不能回答或不愿回答,也可能是调查者遗忘所致。编校工作者应决定是否再向原来的被调查者询问,以填补空白问题,或者询问调查者有无遗漏,能否追忆被调查者所做的答复,不然就应剔除这些遗漏了的资料,以免影响资料的完整性和准确性。

3)整理

数据资料整理的方法有手工、机械和计算机三种。

(1)手工方法。其优点是方法简单,不需要其他机器设备,工作人员只需要接受手工整理的训练,发现错误时可随时纠正,成本较低。其缺点是遇到大量复杂的数据,整理时间太长。

(2)机械方法。这是用机械在卡片上打孔的方法。调查表上每一类资料都要根据一定的标准,在规定的部位打孔,经过检查后,运用分类机自动将同一部位的卡片分组,并自动在记录器上计算出张数。这种方法的效率比手工方法高,并且可以保证资料整理的准确性。

(3)计算机方法。计算机处理数据是计算机技术应用的新发展,由于其计算速度快、准确性高,对量大、复杂的数据处理工作特别有效。调查的数据,在计算机中进行处理就要将答案变换成代码,代码通常用数字来表示,也可用字母表示。

4)制表

为了对资料进行分析和对比,必须将编校过的资料根据调查目的和重要程度进行统计分类,列成表格或图式。市场调查资料的列表方式可分为单栏表或多栏表两种。在单栏表里只有一项市场调查资料,如果研究人员只要了解某一种特性的调查结果,则可采用单栏方式。如果想在一张统计表中表示两种或两种以上的特性,则应采用多栏统计表。

5)鉴定

从总体中抽取样本来推算总体的调查必然带有误差。除了抽样误差外,在实际工作中,由于技术或工作的错误也会造成偏差,这种误差称为系统误差,一般应尽量避免。为了验证所抽取的样本是否能代表总体,需要采取一些方法进行鉴定:一种方法是凭经验鉴定误差,如把所得的样本数据与其他标准数据相比较,以验证其代表性;另一种方法是用适当的公式计算标准误差和置信度,如果计算结果在误差范围之内,则可认为数据是可靠的。

2.5 市场调研报告的撰写

市场调研的最后一个步骤就是撰写一份高质量的研究报告,即以报告形式表达市场调研所获得的资料和结果,供委托者或本企业管理层作营销决策时参考。调研报告既是研究工作的最终成果,也是制订市场营销决策的重要依据,市场营销调研报告的提出和报告的内容、质量,决定了企业领导据此进行决策的有效程度。

2.5.1 调研报告的种类

调研报告根据读者的需要不同可分为专题报告和一般性报告。这两种报告分别适合不同兴趣和不同背景的读者,专题报告是供专门人员做深入研究用的,一般性报告是供企业的行政领导或公众参考的。

1)专题报告

专题报告又称技术性报告,在撰写时应该注意尽可能详细,凡在原始资料中所发现的事实都要列入,以便于其他专门人员参考。这种详细、专业形式的报告使得读者能够清晰地了解调研报告的适合程度以及准确程度。因此,一项专业形式的报告应该详述每一个研究步骤以及使用"标准差"这样的专业词汇。

2)一般性报告

一般性报告又称通俗报告,普遍适合那些只关心研究结果而无兴趣于研究技术的读者。因为阅读者人数众多,水平参差不齐,所以一般性报告力求条理清晰,并避免过多地引用术语。为了提高阅读人的兴趣,报告要注重吸引力。

2.5.2 调研报告的结构

调研报告的结构一般包括标题封面、目录、研究结果摘要、前言、调查结果、结论和建议、附录七个部分。

(1)标题封面。标题封面应写明调研题目,承办部门及人和日期。这部分内容是让读者知道(如调研报告的题目)此项报告是为谁而写、此项报告由谁完成和此项报告的完成日期。

(2)目录。目录应该列出报告的所有主要部分和细节部分以及其所在页数,以便使读者能尽快阅读所需内容。但如果研究报告少于6页,目录则可省去,只要提供明确的标题则可。

(3)摘要。摘要应该以简明扼要的语言陈述研究结果,以便企业的决策者或主管在繁忙的时间内迅速地了解到调研的成果,应该采取什么样的措施或行动。因此,摘要是报告中最重要的部分。

(4)前言。在前言部分要述及调研背景、调研目的和所采用的调研方法。在调研方法里要说明样本设计和抽样方法等。

(5)研究结果。这部分是调研报告的核心内容,将研究结果做有组织、有条理地整理和陈述,图文并茂,尽可能说明问题,便于读者阅读。

(6)结论及建议。研究者的作用不仅在于向读者提供调查事实,还应该在事实的基础上做出问题的结论,并提供建议。

(7)附录。附录是调研报告的结尾部分,它起到以数据图表来表述调研报告的作用。有些与报告主体"调查结果"相关的数据图表由于没有地方放置,通常也被放在"附录"这一部分。另外,问卷实地调查概况也包括在这一部分。

3 任务实施

3.1 准备工作

学习相关理论知识,多渠道查阅资料,搜集相关调研问卷及调研报告。

3.2 操作流程

完成本学习任务,可按以下流程进行:

(1)确定问题与调研目标。

(2)拟订调研计划,撰写策划书。

(3)设计调研问卷。

(4)调研实施。

(5)分析整理调研数据。
(6)得出调研结论,撰写调研报告。

3.3 操作提示

(1)完成本学习任务需要用的工具和设备有:
①调研工具夹,工具夹中包括工程机械车型资料、名片、笔、便签、表格等。
②小礼物。
③工作装。
④移动电话。
⑤其他需要用到的工具。

(2)作为学习任务,本任务可先在课堂中设计相关的场景来进行调研问卷的预调查,以分析问卷可行性,发现问卷的不足等。

场景要求:
①模拟被调查 5~10 人。
②模拟场景(教室)一间。
③模拟真实调研场景所需的资料。

任务2 选择工程机械目标市场

1 任务导入

1.1 任务描述

大宇综合机械锁定目标市场

大宇以高超的技术水平和优秀的品质,使得品牌效应在美国和欧洲等先导市场得到了认可。目前,大宇综合机械将 Brics 地区(巴西、俄罗斯、印度)定为新目标市场,想以此扩大出口。

大宇预测,Brics 地区的国家会在 2030 年之前位居世界经济规模的前列。大宇顺应世界经济发展提前占领中国市场,挖掘机、机床、发动机等主打产品的销售增长率达到了年平均 40%。叉车方面,大宇以质量和价格竞争力来压制中国生产企业的价格攻势,推动产品的本地化,将在未来开始进入正式的销售活动。

大宇计划将中国的成功模式扩大到印度和俄罗斯等国家。特别是在印度和巴西,计划通过推动 OEM 事业来避免高关税,以优秀的品质和具有价格竞争力的产品来提高品牌喜好度。大宇为了强化这些地区的销售活动,新建社长直属的销售小组,对产品制订全方位的销售计划。同时,强化建立营销战略、树立品牌形象等活动。

大宇综合机械除 Brics 地区外,在东欧地区 10 个国家和越南等地也积极强化当地流通网、OEM 供应等中长期的市场营运活动。大宇综合机械计划通过扩大上述地区市场,今年完成 11.5 亿美元的出口额。这将比去年提高 30%。(来源:工程机械信息)

1.2 任务完成形式

阅读以上案例并思考讨论以下问题：
(1) 分析大宇综合机械锁定目标市场的依据是什么？
(2) 大宇针对目标市场采取了哪些措施？

2 相关理论知识

2.1 工程机械市场细分概念的发展

市场细分概念的形成，至少经历了以下几个阶段。

1) 大批量营销

工程机械企业大量生产和促销某种产品给所有用户。

2) 产品差异营销

营销随着经济的发展，工程机械企业意识到产品差异在激烈市场竞争中的好处，开始采用差异营销。

3) 目标市场营销

第二次世界大战以后，在新的市场形势和市场营销观念的指导下，西方一些企业开始理性地辨别不同的市场，有针对性地选择目标市场，集中优势创造特点，并辅之以不同的营销策略，以满足多样化需要。

2.2 市场细分要素

市场细分概念的形成与发展至少证明它的作用和意义：对于用户，这种营销方式能使其各种需求都得到满足。以市场细分和目标营销为特征的新格局，不仅使企业经营水平达到新的境界，更会促进整个社会的经济繁荣发展。

市场细分的变量要素主要有地理要素、行为要素和行业要素。

1) 地理要素

地理要素是指用户所处地理位置不同，如不同地区（中部与西部，南方与北方）、不同城市规模、气候条件等而影响其采购行为的某些特征变量。

2) 行为要素

行为要素是指按照购买时机、购买频率或使用率、购买产品所追求的利益、对产品品牌的态度或忠诚程序等行为特征来细分市场。

3) 行业要素

行业要素则是按行业不同细分市场。

2.3 工程机械目标市场选择策略

市场细分揭示了企业可利用的市场机会，下一步就是决定应该覆盖哪些子市场和如何选择最好的子市场。

2.3.1 工程机械目标市场策略

常用的目标市场策略有如下三种。

1）无差异型营销策略

企业忽略市场的差异性，以一种营销策略针对整个市场，强调市场性和需求共性，设计同样产品，使用同样的营销方法、同样的大众宣传媒介和同样的大众销售渠道。这种方法比较经济，较窄的产品线与相应单一的营销手段，使销售量增加而库存、运输、管理、广告费用都下降。同样的商标、分销方式，以它的内在质量和低廉的价格受到用户喜爱。但是现代用户差异和需求多样化越来越明显，这种策略显然不能适应。

2）差异型营销策略

将整个市场划分为若干子市场，分别用不同的营销策略覆盖，这种策略希望在每个子市场中占有一席之地。反过来，这种广泛的市场占领和多样化的市场策略又给用户一种领导潮流的强烈印象，有利于企业形象的树立，有利于企业的竞争地位稳定。

采用这种策略要有不同的生产技术和管理技术，所以要求企业要有强大的资金、人力、技术和管理方面的实力。

3）密集型营销策略

当一个企业资源有限，或刚涉足商界时，最好的选择是在一个子市场中占有较大市场占有率，取得坚实的立足之地，而不是分散力量涉及过多。有些企业虽然实力很强，但为了具有某种特色，也采用这种策略，即企业只采用一种市场营销组合，集中针对某一个市场。

2.3.2 决定工程机械目标市场策略选择的因素

各个企业可能采取不同策略，一个企业在不同层次上也可能分别采用不同策略。那么，工程机械企业依据什么来选择目标市场策略呢？

(1) 企业资源条件。企业资源条件雄厚，可采取差异型策略。反之，若人力、物力、财力有限，则密集型策略较有利。

(2) 产品的同质性。如果产品的差异性很小或可以忽略，可采用无差异型策略；如果产品的差异性很大的产品则采用后两种策略。

(3) 产品所处的生命周期阶段。新产品刚投入市场，往往只投入一两种规格或款式，因而采用前两种策略更相宜。无差异型策略可全面试探市场，密集型策略可集中力量攻占一点，然后再扩大战果。

(4) 市场的同质性。若所有购买者具有相同的购买动机或行为，或者对企业的营销激励反应类似，这种市场是同质的，同质市场宜实施无差异型策略。

(5) 竞争对手的策略。竞争对手很强大，则企业应避其锋芒，找缝隙求生存，以密集型策略应对。对手采取无差异策略，企业可以用产品的多样化和营销手段的多样化与之抗争。

总之，工程机械企业应根据自身和环境的实际情况及变化趋势，合理地确定和调整自己的目标市场和目标市场策略。

2.4 市场定位

一旦确定了目标市场和策略，工程机械企业必须决定在这些子市场中应占据的地位。用户在做购买决策时，通常并不是对每种产品做重复的评价。实际上用户已经将可供选择的商品归类，即将产品、服务和公司的形象与其他产品相比较，在内心形成一种认可的综合形象。因此，产品的位置实际上最后由用户定义。然而，企业的产品和所做的一切是形成最后形象之根源，企业必须有意识地培育某种形象，而使自己的产品在竞争中占据优势。

市场定位不可避免地要比较竞争者的产品定位,最终确定自己的产品定位。定位策略实际是企业在目标市场上与竞争对手开展竞争的一种竞争策略,一般有如下三种。

1) 市场补缺者策略

市场补缺者策略是指企业将自己的产品定位在目标市场上的空隙部分。采用市场补缺者策略的通常是一些资源积累优势较小,难以与大企业开展正面竞争的弱小企业。通过寻找和开发市场空隙能力为企业今后的发展奠定很好的基础。

2) 市场追随者策略

市场追随者策略是指将企业和产品定位在市场领先者之后的策略。如果把一个市场上的企业和产品在用户心目中的地位想象为一个系列的话,那么,追随市场领先者策略就是把自己定位在第二个层次上,与领先者和平共处,只是紧紧跟随领先企业之后而不去刺激它。

3) 市场挑战者策略

市场挑战者策略就是要向位居前列的竞争对手发起挑战,取而代之。采用这种策略的企业通常在目标市场上进一步发展的空间已经很小,又难以向其他的细分市场或其他行业发展,只能通过在原有的目标市场上抢占竞争对手市场份额的方法来谋求进一步的发展,而且企业又拥有较雄厚的资源积累,有足够的信心战胜竞争对手。

【案例】

<h3 style="text-align:center">山东工程机械厂用差异化产品获得相对竞争优势</h3>

由于技术水平和经济实力的差距,国内许多企业在产品研发方面几乎全面采用"拿来主义",用仿制替代研制,什么产品畅销就仿制什么。于是,大厂跟着国外跑,小厂跟着大厂跑,个体跟着小厂跑,这是工程机械产品同质化竞争产生的根源。

山东工程机械厂(以下简称"山工")是国内最早生产装载机的专业制造商,也是最早将斯太尔发动机引入工程机械领域的厂家。敢于第一个"吃螃蟹"的山工曾经因为大胆采用斯太尔发动机,而在装载机市场大出风头,斯太尔发动机成为山工产品的最大卖点,也是其与竞争对手之间最大的差异点。随着斯太尔发动机被越来越多的装载机品牌所采用,山工产品的相对优势已经不再突显,发掘新的差异点成为当务之急。山工开发差异化产品是受到煤场用户的启发。有用户反映,山工装载机的力量要比同等配置的其他品牌大不少,如果换上一个容量更大的铲斗,就能大大提高作业效率。顺着这条线索,山工研发部门迅速组织人员进行论证、开发、试制,很快拿出了第一个差异化产品——山工"装煤王",实地使用后,效果非常好。"装煤王"的成功,使山工认识到差异化产品的开发必须是将自身产品特点与市场的需求紧密结合。为了加快差异化产品的开发速度,山工不仅将研发部门一分为二,在销售公司专门设立市场开发处,负责差异化产品的研制,还出台激励政策,鼓励销售人员和代理商深入市场调研,寻找差异化产品线索。此后,在很短的时间里,山工先后成功推出"岩石王""耐热王""掘土王""装沙王""高原王"和"高卸王"等差异化产品,特别是ZL50F"岩石王",因其耐磨而成为石料场、采矿场等用户的首选产品。不仅如此,山工差异化产品的推出,还带动了整个装载机行业开发差异化产品的浪潮。

与研制全新产品相比,差异化产品研发的速度要快得多,而且市场接纳速度也快很多,能够迅速给企业带来经济效益,是一种"短、平、快"式的市场竞争策略。然而,需要指出的是,现阶段差异化产品实际上是常规产品的变形产物,还不是真正意义上的差异化产品,企业在实施差异化产品开发的时候,不能因噎废食、逐本求末,必须将新产品的研发与差异化产品的研发同等重视。如果企业实力雄厚,完全可以考虑研发真正的差异化产品,从产品实质上寻求差异性,避免竞争对手在短时间内进行仿制。

3 任务实施

3.1 准备工作
结合案例及思考问题学习相关理论知识。

3.2 操作流程
完成本学习任务,可按以下流程进行:
(1)案例阅读,明确问题并带着问题学习理论知识。
(2)小组讨论问题:课堂分享案例并讨论。
(3)小组选派学生代表回答问题。

3.3 操作提示
(1)在任务完成过程中可以小组讨论,找到最优答案。
(2)内容要求具体、翔实、条理清晰,具有一定逻辑性。

任务3 分析工程机械顾客购买行为

1 任务导入

1.1 任务描述
分析工程机械顾客购买行为,要求学生站在顾客的角度来考虑问题。为了让学生更加了解顾客购买行为,要求学生分析一次自己的购买行为,并从中归纳总结顾客购买行为特点。

1.2 任务完成形式
学习任务:学生在课堂上分享一次自己的购物经历,要求选择产品价值较大产品,如手机、笔记本电脑、家电等,并站在顾客的角度说明顾客在购买过程中的行为特点和心理变化。
任务要求:
(1)学生以小组为单位,通过讨论确定选择某一小组成员的购物经历。
(2)要求内容详尽、条理清晰,并结合理论知识归纳总结。
(3)要求每个学生都参与,并进行汇报介绍。

2 相关理论知识

2.1 影响工程机械购买力的因素
工程机械的销售对象主要是工程建设单位,购买行为从属工程建设需求,购买决策程序复杂。工程建设单位的购买力是构成市场和影响市场规模大小的一个重要因素,而这种购买力又受到各种经济因素和社会环境的影响。这些因素主要有:

(1)受国家发展与国民经济总方针、总政策的影响。当工程建设投资增长,规模扩大时,对大型成套设备需求将增长,与之配套的各种工程机械需求也将增长;而国民经济处于调整期,工程建设投资减慢,对工程机械需求也减少。

(2)与各个基本建设行业,如交通、水利、城建、电力、能源、农业等发展有关。

(3)工程机械市场属于专业市场。在这个市场上,不论是购买者、经营者、生产者,都需具有专门的技术水平和专业知识并了解熟悉其产品的性能、技术指标、价格、使用操作等。由于工程机械的技术特性,使具备专业知识的人在市场营销中能发挥更大作用。而用户在购买工程机械时,不仅对产品性能、规格、型号、价格、交货期有严格的要求,还要求提供设备的安装、调试、维修、培训、配件供应等多项服务,这些只有专业技术人员才能做到。

(4)工程机械市场活动的理智性。工程机械作为生产资料用于生产中,用户对购买产品,尤其是购买大型设备极为慎重,一般都会做预先计划,有严格的标准,或在考察实际使用效果后才会购买。这些都是基于理性动机,有异于消费市场用户较多出于感情色彩,多被广告和形象所吸引。此外,生产企业更注重从技术创新上吸引用户。例如,国外公司在推销产品时,经常举办新技术讲座,以周到的服务来吸引用户对其产品的注意,而用户在接受了这一方面的最新技术后,也会对其产品产生购买的欲望。

2.2 工程机械需求特点

(1)工程机械需求分散、数量少。工程建设单位较为分散,施工地点经常变化,因而工程机械需求分散。大部分工程机械购买属集团购买,个人购买较少,因而购买单位少。而且受企业实力与施工性质的影响,每个单位购买数量少。

(2)工程机械衍生的需求。工程机械需求是由各种工程基建衍生出来的,不同的基建工程需要不同的工程机械,甚至对同一种工程机械的规格型号要求也不相同。

(3)工程机械需求缺乏弹性。工程机械需求取决于工程基建需求,受价格变动影响不大。工程基建单位如果在降价时超购,必然造成设备闲置;如果在工程机械涨价时减少购置又会导致不能正常施工,所以工程机械需求的市场弹性系数小。

(4)购买人员专业化。工程机械都是由那些经过专业训练的采购人员购买,他们的全部工作时间都在研究怎样才能更好地采购。他们的专业技术较高,采购趋于合理。

(5)其他特征:

①影响购买决策的人很多。采购委员会都是由技术专家和营销专家组成。

②直接购买。工程建设机械购买者通常是直接向生产者而不再经过中间商购买。

③融资租赁。许多购买者并不一定要完全采用购买的方式,而是以融资租赁的方式取得设备的使用权。

④分期付款。许多工程建设机械的购置不采用一次性付款,而是采用由银行担保,分期付款的形式。

2.3 工程机械购买类型

工程机械购买有三种主要类型,即工程机械的新购、工程机械的直接重购和工程机械的修正重购。

1) 工程机械的新购

工程机械新购指工程建设单位根据施工需要而第一次购买某一产品。这种情况对工程机械的市场营销人员来说,是一种最好的机会,因为这是一个还未被任何竞争对手占据的有待于争取的市场。市场营销人员应当运用整套市场营销手段,包括向用户提供信息和帮助以及建立专门负责向新用户推销的机构等,以便尽力争取市场。

2) 工程机械的直接重购

这是一种最简单的购买方式,采购单位通常只是按过去的购货经验向原来的供应单位订货,不做大的变更。市场营销人员必须采取相应的市场营销策略以保持原有的市场。对原来用户,首先应力求使其供应的产品或服务保持一定质量,并使用户感到满意,同时也可以提出自动重购的办法。这样不仅方便用户采购,而且也可以使本企业能较稳固地保持一定用户的销售水平,并可减少推销事务和费用。此外,供应单位可定期召开用户座谈会,听取用户意见。

3) 工程机械的修正重购

工程机械的修正重购指采购者想改变产品规格、价格及其他条件或想改变供应商的购买情形。针对这种情况,供应企业必须做好市场调查,掌握用户需求变化的趋势,努力开发新的规格和品种,大力提高生产效率,降低成本,使产品价格相应降低,并能为用户所接受,从而保住原有的供应阵地,有效地填充其他供应企业退出的阵地。

上述三种购买类型所处的地位是不同的,工程机械的直接重购和新购处于两个极端,修正重购是常规的采购,因此,其决策比较常规,采购者要作出决定的项目也最少,掌握其规律也比较容易。新购的过程则较为复杂,一般要经由发现、兴趣、评估、试用以及采纳这五个阶段。对于工程机械营销人员来说,每个阶段都有其不同的要求和对策。

2.4 影响工程建设单位购买者购买决策的因素

一般来说,工程建设单位的购买行为与个人购买行为是有很大不同的。工程建设单位对工程机械的购买,主要受经济因素影响,而受个人偏爱影响不大。因此,工程机械采购人员大多属于理性决策。但这些决策者,仍然有常人的一些特点,他们常常凭着某些印象来作决策,向那些自认为是较亲密的供应商采购,对于尊重自己的供应商较乐意光顾,而对于那些高傲自大或者被认为是高傲自大的供应商,则会抱有很大的反感,不屑一顾。这正说明,工程机械的营销人员必须对购买情境中的人和社会因素加以注意。

影响工程建设单位购买决策的因素可归纳为四大类,即环境因素、组织因素、人际因素和个人因素,如图3-1所示。

3 任务实施

3.1 准备工作

学习相关理论知识,多与实际相联系,选择典型案例。

3.2 操作流程

完成本学习任务,可按以下流程进行:

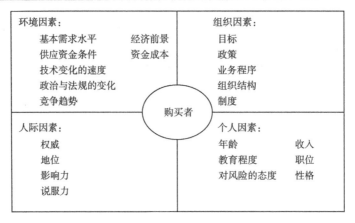

图 3-1 影响购买行为的主要因素

(1) 学生以小组为单位,通过讨论确定选择某一小组成员的购物经历为典型案例。
(2) 小组根据所选案例进行讨论,并归纳总结出顾客购买行为特点。
(3) 小组选派一名学生对案例进行分享并归纳总结。

3.3 操作提示

(1) 在任务完成过程中通过讨论选择最佳案例。
(2) 内容要求具体、翔实、条理清晰,具有一定逻辑性。

任务4 建立工程机械市场营销信息系统

1 任务导入

1.1 任务描述

工程机械企业需安装信息化"发动机"

目前,工程机械企业已将信息化建设作为企业建设的重要组成部分。对此,国内工程机械企业必须有清醒的认识,而这种认识的出发点是:这种竞争不仅仅在技术层面上进行,而且也在企业管理的各个层面上展开。在全球经济一体化的今天,企业信息化建设已是企业在管理上的必备工具,同时,如何迎接电子商务带来的对营销方式的变革,是中国工程机械行业面临的重大挑战。

目前,大部分工程机械企业已经建立了自身网站或网页,但是大多数起到的只是企业宣传资料和产品技术说明的作用。其实,企业的信息化建设包括很多内容,如办公自动化中,电子文档的有序存储和管理、快速查找、自动统计;技术设计工具和档案管理,如快速查询产品结构、控制和管理产品设计数据的应用;企业管理的工具,如统计汇总物料清单、财务管理信息系统和人力资源管理系统等。

除此之外,企业信息化建设的重要内容就是以在互联网上寻价、订货、付款、送货等为内容的电子商务,这种生产企业之间或生产企业与消费者之间通过互联网进行贸易活动的方式,已成为商品交易的基础方式。

对于工程机械制造商来说,通过电子商务能够有效地缩短供货时间和生产周期,简化订单程序,不仅加速了资金周转,使供销"零库存"的目标有望实现,而且还可以 24 小时不间断地为全球每个角落的客户在线服务。这种对传统营销方式质的改变,可以使交易费用大幅降低,使国内企业低成本进入国际市场变得容易;对工程机械用户来说,将能得到更实惠的价格和快捷的专家售后服务;而对于中小型企业来说,其好处表现为有了与大企业同等机会的竞争平台。从这个意义上来讲,大力发展电子商务,开展网上营销,对于我国工程机械企业来说,确实是一个增强自身实力、拓展销售范围、缩小与国外跨国公司差距的好契机。

专家指出,我们的传统市场优势在国外先进营销运作模式及本土化策略下已不复存在,网络经济的高速发展表明,如果民族工程机械工业不能尽快地建立起既适合中国市场实际,又符合商务电子化国际潮流的全新营销体系,那么,我们将很难抵御进口工程机械产品的强力冲击。虽然目前广泛开展电子商务的时机尚不成熟,但是企业应尽早进行这方面的人、财、物准备,并可以大胆进行尝试。只有时刻准备着,才能在未来领先一步,而这一步将关系企业的生死兴衰。

1.2 任务完成形式

阅读以上案例并思考讨论以下问题:
(1)工程机械企业信息化建设包含哪些内容?电子商务将带来哪些营销方式的变革?
(2)大力发展电子商务,开展网上营销,对于我国工程机械企业来说有何意义?
(3)中国工程机械企业应如何迎接电子商务带来的对营销方式的变革?

2 相关理论知识

2.1 营销信息系统

2.1.1 营销信息系统的含义

营销信息系统(MIS)是指由人、设备和程序组成的一个持续的、彼此关联的结构。它持续地提供营销信息,使管理部门掌握关于市场、竞争和产品的变动情况,预防可预料的问题,更好地制订营销决策。这一系统被许多企业称为"决策支持系统"。一个有效的营销信息系统,能够使企业保持对所有潜在营销相关数据的掌握,能够储存适当的信息,分析和评估信息,并且及时、准确地将信息提供给企业管理者。

2.1.2 营销信息系统的组成

根据营销信息的来源和信息服务功能,可将营销信息系统划分为四大部分,即四个子系统。这四个子系统分别是内部报告子系统、营销情报子系统、营销调研子系统和营销分析子系统,如图 3-2 所示。经过这些子系统得出的信息流向营销管理者,帮助他们对市场进行分析、计划、执行和控制。

以下分别介绍营销信息系统的组成部分。

1)内部报告子系统

来自企业内部的信息通常比从企业外部获得的信息更及时、更节约。大多数营销管理者都要用内部报告子系统,定期获取各种数据资料用于日常的计划、管理和控制。例如,企业财务部门提供的财务状况(如销售额、订单、成本)等详细数据;制造部门提供的生产进度、发货、存货等数据;营销部门提供的中间商的反应、竞争对手的活动和市场营销环境变化情况等的信息。这些信息均可供管理者使用,以发现营销中的问题和机会。

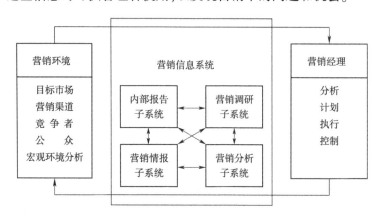

图 3-2 营销信息系统的组成

2)营销情报子系统

内部报告子系统为营销管理人员提供的是结果数据,而营销情报子系统为营销管理人员提供的则是正在发生的数据信息。营销情报子系统提供的信息包括新的法律法规、社会新潮、技术创新、竞争状况等。这些信息有助于管理者制订和及时调整营销计划。

3)营销调研子系统

企业营销管理过程中还需要通过经常性的或专门性的调查研究搜集有关信息。例如,可能需要进行一个市场调查、一个产品的偏好实验、一个地区的销售测试或者一个广告的效益研究等,这时就不能消极地等待来自内部报告子系统提供的信息了,而是需要组织专门的力量或者委托企业外部的专门组织来进行市场营销调研,即系统地统计、搜集和分析数据资料,并且提出与企业所面临的特定营销状况有关的调查研究结果。

4)营销分析子系统

为营销决策提供分析方案是营销信息系统的第四项服务功能,又称最高级信息服务功能。具有这一功能的营销信息系统可称为营销决策支持系统。由于计算机系统中存有各种应用数学模型及计算程序,因此,营销分析子系统具有运用相关数学工具定量分析和处理各种营销信息的功能。

2.2 市场信息分类、来源

2.2.1 市场信息分类

工程机械市场信息在市场营销活动中不仅每时每刻都不可缺少,而且需要的种类很多。为此,必须进行分类管理。工程机械市场信息分类有多种方法,常用分类方法有以下几种。

1)按照工程机械市场信息反映的内容分类

按工程机械市场信息反映的内容可以分为市场需求信息、市场供应信息、市场竞争信息、宏观环境信息和有关本企业的市场信息。

(1)市场需求信息,即工程机械购买者信息,包括:

①需求产品方面的信息。购买者需求产品的信息,包括其购买产品的使用目的、使用环境、使用条件、使用方法、使用频率等,需求产品的品种、质量、数量、结构等以及产品服务、价格、销售渠道、促销方式等。市场对产品的需求信息是企业开发产品的依据。

②购买力方面的信息。购买力包括企业、事业单位购买力。有关购买力信息主要包括购买力数量信息、分布信息、结构信息和发展趋势信息等。购买力信息为产品供应量、市场范围、产品发展等提供依据。

③购买者本身的信息。购买者信息是指购买者结构、地区分布等信息。购买者本身信息为了解购买者购买习惯、购买地点、购买方式提供条件。

(2)市场供应信息,即市场上对工程机械企业进行生产和营销活动需求的人才、资金、技术、物资方面的供应信息。市场供应信息是决定企业投资方向的重要条件。

(3)市场竞争信息是工程机械企业制订竞争战略和策略的重要依据。市场竞争信息主要包括竞争者数量、规模和分布;竞争者资金、技术状况;参与竞争的产品状况(如品种、规格、质量、包装、商标、新产品动向、服务等);竞争者销售状况(如成本、价格、销售渠道、促销方式等);竞争者整体形象(如销售额、利润额、市场占有率、营销战略与策略等)。在竞争对手中,包括直接竞争者和间接竞争者。

(4)营销环境主要是指宏观环境信息,包括国家有关方针、政策、法律、条例、自然资源等。宏观环境信息直接影响着产品供应量和需求量。

(5)有关本企业的市场信息。它主要包括本企业在同行业中的地位、知名度、市场占有率,用户对本企业产品、价格、销售渠道、促销方式的评价等。了解本企业市场信息,有利于正确评价本企业营销状况,为企业下一步发展打下基础。

2)按照市场信息性质分类

按市场信息性质可分为常规性市场信息和偶然性市场信息。

3)按照市场信息的来源分类

按市场信息的来源可分为规范化市场信息和非规范化信息。

2.2.2 国内市场信息主要来源

1)党政机关

我国是社会主义国家,实行的是公有制为主体的市场经济,党政各级机关是我国政治、经济、法律等信息的主要发源地。党的全国代表大会,全国人民代表大会及其常务委员会,国务院以及各部、委、办、省、市、自治区的各类会议,都会从不同角度、不同范围发出市场信息,如各种文件、决议、报告、计划、公报、预决算等。

在党政各级机关中,统计部门在发散信息方面居于特殊地位。他们不仅掌握着全国各行各业历年的统计资料,而且通过其专门调查,可以提供许多其他部门得不到的市场信息。

2)企业上级主管部门与行业协会

企业上级主管部门与行业协会是本行业市场信息的主要来源。他们根据国家经济社会发展规划,规定本行业发展方向、目标、措施等。这些信息对工程机械企业的投资方向、产品的发展方向等具有重要指导意义。

3)销售渠道系统

代理商、经销商以及4S店都是工程机械企业的销售渠道系统,它们在产品销售中,与广大用户联系紧密,掌握着购买者对产品型号、质量、包装、服务等方面的要求及购买动机、购买结构、购买习惯等方面的大量信息。这些信息是指导企业产品开发、营销服务等的重要依据。

4)银行系统

银行是全国的金融信贷中心,银行机构遍及全国各地。银行通过自己的业务活动,掌握着社会、企业资金流向和流量。银行系统为了提高贷款的经济效益,通过对企业提供信贷服务,了解企业市场营销状况;通过对社会资金存贷,了解市场需求发展方向,从而对产品发展和市场需求作出预测,作为工程机械企业开展市场营销活动的参考。

5)舆论宣传工具

舆论宣传工具主要是指报纸、杂志、广播、电视四大类型,每一类型又包括遍布全国的通信机构,如中央级、省、部级、地、市、县级以及各种专业性组织。他们通过自己专门的渠道,利用记者的特殊身份和特有的敏感性,搜集许多其他部门不注意或了解不到的信息,因而成为许多工程机械企业获取市场信息的主要来源。

6)工程机械用户

用户是工程机械的购买者和使用者,代表着市场的真正需求。他们在购买和使用中的要求,直接决定着市场的需求量和发展方向。同时,用户还提供有关竞争对手方面的信息,企业可据此了解对手方面的产品、市场信息,为制订正确的竞争策略提供依据。

7)竞争对手

竞争对手在参与市场竞争中,会采用各种不同的策略,这些策略各从不同角度反映着市场的要求。因此,在与竞争对手的较量中,要注意吸取他们的创新策略,以把握市场竞争的主动权。

8)市场研究和咨询机构

专业性的市场研究和咨询机构,在市场调查研究和为工程机械企业提供咨询诊断服务中,积累大量的市场信息,这些都是工程机械企业进行重大决策的信息源。

9)学术团体

学术团体主要是指高等学校、科研机构、学会、协会等。他们在对市场环境、企业条件等的研究中进行了大量调查,掌握了许多市场信息。这些信息包含在其论文或其研究成果当中。企业参加他们召开的学术会议和经验交流会,可以获得有利的市场信息。

10)工程机械展览会

通过展览会可以了解各种信息,包括市场行情、产销动态、产品发展改进动态、网络变化情况、兄弟单位营销管理经验等。

2.2.3 搜集市场信息方法

从市场信息来源可以看出,工程机械企业得到的信息可分为两大类,即第一手信息和第二手信息。就信息量而言,第一手信息数量较少,大部分属于第二手信息。搜集市场信息的方法也因信息不同来源与不同存在方式而不同,主要有以下五种:

(1)调查法。调查法是取得第一手资料的主要方法。通过工程机械企业销售人员对中间商和用户实地调查而得到市场信息。这种方法得到的信息比较准确,因而是企业普遍采用的方法。

(2)索取法。索取法是直接向有关部门索要信息资料。索取的单位主要是国家各个经济综合部门和管理部门,索取的对象是他们积累的统计资料、会计资料和业务报表。这是一种不付费用搜集方法,但取得的信息大都是一些综合性资料,很难直接用于营销决策中。

(3)交流法。交流法是通过工程机械企业间相互交换各自掌握的市场信息而搜集市场资料。具体形式包括交流企业内部刊物,也包括不同企业营销人员间的信息交流,这种方法经济实用,但需要建立广泛联系,以保证市场信息的来源。

(4)采购法。采购法是通过向提供信息部门付款来取得市场信息。提供信息的部门主要是市场研究部门和委托其代为搜集市场信息的部门。这种方法的费用较高,但得到的信息既快又准,是工程机械企业获取市场信息的重要方法。

(5)摘录法。摘录法是通过从报刊、书籍上刊载的市场信息进行摘录来搜集市场信息。由于宣传机构掌握大量有价值的市场信息,可以通过摘录报刊、书籍等搜集市场信息。这种方法的费用主要花在购买报刊上,是一种比较经济的方法。

2.3 市场信息分析、处理

2.3.1 市场信息的分析

收到市场信息以后,必须对其进行认真分析,才能达到适合需要的目的。市场信息分析主要工作包括:

(1)分析市场信息的准确性。
(2)分析市场信息间的相互关系。
(3)分析市场信息的变化规律。

市场信息变化规律有以下三种类型:

(1)波动性变化规律。例如,有些工程机械销售在一定时间内出现了高低波动,这种波动与自然季节或社会季节有关,并呈现周期性变化,这就是季节性波动规律。

(2)趋势性变化规律。例如,某工程机械因外界因素变化,其销售量呈现上升或下降的趋势。

(3)不规则变化规律。有些信息变化的方向、内容无规律可循,但在一段时间内一定会出现这样的情况却是有规律的。分析市场信息变化的规律,要找出引起变化的原因,并通过对规律的掌握,来把握趋势变化的转折点。

2.3.2 市场信息加工处理

市场信息经过加工处理以后,可以提高其系统性、真实性和清晰度;可以补充所收到的信息量,并产生新的、更有价值的信息。因此,加工处理是信息管理工作的重要一环。

对市场信息加工处理包括组织处理和技术处理两项内容。

1)组织处理

组织处理的主要工作是筛选、分类、编校、列表画图。

(1)筛选是指把所搜集的信息,根据对企业营销的重要程序进行选择,把那些不重要的信息处理掉,以免信息过多影响决策效率。

(2)分类是指把得到的市场信息根据决策的要求进行分类。分类的方法可采用专题分类(如凡属价格的算一类),也可以采用地区分类(把某一地区的各种信息作为一类)。专题分类的好处是能看清某一问题的变化原因;地区分类的好处是能看清该地区各种因素的相互影响、相互制约关系。目前主要的分类方法是专题分类。在分类时应力求详细,以便能充分反映被调查的情况。

(3)编校是指把所得到的市场信息进行编排和校正,做到顺序有致,便于查找,以保证信息既能满足各方面需要,又能准确无误。信息编校一般要进行两次,第一次是在搜集现场进行。信息工作人员要仔细检查整个记录是否清晰、具体、正确。第二次是在信息汇集起来以后进行,由汇集人员进一步编排和校正。

(4)列表画图是指把各种信息资料用表格或图形表示出来。常用的表格有单项式和多项式两种;常用的图形有曲线图、条形图、方形图、圆形图等。

2)技术处理

在搜集的市场信息中,有些历史数据资料是不能令人满意的,如时间序列数据起伏太大、主要影响因素数据与预测对象数据的相关系数太小等。这些不规则数据,如果作为依据进行预测或决策,必然影响结果的准确性。因此,在利用这些数据之前,必须对此类数据作技术处理,使其符合正常情况。

2.4 市场信息存储、使用及反馈

2.4.1 市场信息存储

经过加工处理的市场信息,有些不能立即使用,应暂时存储起来,留待以后参考。为了保证查找顺利,在存储时应进行分类排序。

1)按信息来源分类

按信息来源分类是指把市场信息的来源部门分成若干大类、中类、小类,并按分类顺序存储信息,查找时知道来源即可。

2)按信息内容分类

按信息内容分类是指把市场信息按各自反映的内容进行分类、排列,然后按其排列顺序存放,使用时按内容查找。

为了便于查找市场信息,在存储时就应做好准备检索的工作。根据存储类型,确定信息查找的检索方法。检索的主要工具即目录和索引。其中,目录可根据一定的分类方式排列,索引则应采用笔画索引、汉语拼音索引等。

2.4.2 市场信息使用与反馈

企业搜集、处理、传递、存储市场信息的目的是使用。正确使用市场信息是企业提高信息效益的关键。

企业在进行战略决策和战术决策时,利用市场信息频繁、使用量大。其中,战略决策主要是投资决策、竞争决策、企业发展决策等;战术决策是企业对于产品、价格、销售渠道和促销手段等的决策。这些决策的正确性,取决于对信息的利用水平。为此,企业对自用信息必须认真研究,以提高市场信息利用效率。

在市场信息使用过程中,企业要注意信息反馈。信息反馈是信息在使用过程中产生新信息流回到原输入点的过程。例如,将信息在使用中不同的反映及时反馈企业领导机构。市场信息反馈,有利于提高信息使用质量,便于及时发现营销管理中的问题。因此,工程机械企业应建立市场信息反馈制度,以提高市场信息利用水平。

3 任务实施

3.1 准备工作

搜集网上购物经历,了解电子商务基本知识,结合案例,学习相关理论知识。

3.2 操作流程

完成本学习任务,可按以下流程进行:
(1)以小组为单位分享网上购物经历。
(2)组讨论问题:电子商务基本组成要素,讨论上一年度11月11日电商大战的根源及作用。
(3)通过工程机械商贸网查阅工程机械电子商务情况。

3.3 操作提示

(1)在任务完成过程中可以小组讨论,找到最优答案。
(2)内容要求具体、翔实、条理清晰,且有一定逻辑性。

思考与练习

(1)设计调查问卷时应注意哪些问题?
(2)决定目标市场策略选择的因素有哪些?
(3)什么是营销信息系统?营销信息系统由哪些部分组成?
(4)搜集市场信息的方法有哪些?

拓展学习

工程机械市场调查报告

1. 研究简介

1)调研背景

在工程机械行业竞争日益激烈,产品质量和价格相差甚微的情况下,"服务决定销售"的理念愈加清晰。对于工程机械制造商和代理商来说,服务的优劣直接关系到产品的销量,服务将成为工程机械制造商和代理商在竞争中胜出的关键环节。可以说,中国的工程机械市场已经由"卖产品、卖设备"的阶段进入"卖服务"的阶段。为此,中国工程机械商贸网(http://www.21-sun.com)作为行业内极具影响力的门户网站,对2011年中国工程机械行业的服务满意度展开调查,旨在反映中国工程机械用户在购机和服务方面的真实感受,并将调查结果梳理成文,以供行业各方参考。

2)调研主题

本次调研的主题为工程机械行业服务满意度调查,包括销售服务、售后服务、配件供应和客户支持四个方面。

3)调研时间

本次调研历经3个月时间,2011年9月11日—2011年12月11日。

4)调研对象

本次调研主要以工程机械设备的终端用户(包括机主和操作手)为主,涵盖了国内外大多数工程机械品牌。

5)调研方法

本次调研以中国工程机械商贸网作为平台,通过网络调查的方法获得第一手数据。在调研中,为了便于被访者作答,问卷采用里克特5分制量表,5分——非常满意,超过我的期望(非常及时/非常好);4分——比较满意,符合我的期望(比较及时/比较好);3分——基本满意,但可以做得更好(一般);2分——有些不满意(有些不及时/比较差);1分——非常不满意(非常不及时/非常差)。数据回收后,组织相关人员进行数据核实、统计方法和统计结果的确定,通过审核后,对统计结果进行整理,完成本次调查报告。

6)样本分析

本次调查共回收样本512份,其中有效问卷为453份。

2. 总体服务满意度分析

1)行业总体服务满意度分析

根据调查结果,我们可以清楚地看到,2011年我国工程机械行业服务的总体满意度为77.9分。其中,得分最高的是售后服务领域中的"一次修复率"和"维修服务及时",得分在80分以上,表示工程机械用户对这两个环节非常满意,而这两个环节也是制造商和代理商近年来最为关注和投入成本最高的方面。此外,销售服务领域的"交货服务"和配件服务领域的"配件供应质量"表现也较好,高于行业总体满意程度。得分较低的分别是"对客户的培训""配件供应的及时性"和"配件价格"三个环节。其他环节不相上下,得分均在77分左右,如图3-3所示。从得分情况来看,各个环节的得分主要集中在75～78分,这充分说明了,我国工程机械行业的服务满意度正处于由"比较满意"迈向"非常满意"。

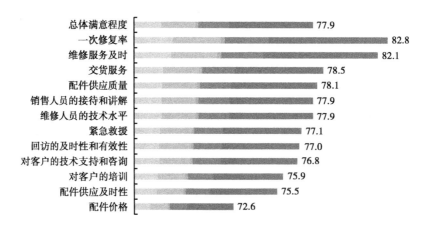

图3-3 2011年度工程机械行业总体服务满意度

2)各机种总体服务满意度分析

分机种来看,2011年我国工程机械各机种的产品中,服务满意度差距较大。具体而言,混凝土泵车以绝对的优势领先,装载机、压路机和叉车表现较好,挖掘机紧随其后,而起重机、推土机和摊铺机列在最后。一般来说,价格越高的产品,制造商和代理商会越注重其服务,在本次调查中这一现象也得到了一定程度的体现,像泵车这种单机价值较高的产品,用户的满意度会更高一些;装载机、压路机和叉车这三类产品在我国发展已经比较成熟,其服务做得也比较到位;挖掘机作为近年来发展最快的机种之一,在销量大增的过程中用户必然带来更多服务方面的需求,还有一定的提升空间;而起重机、推土机、摊铺机服务还需要引起行业的关注和重视,如图3-4所示。

项目3 调研与选择工程机械目标市场

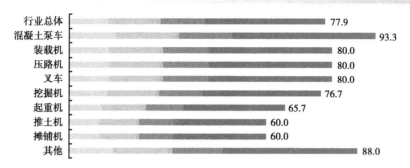

图3-4 2011年度工程机械行业各机种总体服务满意度

3. 服务领域满意度分析

1）销售服务领域满意度分析

销售服务领域包括售前销售人员的接待和讲解以及售中的交货服务两个环节。其中，销售人员的仪容仪表、服务态度、诚信以及专业性能够协助终端用户做出更好地购买决策；而在交车环节中，需要做到及时通知客户提车，对设备进行清理和清洗，提醒用户检查车况等，以免除用户的后顾之忧。但是从这两个环节的得分来看，均在行业总体服务满意度得分（77.9分）附近，表现一般，如图3-5所示。

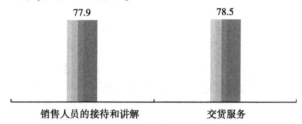

图3-5 销售服务领域满意度得分

(1) 销售服务领域满意度得分明细。对"销售人员的接待和讲解"和"交货服务"表示非常满意、比较满意的用户分别达到74.2%和76.9%。此外，分别有8.6%和7.9%的用户对这两个环节表示不满意，如图3-6所示。

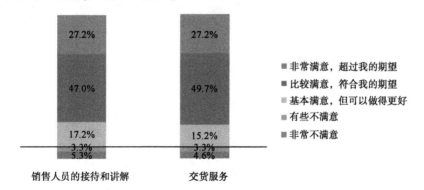

图3-6 销售服务领域满意度得分明细

(2) 各机种销售服务领域满意度得分。相对于其他机种，推土机在销售服务领域的两个环节表现要好于在其他服务领域；而装载机、摊铺机和叉车在这两个环节的表现相对低于行业总体服务满意度，见表3-1。

各机种销售服务领域满意度得分明细　　　　　　　　　　表 3-1

机　　种	销售人员的接待和讲解	交货服务	销售服务领域满意度	行业总体服务满意度
混凝土泵车	93.3	93.3	93.3	93.3
推土机	80	80	80	60
压路机	80	80	80	80
装载机	79.5	77.3	78.4	80
挖掘机	77.1	78.7	77.9	76.7
叉车	70	70	70	80
起重机	68.6	68.6	68.6	65.7
摊铺机	40	40	40	60
其他	84	92	88	88
总体	77.9	78.5	78.2	77.9

2）售后服务领域满意度分析

目前，我国大多数的工程机械企业把售后服务放置于非常重要的地位。例如，很多企业都推出了服务万里行，为客户送关怀，并要求服务人员或代理商通过标准化、超值化的服务来降低用户的使用成本，最终提高用户的盈利能力和购买能力等。在本次调查中我们发现，行业售后服务中一直倡导的"快速"取得了较好的效果，用户对"维修服务的及时性"和"一次修复率"的满意程度均超过 82 分，如图 3-7 所示。此外，制造商和代理商通过增强优秀人才储备、加大对维修人员的培训，提高了维修人员的技术水平，技术娴熟、专业性强的维修服务人员明显地提高服务维修效率，提升了用户的满意度；而紧急救援和回访的及时性、有效性得分则低于行业服务总体水平，需引起行业重视。

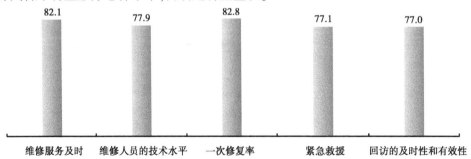

图 3-7　售后服务领域满意度得分

（1）售后服务领域满意度得分明细。从售后服务的各个环节来看，终端用户对维修服务及时性和一次修复率表示"非常满意"的比例相对更高，达到 40% 以上；而用户对"维修人员技术水平"和"紧急救援"表示"比较满意"的比例要高于其他环节，如图 3-8 所示。

（2）各机种售后服务领域满意度得分。分机种来看，混凝土泵车在售后服务领域的各个环节表现都较为突出。此外，工程机械制造商和代理商在售后服务投入较大的装载机和挖掘机，在售后服务领域表现也非常突出，分别排在第二位和第三位，见表 3-2。

项目3 调研与选择工程机械目标市场

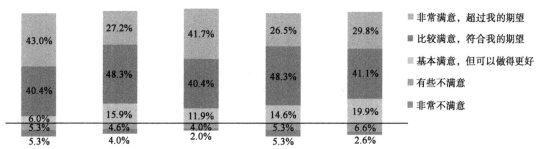

图3-8 售后服务领域满意度得分明细

各机种售后服务领域满意度得分明细　　　　　　　　　　　　　　表3-2

机　种	维修服务及时	维修人员的技术水平	一次修复率	紧急救援	回访的及时性和有效性	售后服务领域满意度	行业总体服务满意度
混凝土泵车	96.7	90.0	93.3	96.7	93.3	94.0	93.3
装载机	83.8	81.6	84.9	78.9	81.1	82.1	80.0
挖掘机	82.4	75.8	82.4	75.6	75.6	78.4	76.7
压路机	80.0	80.0	80.0	80.0	60.0	76.0	80.0
叉车	80.0	70.0	70.0	70.0	80.0	74.0	80.0
起重机	65.7	77.1	80.0	77.1	65.7	73.1	65.7
推土机	40.0	60.0	80.0	40.0	60.0	56.0	60.0
摊铺机	40.0	60.0	40.0	40.0	60.0	48.0	60.0
其他	88.0	84.0	80.0	84.0	76.0	82.4	88.0
总体	82.1	77.9	82.8	77.1	77.0	79.4	77.9

3)配件服务领域满意度分析

总体而言,我国工程机械行业的配件供应质量比较理想,满意度得分超过78%;配件供应及时性也比较好,得分在75分以上;而用户对配件价格的满意度较差,仅为72.6分。因此,今后提高配件供应速度,适当降低配件价格,是提高用户对配件服务领域满意度的关键措施,如图3-9所示。

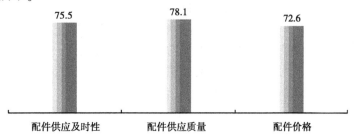

图3-9 配件服务领域满意度得分

(1)配件服务领域满意度得分明细。从图3-10中可以看出,用户对配件价格表示满意的程度远低于其他两个环节,尤其是表示"非常满意"的比例仅有19.2%,而表示"比较满意"的比例也仅有41.7%。

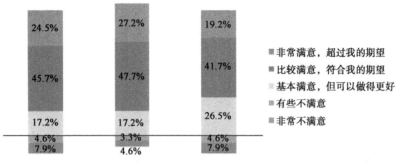

图3-10 配件服务领域满意度得分明细

（2）各机种配件服务领域满意度得分。在配件服务领域，绝大多数机种的用户对"配件价格"的满意度都要低于其他环节和行业总体服务满意度水平，而随着我国配件生产水平和技术的提高，配件的质量进一步得到了用户的认可，见表3-3。

各机种配件服务领域满意度得分明细　　　　表3-3

机　种	配件供应及时性	配件供应质量	配件价格	配件服务领域满意度	行业总体服务满意度
混凝土泵车	96.7	93.3	83.3	91.1	93.3
压路机	80.0	80.0	80.0	80.0	80.0
装载机	75.7	81.6	74.6	77.3	80.0
起重机	71.4	77.1	80.0	76.2	65.7
挖掘机	74.3	75.8	70.3	73.5	76.7
推土机	80.0	80.0	60.0	73.3	60.0
叉车	70.0	80.0	70.0	73.3	80.0
摊铺机	60.0	80.0	60.0	66.7	60.0
其他	80.0	76.0	80.0	78.7	88.0
总体	75.5	78.1	72.6	75.4	77.9

4）用户投诉分析

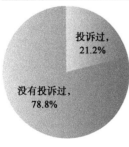

图3-11　用户是否投诉过

在调查年度，有过投诉经历的客户所占比例达到21.2%，这是对工程机械行业服务的一个警示，如图3-11所示。如果制造商和代理商不能有效地处理用户的投诉，将会逐渐失去现有客户，造成无法弥补的损失。

通过本次调查发现，用户投诉的主要原因机种在配件价格高、售后服务响应时间拖沓、服务人员态度不好等，见表3-4。

此外，部分用户也通过本次调查提出了各种建议，除了降低配件价格、提高配件供应速度、缩短发货时间、缩短售后服务响应时间、提高维修人员技能之外，不少用户还希望通过现场指导、开展培训会和交流会、驾驶员培训等方式获得制造商的培训和技术支持。

用户投诉的主要原因　　　　　　　　　　　　　　　　　表 3-4

配件价格及供应	配件便宜些就好了	售后服务	售后服务响应时间拖沓
	配件价格再低一点		服务不及时,找不到人就只能投诉
	配件价格略高		夜间服务的及时性差
	希望配件价格能下降一点		服务半径最好再缩短
	配件储备不足	服务人员态度及技能	服务态度不好,维修人员不及时到
	配件供应的速度慢		销售人员对产品不是太了解
交货速度	交货不及时		售前可以中期一般后期六亲不认
	发货周期太长了		广东服务人员太少

4. 背景资料

在本次调查中,挖掘机和装载机用户占到了近85%的比例,其他各机种的用户所占比例较小。其中,叉车、推土机、摊铺机、压路机用户数量较少,数据分析仅供参考,如图3-12所示。

通过本次调查我们可以发现,工程机械用户在购买设备和产品时,最为关键的因素是产品的质量,其次就是服务,如图3-13所示。因此,关注工程机械行业服务领域的各个方面,提高行业服务水平,势在必行。

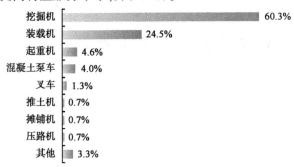

图 3-12　本次调查所涉及的机种分布

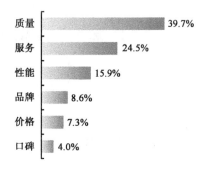

图 3-13　用户在购买工程机械产品时最关注的因素

项目 4　选择工程机械分销渠道

概述

作为市场营销策略组合的四个基本要素(产品、价格、分销渠道和促销策略)之一,分销渠道是由各种旨在促进商品和服务的实体流转以及实现其所有权,由生产者向消费者或企业用户转移的各种营销机构及其相互关系构成的一种有组织的系统。分销渠道的作用在于使产品从生产者转移到消费者的整个过程顺畅、高效,消除或缩小产品供应和消费需求在时间、地点、产品品种和数量上的差异,其本质在于为顾客创造价值。在现代经营活动中,分销渠道承担着产品和服务所有权的交换,是企业获取持续竞争优势的重要途径。

工程机械市场营销的一个重要方面就是如何适时、适地地提供工程机械给用户,为此,要实现工程机械在时间和空间位置上的转移目的,就必须建立畅通的分销渠道和物流系统。

任务1　认识与设计工程机械分销渠道模式

1　任务导入

1.1　任务描述

卡特彼勒公司在中国市场分销渠道分析

卡特彼勒公司总部在美国伊利诺伊州,主要从事挖掘机、推土机等工程机械的生产,是世界上最大的生产工程机械的公司。美国本土有30家工厂,在全球范围内设有29个分支公司,在2019年全球500强中排名第190位。卡特彼勒之所以能够在竞争激烈的工程机械市场长期占有领导者的地位,原因是多方面的,但在对新兴市场激烈的争夺中,卡特彼勒市场营销战略发挥了重要的作用。

1) 分销代理制结构

研究卡特彼勒公司的发展,分析家都会注意到与其相伴成长、遍及世界的分销代理商。"让代理成为伙伴",这是卡特彼勒公司前总裁当劳·费德斯先生关于分销代理制的口号。分销渠道被定义为"执行联系生产者和用户以完成营销任务的活动的组织机构网络"。分销是指商品通过渠道的实物流动；渠道则是为实现产品或服务附加效用的个人或企业组成的协调组织。渠道效用的主要形成有地点(在方便潜在顾客的位置上提供产品或服务)、时间(顾客一旦提出要求即可获取产品或服务)、形态(产品的分类、使用准备和保管)和信息(回答顾客询问、保证顾客能够了解产品的特征)。而这些效用正是卡特彼勒产品价值和竞争优势的基本来源。

美国卡特彼勒公司现有11个全球配送中心(Distribution Centers)和122个分销商，在美国本土有12个区域配送中心和65个分销商。卡特彼勒公司在全球范围的销售系统，统一采用分销代理制。

(1) 中国市场分销渠道结构

在中国市场的四个分销渠道成员是卡特彼勒公司在亚太地区长期的分销商，也都具有长期卡特彼勒产品销售经验，他们跟随卡特彼勒在中国市场投资建厂而进入中国。

卡特彼勒作出在中国投资建厂决策的同时，就开始筹备组织在中国市场的分销渠道。卡特彼勒认为在中国这样一个新兴的巨大潜在市场要建立一个优秀的分销机构需要制造商和独立分销商都必须作出庞大的投资，这些投资既有资金和固定资产的形式，也有培训以及在用户服务方面达成的共识。他们通过考察、评估，决定不在中国市场选择本土分销商，而沿用已有的分销商。卡特彼勒公司将其产品在中国市场的分销代理权向亚太地区，特别是中国周边市场已有分销商公开招标，并最终确定了三家在中国市场的区域分销商——利星行机械有限公司、易初明通机械有限公司和信昌机器工程有限公司。其中，利星行机械有限公司主要在华东区域，易初明通机械有限公司在华西，信昌机器工程有限公司则从事华南的区域分销工作，而华北的销售暂时由卡特彼勒(中国)直接销售。2000年，卡特彼勒最后确定澳大利亚的威斯特机械公司作为华北区域销售的分销商，卡特彼勒(中国)退出直销渠道。

(2) 分销代理制的职能分工

在卡特彼勒公司每次面临困难的时候，其分销系统都发挥了非常重要的作用，与卡特彼勒共渡难关。卡特彼勒的领导者认为他们之所以长期保持世界范围内的行业领先地位，最大原因就在于他们的"分销系统、售后服务和顾客的亲密关系"。

这种协同合作的分销代理制使卡特彼勒的分销商具有一般制造商代理所没有的特点：

①卡特彼勒的分销商是独立的商业组织，独立拥有、独立经营，他们也执行制造商代理(MBA)的功能。但是类似于销售代理商，他们从事卡特彼勒营销活动的职责范围比一般意义上的制造商宽很多，他们被卡特彼勒授予的权限也比一般制造商代理的权限大很多。

②卡特彼勒的分销商不同于一般的制造商代理。他们从卡特彼勒购买产品，从而对产品拥有所有权和控制权。

③卡特彼勒的分销商，不但不得销售与卡特彼勒竞争的产品，甚至不得从事其他工程机械制造商的非竞争性产品销售。

④卡特彼勒的分销商，不同于一般代理商只参与分销渠道的部分活动，他们参与几乎全部分销渠道活动，并且在大部分活动中执行主要功能。

⑤卡特彼勒的分销商自行确定最终用户，而无须卡特彼勒授权。

⑥卡特彼勒的分销商执行一般制造商代理不执行的部分仓储功能，他们密切与卡特彼勒全球或区域配送中心联系，并储备一定的产品，以备迅速向用户供货。

⑦卡特彼勒的分销商参与渠道资金流活动,提供产品销售分期付款或赊账销售,承担相应财务风险。

2)"代理即伙伴"的"相互约束"理论解释

(1) 渠道关系理论

渠道成员关系是指在有关渠道系统中,成员之间相互相关的作用方式。按照渠道关系理论通过组织良好的渠道活动和团队合作,制造商和分销商能给消费者提供低成本和差异化的产品和服务,降低由于环境的不确定性带来的交易成本,通过确立密切的成员关系,对有限资源进行合理配置,提高渠道的效率。

对于渠道内成员的关系是用成员之间的相互约束(Commitment)来衡量的。约束是作为渠道成员与企业组织之间稳定密切的联系机制和程度。渠道成员的相互约束包含三个方面的内涵:

①愿望约束。具有较密切约束的交易双方都愿意保持密切联系并且相信彼此之间的约束对双方都是有益的。卡特彼勒与分销商在保持密切联系和彼此信任方面是非常突出的。他们的分销代理合约只有薄薄几页,并且合约没有界满日期,合约中的任何一方可以不必说明原因而在90天内通知对方终止合约。

②行为约束。具有较密切约束的交易双方都会意识到对方的需求,并在经营中通过灵活运作尽量给以照顾,即使牺牲一定的短期利润也可以接受。卡特彼勒与其分销商在20世纪80年代前期的"风雨同舟"就是一个很典型的例子。

③延续约束。具有较密切约束的交易双方都愿意将这种关系延续至未来。这种约束,可以从卡特彼勒与大多分销商延续50多年的关系找到精准的佐证。

(2) 约束强度的影响因素

渠道成员之间约束的强度由多方面因素决定的,最重要的有以下四种因素:

①环境的不确定性是指渠道中的生产商和中间商所面对环境的变化和复杂程度。环境的不确定性决定成员之间愿意合作的程度,环境的不确定性越高,从渠道其他成员处获取信息,彼此之间保持密切联系,协作计划决策的需要就越高。

②渠道功能执行能力。产品、服务从生产点向消费点转移,分销渠道成员在渠道系统中发挥着各自的功能,这个分销渠道最本质的分销功能在这个分销系统中的执行情况,深刻影响渠道成员之间约束的强度。

商品实体、所有权、服务和促销是从生产点流向销售点,这些功能是自分销渠道的"前方"移动,稳定和信任的良好关系能更好、更快捷地执行这些功能,让生产商更快地销售产品,让用户得到更好的服务,使这一功能流能得到更好地执行。谈判、财务与风险通过分销渠道在生产商和用户之间实现双向流动。分销商与生产商之间良好的沟通与互信的合作,才能使这一互通的双向流动顺畅。充分承认用户也是分销渠道的重要成员,这是分销渠道的逆向功能流能否畅通的前提条件,确保从用户反馈到制造商的信息可靠、及时是市场得以良性循环的保障。

③渠道的价值增加能力。渠道对产品或服务价值的增加作用是通过中间商和最终用户的交易来完成的。价值的增加对于所有的渠道成员都至关重要,因为渠道的本质功能就是通过产品和服务的价值增加架起制造商和用户之间的桥梁。如果渠道增加价值的能

力很强,制造商会更好趋向于与分销商的合作关系。但价值的增加并不只局限于经济或货币价值,社会价值、企业形象、企业文化也是在中国有长期战略目标的跨国公司卡特彼勒关注的目标。如果渠道增加价值的能力越强,显然卡特彼勒就越倾向于扩展和分销商的合作关系。

卡特彼勒在中国市场处于快速成长阶段,业务的拓展依靠渠道内分销商的努力、高效率工作,营销渠道良好的市场推广对卡特彼勒至关重要,因此卡特彼勒需要分销渠道有高的价值增加能力。

④制造商的可替代性。这是指分销商通过渠道系统增加或是替代制造商的容易程度。当制造商的可替代程度比较高时,中间商一般不太有动力发展和制造商的密切关系,反之则就有动力发展这种密切关系。而作为全世界工程机械行业的领导者,卡特彼勒是很难被替代的。

3)结论

对卡特彼勒在中国市场的分销渠道的分析,可以看到卡特彼勒协同合作的分销代理制,这种"伙伴型"的制造商与分销商关系是一种对双方都有利益,双方都致力于强化的关系。为维护这种基于信任、依赖和共同分享利益及成果的关系,卡特彼勒和分销商在中国市场都做出巨大的投资,他们也清楚对方的利益,清楚对方期望从巨大投资中得到什么样的回报。"分销商即伙伴"确定了渠道的功能流畅通,使分销渠道真正成为卡特彼勒价值程式中的一部分,即分销系统的产品价值增加、用户受惠、分销商获利,卡特彼勒也最终获得利润。

1.2 任务完成形式

阅读以上案例并思考讨论以下问题:

(1)卡特彼勒公司在中国主要采取的是什么分销渠道模式?该模式有什么特点?
(2)解释卡特彼勒公司的"代理即伙伴"的"相互约束"理论,并分析其有何优点。
(3)请分析说明工程机械分销渠道的有哪些其他模式?

2 相关理论知识

2.1 工程机械分销渠道的含义与模式

工程机械市场营销的一个重要方面就是如何适时、适地提供工程机械给用户,为此,要实现工程机械在时间和空间位置上转移的目的,就必须建立畅通的分销渠道和物流系统。

2.1.1 工程机械分销渠道的含义

分销渠道是指商品从生产领域向消费者或用户转移过程中所经过的途径或线路。

工程机械分销渠道是指工程机械产品或服务从制造厂商向用户转移过程中所经过的一切取得所有权(或协助所有权转移)的商业组织和个人,即工程机械产品或服务从制造厂商到用户的流通过程中所经过的各个环节连接起来形成的通道。分销渠道通过其组织成员的协调运作,弥补产品或服务的生产与用户使用在使用形式、所有权转移、使用时间以及使用地点之间的差异,为最终使用者创造价值。

分销渠道具有如下特点：

(1)每一条分销渠道的起点都是工程机械生产者,终点都是用户。

(2)分销渠道由参与工程机械交易的各类机构组成,包括工程机械企业的销售部门和各类中间商。企业采用不同的机构会形成不同的渠道类型。

(3)各渠道成员之间既有合作又存在矛盾。各渠道成员之间有共同利益关系,需要彼此合作,协同营销。由于它们各有其不同的工作性质和组织形式,因此也会发生矛盾和冲突。要提高分销效率,必须采取各种措施协调各方矛盾,使之为统一的分销目标而共同努力。

2.1.2 分销渠道的模式

1)分销渠道的长度结构

分销渠道按其有无中间环节一般分为直接渠道和间接渠道两大类。

(1)直接分销渠道

直接分销渠道又称为零级渠道,是指厂商根据市场目标和市场条件的实际情况设立自有的销售机构,配备销售人员,将产品或服务直接销往用户的渠道组织形式,是长度最短的分销渠道,厂商与销售商可以在行政管理上相互隶属也可以独立核算。直销渠道适用于厂商销售力量雄厚、产品技术含量高或作为工业品销售的厂商。当新产品处于导入期时,为了更加有力的执行厂商的市场政策,有时也使用直销渠道。

(2)间接分销渠道

间接分销渠道是指厂商对产品和服务的分销是在中间商参与的条件下实现的。按照中间层次的多少间接分销渠道又分为一级渠道、二级渠道和三级渠道等。根据厂商与中间商合作方式的不同,间接分销渠道又可分为经销制与代理制。

2)分销渠道的宽度结构

(1)密集式分销渠道

密集式分销渠道是指制造商在一个销售地区发展尽可能多的中间商销售自己的产品和服务。其特点是可以广泛占领市场,方便消费者购买,交货及时,但中间商市场分散,难以控制。

(2)选择式分销渠道

选择式分销渠道是指厂商在特定的市场内有选择的发展少量几个中间商销售自己的产品和服务。其特点是厂商对市场的控制较强、成本较低,既可获得适当的市场覆盖率又保留了渠道成员间的竞争,但渠道成员之间的冲突往往较多,厂商协调的难度加大。

(3)独家式分销渠道

独家式分销渠道是指厂商在一定的地区、一定的期限内只选择一家中间商销售自己的产品和服务。其特点是厂商对渠道的控制力最强,利于统一市场政策和厂商的产品形象,渠道成本较低,但渠道成员缺乏竞争压力,厂商在当地的销售受中间商影响大,市场覆盖率较小。

2.1.3 工程机械分销渠道模式

工程机械产品的分销渠道属工业用品分销渠道,其基本模式如图4-1所示。

1)制造商—用户

工程机械不经过任何中间环节,直接由制造商通过公司的业务员销售给最终用户。这是最简单、最直接的销售渠道,特别是价值大、体积大的工程机械运用多。其特点是产销直接见面,环节最少,流通成本最低,销售目标明确;但生产企业需自设销售机构,不利于专业化分工,分销面有限,不利拓展市场。三一重工、中联重科等工程机械企业大多采用这种方式。

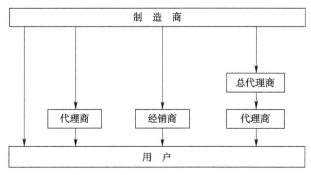

图 4-1　产品分销渠道模式图

2) 制造商—代理商—用户

工程机械制造商先将产品给代理商代理,再由代理商直接销售给最终用户。这是经过一道中间环节的渠道模式。其特点是中间环节少、渠道短,有利于生产企业充分利用代理商的资源,扩大销路,提高销售收入。该方式为大多数工程机械企业所采用,如卡特彼勒、斗山大宇、徐工、柳工、龙工等。

3) 制造商—经销商—用户

工程机械制造商把产品卖给经销商,再由经销商将产品销售给最终用户。该方式在价值较小,体积和重量较小的工程机械中运用较多。

4) 制造商—总代理商—代理商(经销商)—用户

工程机械企业先委托并把产品提供给总代理商或总经销商,由其向代理商或经销商销售,最后由代理商或经销商将工程机械产品销售给最终用户。这是经过两道中间环节的渠道模式。其特点是总代理商或总经销商为制造商销售产品,有利于了解市场环境,打开销路,降低费用,增加收益;但中间环节过多,流通时间长。目前只有少数企业采用这种方式。

2.1.4　工程机械分销渠道的选择

分售渠道的选择既不是固定不变的,也不是自然形成的。渠道成员在实践中相互认识、相互选择,渐渐形成比较适合本产品的销售渠道。工程机械企业要根据特定的目标和现实条件,遵循一定的规则,做出较好的分销渠道抉择。工程机械分销渠道的选择主要与以下因素有关。

1) 市场因素

(1) 从市场范围来看,工程机械的目标市场范围局限于组织市场,与消费品市场相比,范围较小,所以销售渠道相应可以短一些。

(2) 从地区上来看,不同类型的工程机械产品拥有各自的"热销区"。对于用户相对密集的地区,可采用短渠道或直接渠道;对于用户分散在广大地区,则可以借助中间商的作用,采用长而宽的渠道。

(3)从季节上来看,对于季节性强的工程机械,一般应采用较长的销售渠道,充分发挥中间商的调节作用,以便均衡生产,不错失销售时机。

(4)从市场竞争来看,同类工程机械产品应与竞争者采取相同或相似的销售渠道。竞争异常激烈时,应采用独到的销售渠道,起到出奇制胜的效果。

2)产品因素

(1)从产品性质来看,虽然工程机械不易腐化变质,但是其体积和重量较大,应采用较短的销售渠道,以节省运费和仓储保管费用。

(2)从价格来看,工程机械产品的单价一般较高,应减少流通环节,采用直接渠道或短渠道以降低现金压力和风险。

(3)从技术特点来看,工程机械的技术含量较高,安装、调试和维护保养比较复杂,需要专业人员进行服务,应采用较短的销售渠道,以保证良好的技术服务水平。

3)企业自身因素

(1)从企业的实力来看,财力雄厚、信誉良好的工程机械企业可以采用直销或选择资质和信用良好的固定中间商,从而保护企业自身的品牌形象与社会声誉。

(2)从企业的管理能力来看,市场营销能力强的工程机械企业可以自行销售产品,采用短渠道或组合渠道销售系统。

(3)从企业的渠道控制愿望来看,有些工程机械企业为了有效控制销售渠道,宁愿花费较高的成本,建立短而窄的渠道,如三一重工、中联重科;也有一些企业并不希望控制渠道,而是根据成本等因素采取较长的且宽的销售渠道,如徐工、龙工、柳工等。

2.1.5 分销渠道的职能

分销渠道将产品从制造商转移到用户手中,它调和了产品、服务与其用户之间的差异,包括时间差异、地点差异和所有权差异等。具体来说,主要有以下职能。

1)促销功能

当前工程机械的竞争,已不仅仅是实体产品和形式产品的竞争,更多地表现为附加产品的竞争。好的销售渠道不仅可以将售前市场调查和咨询工作做得更好,在销售过程中向用户提供用户问题的解决方案,而且可以保证准时交货并使用户得到安装、维修或技术支持等良好的售后服务,满足用户的需求,从而扩大产品的销售。

2)协调功能

分销渠道能调节生产和用户之间的矛盾。用户对每种产品的需求量相对制造商的生产来说要少得多,并且用户的再购买行为具有间断性;而制造商出于需求,一般是少品种、大批量、少批次集中生产和连续生产。分销渠道在数量上调和生产与用户的矛盾,保证生产的发展和用户需求的满足。

3)渠道成员共赢

分销渠道使渠道成员共赢。顺畅的分销渠道可以提高利润水平,实现制造商、中间商和用户共赢的局面。

4)降低营销成本

分销渠道能降低营销成本,减少营销风险。合理的分销渠道能极大地降低仓储运输费用,渠道成员会最大限度地发挥他们的专长与优势,减少营销支出,降低成本。专业化的分工协作也将极大地减少营销风险。

5)信息搜集与反馈

分销渠道能搜集反馈信息。分销渠道一方面搜集市场需求情况和市场动态;另一方面可以反馈大量的用户需求情况,使得企业产品开发更加贴近市场和用户。分销渠道与用户越贴近,则对于市场需求信息把握越准确,反馈也迅速,在正确的信息指导下,制造商的新产品能更加贴近市场、贴近用户。

2.2 分销渠道的设计、组织与管理

渠道策略是继产品策略之后的又一营销组合要素,分销渠道决策的正确与否,同样关系着企业营销的成败兴衰,切不可忽视。渠道决策包括渠道类型的设计、评估和组织管理等内容,这是每个分销产品的企业都必须认真考虑的。

2.2.1 影响分销渠道的因素

分销渠道的长度和宽度受多种因素的影响。

1)产品特点

(1)鲜活易腐产品应尽量减少中间环节,采取最短的渠道,尽可能不经过批发环节,由生产者自销或直达零售商店,或最多经过一道批发环节。

(2)技术性强的产品,特别是使用面窄的或专用的设备,宜于生产者和消费者(或用户)直接见面,尽量减少中间环节。

(3)单位体积大或重量大的产品最好由生产者直接销售或通过经销、代销商的样品间销售。

(4)单价的高低也影响渠道的选择。单价高的贵重产品可由生产者自销,或只通过零售商;单价低的产品(如香皂、牙膏等)必须经过批发环节分类、编配,除极少数大企业外,零售商一般不可能直接从厂商进货。

(5)产品生命周期的不同阶段对分销渠道的要求也有所不同。处于介绍期的新产品、新品牌往往需要生产者自己派人奔走各地,开拓市场,打开销路;成熟期的产品,大批量投入市场,则需要通过中间环节。

(6)某些具有传统特色的产品,如特殊风味的食品、花色式样复杂多变的鞋帽等消费品,宜采取前店后厂、自产自销的方式经营。

2)生产情况

(1)生产的集中和分散程度影响渠道类型的选择。生产在时间或地理上比较集中,而消费分散的产品或生产分散消费集中的产品,必须有中间环节;反之,生产和消费都集中的产品,则可减小或不要中间环节。

(2)生产力布局的变化,会改变产品的流向,引起渠道的宽度或长度的变化。

(3)生产者的产品组合情况,即产品线的长度和深度也影响分销渠道的选择。一般地讲,产品线长而深的产品,适合用宽而短的渠道。

(4)生产者本身的规模、能力、商誉等也会影响渠道的模式,因为这涉及生产者能否控制分销渠道以及中间商是否愿意承担经销或代销业务。

3)市场情况

(1)市场潜量和购买力的大小以及零售商规模的大小,与渠道模式关系密切。购买力高

的大城市、大百货商店、超级市场、连锁商,可直接从生产企业进货,采取最短的渠道;反之,购买力低的地区、中小零售商则必须通过批发环节进货。

(2)由于市场竞争的需要,企业有时选择与竞争者相同的渠道、相似的地点;有时则故意避开竞争者常用的渠道,别出心裁,一反常规,开辟新的渠道。

(3)由于经济形势变化引起市场需求的变化,也会影响渠道模式的选择。在经济发展迅速、市场繁荣、需求量上升时,生产者会考虑增加销售点,扩大销售网;而在经济萧条、需求量下降时,则需要减少流通环节,以降低成本和销价。

4)国家的有关法律和规定

企业在选择分销渠道时,必须遵守国家的有关法律和规定,使用合法的中间商,采用合法的销售手段;否则,将会受到法律制裁。

2.2.2 分销渠道的设计

企业的分销渠道是在考虑上述影响因素基础上设计的,这包括确定渠道模式、确定中间商数目及规定渠道成员彼此的权利和责任等方面内容。

(1)确定渠道模式,即决定渠道的长度。企业分销渠道设计首先要决定采取什么类型的分销渠道,是派推销人员上门推销或以其他形式自销,还是通过中间环节分销。如果决定利用中间商分销,还要进一步决定选用什么类型和规模的中间商。

(2)确定中间商的数目,即决定渠道的宽度。这主要取决于产品本身的特点、市场容量的大小和需求面的宽窄。

(3)规定渠道成员彼此的权利和责任。在确定了渠道的长度和宽度之后,企业还要规定与中间商彼此之间的权利和责任,如对不同地区、不同类型和不同购买量的中间商给予不同的价格折扣,提供质量保证和跌价保证,以促使中间商积极进货。此外,还要规定交货和结算条件,以及规定彼此为对方提供哪些服务,如产方提供零配件、代培技术人员、协助促销、销方提供市场信息及各种业务统计资料等。

2.2.3 对渠道设计方案的评估

企业在设计分销渠道时,要对可供选择的渠道方案进行评估,根据评估的结果选出最有利于实现企业长远目标的渠道方案。渠道的评估主要从以下三方面进行:

(1)经济效益方面,它主要考虑的是每一条渠道的销售额与成本的关系。主要包括两方面:一方面要考虑自销和利用中间商哪种方式销售量大,另一方面要比较二者的成本。一般来说,利用销售代理商的成本较企业自销的成本低,但是当销售额增长超过一定水平时,用代理商所费的成本则愈来愈高。因此,规模较小的企业或大企业在销售较小的地区,利用销售代理商较合算,当销售额达到一定水平后,则宜于设立自己的分销机构自销。

(2)企业对渠道的控制力方面,自销当然比利用销售代理商更有利。这是因为销售代理商是独立的商业机构,主要关心的是能为它带来最高收益的顾客,而不是某个企业生产的产品。而且,代理商也不一定能完全有效地掌握企业产品的技术细节。

(3)渠道的适应性方面,主要是与销售代理商签订长期合约时要慎重从事,因为在签约期内不能根据需要随时调整渠道,将会使渠道失去灵活性和适应性,所以涉及长期承诺的渠道方案,只有在经济效益和控制力方面都十分优越的条件下,才可以考虑。

3 任务实施

3.1 准备工作
结合案例及思考问题学习相关理论知识。

3.2 操作流程
完成本学习任务,可按以下流程进行:
(1)案例阅读,明确问题并带着问题学习理论知识。
(2)组讨论问题:课堂分享案例并讨论。
(3)小组选派学生代表回答问题。

3.3 操作提示
(1)任务完成过程中可以小组讨论,找到最优答案。
(2)内容要求具体、翔实、条理清晰,具有一定逻辑性。

任务2 管理工程机械分销渠道

1 任务导入

1.1 任务描述

英格索兰公司的渠道管理

英格索兰(Ingersoll Rand)公司是一家跨国公司,其空气压缩机和气动工具在国际上享有盛名。英格索兰公司渠道管理由经销商管理委员会负责,英格索兰公司的渠道授权分为销售授权和服务授权两类。其中,销售授权以产品、区域、行业和项目四种方式来指定某一经销商的授权范围,英格索兰公司会保护经销商在授权范围内进行整机、备件和服务产品的销售活动及取得的利益;服务授权是在销售授权的基础上对经销商服务技术和能力资质的一种认可,获得服务授权的经销商将得到保修服务、备件销售、服务培训的额外支持。经销商授权的有效期为一年,期满后由英格索兰公司经销商管理委员会按星级考核标准和客户中心共同对经销商进行考核评估,从而决定是否续签协议、降级为准经销商和撤销授权。

1.2 任务完成形式
阅读上述案例并思考讨论以下问题:
(1)英格索兰公司在中国主要采取的是什么销售渠道模式?该模式有什么特点?
(2)英格索兰公司是如何管理其在中国的销售渠道的?
(3)请分析说明工程机械分销渠道管理的重要性。

2 相关理论知识

2.1 分销渠道管理及其内涵

基于生产者管理的角度,将分销渠道管理定义:在市场需求的驱动下,对渠道中的物流、信息流、所有权流、促销流、谈判流等进行计划、组织、协调和控制的管理过程,并通过协调和整合分销渠道中所有参与者的经营行为以及渠道结构的动态优化,实现对市场需求的有效响应,达到以最低的分销成本提供最好的顾客服务,为顾客创造最大价值的目标。

根据上述定义,分销渠道管理的内涵可从以下几方面理解:

(1)管理的目的是通过渠道成员的职能分工与合作,实现渠道的高效运作,在此基础上对市场需求的变化能够及时、有效地进行响应,为顾客创造价值。

(2)管理的对象是分销渠道中的所有参与者,既包括企业内部的员工或销售机构,也包括企业外部的其他组织或个人,如中间商、消费者、经纪人等。由于管理对象的复杂性,导致分销渠道管理的复杂性。

(3)管理的内容是对分销渠道的功能流所进行的所有管理活动,以及为了适应外部经营环境所进行的渠道结构规划设计和优化调整,这也是实现渠道管理目标的重要保证。

(4)管理所采用的主要措施是计划、组织、协调、激励和控制。渠道管理者通过执行这些管理职能,协调和整合分销渠道中所有参与者的活动以顺利完成分销目标。

2.2 分销渠道管理的特点

分销渠道管理是管理活动在分销渠道领域中的体现,同一般管理最大的区别在管理对象的不同,分销渠道管理是以分销渠道为对象的管理活动。由于渠道涉及组织间活动和关系,因此分销渠道管理更为复杂,有着与一般管理活动不同的特点。

(1)分销渠道管理属于跨组织管理。渠道管理虽然也涉及本企业的员工及部门,但是大多情况下,它涉及的当事人不属于同一个企业,而是分属于不同利益主体的组织或个人。因此,除了一些自己开设的专卖店和下属的分支机构外,企业与这些当事人的关系是平等的合作关系,而不是主从关系。

(2)分销渠道管理有一个跨组织目标体系。由于是跨组织管理,所以目标也是跨组织的。

①渠道成员有一些共同目标,如它们有共同的最终服务对象,它们都要使渠道的运行更有效率和更有成效,它们都希望通过专业化与合作提高自己的竞争实力。

②每一个渠道成员有其独立目标,如它们的销售目标、利润目标和发展目标。

③渠道成员的独立目标之间,并非总是相容的。

④渠道管理的首要任务,就是要把渠道的共同目标和渠道中不同成员的独立目标整合起来,让渠道成员充分认识到共同目标的存在和重要性。当然,最好是设计一套目标体系,使渠道成员只有很好地完成渠道共同的目标,才能很好地完成自己的目标。所以,不同于一般管理的目标,在分销渠道管理中,一个企业除了要考虑它自己的销售额、利润等目标以外,还要考虑其他渠道成员的目标和所有渠道成员的共同目标。如果只考虑自己怎样实现目标,而不管其他企业的目标和整个渠道共同目标的实现,将危及整个渠道运行的有效性和效

率,并最终阻碍本企业渠道任务的实现。

(3) 分销渠道管理,从管理职能上讲,也有自身的特点。例如,计划,不仅要考虑本企业做什么、怎么做,还要考虑渠道中其他成员做什么、怎么做;组织,更多地意味着选择机构而不是人员,以及对于机构而非个人的角色分配;领导和控制,更多地意味着影响而不是命令与指挥。

(4) 在管理方式上,分销渠道管理较少地依靠制度或权利,较多地依靠合同、契约或一些规范。当然,主要靠利益协调各方面力量。分销渠道从本质上讲就是一张以一个企业为轴心而组成的利益关系网,一旦一方不能从中获利了,这张网就很容易破裂。因此,企业在进行渠道管理时,如何处理不同环节、不同销售渠道之间的利益关系,减少冲突,提高各环节的积极性,就成为成败的关键。

2.3 分销渠道管理的内容

在渠道设计确定后,企业还要对渠道进行管理。渠道管理包括选择和激励各个中间商,并对他们的推销活动进行评估。

1) 选择渠道成员

制造商对中间商的吸引力,取决于制造商本身的声誉好坏和产品销路的大小。有些企业很容易找到合适的中间商,有些企业则很困难。对一个有吸引力的制造商来说,其主要的问题是如何选择渠道成员。一般说来,选择的标准应包括:中间商的历史长短、信誉好坏、经营范围以及销售和获利能力、收现能力、协作精神、业务人员的素质;开设地点、未来的销售增长潜力;顾客属于什么类型、购买力大小和需求特点;等等。

2) 激励渠道成员

中间商选定之后,还需要进行日常的监督和激励,使之不断提高业务经营水平。必须指出,中间商与制造商所处的地位不同,考虑问题的角度不同,必然会产生矛盾,如何处理好产销矛盾,是一个经常存在的问题。制造商要善于从对方的角度考虑问题,要知道中间商不是受雇于自己,而是一个独立的经营者,有自己的目标、利益和策略。中间商首先是顾客的采购代理,然后才是制造商的销售代理,只有顾客愿意购买的产品,中间商才有兴趣经营。中间商一般不会对各品牌分别做销售记录,有些原始资料也不一定注意保存,除非给予特殊的激励。因此,制造商要规定一些考核和奖惩办法,对中间商的工作及时考核和奖励,必要时给予惩罚。对经营效果较好的中间商,应争取建立长期产销合作关系,也可派专人驻商店协助推销并搜集信息。

3) 协调产销关系

制造商同中间商的关系主要有三种不同形式,即合作、合伙和分销规划。

(1) 多数制造商与经销商建立合作关系,对于中间商,一方面以高利润、特殊优惠、合作推销、折让、销售竞赛等办法,激励其推销热情和积极性;另一方面对表现不好的或工作消极的中间商予以惩罚,如降低利润率、推迟发货甚至终止合作关系。

(2) 较成熟的制造商一般与经销商建立合伙关系,签订协议,在协议中明确规定双方的责任和权利,如规定经销商的市场覆盖面、市场潜量以及应提供的市场信息和咨询服务等。根据协议执行情况,对经销商支付报酬。

(3) 分销规划是一种最先进的办法,它是一种把制造商和中间商的利益融为一体的"纵向营销系统",统一规划营销工作,如决定销售目标、存货水平、培训计划,以及广告和营业推广方案等,使产销双方协调一致地完成任务。

4) 评估渠道成员

渠道管理的最后一项工作是对渠道成员的评估。每隔一段时间,制造商就必须考查和评估中间商的配额完成情况、平均库存水平、装运时间、对受损货物的处理、促销方面的合作,以及为顾客提供服务的情况。对表现好的予以奖励,对表现不好的予以批评,必要时可更换渠道成员,以保证营销活动顺利而有效地进行。

在渠道管理过程中,有时由于情况的变化,需要增加或减少渠道成员,局部修正某些渠道,或全面修正分销渠道系统。

2.4 分销渠道管理遵循的原则

目前,分销渠道管理问题正受到社会的普遍关注。对企业分销渠道中的物流、信息流进行高效协调和集成是分销渠道管理成功的关键。那么,现代管理面临的以下几个重要转变将会为企业进行分销渠道管理实践活动提供重要的指导意义。

1) 从功能管理向过程管理的转变

传统的管理将分销渠道中的制造、仓储、销售、配送等功能活动分割开来、独立运作,而这些功能都具有各自独立的目标和计划,这些目标和计划经常冲突。现代管理就是将分销渠道中的各种功能活动有效集成,实现以提高顾客服务水平以及顾客价值最大化为目标的面向过程的管理。不仅在企业内部要向过程管理过渡,在企业外部,管理渠道中的各个合作伙伴的业务活动,也需要从功能管理向过程管理过渡。

2) 从利润管理向盈利性管理转变

传统的管理将利润作为企业管理的重点,但现代管理认为利润管理还是很粗放,因为利润只是一个绝对指标,并不具有可比性;应该用相对指标来衡量企业的经营业绩,而盈利性就是一个相对指标。所以,企业界现在强调要进行盈利性管理,这种盈利性是建立在"双赢"基础上的,只有分销渠道中的各方均具有较好的盈利性,企业自身的盈利性才有可能得到保证。

3) 从产品管理向顾客管理转变

在买方市场上,由顾客(而不是产品)主导企业的生产、销售活动,所以说,顾客是核心,顾客是主要的市场驱动力。在销渠道中非常关键的一环就是顾客。在买方市场上,分销渠道管理的中心是由生产者向消费者倾斜的,顾客管理就成为分销渠道管理的重要内容。

4) 从交易管理向关系管理转变

传统的分销渠道成员之间的关系是交易关系,所考虑的主要是眼前的既得利益,因此不可避免地出现渠道成员之间为了自身利益而损害他人利益的情况。现代管理理论认为可以找到一种途径,能同时增加分销渠道各方的利益。这种途径就是,要协调分销渠道成员之间的关系,并以此为基础进行交易,以使分销渠道整体的交易成本最小化、收益最大化。特别是企业之间的竞争转变为供应链之间的竞争时,只有倡导竞合精神,企业才能求得最佳的生存空间与发展,获得最大化的市场份额或利益。这是一种"双赢"模式,它要求从传统的销售关系中"非赢即输"的单纯交易关系改变为更具合作性共同为谋求更大利益而努力的关系。

5) 从库存管理向信息管理转变

企业对待库存的心理一直都十分矛盾,在分销渠道成员之间,一会儿排斥库存、一会儿囤积库存,造成巨大浪费。可以换一个角度来考虑问题,即用信息代替库存。企业持有的是"虚拟库存"而不是实物库存,只有到分销渠道的最后一个环节才交付实物库存,从而可以大大降低企业持有库存的风险。因此,用及时、准确的信息代替实物库存就成为现代分销渠道管理理论的一个重要观点。

以上这些转变,发生在一个企业内部,作用于所有的相关企业,现代管理转变产生的效应将影响到整个分销渠道。发生这样的转变后,企业如果不能跟上时代变革的步伐,最终将会被市场所淘汰。

3 任务实施

3.1 准备工作

结合案例及思考问题学习相关理论知识。

3.2 操作流程

完成本学习任务,可按以下流程进行:
(1)案例阅读,明确问题并带着问题学习理论知识。
(2)组讨论问题:课堂分享案例并讨论。
(3)小组选派学生代表回答问题。

3.3 操作提示

(1)在任务完成过程中可以小组讨论,找到最优答案。
(2)内容要求具体、翔实、条理清晰,具有一定逻辑性。

任务3 授权与考核工程机械代理商

1 任务导入

1.1 任务描述

阿特拉斯代理商务条件

为更好地开拓市场和防范风险,扩大阿特拉斯履带式全液压挖掘机的市场容量和提高产品市场占有率,充分利用渠道销售服务网络,最大限度地提高品牌知名度和客户满意度。根据以上原则及宗旨,阿特拉斯工程机械有限公司(以下简称 ACMC)特就代理商的准入资格制定如下条件。

第一条 对阿特拉斯品牌认知

凡 ACMC 代理商必须认同 ACMC 的市场管理方式,对品牌保持高度的认同感。被认定的代理商必须具备与 ACMC "互惠互利、共同发展"的合作诚意。

第二条 区域经营

(1)一般情况下,ACMC 不设区域独家代理商,对于能够完成 ACMC 年度销售任务且综合考评优秀者,ACMC 予以保护,所辖区域将不设其他代理商。

(2) ACMC 允许代理商扩大经营阿特拉斯履带式全液压挖掘机产品销售区域,但必须在原所辖区域内取得优异的销售和服务业绩后提出申请,经过 ACMC 同意后授权。

(3) ACMC 所属代理商不得突破代理区域销售,影响其他区域 ACMC 代理商的销售市场。

第三条 代理商的行业资质

(1) 代理商须具备从事工程机械行业两年以上行业经营管理经验,完全具备经营阿特拉斯挖掘机的销售和售后服务能力,以适应阿特拉斯履带式全液压挖掘机在该地区市场的发展。

(2) 代理商必须以有限责任公司形式出现,且注册资本金符合 ACMC 要求。

(3) 代理商必须致力于阿特拉斯履带式全液压挖掘机的销售。

上述基本条件应当由申请阿特拉斯品牌的销售代理商提出书面报告,并取得 ACMC 最终认可,方可实施。

第四条 代理商资金规模

(1) 代理商须具有充裕的资金来支持其在所在区域内对阿特拉斯履带式全液压挖掘机的推广和运作,以及支付阿特拉斯履带式全液压挖掘机货款。

(2) 注册资金不得低于 1 000 万元,实物出资不得超过投资总额的 50%,其余以现金方式进行投资,作为代理商的流动资金。不同区域根据代理商当地行业水平做适当调整。

第五条 代理商的信用体系

(1) 代理商在以往的经营活动中诚实守信,无不良拖欠账款纪录。

(2) 代理商财务管理制度健全,银行信用等级良好,无不良纪录。

第六条 代理商的融资能力

(1) 代理商与相关金融单位具有良好的合作关系。

(2) 代理商应具有银行按揭、差额承兑、融资租赁等相关融资能力。

第七条 代理商的营销服务能力

(1) 代理商在其所辖区域内满足 ACMC 所规定的销售网络和服务能力。每个销售网点售后服务人员不低于 2 人,其中至少有 1 名售后服务人员具备 ACMC 颁发的售后服务中级以上资格证书,且具有良好的品牌发展理念和职业道德。

(2) 代理商有精良的销售团队和熟练的服务技能以满足阿特拉斯履带式全液压挖掘机在代理区域的市场拓展。

第八条 代理商品牌专一性

所有 ACMC 代理商只允许销售阿特拉斯履带式全液压挖掘机(或特雷克斯产品),不得经营类似的其他品牌产品的销售。

第九条 代理商的投资条件

(1) 有良好的销售、服务和管理团队以适应阿特拉斯品牌的推广和不断发展的需求。

(2) 代理商应具有固定的经营场所,营业面积不得低于 $300m^2$,维修车间面积不得低于 $500m^2$。

(3) 每个销售网点售后服务车辆不得低于 1 台。

(4) 代理商应配备必要的维修检测工具,如多功能测量仪等,以满足售后服务维修的需要。

(5)代理商备件库存额不低于50万元,以保证维修保养的需要,使客户得到及时满意的服务。

(6)代理商应具备与ACMC相适应的电子商务系统等。

第十条 代理商的管理能力

(1)代理商在实际经营过程中要有良好的管理能力和战略远见。

(2)代理商组织结构必须清晰明了,职责明确。

(3)代理商的管理必须与阿特拉斯品牌发展相适应,代理商的高层管理人员(1~2人)必须接受ACMC每年定期组织的培训,以取得共同进步。

(4)代理商的销售及服务人员必须按照ACMC的要求配备相关工具及设备(服务车辆、维修工具、电脑、数码相机等)。

(5)代理商必须每半年向ACMC提交一份其组织机构图及一份总部和分支机构等各部门的人员、职务明细表。如果领导职位或其他高级职位有人事变动,代理商需将此变动情况直接通知ACMC。

第十一条 价款支付

代理商必须保证每销售一台挖掘机,应严格按照《销售合同》的约定,及时将购机款全额给付ACMC。

第十二条 本商务条件系ACMC代理商准入资格的评定标准,该条件的解释权归ACMC。

1.2 任务完成形式

阅读以上案例并思考讨论以下问题:

(1)总结工程机械代理商的行业要求有哪些?

(2)作为工程机械代理商有哪些权利和义务?

(3)生产厂家靠什么来约束工程机械代理商?

2 相关理论知识

2.1 工程机械中间商

2.1.1 中间商的概念

中间商是指介于生产者与消费者之间,即分销渠道中专门从事组织或参与商品流通业务、促进交易行为实现的企业和个人。中间商可从多个角度进行划分,按其在流通过程中所处的环节划分可分为批发商和零售商;按其是否拥有所经营商品的所有权划分可为经销商和代理商,经销商拥有商品的所有权,代理商不拥有商品的所有权。

2.1.2 工程机械中间商的类型

工程机械销售渠道中的中间商是指介于工程机械生产企业与用户之间,参与工程机械流通、交易业务,促使工程机械买卖行为发生和实现的经济组织和个人。中间商是工程机械生产企业向用户销售工程机械时的中介环节,它一方面与工程机械生产企业联系,另一方面与工程机械的用户接洽,具有平衡市场需求、集中和扩散工程机械产品的功能,在工程机械销售渠道中起着十分重要的作用。

一般来说,多数批发和零售业态形式是不适合工程机械销售的。就工程机械整体产品分销而言,常见的中间商形式主要有以下几种。

1) 总代理商

总代理商一般是指负责工程机械制造厂商的全部产品所有销售业务的代理商,多见于实行产销分离体制的厂商集团。总代理商一般与厂商同属一个厂商集团,各自分别履行销售和生产两大职能。除了为厂商代理销售业务外,还为厂商开展其他商务活动。

2) 销售代理商

销售代理商多为佣金代理制度,是指受厂商委托,在一定时期和指定市场区域及授权业务范围内,以委托人的名义从事经营活动、但未取得商品所有权的中间商。销售代理商最明显的特征,是寻找客户,按照厂商规定的价格向用户推销产品、促成交易以及代办交易前后的有关手续。若交易成功,销售代理商便可以从委托人(厂商)那里获得事先约定的佣金或手续费;若产品没有销售出去,也不承担风险。销售代理商一般是"品牌专营"的厂商法人。按照代理合同,代理商可以享用生产企业的商誉和品牌,获得其支持和帮助,参与统一运行,分享规模效益。销售代理商一般为区域独家分销商。

3) 经销商

经销商是指从事货物交易,取得商品所有权的中间商。它属于"买断经营"性质,其具体形式可能是批发商,也可能是零售商。经销商最明显的特征是将商品买进以后再卖出,由于拥有商品所有权,经销商往往自己制订营销策略,以期获得更大的效益。

4) 特约经销商

特约经销商属于特许经营的一种形式,是通过契约建立的一种组织,一般只从事零售业务。特许经销商具有厂商的某种(类)产品的特许专卖权,在一定时期和在指定市场区域内销售厂商的产品,并且只能销售该厂商的产品,不能销售其他厂商相同或相近的产品,即排他经营。

特约双方每一年商定大致的销售量,厂商按特约经销商的要求发货,明确规定产品的出厂价,特约经销商用出厂价实行买断经营,按厂商规定的市场限价(或价格波动幅度)销售产品,并承担市场风险(厂商宣布产品降价除外)。

一般来说,特约经销商并不自动获得厂商的有关知识产权,不得随意以厂商的商号或产品的品牌为自己公司命名或用厂商的商标宣传自己。特约经销商要获得这些知识产权的使用权,必需征得厂商的同意,并签订特许使用许可合同。

【案例】

柳工代理商——华宇简介

湖南华宇集团于1994年注册成立,凭借与生产厂家良好的合作关系和积极开拓的精神,取得了柳工产品在湖南、湖北以及江西等省的独家代理权,通过积极融资,迅速发展壮大。现已取得国内外知名品牌的代理权,如美国特雷克斯 TEREX、凯斯 CASE、德国阿特拉斯 ATLAS 和韩国现代等几百种产品的代理。从在三峡工程所在地湖北宜昌开设第一家分公司开始,陆续而稳健地发展跨省网络,并不断拓展代理产品。现今,已在内蒙古、河北、河南、湖北、湖南、江西、广西、海南等地设立了十几家分公司以及50多个办事处。华宇公司已驶入高速发展的快车道。

华宇公司自成立初期,即恪守"诚信做人、勤勉做事"的经营理念和"为用户服务,做真诚朋友"的服务宗旨,在产品品质、产品功能、产品性能和售后服务等方面精益求精,实施品牌战略,为广大用户提供最优良的产品和服务,奉行"价格取胜、质量取胜、营销取胜、服务取胜"的经营宗旨。多年来,与铁道、公路、市政等国有大型用户和广大民营施工团体及个人建立了广泛而良好的业务关系和个人友谊,拥有一批优秀的销售服务队伍。

随着公司的不断壮大,华宇公司遵循协同并进、稳健发展的原则,逐步向多元化发展。先后投资兴建了三星级华宇大酒店,并继续深入酒店旅游业;华宇可提供工程机械与汽车的销售按揭业务;在长期经销服务重型汽车的经验上,组建了湖南华宇汽贸有限公司,从事汽车的代理销售与维修服务。一个蓬勃兴旺、多元化经营的湖南华宇集团公司即将迎来更加辉煌的明天。

2.2 工程机械代理商绩效考核

绩效考核又称为成绩或成果测评,绩效考核是企业为了实现经营目的,运用特定的标准和指标,采取科学的方法,对承担经营过程及结果的各级人员完成指定任务的工作实绩和由此带来的诸多效果做出价值判断的过程。绩效考核就是对企业人员完成目标情况的一个跟踪、记录、考评。

赫茨伯格的"双因素理论"认为,激励可分为保健因素和激励因素两大类。其中,保健因素(包括工资奖金、福利待遇和人际关系)可以满足员工的生存、安全和社交的基本需要,但不能产生真正的满足感;激励因素(包括提升、重视、责任和授权等)可以满足员工的自尊和自我实现的需要,带来真正的满足感。

2.2.1 工程机械代理商市场营销的特点

工程机械代理商自身的营销特点,决定了工程机械代理商公司绩效考核的特点。工程机械市场营销的特点主要有以下几点:

(1)工作的辛苦程度。工程机械客户大多地处偏僻,营销人员走访、服务时需要上山(矿山)下乡(偏远地区),工作的辛苦程度是其他行业的营销工作所不能比的。

(2)销售工作的独特性。营销人员经常被拒绝,营销人员需要经常面对挫折,营销人员、服务人员经常独立面对客户,需要独立处理工作中的问题。

(3)销售目标的多重性。营销人员既有销售量目标的压力,又有货款回收的压力,特别是在当前信用销售成为主流销售模式的情况下,工程机械销售存在极大风险性;既要寻找潜在客户的要求,又要维护现有客户的要求。

(4)市场环境的变化性。市场需求有高潮、低谷,营销人员必须应对变化;客户的需求不同,营销人员需要采取针对性的方法进行应对;同时还要适应来自竞争对手的压力。

(5)销售任务的效率性。每个营销人员都承担相应的任务指标,如销售量指标、货款回收指标、客户服务指标和配件销售指标等,这些任务指标使营销人员必须为完成任务指标而努力。

2.2.2 工程机械代理商绩效考核的特点

工程机械代理商经过多年的发展,已经结合自身业务的特点,逐步形成了工程机械代理商的绩效考核特点。

(1)绩效考核围绕核心业务逐级深入。工程机械代理商当前的核心业务是销售量,绩效考核主要围绕整机销售量逐级深入,逐步展开;同时,服务部门围绕服务的客户量、服务次数(或工时数)展开;配件部门围绕配件销售量展开。

（2）绩效考核有量化的具体指标。发展快速、管理规范的工程机械代理商都形成了具有自身特点的、量化的绩效考核具体指标，如月度整机销售量和月度客户服务次数等。

（3）绩效考核与整体薪酬统一，员工的总体收入处于当地中上水平。每位员工都要对自己的整体收入进行评价，代理商都将绩效考核与整体薪酬统一，形成年度总收入，并且使员工的总体收入处于所在区域的中等偏上水平，以形成对员工的激励。

（4）绩效考核的高层、中层、一般员工层级分明。由于工作岗位承担的责任不同，代理商公司形成了按不同岗位的、层级分明的绩效考核体系，这种层级分明的体系类似于"金字塔"形状。

（5）总体薪酬多种形式并存。由于工程机械代理商基本上都是民营公司，为发展需要薪酬制度都比较灵活，已经形成了各具特色的多种薪酬体系（如技术等级工资、工龄工资、岗位工资、业绩奖励或提成、年薪制和股权激励等），并且形成了对各类人员不同的绩效考核制度。

2.2.3 对绩效考核作用的正确认识

绩效考核是一项系统工程，涉及战略目标体系及其目标责任体系、指标评价体系、评价标准及评价方法等内容，其核心是促进企业获利能力的提高及综合实力的增强，其实质是做到人尽其才，使人力资源作用发挥到最大化。需要说明的是，绩效考核没有先进与落后，只要适合于公司实际，能够客观地、有针对性地评价员工的工作业绩，对开展工作起到促进作用，绩效考核就值得采纳。代理商公司需要适合自身发展阶段的绩效考核体系，需要适合所在地区特点发展变化的绩效考核体系，不能一味地学习、模仿其他公司的绩效考核标准。

2.2.4 绩效考核设立的原则

工程机械代理商设计绩效考核时要掌握以下原则：

（1）公开性原则。让被考评者了解考核的程序、方法和时间等事宜，提高考核的透明度。

（2）客观性原则。以事实为依据进行评价与考核，避免主观臆断和个人情感因素的影响。

（3）开放沟通原则。通过考核者与被考评者沟通，解决被考评者工作中存在的问题与不足。

（4）差别性原则。对不同岗位的人员进行考核内容要有区别。

（5）常规性原则。将考核工作纳入日常管理，成为常规性管理工作。

（6）发展性原则。考核的目的在于促进人员和团队的发展与成长，而不是惩罚。

（7）及时反馈原则。为便于被考评者提高绩效，考核者要及时调整考核方法。

2.2.5 代理商常用的薪酬模式及特点

（1）承包制。费用包干，薪酬按照销量或服务量计算，这是一些工程机械代理商目前发展阶段采用的薪酬模式，这种薪酬模式把营销人员工作中需要的差旅费用、通信费用和业务招待费用等按销售量（或服务量）制定标准，实行费用包干，给予较低的基本工资，并按照完成的销售量（或服务量）给予较高的奖励或提成。其特点是，注重结果，却忽视了过程管理，有一些急功近利，虽有一定程度的激励效果，但不利于市场维护和客户关系稳定。

（2）岗位工资+奖励。这种薪酬模式是按照工作岗位实行不同的岗位工资，如高层领导岗位工资、中层管理岗位工资、业务主管岗位工资和内勤文员岗位工资等，对服务修理岗位按照技术水平实行技术等级工资等，再按照完成的工作业绩，如完成的销售台量、服务客户量、服务次数、回款情况等给予业绩奖励。其特点是，岗位工资比较高，业绩奖励较低，薪酬对员工的激励属于中等,在工程机械代理商发展稳定、管理规范的公司效果较好。成长期的代理商公司需要迅速增长业绩,需要对员工实行强激励,不适宜用这种模式。

(3)基本工资+绩效考核奖励。这种薪酬模式是当前多数工程机械代理商实行的一种模式,它是把基本工资与绩效奖励分开,基本工资按照级别(一般有5~6档)实行不同的工资标准。有些代理商还实行工龄工资,在基本工资上再加上工龄工资,只要能正常上班,完成基本工作(如客户拜访量、市场需求信息搜集量等)就发给全部基本工资;对销售台量、服务量、客户满意度和货款回收额等业绩考核,给予奖励,并按业绩任务完成率实行不同的奖励标准。其特点是,对业绩考核要求较高,任务量、考核指标、权重系数等都要结合实际,制订得科学合理,且考核公平、兑现及时,能够很好地激励员工的工作积极性。

(4)基本工资+费用包干+业绩奖励。这种薪酬模式是在第三种模式的基础上,进一步实行了营销费用包干,如对差旅费、通信费和业务招待费等按照销售台量(或服务台量)制订费用标准,按标准实行营销费用包干。这种费用包干的办法,减少了费用使用的监督、审批,降低了费用支出,提高了工作效率;费用包干减少了市场投入(多数员工的费用支出都在标准以下),不利于市场维护,不利于新市场的拓展。

(5)管理人员年薪制、股权激励制。这种薪酬模式是部分代理商对管理人员和特殊岗位(技术权威、律师等)实行的薪酬制度。公司高层管理者一般都是创业者(或聘用者),随着公司总体效益实行年薪制,或对于高层与特殊岗位,给予股权激励,年终按股分红利。这些高层管理者的激励办法,能够有效地稳定高层人员,强化责任,实际效果较好。

(6)多种形式共存。一些大型、特大型工程机械代理商充分发挥民营公司薪酬灵活的特点,多种薪酬制度共存,针对不同岗位,实行不同的薪酬管理办法,虽然造成薪酬管理复杂的问题,但是实际上其激励效果较好,有效地促进了公司的发展。

2.2.6 绩效考核中的常见问题

(1)考核指标太多,计算烦琐。由于薪酬体系、绩效考核是代理商公司团队建设的重要内容,因此有些代理商就努力把绩效考核方案设计得很复杂,各种考核指标很多,既有几个任务量指标,还有完成程度指标。但这种繁杂的绩效考核,使得营销人员不能自己计算应得的奖励,考核奖励不透明,影响绩效考核的激励作用。

(2)结算周期过长。有些代理商为了控制员工流动,绩效考核结算周期长达半年或一年,甚至更长。考核周期过长,绩效考核的激励效果打了折扣,影响员工工作的积极性。例如,为了促进货款回收,营销人员负责全部按揭期(两年)货款回收,按货款回收百分比发放奖励。这样做的结果使营销人员只计算首付和前几期的按揭款奖励,后期按揭奖励不确定因素多,无法计算,营销人员认为公司奖励太低,影响工作的深入和持续性。

(3)奖得少、罚得多。这一点是当前工程机械代理商公司员工反映较多的问题,这种情况有两个现象:一是处罚指标多,奖励指标少,二是处罚程度大于奖励程度。例如,任务量完成指标,不仅有销售台量、货款回收任务完成程度,还有配件销售任务完成程度考核,每项完不成都要扣罚,并且扣罚程度大于超额奖励程度。这等于把绩效考核等同于日常管理。绩效考核只是企业管理的一部分,不是企业管理的全部,在做好绩效考核的同时,还要通过多种管理形式,促进员工积极工作,以实现公司的健康持续发展。

(4)绩效考核变动频繁。有些代理商为了不断完善绩效考核,在年初实行的绩效考核方案,不断补充规定,或不断变动考核内容和考核标准,甚至一年内变动几次,使员工不能适应变化,影响绩效考核的效果。这种情况是管理者不成熟的表现。每种方案都有在实践中不断完善的过程,但每种方案都要有一个稳定实施的周期,除非重大问题需要改动外,一般问题没必要频繁变动,保持绩效考核的延续性,使营销人员能有稳定的收入,有利于调动员工的工作积极性。

(5)业务管理岗位没有量化的考核指标。一些代理商对没有直接业绩指标的管理岗位,如业务主管、内勤、文员等,只是根据公司效益,大略的分等级给予"综合奖励"。对于没有直接业绩指标的管理岗位,应该围绕核心业务制定间接考核指标,制定工作差错率、报表延迟率和内部客户投诉等指标,以强化业务管理岗位的工作责任心。

3　任务实施

3.1　准备工作

结合案例及思考问题学习相关理论知识。

3.2　操作流程

完成本学习任务,可按以下流程进行:
(1)案例阅读,明确问题并带着问题学习理论知识。
(2)分组讨论问题:课堂分享案例并讨论。
(3)小组选派学生代表回答问题。

3.3　操作提示

(1)在任务完成过程中可以小组讨论,找到最优答案。
(2)内容要求具体、翔实、条理清晰,具有一定逻辑性。

 思考与练习

(1)什么是分销渠道？分销渠道的基本作用是什么？
(2)什么是分销渠道结构？它与一般理解的分销渠道长度有什么区别与联系？列举你所熟悉的企业或行业的分销渠道结构。
(3)简述分销渠道管理的内涵及其特征。
(4)你如何理解分销渠道管理的内容？
(5)谈谈你对分销渠道管理在企业管理中所发挥的作用及其重要性的认识。

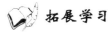 拓展学习

工程机械代理商如何建立4S店

(北京市精英智汇营销顾问有限公司　曾祥　李振强)

近年来,柳工、山推、龙工等国内知名工程机械企业不仅在整合代理商队伍,还在大力推行品牌专营模式,而品牌专营的具体形式就体现为"工程机械4S店"。其实,"4S店"这个名称对大多数人来讲并不陌生,但在大家的记忆中它都是与轿车销售联系在一起的。作为生

产设备,工程机械产品为什么要做4S店?工程机械代理商如何建立4S店?很多工程机械代理商对于这股来势猛烈的4S店风潮都或多或少表现出某种困惑,下面就工程机械4S店的建立及相关问题进行探讨。

1. 什么是4S店

4S店最早出现在轿车领域,由单一店面向顾客提供单一品牌产品的整车销售(Sale)、零配件供应(Sparepart)、维修保养(Service)和信息反馈(Survey)等四个方面的服务职能,是一种服务立体化的销售终端模式。由于轿车巨大的保有量和密集的分销网络,4S店模式很快在全球范围得到普及,中国轿车市场目前也是以4S店为主要销售终端模式。需要指出的是,4S店并不是局限于轿车领域,卡车、客车、机床等领域也出现了很多4S店。

一个优秀的品牌是由相应的产品质量和全方位的服务等多种因素共同构成的,它在市场上能否处于领先地位,取决于是否有良好的口碑。4S店模式更有利于销售与售后服务的相互结合,能真正让用户体会到企业对产品的负责,可以在销售中让客户了解企业的售后服务理念,同时也可以在向用户提供优质服务的同时,让客户体会到他们购买的不只是产品本身,而是优质服务的整个过程。

2. 为什么要建立工程机械4S店

如果我们对已经导入4S店模式的领域稍加分析,我们就会发现,这些领域的产品都具有一个共同特征,那就是产品顾客对售后服务和配件供应的依赖性比较严重。而4S店作为一种能够提供综合服务职能的销售终端,既符合顾客的需求,又符合产品生产企业和代理商市场运作利益最大化的需求。

1) 4S店是工程机械转向后市场营销的必然选择

对工程机械领域而言,用户对售后服务和配件供应的依赖性比汽车、机床等领域有过之而无不及,它似乎天生就是非常适合4S店模式的产品。

当前工程机械市场竞争趋于白热化,大部分产品的整机销售利润已经处于微利水平,企业要生存发展就需要寻找更多的利润来源,使企业利润来源多元化且稳定化,利用4S店这样一个综合性服务平台以整机销售带动配件供应、售后服务等环节无疑创造了一个更为广阔的利润空间,加上强调信息反馈带来的客户满意度和品牌忠诚度,又能为企业创造一个长久获利的远景。因此,越来越多的厂家和代理商开始注意到这点,相信不久的将来,4S店在工程机械领域也会像在汽车领域一样如雨后春笋般地成长起来。

2) 4S店是工程机械厂商之间建立战略合作伙伴关系的必然选择

长期以来,由于代理商在品牌合作上采取多品牌代理模式,甚至还会出现同时代理具有竞争关系的两个以上品牌的现象,导致在工程机械厂商之间建立战略合作伙伴关系只是一种良好的意愿,而现实情况却是双方彼此之间相互猜忌、相互提防,很大一部分精力和资源都浪费在内耗上。4S店的出现,一方面可以使生产厂家全力以赴地向代理商提供品牌支持,而不会像以前那样瞻前顾后,难于操作。以往,厂家对支持代理商常常心存疑虑,担心给予代理商的支持不会100%地用于自己的产品。而4S店建成后,厂家在支持代理商方面就可以放心了,并且这种支持不会遇到任何障碍,可以延续下去。另一方面可以使代理商全心全意地专注于某一个品牌产品,而不会制定与厂家相冲突或矛盾的战略或战术,也不会去做任何有损于厂家的事,更不会去背叛厂家。实际上,厂商通过4S店精诚团结,同舟共济,从而达到双赢的目的。

3)4S店是工程机械市场走向成熟的必然选择

国内工程机械市场从最初的守株待兔转向主动出击,很重要的一个原因是用户掌握的产品信息量少和产品鉴别能力有限,营销人员必须采取主动出击的方式多接触用户、多宣传产品来实现多销售。经过这些年的发展,国内工程机械市场开始走向成熟,其中一个显著的标志就是用户开始变得成熟,不会因为厂商营销人员的主动出击而盲目选择产品,开始注重品牌的综合实力,从被动选择产品转向主动选择品牌。在这样的大背景下,建立形象、环境、功能俱佳的4S店必然能够展示品牌的综合实力,强化用户对品牌的信赖和依赖,这种吸引力是单纯依靠营销人员主动出击根本无法达成的。可以大胆推测,一旦用户习惯了4S店,缺乏4S店做后盾的营销人员将很难开展业务。

3. 工程机械4S店的优势

坦率地讲,很多工程机械代理商的销售终端都具有某些4S特征,但还不是4S店。与普通工程机械销售终端比较,4S店显然具有显著的优势。

1)规范一致的品牌形象

4S店将品牌与用户之间的距离进一步缩小,用户接触到的尽管事实上是代理商,但感觉到的却是品牌,使用户能够更加真切地体验到品牌的存在和影响。

2)宽敞、整洁的选购环境

在4S店,用户可以在更加优美的环境中选择产品,这对于已经开始从产品功能需求向产品舒适性需求过渡的中国用户来讲,附加在产品之外的因素所带来的满足感同样能够刺激用户的购买欲望。

3)专业化的销售与服务

无论是营销人员,还是作业流程,都能让用户从与训练有素的人员面对面交流中,通过亲身参与并在严谨有序的作业流程中感受到专业化的力量。

4)有保障的服务体系

当用户参观了拥有专业设备的维修车间和管理规范的备件库,心中对售后服务的疑虑肯定一扫而光,维修和配件正是用户在使用产品过程中最关注的两大要点。

5)精细的客户管理

从第一次进入4S店开始,用户就已经纳入客户管理体系,营销人员将对用户进行全程跟踪管理,并主动提供相应的服务。而且,把客户关系管理作为常规工作内容列入客户管理体系中,这对于培养用户的品牌忠诚度大有好处。

4. 工程机械代理商建立4S店的几大要素

尽管工程机械产品非常适合4S店模式,但是并不等于说工程机械代理商可以轻易地把现有的销售终端改建成为4S店,建立4S店仍然需要具备几个前提条件。

1)所代理品牌是强势品牌或优势品牌

由于4S店是以经营单一品牌产品为特色的终端模式,代理商必须选择代理强势品牌或优势品牌;一方面,强势品牌或优势品牌厂家能够给代理商更多支持和指导;另一方面,强势品牌或优势品牌意味着更大的品牌吸引力,能够实现更多的销售。

2) 所代理产品产生的盈利能够满足运营需要

相比较普通销售终端,4S店是一种投入较多的终端模式,将增加代理商的运营成本。因此,代理商在建立4S店之前一定要进行详细的评估,对未来销售增长所获得的利润能否化解成本上升有一个清晰的判断。

3) 有足够的软硬件投入

4S店的建立离不开软硬件投入,如地理位置、店面装饰、维修设备、管理软件等,这也是为了彰显品牌化经营,没有这些软硬件投入,4S店就失去了魅力基础。

4) 建立完整的规范管理系统

4S店除了能够提供综合服务之外,最大的特色就是管理规范,这种规范体现在方方面面的细节上,而规范管理恰好是很多工程机械代理商的"软肋"。

5) 营销人员要适应工作方式和习惯的改变

相对于其他行业,工程机械营销人员的工作方式和习惯是比较随意的,这与工程机械整个行业的营销管理水平和用户群体的素质有关系。建立4S店之后,营销人员的随意性将受到很大的约束,需要通过强化培训和日常管理监督帮助营销人员顺利过渡。

5. 工程机械代理商建立4S店应防止出现的问题

毫无疑问,汽车和卡车4S店是最值得工程机械借鉴和学习的榜样。但是,工程机械代理商不能僵化地去引用汽车或卡车4S店模式,那样肯定是行不通的。同样,4S店在汽车领域也是不断发展以适应市场变化的,只有这样才能真正地体现出这种终端模式的独特魅力。

1) 避免盲目选择品牌

工程机械代理商选择品牌,一要看该品牌厂家的综合实力和营销规划,二要看该品牌的潜在盈利能力。因为,成功建立4S店需要较长时间的稳定收入。

2) 避免硬件投入过大

汽车行业在4S店建立方面曾经在硬件投入方面走过弯路,过于注重硬件投入,大大增加了成本,导致长期亏损甚至倒闭。工程机械代理商在建立4S店的时候一定要注意在硬件方面适度投入,产品性质决定了工程机械4S店不需要豪华设施,其利润水平也决定了工程机械4S店只能拒绝奢华。

3) 避免重视硬件而忽视软件

只要有足够的投入,建立4S店并不是一件很难的事情。但建立一家成功的4S店,光有硬件是远远不够的,也失去了4S店的特色,最重要的是软件能否跟上。这里所说的软件是指规范管理和员工素质。

4) 避免4S变成3S

在4S店中,最容易被大家忽视的一个"S"是信息反馈,而信息反馈又是4S中最重要的一个"S"。信息反馈做好了,意味着能够对客户的需求迅速作出反应,为客户提供更加完美的产品和服务;反之,失去信息反馈的3S店实际上就是形象更规范一些的普通销售终端,与4S相差甚远。

5) 避免4S变成4个S

4S店盈利模式的核心就是通过整机销售、配件供应、维修服务和信息反馈一体化共享客户资源、实现客户价值最大化和长期化。"4S"是4个S的结合,是要统一发挥各部分的作用才能使4S店特色得以发挥,才能在市场中立足发展。

项目 5　制订工程机械产品与价格策略

概述

工程机械企业的市场营销活动是以满足工程机械市场需求为目的,而工程机械需求的满足只能通过提供某种品牌的工程机械产品或相应的服务来实现。因此,工程机械产品是企业营销的一个重要因素。工程机械产品策略直接影响和决定着其他市场营销策略,对工程机械市场营销的成败关系重大。而价格是工程机械营销中一个非常重要的因素,价格的变化直接影响着市场对其接受程度,影响着顾客的购买行为,影响着生产企业盈利目标的实现。因此,工程机械定价时,既要有利于补偿成本,获取利润,又要考虑顾客对价格的接受能力,同时还要注意竞争产品的价格。

任务 1　制订工程机械产品生命周期营销策略

1　任务导入

1.1　任务描述

工程机械设备的生命周期大约 10 年,不仅在销售设备时企业与客户发生联系,在设备使用期间客户一直需要企业的服务和支持。从设备交付、培训、维修、保养、油品和零配件供应,到二手设备交易、部件和设备再制造等,客户其实对代理商有多种需求。根据沃尔沃建筑设备公司后市场专家的测算,在设备生命周期中后市场产生的收入与新设备的价格大致相等且利润更高,特别是售后市场服务让用户与代理商的联系更密切,有很大的机会将他们转化成忠诚客户。后市场的回报不仅在于利润,还有代理商的未来,客户黏度以及员工价值。也就是说,后市场贡献比率是代理商的一个健康指标。在欧美市场,工程机械代理商后市场的营收贡献占到整个公司营业额的 50%~60%,一些优秀代理商的吸收率(即后市场收入与企业运营成本之比)已经超过 100%。也就是说,即使不销售新设备,代理商仍然可以生存,这就让企业具备了很强的抗风险能力。与之形成鲜明对比的是,中国拥有世界上最大的设备保有量,可惜,代理商后市场贡献比率却长期在 10%~20% 的低位徘徊。

1.2　任务完成形式

(1)分析和讨论产品的生命周期和产品寿命的不同。

(2)分组讨论土方机械产品导入期特点。

2 相关理论知识

2.1 工程机械产品的概念

人们对工程机械产品的理解,传统上仅指实物产品,这过于狭隘。从广义上来讲,工程机械产品是指向工程机械市场提供的能满足消费者某种欲望和需要的任何事物,包括实物、服务、品牌等各种形式。简而言之,人们需要的产品=需要的实物+需要的服务。广义上的工程机械产品概念引申出工程机械产品整体概念,这种概念把工程机械产品理解为由五个层次所组成的一个整体,如图 5-1 所示。

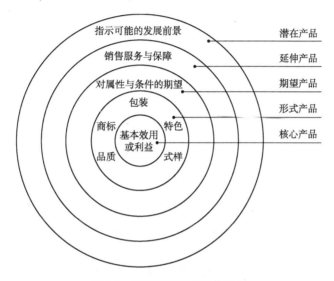

图 5-1 工程机械产品的整体概念

第一个层次核心产品层,又称为实质产品层,是指向消费者提供的基本效用或利益。消费者购买某种品牌的产品不是为了占有或获得产品本身,而是为了满足某种需要,如施工等。

第二个层次是形式产品层,又称为基础产品层,是指核心产品借以实现的基本形式,包括质量水平、产品造型、产品品牌。

第三个层次是期望产品层,它是指消费者在购买该产品时期望得到的东西,如舒适的驾驶座位、安全的保障设备等。

第四个层次是延伸产品层,又称为附加产品层,是指消费者购买产品时所得到的附加服务和利益,如储运、维修、保养等。只有向消费者提供具有更多实际利益、更完美地满足其需要的延伸产品,才能在竞争中获胜。

第五个层次是潜在产品层,它是指包括现有产品的所有延伸和演进部分在内,最终可能发展成为未来产品的潜在状态的产品。潜在产品预示着产品可能发展前景,如一机两用甚至一机多用。

对程机械产品整体概念的认识,对于促进企业改善经营管理、扩大服务范围、最大限度地满足消费者的需求、增加产品销量等方面具有深远意义。

2.2 工程机械产品生命周期概述

工程机械产品生命周期是指从工程机械产品试制成功投入市场开始,到被市场淘汰为止所经历的全部时间过程。它不同于工程机械产品的使用寿命,而是指工程机械产品的市场寿命,其长短受工程机械消费者需求变化、产品更新换代速度等多种市场因素影响。工程机械产品从进入市场到被淘汰出市场,一般要经历一个生命周期,即导入期、成长期、成熟期和衰退期四个阶段(图 5-2)。

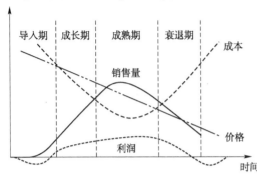

图 5-2 工程机械产品生命周期

1) 导入期

导入期是指工程机械产品投入市场的初期阶段。在此阶段,消费者对工程机械新产品不够了解,所以销量低、成本高、利润低,有时甚至亏损。

2) 成长期

成长期是指工程机械产品经过试销,消费者对工程机械新产品有所了解,产品销路打开,销售量迅速增长的阶段。在此阶段,工程机械产品已定型,大批量生产,分销途径已经疏通,成本降低,利润增长;同时竞争者也开始加入。

3) 成熟期

成熟期是指工程机械产品的销售量已经达到饱和状态的阶段。在此阶段,销售量虽有增长,但增长速度减慢,开始呈下降趋势,利润相对降低。

4) 衰退期

衰退期是指工程机械产品已经陈旧老化被市场淘汰的阶段。在此阶段,销售量下降很快,新产品已经出来,老产品淘汰,逐渐退出市场。

各种档次、各种类型的工程机械产品不同,其产品生命周期及其所经历各阶段的时间长短也不同。有些工程机械产品生命周期可能只有 2~3 年,有些工程机械产品生命周期可能长达几十年。有些工程机械产品经过短暂的市场导入期,很快就进入成长、成熟阶段;而有些工程机械产品的导入期经历了许多年,才逐步为大多数消费者所接受。

2.3 工程机械产品生命周期的营销策略

不同工程机械产品在生命周期的不同阶段各具不同的特点,工程机械企业营销策略也应有所不同。运用工程机械产品生命周期理论主要有三个目的:一是使工程机械产品尽快为消费者所接受,缩短工程机械产品的导入期;二是尽可能地保持和延长工程机械产品的成长阶段;三是尽可能使工程机械产品以较慢的速度被淘汰。因此,善于根据工程机械产品生命周期各阶段的特点,有效地利用各种策略,是工程机械企业取得营销成功的关键。

2.3.1 导入期的营销策略

1) 导入期的主要特点

新产品刚上市,消费者对产品不够了解,销售量增长缓慢,市场上同类竞争产品少,生产企业生产量少、成本高、利润小、产品宣传费用大。这一阶段是企业承担风险最大的时期,许多新产品经营失败,大都在这个阶段反映出来。所以,尽快结束这个阶段,让消费者尽早接受该种产品是本阶段营销策略的重点。

2)导入期的营销策略

在这个阶段,为了建立新产品的知名度,企业需要积极搜集市场对新产品的反应,加大宣传力度,引导和吸引潜在客户,千方百计地打通分销渠道,占领市场。如果把价格与促销两个促销策略综合考虑,则对处于导入期的新产品的营销策略有以下四种:

(1)高价格高促销策略(又称为快取脂策略)。这一策略以高价和大量的促销支出推出新产品,先声夺人,抢占市场,以期尽快收回投资,赚取利润。这种策略的适用条件是:产品确有特点,有吸引力,但知名度不高;市场潜力很大,并且目标客户有较强的支付能力。

(2)高价格低促销策略(又称为慢取脂策略)。这一策略以高价和少量的促销支出推出新产品,目的是以尽可能低的促销费用取得最大限度的收益,逐步收回成本、赚取利润。这种策略的适用条件是:市场规模有限,产品已有一定的知名度,目标客户愿意支付高价,潜在的竞争并不紧迫。

(3)快速渗透策略。这种策略是指以低价和大量的促销支出推出新产品,以最快的市场渗透迅速占领市场,然后再随着销量和产量的扩大,使产品成本降低,取得规模效益。这种策略的适用条件是:市场规模很大,客户对产品还不了解,多数购买者对价格十分敏感,潜在竞争的威胁严重,单位成本有可能随着生产规模扩大和生产经验的积累而大幅度下降。

(4)缓慢渗透策略。这种策略以低价和少量促销支出推出新产品,低价可扩大销量,少量促销支出可降低营销成本,增加利润。这种策略的适用条件是,市场规模很大且消费者熟悉该产品,市场对价格敏感。

以上四种营销策略企业应根据具体情况灵活运用。

2.3.2 成长期的营销策略

1)成长期的主要特点

新产品上市后,如果适合市场的需要,即进入成长期。在成长期阶段,产品基本定型,大批量生产能力形成,产量增加,成本降低;产品被多数消费者了解和接受,销量上升;分销渠道畅通,推销费用下降,因而利润大幅度增长。由于庞大的销量和丰厚的利润,使得众多竞争者相继进入市场,竞争将日趋激烈。

2)成长期的营销策略

在此期间,营销策略的重点应放在一个"好"字上,即保持良好的产品质量和服务质量,切忌因产品销售形势好就急功近利、粗制滥造、片面追求产量和利润。企业为了促进市场的成长,应做好以下工作:

(1)努力提高产品质量,增加新功能、新特色。

(2)积极开拓新的细分市场和新的分销渠道。

(3)广告宣传的重点,应从建立产品的知名度转向促进客户购买。

(4)在适当时机降低售价,吸引对价格敏感的客户,并抑制竞争。

上述市场扩张策略虽可以加强企业的竞争地位,但同时也会增加营销成本,使利润减少。对于处于成长期的产品来说,企业常常面临两难抉择,是提高市场占有率,还是增加当期利润量?如果企业希望取得市场主导地位,就必须放弃当前阶段的最大利润,而期望下一阶段获得更大的收益。

2.3.3 成熟期的营销策略

1)成熟期的主要特点

产品进入成熟期的主要特点是生产量大,销售量大且持续时间较长,但由于竞争激烈,销售增长率渐缓。成熟期是企业获得利润的黄金时期。

2)成熟期的营销策略

这个阶段的营销策略,应突出一个"争"字,即争取稳定的市场份额,延长产品的市场寿命。具体来说,有以下策略:

(1)调整市场。寻找新的细分市场和营销机会,开拓新的目标市场,特别是要提高产品的地区覆盖率,挖掘更多的客户。

(2)改进产品。企业可以通过改变产品特性来吸引顾客,扩大销售,如通过改善产品操纵稳定性、可靠性等来提高产品质量;通过增加产品的功能扩大产品的品种,使客户有更多的选择,得到更多的效用。

(3)调整营销组合。企业可以通过改变营销组合的一个或几个因素,来扩大产品的销量。例如,开展多样化的促销活动、改变分销渠道、扩大附加利益和增加服务项目等。

2.3.4 衰退期的营销策略

1)衰退期的主要特点

衰退期产品的销量猛降,价格下跌,利润锐减,前途暗淡;已经形成的生产和经营能力,同市场销量急剧减少的矛盾十分突出。

2)衰退期的营销策略

企业对处于衰退期的工程机械产品,如仅仅采取维持策略,其代价往往十分巨大,不仅要损失可观利润,还会有许多其他损失。例如,花费在经营管理上的诸多精力和时间,会影响企业新产品开发,影响企业形象,削弱企业竞争力等。因此,对于多数企业来说,应该当机立断,弃旧创新,及时实现产品更新换代。

当决定放弃某种"超龄"工程机械产品时,还要进一步作出以下决策:是彻底停产放弃,还是把该品牌出卖给其他企业;是快速舍弃,还是渐进式淘汰。值得注意的是,企业在老产品停产后,应继续安排好其配件供应,以保证老产品的使用需要;否则,企业形象会受到损害。

3 任务实施

3.1 准备工作

搜集装载机市场资料,了解国内外关于工程机械方面的法规政策。

3.2 操作流程

(1)了解当时装载机市场情况。
(2)对柳工装载机进行SWOT分析。
(3)分析柳工装载机的生命周期。
(4)针对柳工装载机生命周期阶段采取相应的营销策略。

3.3 操作提示

在制订营销策略时要注意控制成本。

任务2 开发工程机械新产品

1 任务导入

1.1 任务描述

世界工程机械10强徐工集团在即将开幕的上海宝马展上将首次亮相一款具有科幻造型的ET110型步履式挖掘机,其钢铁蜘蛛般的外形和动作绝对震撼眼球,展会期间,ET110型步履式挖掘机还将做精彩现场表演,此举也引起各方强烈关注,成为本届上海宝马展最大的亮点。ET110型步履式挖掘机是徐工集团精心研发的新一代智能产品,显示出了徐工集团在挖掘机领域里的巨大科研和创新实力,在世界上创造了中国工程机械品牌的前沿科技领域的又一座里程碑。它是一种可在高原、平原地区使用的、能适应各种地形、多用途的步履式挖掘机。它采用步履、轮式驱动结合的复合式结构,能全轮驱动、全轮转向、轮腿复合。因此,ET110型步履式挖掘机不仅可在普通环境下作业,在高寒、高海拔的地区,陡峭的山坡、水网、沼泽地带一样可以自如的作业。ET110型步履式挖掘机通过自主编制的专用控制软件、CAN总线技术和可编程控制器对液电系统进行集成,可将全车各路信息全部进行搜集和智能化管理,提高了整机的稳定性、安全性和可靠性。ET110型步履式挖掘机设计的多功能电液集成操纵手柄,可控制整机24个动作,使操作方便、准确、灵活、易学,达到了操纵相对简单的目的。

1.2 任务实施方式

探讨如何实施新产品的开发,分组制订新产品开发方案。

2 相关理论知识

2.1 工程机械新产品的概念

工程机械市场营销中,新产品的含义与科技发展上的新产品的含义,并不完全相同。所谓工程机械新产品,是指对该工程机械企业来说一切新开创的工程机械产品,它包括全新产品、革新产品、改进新产品和新牌子产品四种。

1)全新产品

全新产品主要指采用新技术、新材料、新设计、新工艺所研制的崭新工程机械产品。这种新产品一般需要经过相当长的开发时间才会出现,是第一次进入市场。绝大多数企业都不易提供这种新产品。

2)革新产品

革新产品是指采用各种科学技术,对现有产品进行较大革新,从而给使用者带来新的利益的产品。例如,柳工ZL50CN装载机是ZL50C装载机的升级版,综合工况节能达到8%

以上。

3）改进新产品

改进新产品是指使用各种改进技术,对现有产品改良其性能,提高其质量,以求得规格型号的多样。例如,柳工新型 D 系列智能型挖掘机将全面替换原来的 C 系列产品,标配欧 Ⅱ 标准的康明斯发动机,使故障出现率大为降低。

4）新牌子产品

新牌子产品是指企业对现有产品只作很小改变,或突出产品某一方面特点,使用一种新牌子,或可成为一种新产品。有时,这种新产品是仿制市场某种畅销产品,只是标出新牌子,便于竞争。

以上四种工程机械新产品,其"新"是相对意义上的。这种"新"是由消费者所确认的,只要消费者认为某种产品具有其他产品所没有的特点,能给自己带来某种新的效用或利益,这种产品就是"新产品"。

2.2 工程机械新产品开发的原则、方式

1）新产品开发的必要性

新产品开发是指企业从产生新产品构思到产品最终上市的整个经营管理活动。其目标是在满足消费者需要和实现企业整体目标的前提下获得合理的利润。新产品开发不仅是产品本身的开发,还是产品整体的开发,即从产品本身、包装、品牌、售前售后服务等整体出发,全面满足消费者需求。

(1) 新产品开发是企业发展的生命线。

(2) 新产品开发是企业保持其市场竞争优势的重要条件。

(3) 新产品开发是充分利用企业资源,增强企业活力的条件。

(4) 新产品开发是提高企业经济效益的重要途径。

2）新产品开发应遵循的原则

新产品开发应遵循以下原则:

(1) 新产品必须有市场潜力,如具有节能、环保、安全、可靠、功能全、智能化、标准化等特点,新产品的市场潜力将会巨大。

(2) 企业必须具有新产品的开发和生产能力。

(3) 新产品开发必须坚持开发和管理并重。

3）新产品开发的方式

新产品开发活动主要包括:开发新的工艺过程、设备和原材料,从而降低成本、提高效率;通过改变产品设计或增加某些功能,从而扩大产品市场范围,增强企业市场地位;加强研究开发、技术管理、知识产权、科技环境等软技术的创新开发。

新产品开发一般有以下四种方式:

(1) 独立(自主)研制。

(2) 技术引进。

(3) 独立研制与技术引进相结合。

(4) 联合开发。

2.3 新产品开发程序

图 5-3 所示为工程机械新产品开发的程序。

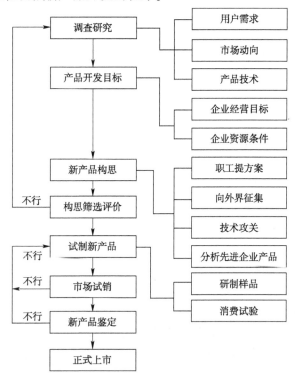

图 5-3 工程机械新产品开发程序

1) 调查研究

调查研究的目的是根据企业的经营目标、产品开发策略和企业的资源条件确定新产品开发目标,包括技术调查和市场调查。

2) 产品构思

产品构思是指灵活运用已有的知识和经验进行重新组合、叠加、复合、联想、综合及抽象等,形成新的产品创造性思维过程。

3) 构思筛选

产品构思完成后,要对构思创意进行评估,研究其可行性,挑选出可行性较高的创意构思,使企业的有限资源集中到构思创意上。

4) 概念成型

经过筛选后的产品构思创意还要进一步发展成为产品概念,首先是要区分产品构思创意、产品概念和产品形象概念。

5) 商业分析

新产品开发是有风险的,在新产品开发过程中,要对新产品的盈利前景进行多次评估,即商业分析,它主要包括市场分析、资金分析、财务分析和不确定性分析等。

6) 开发研制

只有产品概念经过商业分析,才可以进入开发研制阶段。开发研制就是研发部门把文字、图表及模型等描述的产品概念设计成确实的物质产品并进入试制的过程。

7）市场试销

对新产品在正式投放市场前要组织试销,即将产品及其包装、装潢、广告、形式的组织工作等置于小型的市场环境之中,以便进一步了解产品的销售状况,发现产品性能方面的缺陷。企业可以针对试销中发现的问题,采取必要的措施,为产品正式投放市场打好基础。

8）正式上市

新产品经过鉴定、试销就可以投放到市场中正式上市销售。

以上是新产品开发的一般程序,但并非所以新产品开发都经过上述八个阶段,具体情况要具体分析。

2.4 新产品开发策略

新产品开发策略的选择要视企业的实际情况、市场和竞争对手等情况而定。下面介绍几种常用策略。

1）抢占市场策略

这种策略是指在高速发展的市场,高新技术发展的速度与商业利润的增值已成正比,加快新产品的开发速度,能够在市场上捷足先登,获取丰厚的利润。

2）超越自我策略

这种策略的着眼点在于长远利益,而不是眼前利益。采取这种策略的企业具有超越自我的勇气和气魄,有强大的技术力量做后盾。

3）迟人半步策略

这种策略是指等别的企业推出新产品后,再加以仿制或改进,然后推出自己的产品。

4）差异化策略

这种策略是指考虑到与其他同类产品的差异性,向消费者提供具有明显特色的产品,给消费者一种标新立异的印象,以此增强产品的吸引力和竞争力。

5）市场扩散策略

新产品可能是好的,但如果不是在顾客需要的时间、地点出现,它们就一文不值。在新产品的市场扩散中,需要准确把握市场机遇,准确确定上市时机。有两种策略可供选择,即渐进策略和激进策略。

3 任务实施

3.1 准备工作

人员、技术、管理、资金等准备到位。

3.2 操作流程

(1)搜集市场对现有产品的反应及需求关键点。

(2)分析现有人员、技术、资金、时间等能否保证新产品的研制。

(3)着手进行新产品构思及构思的筛选。

(4)把产品构思发展成为产品概念。

(5)对新产品的盈利前景进行商业分析。
(6)进行新产品的开发研制。
(7)新开发出来的产品先试销再正式投放市场。

3.3 操作提示

注意新产品商标、专利权的保护。

任务3 保护工程机械品牌

1 任务导入

1.1 任务描述

长沙中联重工科技发展股份有限公司继承了国家建设部长沙建设机械研究院的技术优势,建有国家级技术中心,是中国工程机械协会8个专业分会会长及秘书长单位,混凝土机械标准化分技术委员会秘书处单位。中英文商标——"中联"与"ZOOMLION"均获认定为"中国驰名商标",多个系列产品获"中国免检产品""中国名牌产品"称号。

1.2 任务完成形式

(1)探讨如何实施创建企业品牌和商标策略。
(2)讨论实施认定驰名商标及商标保护的方案。

2 相关理论知识

2.1 工程机械品牌的概念与作用

2.1.1 品牌的概念

品牌又称为厂牌,是企业用名称、名词、图案或这些因素组合形成的符号,包括品牌名称和品牌标志。品牌名称是指品牌中可以用语言称呼的部分,如中联重科、柳工等。品牌标志是品牌中可以被认出,但不能直接用语言称呼的部分。

2.1.2 品牌的作用

1)有助于消费者认牌购货,并进行质量监督

品牌可以区分其他企业的同种产品,反映产品的质量和特色。消费者通过品牌掌握产品的生产厂家和质量标准,就会增加安全感,必要时还可投诉索赔。

2)有助于企业广告宣传,加强销售促进

品牌是产品的代表,品牌宣传为广告宣传提供明确、具体的对象。良好的品牌,更有利于广告宣传和产品销售。

3)有助于创立名牌产品

企业要使自己的产品成名,打造拳头产品,除了提高产品质量外,还必须有品牌,并经常维护,提高这个品牌的声誉,赢得消费者的喜爱。

2.2 工程机械产品商标的概念与作用

2.2.1 商标的概念

商标是刻印在产品或产品包装上的图案、图像、文字或某种符号、象征。它是受法律保障的品牌或品牌的一部分。

2.2.2 商标的作用

商标的主要功能是作为产品的标志,反映产品的品质。品牌必须图案化设计成商标,经工商行政管理部门注册后,才享有专用权益,受法律法律,这时品牌才转化为商标。商标具有以下作用。

1)保证产品的质量

我国商标法规定:"注册商标要报送质量标准,凡不按注册产品质量要求生产产品,粗制滥造的,可由商标部门撤销其商标,并对其处以罚款。"通过商标管理,可以起到保证产品质量的作用。

2)促进产品销售

商标作为一种代表产品质量和企业信誉的标记,有助于广告定位,有助于产品的市场宣传,有助于吸引消费者认牌购货。商标是企业市场营销的生命线。

3)维护产品特色

注册商标受法律保护,具有排他性,可保护产品特色,防止假冒。

4)推动产品成名

名牌产品不是由企业自封的,只能由顾客公认。商标的使用可以增强企业对产品质量的责任感,增强企业树立名牌产品的荣誉感,促使企业兢兢业业、始终如一地保证产品具有商标所代表的质量水平和特色,争取更多消费者,使产品成名。

2.2.3 品牌与商标的关系

品牌与商标两个概念既相联系又有区别。

1)品牌与商标的联系

(1)品牌包含商标。

(2)它们的对象都是商品。

(3)它们的功能都在于区别。

(4)其设计都是由名称、文字、图形、符号构成的。

(5)其价值都反映企业产品实力,是企业的无形资产。

2)品牌与商标的区别

(1)品牌侧重于名称,商标侧重于标志(或标记)。

(2)品牌与企业联系在一起,品牌往往与厂牌同一。而商标与具体商品联系在一起,经过商标注册活动与宣传,不同商标代表不同商品,有利于消费者从商标特征上分辨不同档次商品。

(3)品牌侧重于名称宣传,以提高企业知名度,而商标侧重于商标注册,取得商标专利权,防止他人侵权。

(4)品牌由来已久,而商标则是在近代商标法出现后才有。

在我国,"品牌"和"商标"这两个概念常常通用,品牌策略即商标策略。

2.3 提高工程机械消费者的品牌忠诚度

一个良好的品牌构成需要五大要素,即品牌知名度、品质认知度、品牌忠诚度、品牌联想和其他资产,这是从消费者的角度来认知评价。如何提高消费者的品牌忠诚度一直是各企业不懈追求的目标。

近年来,工程机械产业的发展已经从以产品为主的模式发展成为以顾客为主的模式,与此相适应,工程机械营销也必须从以产品为中心转向以满足顾客为中心。对于从事工程机械生产、营销的企业来说,其存在的价值和全部意义在于能够向顾客提供满意的产品和服务。满意的顾客是企业的无价之宝,是企业在激烈的市场竞争中抵御风浪的中流砥柱。工程机械企业不仅要致力于提高顾客对企业、产品、服务的满意度,更要提高顾客对企业、产品、服务的忠诚度。

2.3.1 顾客满意的含义

美国市场营销大师菲利普·科特勒认为,"满意是一种感觉状态的水平,它来源于对一件产品所设想的绩效或产出与人们的期望所进行的比较"。顾客对产品或服务的期望来源于其以往的经验、他人的经验的影响以及营销人员或竞争者的信息承诺。而绩效来自整体顾客价值与整体顾客成本之间的差异。

顾客满意是指一个人通过对一个产品的可感知的效果(或结果)与他的期望值相比较后形成的感觉状态,即

$$顾客满意 = \frac{可感知效果}{期望值} \tag{5-1}$$

满意水平是可感知效果和期望值之间的函数。能否实现顾客满意有三个重要因素:
(1)顾客对产品的先期期望。
(2)产品的实际表现。
(3)产品表现与顾客期望的比较。

如果效果低于期望,顾客就会不满意;如果可感知效果与期望相匹配,顾客就会满意;如果可感知效果超过期望,顾客就会高度满意、高兴或欣喜。

2.3.2 提升顾客满意的基本理念

1)树立顾客至上的观念

如果顾客总是抱怨不断,总是显得苛刻刁钻,这时企业就要自我反省,是否企业的产品或服务存在明显的缺陷,是否制订的市场营销策略与组合策略不合时宜,而不能一味地把过错推到顾客身上。

2)产品或服务永远超前于顾客预期

一方面,应把产品或服务标准提高到顾客现有预期之上,使顾客不仅仅满意,而是由衷地高兴;另一方面,要在顾客预期之前就引入新的服务形式,积极主动地为顾客服务,不仅为顾客提供他们想要的东西,而且要提供连他们自己都没有意识到会喜欢的东西。

3)建立信息反馈机制

企业应千方百计地为顾客建立信息反馈渠道。通过信息反馈机制,可以解决顾客如何与生产商、销售商进行交流,顾客通过什么途径获取产品及服务信息等问题;可以解决企业内部管理低效、信息传递失真等问题;企业可以及时了解顾客对企业满意的程度以及对企业

的意见;企业还可以利用这种沟通的方式掌握顾客的相关信息,形成顾客数据库,以针对其特点更好地开展业务。

企业还应鼓励顾客抱怨。没有抱怨并不意味着顾客满意,也许顾客只是懒得说,或许是没有抱怨的渠道;而最糟糕的可能是顾客已经对企业失去了信心。因此,要注意倾听所有顾客的抱怨。在处理顾客抱怨的过程中,尽可能从顾客那里了解顾客为什么抱怨,顾客需要什么样的产品或服务。得到这些信息,也就意味着企业向理解顾客的需求又迈进了一步。同时,如果处理得当,还可以发展与顾客的关系。曾经抱怨过的顾客,在企业为其解决问题后,可能会转变为一个满意甚至是忠诚的顾客。

2.3.3 顾客忠诚的含义

1)顾客忠诚的含义

顾客忠诚是指顾客在满意的基础上,进一步对某一品牌或企业做出长期购买的行为,是顾客一种意识和行为的结合。顾客忠诚所表现的特征主要有:

(1)再次或大量购买同一企业该品牌的产品或服务。

(2)主动向亲朋好友和周围的人推荐该品牌产品或服务。

(3)几乎没有选择其他品牌产品或服务的念头,能抵制其他品牌的促销诱惑。

(4)发现该品牌产品或服务的某些缺陷,能以谅解的心情主动向企业反馈信息,求得解决,而且不影响再次购买。

"老顾客是最好的顾客",建立顾客忠诚非常重要。帕累托原理指出,企业80%的利润来自20%的顾客(忠诚顾客)。大量营销调查表明,发展一名新顾客的费用是维系一名老顾客费用的5~8倍。

2)顾客满意与忠诚的关系

"满意"与"忠诚"是两个完全不同的概念,满意度不断增加并不代表顾客对你的忠诚度也在增加。满意本身具有多个层次,声称"满意"的人们,其满意的水平和原因可能大相径庭。有些顾客对产品产生高度满意,如惊喜地感受,并再次购买,从而表现出忠诚行为;而大部分顾客所经历的满意程度则不足以产生这种效果。通常,顾客满意先于顾客忠诚并且有可能直接引发顾客忠诚,但并非全然如此。调查显示,65%~85%表示"满意"的顾客会毫不犹豫地选择竞争对手的产品。顾客满意的最高目标是提升顾客的忠诚度,而不是满意度。

2.3.4 提高顾客忠诚度的措施

1)开展信任营销

顾客忠诚是基于承诺信任的互动关系,因此开展信任营销,与顾客建立长期互惠互利的良好关系是培育顾客忠诚的基础。信任营销是指企业以增强顾客购物的安全感和提高顾客信任感为基础而开展的市场营销活动。企业开展信任营销的关键是把商品营销转变到向顾客传播和培育某种信任信息,建立一种对企业自身有利的顾客信任机制,从而保证顾客在购买决策中做出与企业愿望相同的选择。

2)增加顾客价值

顾客价值是顾客忠诚的物质基础,要提高顾客忠诚度,必须不断增加顾客价值。顾客价值增加途径有三条:

(1) 提高顾客的感知利得。

(2) 降低顾客的感知利失。

降低感知利失的主要策略包括对顾客采取降低产品价格、节省顾客时间、减少顾客经理成本和体力成本的消耗等,如电子商务营销,就迎合了顾客省时、省力、省钱的要求。

(3) 前两者同时实施。增加顾客感知利得的主要策略包括优化产品、完善服务、提高人员素质和强化品牌建设。

3) 改善感知服务质量

由于服务质量代表着企业的品牌形象和价值,是企业或产品能否值得顾客信任的"试金石"和"稳定器"。因此,顾客感知服务质量将会对顾客忠诚与否起着决定性的作用。

4) 增加顾客转换成本

转换成本属于外因变量,企业难以从主观上对它们加以控制,因此只能被动服从。但是企业可以采取策略增加转换成本和减弱竞争对手对忠诚顾客的吸引力,实现对顾客忠诚的"锁定",具体策略有:

(1) 比竞争对手更快、更准、更好地给顾客提供更富有竞争力的产品或服务价值,通过顾客价值的增值提高转换成本。

(2) 给顾客提供比竞争对手更有特色的产品或服务,通过产品或服务差异化设置转换障碍。

(3) 在设计产品或服务项目时,尽量减弱与竞争对手产品或服务的兼容性,通过技术转换障碍提高转换成本。

(4) 设计各种营销激励方案激励顾客忠诚企业。

2.4 建立企业文化与品牌形象

2.4.1 企业文化的概念

企业文化是企业在长期经营发展中逐步形成和积累起来的物质财富和精神财富的总和,是一种经济和文化相结合的产物,是一个企业的精神及创新的灵魂所在,是一个企业屹立于市场经济及可持续增长的基础。企业文化是企业全体员工在市场经济活动中辛勤努力的结果。

企业文化包括企业哲学、企业精神、企业目标、企业形象、企业制度、企业管理、企业道德、企业素质、企业秩序等。

2.4.2 企业文化与品牌建设的关系

(1) 品牌的建立和运营离不开企业文化的支持和依托。品牌的物质基础是产品,品牌的精神力量是企业文化。企业文化是品牌的灵魂,是品牌文化之根,是品牌经营所追求的最高目标,是企业发展的最高境界。

(2) 企业文化与品牌建设的不同点各有侧重。企业文化强调内部效应,品牌强调外部效应。

(3) 企业文化是品牌建设的手段,品牌是企业文化的载体,企业文化凝结在品牌中。推出一个产品品牌也许只要3个月就够了,而要成功打造一个产品品牌文化则往往需要几年甚至更长时间的经营。美国、日本的一些优秀的总经理总是不遗余力地塑造、维护自己的企业文化。企业的良好形象本身就是一笔巨大财富,以"品牌效应"来赢得社会公众与消费者支持,符合现代市场的规则。

2.4.3 建立企业文化与品牌形象

要建立起成功的企业文化与品牌形象,领导必须做到以下几点:

(1)高度重视,坚持不懈,以身作则,公平公正,有魄力和感召力。

(2)有决心、有能力惩治企业内部的劣根性。一手抓生产,一手抓管理,两手都要硬。

(3)制订合理、科学的目标和计划、制度;杜绝交叉分工、交叉管理的矛盾之源,反复调整,反复征求大多数员工的建议;让员工理解建立良好的企业文化与品牌形象对员工及企业的重要性。

(4)培养员工的技术素质、管理素质。

(5)进行量化管理,即有能力、业绩优、能干者上,无德、无能、无绩者下。

(6)鼓励员工制订职业生涯规划,激发其工作热情。

(7)遇到矛盾要公平化解,一视同仁,不暗箱操作。

(8)制订公平公正的奖惩制度,奖勤罚懒,奖优罚劣。

3 任务实施

3.1 准备工作

明确企业品牌、产品品牌的重要意义。

3.2 操作流程

(1)全员树立品牌意识,把保护企业品牌形象视为己任。

(2)领导要高度重视,制订合理、科学的目标和计划、制度,并坚决贯彻执行。

(3)遇到内部矛盾要公平化解,一视同仁,不暗箱操作。

(4)制订完善的员工培训计划,让员工能跟上企业的发展速度,并以企业为荣。

(5)重视消费者的意见和建议,制订相关的规章制度,努力提高消费者的满意度和忠诚度。

(6)建立健全企业预警机制,妥善处理危机事件。

3.3 操作提示

维护企业的品牌形象不是一朝一夕就能完成的,企业从上到下要有清醒认识。只有坚持不懈,才能达成所愿。

任务4 制订工程机械价格策略

1 任务导入

1.1 任务描述

柳工挖掘机配备高效、低耗、环保的进口洋马发动机,采用高品质的液压元件、四泵系统,实现行走的同时可以操作其他动作。柳工挖掘机在上市之初定价时,进行了大量的市场调查。首先是比较同类竞争产品的特点及定价,再次充分考虑消费者的接受程度及企业的盈利目标等。综合各方面因素,确定最终价格。

1.2 任务实施方式
(1)分组讨论挖掘机产品定价的影响因素。
(2)进行国产品牌挖掘机价格调查,分析其所采取的定价策略。

2 相关理论知识

2.1 定价理论与定价方法
2.1.1 工程机械价格构成
1)生产成本
生产成本是工程机械价值的重要组成部分,也是制定价格的重要依据。
2)流通费用
流通费用是发生在工程机械从生产企业向最终消费者移动过程各个环节之中的,并与移动的时间、距离相关。
3)国家税金
国家通过法令规定工程机械的税率,并进行征收。税率的高低直接影响工程机械的价格。
4)企业利润
企业利润是工程机械生产者和经销商为社会创造和占有的价值的表现形态,是工程机械价格构成的因素,是企业扩大再生产的重要资金来源。

2.1.2 影响工程机械价格的因素
1)成本
成本是影响价格的实体因素,工程机械成本包括生产成本、销售成本和储运成本。
2)消费者需求
消费者的需求对定价的影响主要是通过消费者的需求能力、需求强度和需求层次反映出来的。需求能力是指消费者对价格的接受程度;需求强度则指消费者对品牌的愿望强度;而不同需求层次对定价也有影响。
3)产品特征
产品特征是指工程机械产品自身构造所形成的特色。一般指造型、质量、性能、服务、商标等,能反映产品对消费者的吸引力。吸引力强的产品定价往往比同类产品要高。
4)竞争者行为
定价是一种挑战性行为,任何一次价格的制定或调整都会引起竞争者的关注,并导致竞争者采取相应对策。在这种对抗中,竞争力强的企业在定价方面往往有较大的自由度。
5)政府干预
政府干预是指为了维护国家和消费者的利益,维护正常的市场秩序,国家制定有关法规,来约束工程机械企业的定价行为。

2.1.3 工程机械定价目标
工程机械企业在定价前,首先要考虑一个与企业总目标、市场营销目标相一致的定价目标,作为确定价格策略和定价方法的依据。

1) 以利润为导向的定价目标

(1) 利润最大化目标。以最大利润为定价目标是指工程机械企业期望获取最大限度的销售利润。通常已成功打开销路的中小企业常用这种目标。追求最大利润并不等于追求最高价格。

(2) 目标利润。以预期的利润作为定价目标,是指工程机械企业把某项产品或投资的预期利润水平规定为销售额或投资额的一定百分比,即销售利润率或投资利润率。要实现目标利润,工程机械企业应估算产品按什么价格销售、销售多少才能达到要求。以目标利润作为定价目标的工程机械企业,应具备以下两个条件:

① 该企业具有较强的实力,竞争力较强,在行业中处于领导地位。

② 销售的产品多为新产品、独家产品及低价高质量的产品。

(3) 适当利润。有些工程机械企业为了保全自己,减少市场风险,或限于实力不足,以满足适当利润作为定价目标。这种情况多见于实力较弱的中小企业。

2) 以销量为导向的定价目标

这种定价目标是指工程机械企业希望获得某种水平的销售量或市场占有率而确定的目标。

(1) 保持或扩大市场占有率。市场占有率是企业经营状况和产品在市场上的竞争能力的直接反映,对于企业的生存和发展具有重要意义。

一般来讲,只有当企业处于以下几种情况下,才适合采用这种定价目标:

① 该工程机械的价格需求弹性较大,低价会促使企业市场份额扩大。

② 工程机械成本随着销量增加呈现逐渐下降趋势,而利润有上升的可能。

③ 低价能阻止现有和可能出现的竞争者。

④ 工程机械企业有雄厚的实力能承受低价造成的经济损失。

⑤ 采用进攻型经营策略的工程机械企业。

(2) 增加销售量。它是指以增加或扩大现有工程机械销售量为定价目标。这种方法一般适用于工程机械价格需求弹性较大、企业开工不足、生产能力过剩、只要降低工程机械价格就能扩大销售、使单位固定成本降低、企业总利润增加的情况。

3) 以竞争为导向的定价目标

它是指工程机械企业在竞争激烈的市场上以应对或避免竞争为导向的定价目标。在市场竞争中,大多数竞争对手对价格都很敏感,在定价以前,一般要广泛搜集市场信息,把自己生产的工程机械的性能、质量和成本与竞争对手进行比较,然后制定本企业的工程机械价格。通常采用的方法有:

① 与竞争者同价。

② 高于竞争者的价格。

③ 低于竞争者价格。

在市场竞争中,价格战容易使双方两败俱伤,风险较大。因此,很多工程机械企业往往会开展非价格竞争,如在质量、分销、促销和服务等方面下功夫,以巩固和扩大自己的市场份额。

4) 以质量为导向的定价目标

这种定价目标是指工程机械企业要在市场上树立产品质量领先地位的目标,而在产品价格上做出反应。优质高价是一般的市场供求准则,研究和开发优质产品必然要付出较高的成本,自然要求以高的产品价格得到回报。采取这一目标的企业必须具备以下两个条件:

①能提供高质量、高性能的产品。

②能提供优质的服务。

5) 以企业生存为导向的定价目标

当工程机械企业遇到生产能力过剩或激烈的市场竞争要改变消费者的需求时,要把维持生存作为自己的主要目标——生存比利润更重要。对于这类企业来讲,只要他们的产品价格能够弥补变动成本和一部分固定成本,即产品单价大于企业的变动成本,他们就能够维持住企业。

6) 以销售渠道为导向的定价目标

对于那些需经中间商销售产品的工程机械企业来说,保持销售渠道畅通无阻,是保证企业获得良好经营效果的重要条件之一。为了使得销售渠道畅通,企业必须研究产品价格对中间商的影响,充分考虑中间商的利益,保证其有合理的利润,促使中间商积极地销售产品。

以上是工程机械企业选择的六种定价目标。

2.1.4 工程机械定价方法

工程机械定价方法是指企业为了在目标市场上实现定价目标,而给工程机械产品制定一个基本价格或浮动范围的方法。影响工程机械价格的因素比较多,但在制定价格时主要考虑的因素是产品的成本、市场的需求和竞争对手的价格。产品的成本规定了工程机械价格的最低基数,市场需求决定了工程机械需求的价格弹性,竞争对手的价格提供了制定工程机械价格时的参照点。由此产生了成本导向定价法、需求导向定价法和竞争导向定价法等三种工程机械定价方法。

1) 成本导向定价法

成本导向定价法是以产品成本为基础,加上一定的利润和应纳税金来制定产品价格的方法。它是一种按卖方意图定价的方法。以产品成本为基础的定价方法主要有以下三种:

(1) 成本加成定价法。成本加成定价法是一种最简单的定价方法,即在单台成本的基础上加上一定比例的预期利润作为产品的售价。售价与成本之间的差额就是利润。其计算公式如下:

$$产品加成价格 = \frac{单台成本 \times (1 + 成本利润率)}{1 - 税率} \quad (5\text{-}2)$$

其中

$$成本利润率 = \frac{要求达到的总利润}{总成本} \times 100\% \quad (5\text{-}3)$$

成本加成定价法的优点:

①能使企业的全部成本得到补偿,并有一定盈利,使企业再生产能继续进行。

②有利于国家和有关部门通过规定成本利润率,对企业的价格进行监督。

③如果工程机械企业都采用这种方法,就可缓解价格竞争,保持市场价格稳定。

④这种计算方法简单易行。

成本加成定价法的缺点：

①由于这种定价方法忽视了市场的需求和竞争对手的价格，只反映了生产经营中的劳动耗费。因此，根据这种方法制定的产品价格必然缺乏对市场供求关系变化的适应能力，不利于增强企业的市场竞争力。

②这种定价方法中的成本是企业的个别成本，而不是正常生产合理经营下的社会成本，因此，有可能包含不正常、不合理的费用开支。

可见，此种定价方法主要用于企业生产经营合理、供求大致平衡、成本较稳定的产品。

(2) 加工成本定价法。加工成本定价法是指将企业成本分为外购成本和新增成本后分别进行处理，并根据企业新增成本来加成定价的方法。对于外购成本，企业只垫付资金，只有企业内部生产过程中的新增成本才是企业自身的劳动耗费。其计算公式如下：

$$产品价格 = 外购成本 + \frac{加工新增成本 \times (1 + 加工成本利润率)}{1 - 加工增值税率} \tag{5-4}$$

其中

$$加工成本利润率 = \frac{要求达到的总利润}{加工新增成本总额} \times 100\% \tag{5-5}$$

$$加工增值税率 = \frac{应纳增值税金总额}{销售总额 - 外购成本总额} \times 100\% \tag{5-6}$$

这种加工成本定价法主要适用于加工型企业和专业化协作企业。这种方法既能补充企业的全部成本，又能使协作的企业之间的利润分配和税收负担合理化，避免按成本加成法定价形成的行业之间和协作企业之间苦乐不均的弊端。

(3) 目标成本定价法。目标成本定价法是指企业以经过一定努力预期能够达到的目标成本为定价依据，加上一定的目标利润和应纳税金来制定产品价格的方法。这里，目标成本与定价时的实际成本不同，它是企业在充分考虑到未来营销环境变化的基础上，为实现企业的经营目标而拟定的一种"预期成本"，一般都低于定价时的实际成本。其计算公式如下：

$$产品价格 = \frac{目标成本 \times (1 + 目标成本利润率)}{1 - 税率} \tag{5-7}$$

其中

$$目标成本利润率 = \frac{要求达到的总利润}{目标成本 \times 目标产销量} \times 100\% \tag{5-8}$$

上述公式表明，目标成本的确定要同时受到价格、税率和利润要求的多重制约，即产品价格应确保市场能容纳目标产销量，扣税后销售收入在补偿目标产销量计算的全部成本后能为企业提供预期的利润。此外，目标成本还要充分考虑原材料、工资等成本价格变化的因素。

目标成本定价法是为谋求长远和总体利益而服务的，较适用于经济实力雄厚、生产和经营有较大发展前途的企业，尤其适用于新产品定价。采用这种定价法有助于企业开拓市场，降低成本，提高设备利用率，从而提高企业的经济效益和社会效益。

2) 需求导向定价法

需求导向定价法是一种以需求为中心，企业依据顾客对产品价值的理解和对产品需求的差别来定价。

(1)对产品价值的理解定价法。所谓对产品价值的理解定价法是指企业按照顾客对产品价值的理解来制定产品价格,而不是根据企业生产产品的实际价值来定价。

对产品价值的理解定价法同产品在市场上的定位是相联系的。其方法是:

①先从产品的质量、提供的服务等方面为产品在目标市场上定价。

②决定产品所能达到的售价。

③估计在此价格下产品的销量。

④由销量计算出所需的生产量、投资额及单台成本。

⑤计算该产品是否能达到预期的利润,以此来确定该产品价格是否合理,并可进一步判明该产品在市场上的命运如何。

运用对产品价值的理解定价法的关键是,要把自己的产品与竞争者的产品相比较,正确估计本企业的产品在顾客心目中的形象,找到比较准确的理解价值。因此,在产品定价前要搞好市场调查。

(2)对产品需求的差别定价法。这是根据对产品需求的差别来制定产品的价格,主要有以下两种情况:

①按产品不同目标顾客采取不同价格。同一产品对于不同的顾客,其需求弹性不一样。有的顾客对价格敏感,适当给予优惠可诱导顾客购买;有的顾客对价格不敏感,则可照价全收。

②按产品的不同销售时间采取不同的价格。同一种产品因销售时间不同,其需求量也不同,企业可根据此制定不同的价格,争取最大销售量。

总之,对产品需求的差异定价法能反映顾客对产品需求的差别及变化,有助于提高企业的市场占有率和增强其产品的渗透率。但这种定价法不利于成本控制,且需求的差别不易精确估计。

3)竞争导向定价法

竞争导向定价法是依据竞争者的价格来定价,使本企业产品的价格与竞争者价格类似或保持一定的距离。这是企业为了应对市场竞争的需要而采取的特殊的一种定价方法。主要有以下三种:

(1)随行就市定价法。随行就市定价法是以同类产品的平均价格作为企业产品的定价基础。这种方法适合企业既难于对顾客和竞争者的反应作出准确的估计,又难于自行定价时运用。在实践中,有些产品难以计算,采取随行就市定价一般可较准确地体现产品价值和供求情况,既能保证获得合理效益,也有利于协调同行业的步调,融洽与竞争者的关系。

此外,采取随行就市定价法,其产品成本与利润要受同行业平均成本的制约。因此,企业只有努力降低成本,才能获得更多利润。

(2)相关产品比价法。相关产品比价法是以同类产品中顾客认可某品牌的价格作为依据,结合本企业产品与认可的产品的成本差率或质量差率来制定产品价格。其计算方式有以下三种:

①当本产品与认可产品相比,成本变化与质量变化方向程度大体相同时,可按成本变化,实行"按值论价",即

$$产品价格 = 认可产品价格 \times (1 + 成本差率) \tag{5-9}$$

②当本产品与认可产品相比,成本上升不多而质量有较大提高,可根据"按质论价、优质优价"原则,结合考虑供求关系,在下列区域中定价,即

$$认可产品价格 \times (1 + 成本差率) < 产品价格 \leq 认可产品价格 \times (1 + 质量差率)$$
$$\tag{5-10}$$

式中,质量差率要通过对产品质量效用的综合评估而确定。

③当本产品与认可产品相比,成本下降不多而质量下降较多时,则应严格执行"按质论价"原则,实行低质廉价,即

$$产品价格 = 认可产品价格 \times (1 - 质量差率) \tag{5-11}$$

采用这种定价方法主要是为了避免价格竞争。

(3) 竞争投标定价法

在工程机械易主交易中,采用招标、投标的方式,由一个卖方(或买方)对两个以上并相互竞争的潜在买方(或卖方)出价(或要价)、择优定价方法,称为竞争投标定价法。

这种定价方法主要在政府处理走私罚没或企业处理多余的工程机械时采用。

2.2 工程机械定价策略

在工程机械市场竞争中,企业为了实现自己的营销战略和目标,必须根据产品特点、市场需求及竞争情况,采取各种灵活多变的产品定价策略,使产品定价策略与市场营销组合中的其他策略更好地结合,促使和扩大产品销售,提高企业的整体效益。因此,正确采用定价策略是企业取得市场竞争优势地位的重要手段。

2.2.1 新产品定价策略

在激烈的市场竞争中,企业开发的新产品能否及时打开销路、占领市场和获得满意的利润,除了新产品本身的性能、质量及必要的市场营销手段和策略之外,还取决于企业能否选择正确的定价策略。新产品定价有以下三种基本策略。

1) 取脂定价策略

取脂定价策略又称为撇脂定价策略,是指企业利用新产品的特点和尚无竞争对手的有利条件,在新产品上市之初,将其价格尽可能定高,力争在短期内赚取更多利润,尽快收回投资。这种定价策略是对市场的一种榨取,如同从牛奶中榨取奶油一样,因此取名取脂定价策略。

取脂定价策略追求在短期内获得最大利润,运用它可以迅速补偿研究与开发费用,获得高额利润,并掌握调价的主动权。但定价偏离价值会损害消费者的利益,不利于市场开拓,同时,高价高利润会引来大量竞争对手,诱发盲目竞争。

取脂定价策略一般适用于以下几种情况:

(1) 企业研制、开发的这种新产品,技术新、难度大、开发周期长,用高价也不怕竞争者迅速进入市场。

(2) 这种新产品有较大的市场需求。

(3) 高价可以使新产品一投入市场就树立起性能好、质量优的高档品牌形象。

2) 渗透定价策略

渗透定价策略是指企业将投入市场的新产品的价格定得尽量低,迅速打开和占领市场,

排斥竞争者。但由于新产品一开始就实行低价,投资回收期长,见效慢。倘若因成本变化等原因需提高价格时,又会影响销路。因此这种策略风险大。

渗透定价策略一般适用于以下几种情况:

(1)制造这种新产品所采用的技术已经公开,或者易于仿制,竞争者容易进入该市场。利用低价可以排斥竞争者,占领市场。

(2)投放市场的新产品,在市场上已有同类产品,但是生产新产品的企业比生产同类产品的企业拥有较大的生产能力,并且该产品的规模效益显著,大量生产会降低成本,收益有上升趋势。

(3)该类产品在市场中供求基本平衡,目标市场对价格比较敏感,低价可以吸引较多顾客,可以扩大市场份额。

3)温和定价策略

温和定价策略它又称满意定价策略或适中定价策略,是介于取脂定价和渗透定价之间的定价策略。是一种消费者易于接受,而生产者又较满意的价格策略。这种定价策略稳妥、风险小,一般会使企业收回成本和取得适当利润,但可能失去获得高利润的机会,定价后价格的应变能力也较弱。

2.2.2 心理定价策略

心理实价策略是一种运用心理学原理,根据顾客心理要求所采用的定价策略。每一品牌的工程机械都能满足顾客某一方面的需求,产品价值与顾客的心理感受有着很大关系,这就为心理定价策略的运用提供了基础,使得企业在定价时可以利用顾客心理因素,有意识地将产品价格定得高些或低些。以满足顾客心理的、物质的和精神的多方面需求。通过顾客对产品的偏爱或忠诚,诱导顾客增加购买,扩大市场销售,获得最大效益。具体的心理定价策略如下。

1)整数定价策略

大品牌工程机械定价时,往往把价格定成整数,不带尾数。凭借整数价格给顾客造成该产品属于高端产品的印象,提高品牌形象。整数定价策略适用于档次较高,需求价格弹性比较小,价格高低不会对需求产生较大影响的产品。

2)尾数定价策略

尾数定价策略是指企业利用顾客求廉心理,在产品定价时,不取整数而带尾数的定价策略,是与整数定价策略相反的一种定价策略。这种带尾数的产品价格给顾客直观上一种便宜的感觉,同时往往还会给顾客一种企业经过认真成本核算才定价,对顾客负责的感觉,可以提高顾客对该定价的信任度,从而激起顾客的购买欲望,促进产品销售量的增加。尾数定价策略一般适用于产品档次较低的工程机械,价格高低会对需求产生较大影响。

3)声望定价策略

声望定价策略根据产品在顾客心目中的声望、信任度来确定产品价格的一种定价策略。声望定价策略一般适用于具有较高知名度、有较大市场影响的著名品牌的工程机械。

4)招徕定价策略

招徕定价策略是指将某种产品的价格定得过高或者过低,以引起顾客的好奇心理或观望行为,进而带动其他产品的销售的一种定价策略。例如,某些工程机械企业在某一时期推出某一型号产品降价销售,过一段时期又换另一型号,以此来吸引顾客时常关注该企业的产品,促进降价产品的销售,同时带动同品牌其他正常价格的产品的销售。此策略常为工程机械专营店采用。

5) 分级定价策略

分级定价策略是指在定价时,把同类产品分为几个等级,不同等级的产品,采用不同的价格的一种定价策略。这种定价策略能使顾客产生货真价实、按质论价的感觉,因而容易被顾客所接受;而且,这些不同等级的产品若同时提价,对顾客的质价观冲击不会太大。

2.2.3 产品组合的定价策略

对于大型工程机械企业来说,其产品并不只有一个品种,而是某些产品的组合,这就需要企业制定一系列的产品价格,使产品组合取得整体最大利润。这种定价策略主要有以下两种情况。

1) 同系列产品组合定价策略

这种定价策略是指把一个企业生产的同一系列的产品作为一个产品组合来定价。在其中确定某一型号的较低价格,这种低价可以在该系列产品中充当价格明星,以吸引顾客购买这一系列中的各种产品;同时又确定某一型号的较高价格,这种高价可以在该系列产品中充当品牌价格,提高该系列产品的品牌效应。

2) 附带选装配置的产品组合策略

这种定价策略是指将一个企业生产的产品与其附带的一些可供选装配置的产品看作一个产品组合来定价。例如,整台工程机械价格相对较低,而选装配置的价格相对稍高一些,这样既可以吸引顾客,又可以通过选装配置来弥补产品成本,增加企业利润。

附带选装配置的产品组合定价策略一般适用于有特殊、专用附带选装配置的工程机械。

2.2.4 折扣定价策略

在工程机械营销中,企业为了竞争和实现经营战略的需要,经常对产品价格采取折扣和折让策略,直接或间接降低产品价格,以争取顾客,扩大产品销量。折扣定价策略包括数量折扣、现金折扣、交易折扣、季节折扣和运费折扣五种。

1) 数量折扣

数量折扣是根据买方购买产品数量多少,分别给以不同的折扣。买方购买的产品数量越多,折扣越大。

数量折扣又可分为累计数量折扣和非累计数量折扣。前者规定买方在一定时期内,购买产品达到一定数量或一定金额时,按总量给予一定折扣的优惠,目的在于使买方与企业保持长期合作,维持企业的市场占有率;后者是只按每次购买产品数量多少给予折扣的优惠,这可刺激买方大量购买,减少库存和资金占用。这两种折扣价格都能有效地吸引买主,使企业能从大量的销售中获得较好的利润。

2) 现金折扣

现金折扣是对按约定日期提前付款或按期付款的买主给予一定折扣优惠价,目的是鼓励买主尽快付款以利于资金周转。运用现金折扣应考虑下列三个因素:

① 折扣大小。

② 给予折扣限制时间长短。

③付清货款期限的长短。

3) 交易折扣

交易折扣是指企业根据各个中间商在市场营销活动中所担负的功能不同,而给予不同的折扣,所以也称"功能折扣"。

4) 季节折扣

季节折扣是指在产品销售淡季时,给购买者一定的价格优惠,目的在于鼓励中间商和顾客购买产品,减少库存,节约管理费,加速资金周转。季节折扣率应不低于银行存款利率。

5) 运费让价

运费是构成产品价值的重要部分。运费让价是指为了调动中间商或顾客的积极性,企业对他们的运输费用给予一定的津贴,支付一部分或全部运费。

2.2.5 地区定价策略

地区定价策略是指企业决定卖给不同地区顾客的产品是否实行不同价格、实行差别定价的策略。概括起来,地区定价策略主要有统一定价、基点定价和分区定价三种。

1) 统一定价

统一定价是指对全国各地的顾客实行相同的价格,顾客不管去哪家经销商购买,产品的价格都是一样的。执行这种定价策略,有利于吸引各地顾客,规范市场和企业的营销管理。这种定价策略又可以分为两种情况:一种情况是顾客自己去经销商处提货,并自负提货后的相关运输费用;或者收取一定费用后,厂家或经销商负责将产品交付到顾客手中,即非免费送货。另一种情况是厂家或经销商负责免费将产品交付到顾客手中,属免费送货。

2) 基点定价

基点定价是指企业选定某些城市作为基点,在这些基地城市实行统一价格,顾客或经销商在各个基点城市就近提货。如果在制造厂商设在全国的地区分销中心或地区中转仓库提货,顾客或经销商负担出库后至目的地的运送费用。

3) 分区定价

分区定价是指将全国市场划分为几个市场销售区,各区之间的价格不一,但在区内实行统一价格。这种定价策略的主要缺点是价格不相同的两个区域,处于区域边界的顾客对相同的产品,却要付不同的价款,容易出现"串货"或产品"倒卖"现象。

3 任务实施

3.1 准备工作

了解市场,明确竞争产品定价基础。

3.2 工作流程

(1) 核算产品的成本。
(2) 确定企业的盈利目标。
(3) 了解竞争产品的定价基础。
(4) 了解消费者的价格接受程度。
(5) 综合各方面因素,制定产品价格。

3.3 操作提示

略。

思考与练习

(1) 产品价格不是一成不变的,要随市场变化而变化,不能以不变应万变。
(2) 比较产品生命周期与产品寿命内涵。
(3) 分析挖掘机定价流程图。
(4) 举例说明你所熟悉的工程机械定价策略。
(5) 分析工程机械产品整体的具体含义。

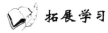

工程机械再制造的现状与趋势

由于当前资源、能源日趋紧张、生态环境压力不断增加,大力发展工程机械再制造产业,不仅可以有效地降低资源能源消耗、减少废弃物排放,有利于转变传统"开采—冶炼—制造—废弃"的线性增长模式,发展成"资源—产品—废弃物—再生资源"的循环经济模式。

1. 国外工程机械再制造

美国再制造产业规模是全球最大的,美国再制造产品的范围覆盖汽车零部件、机床、工程机械、铁路装备、医疗设备及电子类产品。在美国,再制造企业有以下三种运作模式:

(1) 独立的再制造公司。这类公司不依附于原制造公司,根据汽车维修市场的需求生产再制造产品,只对所生产的再制造产品质量负责。

(2) 原制造商投资、控股或授权生产的再制造企业。这类企业只生产自己的产品,再制造后的产品使用原制造企业的标识,如 GE、Caterpillar 等。

(3) 小型再制造工厂。这类工厂以灵活的方式为客户提供完善的再制造服务,旧件的所有权一般不发生变更,如美国 NAPA(纳帕)公司等。

工程机械巨头卡特彼勒是全球性的工程机械再制造商之一。卡特彼勒公司占总产值 20% 的产品属于再制造型产品。卡特彼勒公司从设计阶段就考虑产品的可回收性、再制造性,卖出去的产品易于以旧换新或回收再利用,大大提高了市场竞争力。废旧柴油发动机、卡车传输装置和其他重型设备组件,经过卡特彼勒公司的再制造,被赋予了新生命。与那些刚刚下线的全新产品不同,经过再制造的产品价格仅为前者的一半,因而赢得了更多买主的青睐。

在欧洲,德国、英国、法国的再制造业发展最为成熟,其主要特点是再制造行业的发展基本上是在制造企业和零部件生产企业的控制下发展,如 Volvo、德国大众、法国雪铁龙等。欧洲所有的再制造企业、原制造企业投资或控股设立及得到原制造企业授权生产的再制造产品,大部分在原制造企业的售后服务网络中流通,较少流向社会维修市场。

在日本,小松、日立建机等工程机械厂商,纷纷开设专业的工程机械再制造厂,或与其他的专业再生厂、再生件经销商(专门从事收购旧机、出售再生件业务)建立联营网络,开展工程机械再制造经营。日立建机株式会社,年收购旧的工程机械经专业厂整机修复或拆卸零部件修复后,由再生件经销商出售。

2. 国内工程机械再制造

目前,我国工程机械行业的发展规模在全国机械工业中仅次于汽车、电工电器行业,排名第三位。我国工程机械行业再制造产业从维修、大修、翻新发展而来,国内的再制造产品主要面向高价值零部件,是在维修工程、表面工程技术基础上发展起来的,主要基于复合表面工程技术、纳米表面技术和自动化表面技术。有资料显示,工程机械再制造产品比新产品的制造节能60%,平均有55%的部件都可以被再利用,制造过程中可以节省80%以上的能源消耗。先进表面工程技术在再制造中的应用,使零件的尺寸精度和质量性能标准不低于原型新品水平,而且在耐磨、耐蚀、抗疲劳等性能方面达到原型新品水平,并最终确保再制造装备零部件的性能质量达到甚至超过原型新品,受到国际同行的广泛认同与关注。废旧产品零件经过再制造循环利用可以减少的排放,可以节约资源,保护环境。再制造作为工程机械产业链中的一环,其循环发展、节能环保及可观利润使他成为工程机械行业发展日趋成熟的标志。再制造,成为客户提供降低产品全生命周期成本的最佳方式,是行业持续发展的基础,这有效支持了国家提倡的发展绿色循环经济的号召,体现出企业对社会所承担的责任。

项目 6　实施工程机械营销策划方案

 概述

策划是"运筹帷幄之中，决胜千里之外"的谋略。当今激烈的市场竞争迫使企业必须出奇制胜，一个精彩的市场营销策划可以使一个企业从平凡走向非凡，从弱小走向强大，工程机械产品的竞争也从自然竞争发展进入到策划制胜的时代。

任务1　组织工程机械的营销策划活动

1　任务导入

1.1　任务描述

随着挖掘机市场从卖方市场向买方市场的转变和挖掘机促销手段的多元化，甲工程机械公司委托乙策划公司做关于挖掘机促销的策划方案，策划书的主要内容如下：

(1) 介绍甲公司的背景和其挖掘机销售在实现企业战略中的地位。
(2) 对甲公司现有的促销手段进行分析与讨论，并确定策划要解决的关键问题。
(3) 对企业环境进行分析，明确甲公司的挖掘机市场和竞争对手。
(4) 分析了顾客满意度、企业优劣势等，并提出挖掘机促销的设计方案。
(5) 针对企业现有资源情况，提出费用预算方案及反馈控制方法。

1.2　任务实施方式

选择某一品牌和种类工程机械，分组讨论制订一份营销策划方案。

2　相关理论知识

2.1　工程机械营销策划的概念及特征

所谓策划，是指人们为了达到某种预期的目标，借助科学思维方法和系统分析方法，对策划对象的环境因素进行分析，对资源进行重新组合和优化配置，以及围绕这些活动所进行的调查、分析、创意设计并制订行动方案的行为。策划是具有前瞻性的活动，它要求对未来一段时间内将要发生的事情做出预测，并就未来一段时间内应该达到的目标、应该做的工作做出行动安排，即策划是事先决定做什么、如何做、何时做、由谁来做的系统方案。

所谓工程机械营销策划,就是策划人员围绕工程机械企业目标,根据工程机械企业现有的资源状况,在充分调查、分析营销环境的基础上,激发创意,借助科学方法与创新思维,对企业未来的营销发展做出战略性的策略规划的活动过程。

工程机械营销策划具有创造性、效益性、可行性和应变性等特征。

1) 创造性

营销策划的创造性,是指营销策划必须运用创新思维,提出解决市场问题、实现营销目标的新创意、新方法,甚至创造新的生活方式和消费观念,唤起消费者的购买愿望,把潜在消费者转换为现实消费者。

2) 效益性

营销策划必须以最小的投入使企业获得最大的收益。而营销策划的直接目的是取得经济效益,否则,就有违企业开展营销策划的初衷,是失败的营销策划。

效益性不仅要求营销策划人员善于利用企业自身的资源,还要善于利用社会上的各种资源,要将一切可以利用的资源加以整合,使其在市场运作过程中产生"核裂变"效应,产生 $1+1>2$ 的功能。

3) 可行性

营销策划不是一般的理论原则,它要回答和解决企业在现实的市场营销活动中存在的各种疑难问题。市场营销策划不仅要提出开拓市场的思路,更要在创新思维的基础上制订市场营销的行动方案,提出创造市场、开拓市场、扩大市场的整体性、系统性策略和措施,而且还必须具有特定资源约束条件下的高度可行性。

为保证营销策划的可行性,需要企业组织过硬的营销策划团队,设计出务实的、操作性强的市场营销策划方案。在营销策划过程中,需要依据企业实力和实际情况,将发展目标与现实状况、需要与可能结合起来。同时,需要企业具备完整顺畅的策划实施程序和统一的管理中心、监控中心,以保证具有可行性的策划方案的实施执行。

4) 应变性

企业是处在自身不可控制的动态变化的营销环境之中的。在策划的设计和实施过程中,有可能遇到一些对策划产生一定影响的突变事件和风险因素,这就增添了策划的风险性。突发事件与风险一旦发生而无应对措施,很有可能导致策划的失败。因此,在进行营销策划时,应尽量对各种可能的意外情况和风险因素进行预测分析,制订相应的对策,以增加营销策划的灵活性和应变性。对于媒体舆论误导、公众误解、设备故障等风险因素可以事先估计,提前制订预防措施。对于政策变化、社会动乱等企业自身不可控因素,应随时注意事实变化苗头,及时采取措施,使风险万一发生时的损失和危害降到最低限度。

2.2 工程机械营销策划的程序

现代策划为了保证策划方案的合理性、高成功率,不可避免地趋向程序化。策划的程序性保证把各方面的活动有机地组合起来,把各个子系统相互协调,形成一个合理的整体策划方案。这种整体的系统性可以使人们确定理想的工作秩序和节奏,掌握轻重缓急,做到井然有序,提高工作效率,创造最佳效益。当然,世界上不存在唯一模式的策划。下面介绍营销策划的具体实施程序。

1) 资料搜集

策划是以调查研究,广泛搜集有关信息资料为基础的,这是策划过程中不可逾越的重要环节。与策划活动有关的信息资料主要包括三个方面:

(1) 企业目标和资源方面的信息。例如,企业目标和任务的具体内容,现在的目标同以前状况的比较,企业的资金和技术实力以及企业在实现目标中可能投入的人力、物力、财力等。

(2) 同实现营销目标直接有关的市场信息。例如,目标市场的规模、结构、主要特征,目标顾客群的购买行为规律、需求特点等。

(3) 对实现营销目标可能产生影响的环境信息。例如,同类产品或服务供求的总量、结构及变化趋势,竞争对手的基本状况与营销策略,政策法规的变化,宏观经济形势的变化,人文特征的变化以及自然条件的变化等。

有关资料的搜集,一方面可使所策划的营销方案更切合实际,具有更大的可行性;另一方面,信息资料本身也能反映出一些可以利用的机会,使营销策划产生多种新的创意。

资料搜集是策划的初始阶段,也是营销策划的基础,可以分成两部分,即第一手资料搜集和第二手资料搜集。其中,第一手资料的搜集包括进行市场调查、召开座谈会、参加情况介绍会等;第二手资料的搜集包括查找文献、统计报表、销售报表、财务报表、经营计划等。

2) 资料分析

资料分析是指对所搜集的信息资料进行分类、整理、比较、筛选的过程。它主要包括两方面:一方面要审查信息的完整性,另一方面要判断信息的真实性。要利用计算机技术,提高信息分类整理的效率和质量,同时更要发挥人脑的作用,分析、提炼出有价值的信息资料,从而为企业制订营销策划方案提供依据。资料分析一般包括以下两方面内容。

(1) 营销环境的分析与评价。

策划是针对特定需要与现实条件进行谋划,策划者必须尽可能多地掌握各种背景材料和现实情况,全面了解形成客观实际的各种因素,包括有利的与不利的信息,并全面分析研究材料,寻找出问题的实质和主要矛盾,再进行策划。这样的策划针对性强,合理可行。

环境分析是对营销方案产生的背景条件及影响因素进行分析,主要包括两大部分的内容,即历史的演变过程与现状分析。要对影响到营销行为的各种环境因素作较全面的分析与评估,营销环境的分析与评价是为制定有效的营销行动方案做准备,因此是营销策划的基础。

(2) SWOT 分析。

企业机会与威胁、优势与劣势分析,简称 SWOT 分析。通过 SWOT 分析,可以找出对企业有利的、值得发扬的因素,以及对企业不利的、要规避的方面,发现存在的问题,找出解决办法,并明确未来的发展方向。可以将问题按轻重缓急分类,明确哪些是目前急需解决的问题,哪些是可以稍微拖后一点儿的事情,哪些属于战略目标上的障碍,哪些属于战术上的问题,并将这些研究对象列举出来,用系统分析的思想加以分析,以便在设计营销方案时,做到有的放矢,扬长避短。

3) 策划目标的确定

策划具有明确的目的性,策划一定要围绕既定的目标或方针,努力把各项工作从无序转化为有序。营销策划目标具体包括收益性目标、成长性目标和安全性目标。

(1)收益性目标。最常用的目标项目是总资本利润率、销售利润率、资金周转率等。

(2)成长性目标。其主要项目有销售额增长率、市场占有率、销售利润增长率等。

(3)安全性目标。其主要项目有自存资本比例、附加值增长率等。

4)方案设计

方案设计是营销策划的关键阶段,它决定了营销策划的成功与否、质量高低。对于一个策划者来说,其主要的精力与策划重点应放在这一阶段上。人们需要运用各种不同的思考方法进行构想,策划在本质上是一种运用脑力的理性行为,是关于整体性和未来的策略规划,必须经过从构思、分解、归纳、判断,一直到拟定策略、方案的过程。根据策划目标来设计、选择能产生最佳效果的资源配置与行动方案。其内容包括战略说明、行动方案和效益分析。

(1)战略说明是指对营销策划的战略意图以及实现战略目标的各个阶段加以说明。

(2)行动方案是指对所设计的营销方案进行详细的描述和论证。

(3)效益分析是指对营销方案的预期效益进行分析和说明。

5)费用预算

这里的费用是指为了达到营销目标而实施营销方案所需的预算费用(预算根据目标与方案设计的内容来进行)。费用预算不能只有一个笼统的总金额,需要进行分解,计算出每一项营销行动的费用。例如,在匡算促销费用时,除了列出总金额外,还要匡算出广告费用、推销员费用和营业推广费用;在广告费用中,还要细分成电视广告费用、电台广告费用等。费用匡算实际上与前面的目标和方案设计是有紧密联系的,绝对不能把两者分割开来。在进行营销方案设计时,本身就要考虑到费用的支出。不计成本的营销方案,其实已经违反了切实可行的基本原则。

实际上,费用预算应该与目标、方案设计一起考虑实施。通常的做法是,先设计营销方案,然后匡算成本,再根据成本调整营销方案,直到确定一个投入少、产出效果好的营销方案来。

6)方案沟通与调整

到目前为止,除了策划程序,即资料搜集阶段可能与最高决策者以及相关的企业经营管理人员有过接触外,一直都是策划者在独立进行工作。这时候,策划者应将营销方案与企业决策者及相关的经营管理人员进行沟通,听取他们的意见,进一步了解最高决策者的意图,以使营销策划内容更加符合实际。

7)反馈控制

为了保证设计好的行动方案得以顺利实施,必须对整个行动方案的实施过程予以控制,对营销方案的实施风险进行预期,并对控制方法和应变措施加以说明,具体内容包括:

(1)各阶段营销目标实现情况的衡量指标,以及营销方案最终效果的表现形式和检测方法。

(2)对偏离目标的行为进行控制与纠正的方法和手段。

(3)对执行方案的营销队伍的组织与管理。

(4)对于因环境变化而产生的突发情况的预期及采用的应变措施等。

在一个计划时间内的营销活动结束以后,要根据结果对营销策划进行评估,鉴定营销目标是否达到、是否有差距存在。如果存在差距,则要找出原因,以便对下一个计划时间内的营销策划进行调整。一般情况下,该程序只有当营销策划在一个计划时间结束后还要持续下去时才有意义。

2.3 工程机械营销策划书的撰写

营销策划书是营销策划方案的书面表达形式,又称营销策划文案。营销策划书撰写的规范性将有助于营销决策人员和组织实施人员最大限度地认识策划者的意图和策划思想,在充分理解的基础上选择和执行营销方案,使策划的效果尽可能得以实现。因此,营销策划书的撰写具有重要意义。

2.3.1 营销策划书撰写的原则

为了提高工程机械产品策划书撰写的准确性与科学性,应首先把握其编制的几个主要原则:

(1)逻辑思维原则。策划的目的在于解决企业营销中的问题。按照逻辑性思维的构思来编制营销策划书,首先是设定情况,交代策划背景,分析工程机械产品市场现状,确定策划目标;其次是详细阐述策划内容。

(2)可操作原则。编制的策划书要用于指导营销活动,其指导性涉及营销活动中的每个人及每一项工作,因此其可操作性非常重要,即使创意再好,不能操作的方案也无任何价值。

(3)创意新颖原则。要求策划的"点子"(创意)新、内容新、表现手法新,给人以全新的感受。新颖的创意是策划书的核心内容。

2.3.2 营销策划书的结构框架

策划书没有一成不变的格式,它依据产品或营销活动的不同要求,在策划的内容与编制格式上也有变化。但是,从营销策划活动一般规律来看,其中有些要素是共同的。规范的营销策划书的结构框架应包括封面、前言、目录、摘要、正文、结束语及附录七部分内容。

1)封面

给一份营销策划书配上一个美观的封面是非常重要的。有很多人认为营销策划书重在内容,而封面无关紧要,其实这种看法忽略了封面的形象效用。阅读者首先看到的是封面,因而封面能起到第一印象的强烈视觉效果,从而对策划内容的形象定位起到帮助。好的封面,要与策划书的内容相适应,既不要过于奢华,又不要粗制滥造,其设计原则是醒目、整洁,至于字体、字号、颜色则应根据视觉效果具体确定。规范的封面,一般应该提供以下信息:

(1)策划书的名称。

(2)委托方的名称。

(3)策划机构的名称或策划人的姓名。

(4)策划负责人及其联系方式。

(5)策划完成日期及策划执行的时间段。

(6)编号。

2)前言

前言的作用在于引起阅读者的注意和兴趣。也就是说,当阅读者翻过封面以后,看了前言能使其产生急于看正文的强烈欲望。

前言需要简要说明策划的性质,其内容主要有:

(1)接受营销策划委托的情况。例如:××策划公司接受××公司的委托,就×年度的营业推广计划进行具体策划。

(2)策划的重要性和必要性。

(3)策划的概况,即策划要达到的目的及策划的主要过程。

3)目录

目录是策划书各部分题目的清单,能够使阅读者很快了解全书概貌并方便地查找相关内容。一般人的阅读习惯是先看书的题目,再看书的目录。如果目录不能吸引他、引起他阅读的欲望,那么他很可能不再往下看。因此,目录的编制要下一点功夫,既要让人读后能够了解策划书的全貌,又要引发人们的阅读兴趣。

4)摘要

摘要是对营销策划项目所做的一个简单而概括的说明。需要说明的是,为谁做的一项什么性质的策划、要解决什么问题、结论是什么。阅读者通过摘要提示,可以大致理解策划内容的要点。

5)正文

正文是营销策划书中最重要的部分,其具体内容包括:

(1)营销策划的目的。对营销策划所要达到的目标、宗旨树立明确的观点(如提高市场占有率;扩大产品知名度;树立规模、优质、专业、服务的良好形象),作为执行本策划的动力或强调其执行的意义所在,以要求全员统一思想,协调行动,共同努力,保证策划高质量地完成。

(2)营销环境分析。

(3)SWOT分析。

(4)营销目标。

(5)营销战略及行动方案。

(6)费用预算。

(7)销售增长预测与效益分析。

(8)行动方案控制。

6)结束语

结束语一般是对整个策划的要点进行归纳总结,既要突出策划要点,又要与前言相呼应。

7)附录

附录的作用有两点:

(1)对策划中所采用的调查与分析技术做一些必要的说明。

(2)提供策划客观性的证明。

因此,凡是技术性较强、会影响人们阅读策划书兴趣的东西,以及有助于阅读者对策划内容理解和信任的资料都可以列入附录中,如问卷、分析模型、较为复杂的分析过程、座谈会原始照片、图像资料等。为了便于查找,附录要标明顺序。

2.4 确保工程机械营销策划活动实施的措施

工程机械类产品主要包括主机、零部件和相关的技术与服务等,不断提高这类产品的销量,是工程机械厂家每个营销人员追求的目标。由于工程机械产品的用户,大部分属于理性消费,短暂、华而不实的营销手段不会得到他们的认可,质量稳定的产品性能、快捷便利的服务手段永远是这类消费者的购买动机。因此,所有的营销活动必须围绕最终用户,分重点、有层次地推进,以确保营销策划活动成功进行。

1)活动主题要鲜明

为保证策划活动能够有序地进行,必须要有一个鲜明的主题作为各项行动的指导思想,这个主题要根据策划活动的实际情况(包括策划活动的动机、时间、地点、预期投入的费用等)和市场分析情况做出准确的判断,然后,扬长避短地提取当前最重要的、最值得推广的一个主题。切忌选题过多,单一主题才能把最想传达的信息充分地传达给目标消费群体,引起受众群关注。

选定工程机械产品策划活动的主题,一般要考虑以下几点:

(1)与目标消费者利益息息相关。具体包括两个方面:一方面要有亲和力,用户感觉很近、很舒服,而不是觉得厌烦;另一方面要有可信度,承诺和预期效果不可过分夸大。

(2)与品牌定位保持一致。这也是利用促销活动实施品牌战略的关键所在,任何主题的制定都要围绕品牌这个核心加以延伸和发挥,最终提升产品的品牌价值。

(3)具有新颖性和有趣性。策划主题既要有时代感,力避陈腐、乏味的现象。还要有一定的新闻价值,能够在一定范围内引起社会舆论、行业关注,创造良好的口碑效应。

(4)主题易于传播。要充分考虑到宣传媒体、促销方式、用户接受程度等因素的传播效果,如在赠物促销方式中,对工程机械产品用户来说工作服、润滑油赠品特别受欢迎,企业可在这些赠品中向用户灌输精炼的策划主题,以取得最佳的传播效果。

(5)规则不宜过于复杂。制订活动规则的过程要严谨,而活动规则要简单、易于操作和控制,要充分考虑消费者的耐心和理解力,使之在轻松的氛围内参与促销活动。

策划活动主题的制订在贯彻以上几条原则的同时,还要切记遵循市场规律,孙子兵法曰"凡战者,以正合,以奇胜"。这里所说的"正",就是在策划和行动时所要依据的规律,促销活动的规律主要包括价值规律、供求规律和竞争规律。此外,还要把握两个关键点,即诚信保障和利益驱动。

2)市场调研要充分

在目标市场进行产品开拓和巩固时,开展详细的市场调研是必不可少的,要用充分的时间对最终用户、渠道、竞争对手等进行调研,除了弄清楚价格、市场容量、机型配置等常规调研项目以外,还要重点总结出当地市场发展的趋势、最终用户的潜在需求、经销商的盈利期望值、竞争对手的优劣势等,这也是产品市场策划的关键点,预示着提升产品销量的工作方向,做好这些环节的工作,就能领先竞争对手一步,占据市场的主动地位。

3)促销人员要有能力、数量充足

工程机械产品的促销人员不仅担负着市场开拓、清收货款、信息传递等职责,还要具备现场演示、设备调试、维护讲解等能力,素质要求较高,尤其是在新产品市场开拓期间,目标市场内更要配备精干的促销人员,以利于走访用户和为用户解决问题。

4) 广告宣传要有针对性

工程机械产品的广告可分为静态和动态两类。静态广告主要指画页(册)、期刊、报纸等平面广告;动态广告主要指产品演示会、模拟操作等现场推介活动。

为加深用户对产品可靠性、实用性和新颖性等特征的真实感受,比较快捷和有效的方法就是加强广告宣传的针对性。静态广告最好要加上数据对比、最终用户使用后的良好感受等文字和图像,突显产品的独特之处,宣传语言要通俗易懂、简洁明了,宣传口号要朗朗上口、易于传播。动态广告的发布场所要设在用户较为集中的工地、展览会、洽谈会等场所周边地区,选派操作技术熟练的人员进行操作,并对机器运转的原理和操作保养要点进行详细的讲解,把主机(部件)良好的性能清晰地展现给用户,激起用户的购买欲望。

5) 售后服务要及时

受文化程度和操作经验的限制,工程机械产品用户对产品维护和保养的水平参差不齐,再加上产品长期处于超时、超载的工作状态,用户对售后服务的要求较高,在购买主机前首先要落实当地是否有三包站,甚至还要前去配件库考察一下品种和类型是否齐全,以求得心里安慰。

6) 策划内容要周密

《寤言二·迁都建藩议》中记载,"不谋万世者,不足谋一时;不谋全局者,不足谋一域",强调了战略活动周密性的重要性。营销策划的周密性主要来自编制人员对市场的详细了解、敏锐洞察市场的能力和丰富的策划经验,行动方案要符合实际,操作性强又不乏灵活性。还要考虑费用支出,一切量力而行,尽量以较低费用取得良好效果。

为了把策划活动进行的更加周密,可将活动细分成几大块来做,划定流程,细化分工,确定详细步骤,每个细化的任务都要分解到责任人,而且要明确任务的要求、要点,并确定活动中每一个细化的板块应该怎么样去做。同时,合理安排整体活动工作的进程,拿出详细的时间推进表。

7) 策划方案要具有可操作性

在保证策划活动周密性的同时,还要考虑到方案的可操作性。首先,考虑方案能否顺利执行,要充分考虑到市场的现实情况和产品的自身实力,目标不能过于超前,还要防止策划要求超过实施者的能力和企业的财力,以免捉襟见肘。其次,应在策划方案中体现公平、平等的原则,要充分考虑到销售政策的延续性和长久性,防止为追求短暂的销量目标降低标准或提高折扣吸引用户,产生标准不一、前后矛盾的结果,使用户产生被蒙骗的感觉,拒绝接受。

3 任务实施

3.1 准备工作

(1) 确定营销策划主题。
(2) 组织过硬的营销策划团队。
(3) 建立统一的策划管理中心。

3.2 操作流程

(1) 搜集信息。

(2)分析资料。
(3)确定策划目标。
(4)设计策划方案。
(5)费用预算。
(6)方案沟通与调整。
(7)反馈控制。

3.3 操作提示
(1)市场调研要充分。
(2)策划内容要周密。
(3)策划方案要具有可操作性。

任务2 选择工程机械营销模式

1 任务导入

1.1 任务描述
以南方路机为例,混凝土搅拌设备的营销模式在前些年基本上只有直销一种,而现在则是直销、内部代理和外部代理等多种渠道混合的营销模式,新营销模式已经开始为制造商带来新的发展动力。而山河智能、安徽星马等企业,则选择了直销加代理的模式,这些都是营销模式运用成功的典型案例。

1.2 任务实施方式
(1)分组交流你所熟悉的工程机械营销模式。
(2)制订一份委托代理工作流程。

2 相关理论知识

中国的工程机械行业脱胎于国有企业,经历了计划经济、有计划的商品经济、市场经济初期这三个主要经济体制阶段,产品的销售模式也相应演变,形成了每个时期独特的销售模式。随着社会经济的发展和市场的逐渐成熟,企业对销售模式的选择也开始出现新的变化,越来越重视销售模式的效率、成本与风险的控制。

2.1 工程机械营销模式的演变

2.1.1 营销模式由单一化向多元化转变
20世纪80年代以前,在计划经济体制下,市场属于卖方市场,制造商规模相对弱小,营销工作任务基本上以产品交付和售后三包服务为主,形成了单一的直销模式。在直销模式下,制造商在各地设立分公司或办事处,派驻自己的销售和服务人员,直接面对终端用户开展销售和服务工作。这个阶段市场竞争尚不充分,特别是渠道发育刚刚开始,制造商在销售模式上基本没有更多的选择。

20世纪80年代至90年代中期,随着改革开放和市场的扩大,工程机械产品的社会需求量明显上升,制造商不断增加,企业规模扩大,竞争加剧,消费群体也由过去的以施工单位集体购买为主向单位、小团体、私人多层次发展。传统的直销模式已经不能满足发展的要求,制造商开始寻找一种新的营销模式——代理模式,来迎接市场的挑战。代理模式是制造商通过规模、实力较强的代理商,在一定的区域内代理销售自己的产品,并为用户提供三包服务的销售模式。但这时的代理规模比较小,代理的产品范围主要限于常规的规模产品,直销模式仍占主导地位。

20世纪90年代中期后,中国工程机械行业进入高速发展阶段。国有、民营、合资等多种成分的企业共同参与市场竞争,市场规模和产能空前扩张,直接促进了渠道发育,直销模式的主导地位逐渐被代理模式取代,特别是装载机、挖掘机这两个销量最大的工程机械产品,几乎全部采用代理模式。

代理模式的盛行使成本和风险问题开始显现。同时,伴随国内金融市场的发展,小额信贷条件放宽,简单融资租赁的销售模式也开始进入企业。于是,为了降低成本和风险,以直销、代理、融资租赁等混合的营销模式成为这一时期的选择。

2.1.2 营销模式的未来发展趋势

在供大于求、产品严重同质化的市场条件下,代理制是最具生命力的一种营销模式。究其原因,主要有以下几点:

(1)中国市场太大,且各地发展不平衡,制造商很难独立面对不同市场的用户,选择代理模式等于选择本地化。

(2)代理商对区域市场营销资源的合理利用和强大的分销能力。

(3)采购、生产、销售一体化的企业运营模式不符合经济全球化的趋势。

随着分工的深入和代理商实力的增强,代理制将是一种趋势,发展的空间也会越来越大。

另外,工程机械产品的特性非常适合采用融资租赁的方式,但由于我国市场的发育时间较短,国民的信用水平较低,加上用户的独立意识较强和独特的购买心理,使得融资租赁发展缓慢。伴随着市场的成熟,融资租赁必将逐渐成为后市场时代营销模式的重要组成部分。

同时,随着工程机械产品社会保有量的增加,用户对施工质量、效率的要求不断提升和社会分工的进一步专业化,制造商组建自己的施工公司也不失为一种较为有效的销售模式,特别是对于推介新产品具有明显的优势。在这方面,德国宝峨公司有很多经验值得借鉴。互联网技术的广泛发展,为企业利用网络销售提供了便利条件,网络销售随着后市场时代的发展而逐渐壮大,份额将逐渐提高。

2.2 营销模式的选择

2.2.1 决定营销模式的因素

在现代市场条件下,对于绝大多数企业而言,决定其营销模式的关键因素有三个:

(1)渠道效率。渠道效率是指通过渠道将产品分销给目标客户的效率。

(2)渠道成本。渠道成本是指企业运用与管理渠道所付出的代价,包括建立渠道的直接成本和管理渠道的间接成本。

(3)渠道风险。渠道风险是指渠道变化或失效可能对企业产生的重大影响或给企业带来的损失。

2.2.2 各种营销模式的适用范围

(1) 从营销理论来看,直销模式适用于高价值、高技术含量、市场需求量较小的产品,以及新产品的推广销售。

(2) 代理模式则相反,适用于需要大规模销售的产品,能够减少制造商的销售成本、扩大分销规模,但对于产品种类比较多的制造商而言,采用代理制相对困难。

(3) 混合模式适用于制造商在不同的区域销售不同类型的产品,其主要特点是提高渠道效率和分散渠道风险。

2.2.3 确定营销模式的步骤

(1) 综合分析影响企业营销渠道的关键因素。这些因素主要包括产品特征,技术含量,市场需求量,企业规模,品牌影响力,市场占有率,目前行业的渠道水平、规模、成熟程度,本企业的渠道成本、效率及风险,企业的发展阶段,等等。

(2) 分析不同的营销模式对企业发展的优劣势,制订营销模式方案。

(3) 对营销模式方案进行评估。其核心是营销模式是否适应企业的实际,与企业的内外部资源是否相匹配。

(4) 营销模式的确定与实施。

(5) 在实践中对营销模式进行调整。

2.3 营销模式的风险控制

1) 直销模式的风险控制

直销模式最大的缺陷是,随着市场和企业规模的扩大,只有依靠不断扩充营销队伍来满足市场需求的增长,管理成本相应增高,管理难度逐步加大。有时为了保证销售业绩和更好地服务用户,还需要从企业的其他部门抽调人员,削弱了企业的研发和生产力量。防范直销模式的风险,主要是考虑人工成本和分销效率,在合适的时机推行代理制或其他模式,逐步降低直销在营销中的比重。

2) 代理模式的风险控制

随着小代理商逐步集中整合成若干个大的代理商,代理商对制造商的影响越来越明显。制造商不但面临代理商的信用风险,如不及时回款、违反经销政策、降低服务标准、品牌忠诚度降低、代理竞争对手的产品等,还要面临经营能力风险,如代理商的市场开拓能力、自我发展能力、持续经营能力不足等。

降低代理模式风险最有效的办法是将代理商最终发展成为制造商的战略合作伙伴,如以资本为纽带、让代理商投资入股、风险共担等,或者使代理商成为品牌专营商、专卖店等。此外,加强对代理商的引导与管理,主要包括对代理商资信状况、销售能力、执行销售政策的管理与控制以及对代理商的资格评定与考核淘汰等。

3) 采用多种营销模式,把风险降到最低

不同的营销模式具有不同的特点和适用性,制造商在不同的发展时期针对不同的产品,可以采取多种营销模式并存的方式,如融资租赁、组建施工公司与网络销售等,力争把风险降到最低。需要注意的是,各种模式的侧重点和所占比例应恰当合理,既不要在一个不成熟的市场推广一种成熟市场的销售模式,也不要在两种模式中间来回摇摆、无所适从。

4）利用营销模式的创新，降低风险

创新是企业发展永恒的主题，只有坚持营销模式创新，企业才能真正控制风险，才能更好更快地发展。例如，南方路机与国外知名品牌进行的整合营销，以及代理商通过按揭，以分期付款或以租代售方式将设备卖给用户，形成一种特殊形式的融资租赁形式。

5）建立风险管理机制

制造商不管采取什么营销模式都会有风险，所以建立风险管理机制就显得尤为重要。制造商通过明确界定各种模式下的销售条件，如全款、分期、分期期限、首付款额度、对代理商的授信政策、担保制度和买断界定等规定，以及运用账款回收系统、用户档案信息管理系统、信用管理系统和市场监管系统等，可有效地控制风险。

总之，随着中国工程机械行业的发展和整个信用体制的完善、健全，代理制必将成为主流的营销模式，但不是唯一的选择，新的营销模式会不断地产生。无论采用哪种营销模式，追求低成本、高效率、零风险都将是最佳的选择。对于直销、内部代理、外部代理、特许加盟、混合销售、融资租赁和组建施工公司、网络销售等营销模式，制造商都可以进行尝试，关键是找到最适合自己的模式，保证风险可控。模式创新将是永恒的主题，持续创新的企业必将从中受益。

3　任务实施

3.1　准备工作

阅读与代理相关的法律法规，制订代理方案，草拟代理事项，准备所需合同文本。

3.2　操作流程

(1)熟悉本企业发展的具体情况。
(2)派遣人员走访当地的经销商。
(3)比较各个经销商，从中选择一家有实力的经销商作为企业的代理商。
(4)协商谈判各有关事项。
(5)签订代理合同。

3.3　操作提示

(1)充分了解代理商的综合实力、服务品种、专业化程度。
(2)签订合同条款要明确。

任务3　工程机械展览会

1　任务导入

1.1　任务描述

Pauma CHINA2018，第九届中国国际工程机械、建材机械、矿山机械、工程车辆及设备博览会于2018年11月27—30日在上海新国际博览中心成功举办。本届展会全方位地展示了施工机械、矿用原材料提取与加工设备、建材机械、配套件及服务等领域的创新产品与技术硕果,见证了工程机械行业发展中的智慧传承。

为期4天的展会盛况空前,各项数据刷新纪录:展示面积再创新高,突破33万平方米已使用上海新国际博览中心全部展区,较上届扩容10%;共汇聚38个国家和地区的3350家参展企业,展商数量上涨13%;云集212500名专业观众,大幅增长25%。

1.2 任务实施方式

上海宝马工程机械展于2018年11月27—30日在上海浦东新国际展览中心举行,假设你作为沃尔沃建筑设备的营销工作团队,分组制订一份公司参加上海宝马展的展会方案。

2 相关理论知识

展会作为一种特殊的信息交流平台,已经伴随中国经济的快速崛起而发展成为"会展经济"。目前,会展经济已经波及工程机械领域,与工程机械相关的各种展会逐年增加,大型展会(如BICES、BAUMA、CONEXPO、ASIA等)已经成为全球工程机械行业的中国聚会。这些展会不但推动了行业信息的交流,而且促进了工程机械企业的蓬勃发展。因此,对于工程机械企业来说,如何选展、参展已成为当务之急,必须认真对待,妥善安排。

2.1 展览会的特性

展览会有别于其他营销方式,它是唯一充分利用人体所有感官的营销活动,人们通过展览会对产品的认知是最全面、最深刻的。同时,展览会是一个中立场所,不属于买卖任何一方私有。从心理学角度来看,这种环境易使人产生独立感,从而以积极、平等的态度进行谈判。这种高度竞争而充分自由的气氛,正是企业在开拓市场时最需要的。

此外,展览会又是一项极为复杂的系统工程,受制因素很多。从制订计划、市场调研、展位选择、展品征集、报关运输、客户邀请、展场布置、广告宣传、组织成交直至展品回运,形成了一个互相影响互相制约的有机整体,任何一个环节的失误,都会直接影响展览活动的效果。如果对展览会的这些特性了解不够,展出者即使花费大量的人力物力,也未必能达到预期的效果。

2.2 企业参展的目标

企业的参展目标通常有以下几种:
(1)展示企业形象。
(2)推广新产品或服务。
(3)寻找潜在客户。
(4)扩大品牌影响。
(5)物色代理商、批发商或合资伙伴。
(6)搜集行业信息。
(7)发现新的国内外贸易合作机会。

2.3 展览会的选择

企业在选择展览会时,应重点考虑以下几个因素。
1)展会性质

每个展览会都有不同的性质,按展览目的可分为形象展和商业展;按行业设置可分为行业展与综合展;按贸易方式可分为零售展与订货展。在发达国家,不同性质的展览会界限分明,但是在发展中国家,由于受到经济环境和展览业水平的限制,往往难有准确的划分。参展商应结合自身需要,谨慎选择。

2) 知名度

现代展览业发展到今天,每个行业展览都形成了自己的"优势品牌",如德国慕尼黑展览会、美国拉斯维加斯展览会、法国巴黎展览会、德国汉诺威工业博览会、广交会、深圳高交会等,通常展览会的知名度越高,吸引的参展商和买家就越多,展览效果越好,成交的可能性越大。

3) 展览内容

现代展览业日趋专业化,同一主题的展览会可细分为许多小的专业展。参展企业一定要了解清楚,以免贻误商机。

4) 时间

任何产品都具有自己的生命周期,即新生、发育、成熟、饱和、衰退五个阶段。对于普通产品而言,在产品的新生阶段和发育阶段参展能起到事半功倍的效果,而在产品的衰退阶段参加展览会多数会劳而无功。

5) 地点

因为参加展览会的最终目的是要向该地区推销产品,所以一定要研究展览会的主办地和周边辐射地区是否有自己的目标市场,是否有潜在购买力,必要时可先进行一番市场调研。

2.4 参展准备

很多参展企业都有一种"参展如打仗"的感受,忙忙碌碌准备了很长时间就为了三、四天的参展,紧张劳累不可怕,怕就怕付出之后没有相应的回报。其实,回报在参展之前就已经决定了,准备是否对路、是否充分将直接影响到参展的回报。参展准备主要包括如下。

1) 展品准备

在参观者的记忆因素中,"展品有吸引力"约占39%的比重,参展商对此应重点准备。选择展品应遵循三条原则,即针对性、代表性和独特性原则。

此外,展品最好在展位选定前确定下来,这样利于规划展位面积和设计展台搭建方案,以免造成展台面积浪费或不足的被动局面。

2) 展位选择

不管是室内展位,还是室外展位,一个理想的展位会提高企业的参展效益,展位尽可能选在参观路线两旁、主要入口处或展会开幕式现场周围。另外,要根据展品的几何尺寸和摆放方式以及展台设计方案的构思来设定展位尺寸,尽可能地经济合理地利用展位空间。

3) 展台设计

同样的空间,同样的观众,为什么展览效果却大相径庭呢? 这与展台的设计方案密切相关。千篇一律的展台将流于平庸,富有创意的设计则彰显华彩。展台设计应注意以下几点:

(1) 展台设计要综合考虑产品摆放及演示、观众浏览、商务洽谈、活动表演、视频播放、物料储藏、展品进出展位顺序、安全等事项。

(2) 展台的布置要强调个性, 繁简得当。

(3) 随着参展规模的不断扩大, 企业注入的商品信息也在成倍地增长, 所以设计人员要把展台当作企业 CI 形象的一部分, 充分发挥想象力, 不断创新展览方案。

4) 人员配备

人是参展的第一要素, 也是展会成功与否的关键所在。有两种人员必须配备：一是熟悉企业情况和展品特性的人员, 他们主要承担向参观者讲解说明的工作；二是产品维修技术人员, 他们确保现场展出的产品能够保持最佳状态, 随时演示动作。除此之外, 参展企业还要根据自己的需要, 配备相应的管理人员、礼仪人员、谈判专家等。

5) 客户邀请

展览会上顾客盈门当然求之不得, 但有时难免会出现门庭冷落的情况。这就要求参展者除了被动地等待客户, 还要有意识地请客户来。可采取直接信函、登门拜访、媒体广告、现场宣传、派发资料等手段, 邀请和吸引客户。未雨绸缪, 把工作做在前面。

6) 资料准备

参展商需要准备的资料大概可以分为两类：一类是用于现场散发的简要资料, 另一类是提供给特别对象（如对产品感兴趣的经销商）的详细资料。如果企业希望利用展会达成特殊目的, 如招商, 则需要配备有关招商资料, 详细介绍有关合作条件等。

7) 资源整合

对各种资源的充分整合及利用将大大降低成本, 提高参展商的经济利益。其途径如下：

(1) 目前世界各大展览组织都在中国设有分支机构, 承揽中国参展商的出境参展业务。企业可全权委托这些机构办理出境参展手续。

(2) 如果在参展地有企业自己的经销商和合作伙伴, 则可就近组织展品, 抽调人手, 调用设备；或与经销商合作参展, 降低运输成本和劳务成本。

(3) 除必要的管理员需从本企业派出外, 一般的展场工作人员可就近临时招募。

(4) 可适时召开新闻发布会或恳谈会, 创造新闻噱头。同时, 展览期间尽量在媒体上多露脸, 既可减少硬性广告投入, 又为企业在该地区培养了容量可观的潜在市场。

(5) 为得到最完美的参展活动设计方案, 建议企业把展览礼仪企划工作交给专业展览礼仪企划公司去做。

2.5 国内知名展览会

根据调查, 目前有两大业内展会脱颖而出, 即北京国际工程机械展览及技术交流会（BICES）和中国国际交通技术与设备展览会（CHINA TRANSPO）。

目前, 国内有三大工程机械展会, 即北京国际工程机械展览及技术交流会（BICES）、国际公路水运交通技术与设备展览会（CHINA TRANSPO）和长沙国际工程机械展会。

1) 北京国际工程机械展览与技术交流会（BICES）

北京国际工程机械展览与技术交流会由中国工程机械成套公司及中国国际贸易促进委员会机械行业分会、中国工程机械工业协会主办。自 1989 年创办以来, 每两年举办一届, 至 2019 年已连续成功地举办了 15 届。受到了国内外展商和国内铁道、交通、水利、矿山、电力、城建、市政及农业等各界用户的欢迎。

2) 中国国际交通技术与设备展览会（CHINA TRANSPO）

由交通部科学研究院与中国贸促会北京分会、中国公路车辆机械总公司中心联合承办。每两年举办一届，已发展成为我国交通行业和相关产业内最有影响力、规模最大的国际展事，其中工程机械设备约占展览总规模的50%。

3) 长沙国际工程机械展览会

长沙国际工程机械展览会由湖南省人民政府办公厅主办，自2019年开始在湖南长沙举办 该展会以"智能化新一代工程机械"为主题，是一个集国际论坛、国际赛事、行业前沿技术交流、企业风采展示与合作于一体的行业盛会；设混凝土机械、起重机械等14个展区，展期共4天，展会期间同步举办全球高端制造业大会、"一带一路"建设基础设施与工程装备商务峰会、工程机械产业链发展大会等多项配套活动。长沙国际工程机械展览会自2019年起计划每2年举办一次。

2.6 国际展览会

目前国际上有三大工程机械展览盛会。

1) 德国慕尼黑国际工程机械展（BAUMA）

德国慕尼黑国际工程机械、建筑机械、矿山机械、工程车辆及零部件博览会，由德国建筑机械制造商协会（VDMA）主办，为期7天，3年一届，是全球工程机械行业规模最大的展示平台，也是全球规模最大专业展览会。

2) 美国拉斯维加斯国际工程机械展（CONEXPO-CON. AGG）

美国拉斯维加斯国际工程机械展是全球知名的三大工程机械展之一，是仅次于德国慕尼黑国际工程机械展（BAUMA）的全球第二大行业展会，由美国设备制造商协会（AEM）、美国预制混凝土协会（NRMCA）、美国沙石协会（NSSGA）联合主办，每3年一届。

3) 法国巴黎国际建筑及土木工程机械展览会（INTERMAT）

法国国际土木工程和建筑机械展览会INTERMAT始创于1988年，由法国爱博展览集团（EXPOSIVM）主办。是世界工程机械和建筑机械领域的三大名展之一。

这三大工程机械展厅周期皆为3年，轮流举行，互不冲突，使业内人士每年都可参加1次，堪称国际工程机械展览业的三大盛会，其中德国慕尼黑国际工程机械展（BAUMA）在中国上海开办了分展–上海宝马展（BAUMA），每两年1次，双年份举办。

3 任务实施

3.1 准备工作

搜集相关资料，协商并制订参展方案，准备所需合同文本及文件。

3.2 操作流程

(1) 展品准备。
(2) 展位选择。
(3) 展台设计。
(4) 人员配备。
(5) 客户邀请。

(6)资料准备。

3.3 操作提示

(1)结合自身需要,谨慎选择展览会。
(2)应将样品、货单及宣传材料准备齐全。
(3)如出国参展,参展人员应懂外语,以利于谈判。

任务4　利用工程机械促销组合

1　任务导入

任务描述

2018—2019赛季开始前,卡特彼勒公司选择成为中国本土顶级的体育IP——CBA(中国男子篮球职业联赛)的官方赞助商。作为CBA官方赞助商,卡特彼勒公司在CBA的重点比赛日以及工程机械领域重要事件中,享有包括Logo露出、场间赞助商活动、球员出席等多项权益。在具体执行层面,最具神来之笔的就是,卡特彼勒公司打破常规,创造性地将挖掘机化身篮球架,从而让挖掘机"开进"CBA赛场时显得与比赛场景格外融洽、自然、和谐。CBA北京德比赛场上演甜蜜求婚更是营销经典案例:卡特彼勒公司员工小腾为实现给同为卡特彼勒公司员工的女友一个令人难忘的求婚仪式的梦想,写下近千字长文向公司讲述爱情故事并希望公司帮助实现梦想。卡特彼勒公司决定为其精心策划一场情人节当天在CBA球场的求婚。北京德比当天,男方不仅参与将挖掘机开进赛场,更用玫瑰花精心布置挖掘机及求婚现场。最终,小腾在球场单膝跪地向女孩成功求婚。就此,CBA球场、挖掘机、玫瑰花、戒指成就了一场与众不同的难忘求婚仪式。事后,这一求婚事件不仅引发诸多媒体的主动报道,更得到了《人民日报》的高度认可。《人民日报》专门发表评论文章《以创意取胜 以情感动人》,对这一案例以及其背后的体育营销之道进行点赞,这种传播效果在中国体育营销案例中是非常罕见的。

2　相关理论知识

2.1 促销的概念

所谓促销,就是营销者将有关产品、服务和观念的信息通过各种方式传递给消费者和用户,促使其了解、信赖并购买企业的产品,从而达到树立产品、企业形象,扩大产品销售的目的。促销的实质是传播与沟通信息,其目的是要促进销售、提高企业的市场占有率及增加企业的收益。

2.2 促销的两种基本策略

促销有两种基本策略,即"推"的策略和"拉"的策略。它们对促销组合的设计影响很大。所谓"推"的策略,是强调产品沿着分销渠道垂直地向下推销,即厂商以中间商为主要促销对象,再由中间商将商品转售给最终消费者。而"拉"的策略,则是先激起潜在购买者对产品的兴趣和需要,顾客向中间商询购这种产品,然后由中间商向厂商订购产品,在促销实践中,这两种策略所采用的促销手段有所不同。如果企业侧重于"推"的策略,则主要依靠人员推销;如果企业侧重于"拉"的策略,则广告和营业推广的作用更大。

2.3 工程机械促销的手段

工程机械促销的手段有四类,即广告、人员推销、公共关系和营业推广,它们共同构成营销沟通组合,又称为促销组合。

2.3.1 广告

1)广告的特点

广告是一种非人员促销手段,是发送者以付款方式传播信息的促销活动。广告具有如下特点:

(1)公众性和时效性。广告可以运用各种传播媒介迅速把信息传递给大众。

(2)渗透性。广告可以多次重复同一信息,逐渐加深印象,通过反复刺激使人们接受信息。

(3)表现性。广告是一种富于表现力的沟通手段,它可运用文字、画面、音响及色彩等形式,把信息艺术化,使人们乐于接受。

(4)缺乏针对性。广告采用传统媒介只能对大众独自,缺乏互动性,不能直接了解受众的反应。信息反馈需要采取其他辅助手段。

2)广告媒体的选择

广告要传达某种信息,但信息又必须以某种载体作依托才可以传达出去。传播广告信息的载体即广告媒体,广告媒体的经典形式有四类,即电视、广播、报纸和杂志。而辅助媒体更多,达数百种,如广告牌、油印品、公共汽车、流动广告车、霓虹灯、邮寄广告、商品包装物、录像带等。可以说广告无孔不入,已存在于社会的每一个角落。而且,随着科学技术的发展,广告媒体仍在不断增多,如近年出现的互联网网络媒体。

不同的广告媒体,具有不同程度(时间和范围)的传达性、吸引性和适应性,对于工程机械产品来说,不同的广告媒体具有不同的特性。

(1)报纸

报纸的优点:

①传播范围广、覆盖率高。

②传播及时、信息量大。

③说明性强,适合复杂的广告。

④制作简单、费用低。

报纸的局限性也比较突出,如:

①时效短。

②广告的表现能力有限(不能声像并茂或者产生直观感受)。

一般来说,由于工程机械的用户比较固定集中,一般只选择几种专业性报纸做广告,如广告投放量方面,挖掘机械在经济日报(农村版)占第一位。

(2)杂志

杂志作为广告媒介的优点:

①读者阶层或对象十分明确。
②杂志在读者心目中有较高的威望,说服能力强。
③传播时间长,可保存。
④传播的信息量较大,易于做内容复杂的广告。
杂志的局限性:
①传播的范围小、灵活性差。
②消遣性杂志不如报纸严肃,使广告的传播内容受限。
工程机械广告投放主要集中在几种专业杂志上。

(3)电视
电视是传播广告信息最理想的媒介。
其优点:
①综合利用各种艺术形式,表现力强。
②覆盖面广、注意率高。
③传播速度快、信息量大。
其局限性:
①费用高、制作复杂。
②针对性差。
目前,工程机械的广告大多选择行业内或相关行业内的杂志、报纸媒体进行广告投放,在电视上鲜见他们的身影,仅有几家企业(如玉柴机器选择了CCTV-4、三一重工选择凤凰卫视)进行了投放量并不大的企业形象广告。

(4)网络
网络是信息时代的重要传播媒体之一。网络的优势:
①内容全面,覆盖面广。
②针对性强。
③使生产者能直接面对消费者,中间商的作用被淡化,使市场更加多样化。
④减少市场不确定因素。
工程机械企业一般建有自己的企业网站,专业工程机械网站有工程机械营销网和慧聪工程机械市场等网站。

2.3.2 人员推销

1)人员推销的特点
人员推销是一种通过推销人员与一个或多个潜在购买者谈话,口头传达促销信息达到销售目的的活动。人员推销具有以下特点:
(1)针对性强。人员推销是营销人员与顾客之间面对面的信息交流,营销人员可根据对方的需求和特征,采取相应的沟通方式。
(2)培养友谊。营销人员倾向于建立稳定的客户关系。在需要建立长期关系时,优秀的营销人员会给客户提供更多的服务,双方会从最初的买卖关系发展为个人友谊。
(3)信息反馈快。通过双向交流,及时了解顾客的反应和相关信息。
人员推销是一种花费大的沟通工具,但在建立购买者的偏好、信任和行动时是最有效的工具。

2) 工程机械人员推销形式

工程机械人员推销形式主要有以下几种：

(1) 上门推销。上门推销的好处是营销人员可以根据各个用户的具体兴趣特点，有针对地介绍有关情况，并容易立即成交。

(2) 展会推销。展会推销具有群体推销、接触面广、与用户接触充分、推销中易形成订货气候、实现大批量交易、成交金额较大等特点。

(3) 设立门市部推销。生产企业在适当地点设立固定门市部，用户上门看货时推销产品。

3) 工程机械人员推销技巧

(1) 找寻自己的用户。谁是其他企业的用户？谁是我们的用户？这是营销的首要问题。大到一个企业，小到一个营销人员，都要完成一个"知己知彼"的过程。企业与用户的关系也要讲究"门当户对"，企业与用户之间要有一种相匹配的契合点，更重要的是企业与用户之间的契合点应该体现在每一个营销人员的身上。每一个营销人员都要找到属于自己的用户群，用心经营与自己相匹配的用户。

(2) 了解用户的需求与介绍产品特性。用户对产品的需求是多方面的，我们首先要从"人"的角度而不是"上帝"的角度去看待用户。"人"是有物质需求、精神需求的，"人"是有理性、理智、冲动和感情的。尽管工程机械行业的产品属于选择性的购买类型，但是人的随机性购买行为依然产生作用，有时甚至是决定性的作用。另外，在我们了解客户需求之前，先不要急于全面介绍自己产品的优点。因为，一个产品的优点是相对而言的，你认为是"优点"的产品特性，用户并不一定认为是优点，你只要让用户明白一点"我的产品正好能解决你面前的问题"就足够了。

(3) 克服用户的心理排异。用户一般都会有"三心二意"。"三心"即怀疑心、犹豫心、担忧心。初见面时是怀疑心，准备购买时是犹豫心，付款时是担忧心。"二意"即敌意、故意。用户固执地认为，你在赚他的钱而存有敌意；认为有时必须故意要为难一下你。

作为营销人员，要理解用户对工程机械产品几十万、甚至上百万价格的"排异心理"，不急躁、按部就班，步步为营，最终达成协议。

(4) 建立用户稳定关系。首先从不同渠道寻找用户，对新用户要摸清其基本情况。作为营销人员应熟练掌握自己产品的各种数据和性能特点，了解同类产品的优劣之处，第一次会见用户，应给用户留下良好的第一印象。对于新用户，必须尽快确定他的类型和特征，捷径就是进行有目的交流，要讲清产品，更要说明用户利益。你的产品有什么优点，是你自己的看法，对于用户来说，他们更关心的是该产品的优点能给他带来哪些利益，并且他还要明白，为了得到这种利益，他需要付出什么。例如，国产推土机履带销易磨损，又不易更换，而进口履带销则既耐磨又易更换。但得到这个优点的代价要多支付近万元，用户就会产生犹豫。因此，作为营销人员一定要将产品的优点与满足用户利益的对应点找准。用户的需求一般有四个方面：成本、质量、功能及操作。营销人员应运用相应知识、技能和表达方式，通过对这四个方面的综合阐述和分析，在用户头脑中形成一个"物超所值"的感觉。

另外，在与用户交流过程中，特别是接触初期，客户有许多的原因和理由抗拒与营销人员进行交易。面对诸多阻力，一定要心平气和，理解对方的种种心理和心态，逐条解决用户抗拒购买的理由。工程机械的特殊性，决定了营销人员必须与客户建立长久的联系，技巧是重要的,关系也是重要的。

(5)落实订单。用户要用合理的价格买到他们所需的利益,营销人员一定要让用户感到物有所值。因此,在说服用户下定决心签订单的最后冲刺阶段,我们更应深入体会购买者的心理疑虑,避免功亏一篑。对于落实订单,要做到:直接、准确、不含糊;有信心取得订单;发出要求后,要以积极沉默的态度等待用户答复;落实后,要再一次肯定用户的决定是正确而有利的。

4)工程机械推销人员的素质要求

由于营销人员承担多方面职能,因此,营销人员要具备一定的素质,其具体要求是:

(1)具有高度的责任心和良好的服务精神。营销人员工作非常辛苦,因此,要有不怕劳苦、任劳任怨、勇于克服困难的勇气,要不达到目的绝不罢休的决心和信心,要有热忱为用户服务的精神,善于把企业的利益和用户的利益协调一致。优秀的营销人员最了解用户的需求,他们既是企业的推销员,又是用户的顾问;既要善于抓住一切销售机会,又要向用户提出建设性的意见,激发用户的潜在需要,为企业创造销售机会。

(2)具有丰富的专业知识。营销人员应具有企业、产品、用户、市场、法律、服务诸方面知识。

①企业知识。营销人员对企业的发展、规模、经营思想、经营特色、营销策略、在同行业中的地位以及服务项目、交货方式、付款条件等要熟悉。

②产品知识。营销人员要了解本企业产品的品种、规格、特性、价格、用途和市场上其他企业同类产品的情况。

③用户知识。营销人员要善于了解、分析各种用户的特点,要懂得一些社会学、消费心理学、行为科学的基本知识;要善于了解用户的性格、习惯、作风、爱好、购买方式、时间和条件,要善于针对不同对象,消除用户的心理障碍,采取不同的营销策略。

④服务知识。营销人员要了解企业的服务项目和服务方式,如送货上门、资金融通、产品安装、维修和保养等,并做好维修保养和服务工作,以取得用户信任。

⑤市场知识。营销人员要懂得市场学的基本理论和方法,善于进行市场调查和预测,了解市场行情,把握市场营销规律。

⑥法律知识。营销人员要熟练掌握国家有关方针、政策、条例、法令、法规,使自己的推销手段和方式符合国家的政策、法律要求。

(3)掌握推销技巧。营销人员要善于与用户交往,了解和掌握用户的需求,选择适当时机,进行充分洽谈,针对用户心理,做好劝导工作,取得对方的信任,敢于冲破价格障碍,在用户对产品价值建立了充分信心的基础上,选择恰当的报价时机。要注意与客户接触的方式,绝对避免与用户发生争执。

(4)良好的个性。营销人员待人要热情、诚恳,性格外向,谈吐流利,用词恰当,举止适度,行为端庄,思维敏捷,反应迅速,具有说服力。切忌开门见山、单刀直入的谈话方式,保持良好的礼貌和交际风度。

5)推销人员工作组织

(1)区域结构式。区域结构式,即一个营销人员或一个营销小组负责某一地区的销售工作,一般适合产品单一、市场类似程度高的企业。该方式利于营销人员熟悉地区销售情况并同用户保持经常联系,从而提高推销能力,节约销售费用开支。

(2)产品结构式。产品结构式是按产品品种分配营销人员的工作,对于产品线长、品种繁多、技术复杂、市场差异性大的产品和企业,可按不同大类产品组织人员推销。该方式有利于推销人员熟悉产品性能、特点,更好地开展推销工作。

(3)用户结构式。用户结构式即以用户来分配营销人员的工作。该方式有利于加深对用户的了解,及时了解他们的意见,满足特定用户需求。

(4)综合式。综合式是指当企业面临产品品种多、用户复杂、地区分散的时候,为了节约人力可采用一种形式。综合式可分为区域产品混合式、区域用户混合式、产品用户混合式等。其优点是适应性强,能节约推销费用;其缺点是对人员要求高,如没有高水平、知识比较全面的人才,往往不能取得满意的推销效果。

营销人员的工作组织形式不是一成不变的,应随着企业生产及销售情况的变化,而作相应的调整和改变。

2.3.3 公共关系

1)公共关系的概念

公共关系(简称公关),是一个组织为了改善与社会公众的关系,争取社会各界的理解、信任和支持,树立组织的良好信誉和形象,促进商品销售而采取的一系列活动。对于企业而言,公共关系的目的不是追求短期的、既得的销售量的增加,而是着眼于企业在社会中的良好信誉和长远利益。

公共关系在市场营销中的作用非常重要。在市场经济条件下,企业之间的竞争非常激烈,企业要想在市场竞争中取胜,不仅要依靠技术竞争、质量竞争、价格竞争和服务竞争等手段,还要依靠信息竞争。谁在公众中获得了良好信誉,谁就能获得竞争的主动权。企业的良好信誉是无形的财富,任何一个企业都必须通过公共关系,努力树立企业的良好形象和信誉,大力提高企业及其产品品牌的知名度,赢得社会公众的了解和赞许,只有这样才能使企业在市场竞争中立于不败之地。

2)公共关系的构成要素

(1)公共关系的主体——社会组织。公共关系的主体是指公共关系活动的发起者和承担者,即社会组织(在市场营销中主要指企业)。每个社会组织都是环境的产物,它为自身的生存与发展必须设法去寻找和建立与环境的和谐。

(2)公共关系的客体——公众。公共关系的客体是指公关活动的对象,即社会组织内外部的有关公众。公众则是与社会组织直接或间接相关的个人、群体和组织,公众对该社会组织目标的实现具有实际的或潜在的制约力或影响力。而且一个组织所面对的公众是复杂的、多样的,不同的公众有不同的权益要求,而同类公众又有不同的个性要求。所以,对于组织来说,要因时、因地、因人而异灵活地开展公关活动。

(3)公共关系的媒介——传播。传播是连接公共关系主客体的中介,是桥梁;而信息反馈的介入使公关过程具有双向性,只有双方沟通的过程才是完整的公关过程。

3)公共关系的任务

(1)紧密联系社会各个方面,及时提供有关信息。公共关系部是企业联系社会的桥梁,企业通过公关部与社会有关团体、政府部门、用户以及新闻界保持经常性地联系,听取他们的意见,密切与他们的联系,及时地向企业股东、合伙人、职工提供准确的信息,创造更好的产品和企业信誉。

(2)调查和了解公众的态度,及时进行信息反馈。企业通过公关活动,了解和掌握社会团体、舆论界及消费者对企业的认识、态度和反映,将这些情况综合整理,及时反馈给企业的决策中心,这对于企业制订和调整市场营销计划将起到积极的促进作用。

(3)布置公关活动方案,提供建议和忠告。公关活动是积极的、主动的、富有预见性和创造性的工作。它应根据企业营销的总目标,制订和布置公关活动方案,协调企业与社会各方面的关系。同时,还应在调查和分析公众舆论和态度的基础上,向企业的有关部门提供建设性意见和忠告,避免企业的某些行为引起公众的不满,损害企业的形象和信誉。

(4)接待来访的顾客,消除顾客的不满。公关部的另一项工作是接待用户或消费者的来访,听取他们对企业及产品的意见,解答他们的疑问,消除他们的不满。为此,企业通常将公关部的地址、电话号码公布于众,由公关部接待来访和参观的客户,解答人们的各种询问。

(5)为企业树立良好的形象和信誉服务。公关部通过向社会宣传企业及企业的产品,积极参加社会公益活动,密切联系社会公众和团体,为树立企业的良好形象和信誉而服务。

4)公共关系的方式

(1)出版内部刊物。内部刊物是企业内部公关的主要内容,是企业各种信息的载体,是管理者和员工的舆论阵地,是沟通信息、凝聚人心的重要工具。

(2)建立固定的公众联系制度。通过和消费者、政府机构、社会团体、银行、中间商等建立固定联系制度,加强信息沟通。

(3)发布新闻。由公关人员将企业的重大活动、重要的政策以及各种新奇、创新的思路编写成新闻稿,借助媒体或其他宣传手段传播出去,帮助企业树立形象。

(4)设计公众活动。通过各类捐助、赞助活动,努力展示企业关爱社会的责任感,树立企业美好的形象。

(5)组织企业庆典活动。在庆典活动中,营造热烈、祥和的气氛,显现企业蒸蒸日上的风貌,以树立公众对企业的信心和偏爱。

(6)制造新闻事件。制造新闻事件能起到轰动的效应,常常引起社会公众的强烈反响。

(7)散发宣传材料。公关部门要为企业设计精美的宣传册或画片、资料等,这些资料在适当的时机向相关公众发放,可以增进公众对企业的认知和了解,从而扩大企业的影响。

2.3.4 营业推广

1)营业推广的概念

营业推广又称为销售促进,是指那些不同于人员推销、广告和公共关系的销售活动,它旨在激发消费者购买和促进经销商的效率,如陈列、展览、表演等非常规的、非经常性的销售尝试。

2)营业推广的特点

(1)营业推广是一种强烈刺激需求、扩大销售的活动,但时效较短,它是企业为创造声势、获取快速反应的一种短暂促销方式。

(2)营业推广是一种辅助性质的、非常规性的促销方式,影响面较小。

(3)营业推广不能单独使用,需要与其他促销方式配合使用。

(4)营业推广适合于特定时期或特定任务的短期性促销活动。

(5)顾客容易产生疑虑。过分渲染或长期频繁使用,容易使顾客对卖者产生疑虑,反而对产品或价格的真实性产生怀疑。

项目6 实施工程机械营销策划方案

3）工程机械营业推广的形式

(1) 面向最终用户的营业推广形式主要有：

① 服务促销。通过周到的服务，使客户得到实惠，在相互信任的基础上开展交易。主要服务形式有售前服务、订购服务、送货服务、售后服务、维修服务、供应零配件服务、培训服务和咨询信息服务等。

② 开展工程机械租赁业务。开展工程机械租赁业务，对于用户来说，可使用户在资金短缺的情况下，用少部分现钱获得工程机械使用权。租赁方式主要有实物性租赁和金融性租赁。

③ 分期付款和银行按揭。工程机械作为一种生产资料，一台机器动辄十几万元、几十万元甚至几百万元，很难实现一手交钱一手交货的现金交易。加之产品供过于求，为了扩大销售量，一些企业纷纷采取分期付款的方式。

④ 举办订货会或参加展销活动。订货会是促销的一种有效形式，可由一家企业举办，也可以由多家企业联办，或者由行业举办，或者由其他组织者举办。

展销也是营业推广的一种有效形式，通过展销可以展示企业实力、新技术、新产品。同时，企业在展销期间，一般给予购买者优惠，短期促销效果很明显。例如，三一重工、中联重科、山河智能等企业就经常参加德国宝马工程机械展销会、广州工程机械展销会等。

⑤ 价格折扣与价格保证促销。折扣销售是生产企业为了鼓励中间商或用户多头而在价格上给予的优惠，包括批量折扣、现金折扣、特种价格折扣和顾客类别折扣等。这些办法都能促进中间商或大用户扩大进货量，并有助于促进双方建立长期友好合作关系。

⑥ 精神与物质奖励。企业为了对推销成绩优异的本企业营销人员进行鼓励，充分发挥他们的能动性，可采取各种物质奖励和精神奖励的形式，激励营销人员为企业促销做更大的努力。企业也可以对使用本产品的用户，给予物质和精神奖励，以培养用户对本企业工程机械产品的忠诚感。

⑦ 现场演示。企业派促销员在销售现场演示本企业的产品，向消费者介绍产品的特点、用途和使用方法等。

(2) 面向中间商的营业推广形式。上述对最终用户的促销方式，有些方式也可用于对中间商促销，如会议、展销、激励、奖励和价格保证等促销方式。总体上讲，工程机械企业对中间商的促销一般应围绕给予中间商长远的和现实的利益进行，具体方式有贸易折扣、资金融通、广告补贴、商业信用、建立合作机制等。

2.4 促销组合的概念

各种促销手段的运用都是为了实现企业预期的销售目标。但每种促销方式都有其适用条件，既有长处也有短处。例如，广告的传播面广，但对促成实际成交效果有时却不明显。人员推销有利于促进交易，但费用很高。营销人员必须根据产品特点和营销目标，把各种促销方式结合起来，制订出完整的促销策略。促销组合就是营销者有目的、有计划地将人员推销、广告、营业推广和公共关系等各种促销方式结合起来，综合运用，形成一个整体促销策略。

2.5 影响工程机械促销组合的因素

1）产品的种类和市场类型

例如，大型和专用工程机械因使用上的相对集中，市场也比较集中，因而人员推销对大型和专用工程机械的销售效果就好;而小型、通用型工程机械由于市场分散,广告的促销效果更好。总之,市场集中时,人员推销效果最好,营业推广和广告效果次之;反之,市场需求分散时,广告的促销效果最好,营业推广和人员推销则次之。

2)促销目标

企业在不同时期及不同的市场环境下所执行的特定促销活动都与其特定的营销目标有关,目标不同促销组合也就有差异。例如,在一定时期内,某工程机械企业营销目标是在某一市场迅速增加销售量,扩大企业的市场份额;而另一工程机械企业的营销目标是在该市场树立企业形象,为其产品今后占领市场赢得有利的竞争地位奠定基础。显然,前者的促销目标强调近期效益,它将更多地使用广告和营业推广;而后者注重长期目标,应加强宣传报道,建立广泛的公共关系。

3)产品生命周期阶段

当工程机械产品处于导入期时,需要进行广泛的宣传,以提高其知名度,因而营业推广和广告效果最佳。当产品处于成长期时,广告和公共关系仍需加强,营业推广则相对减少;当产品进入成熟期时,增加营业推广,削弱广告,因为此时大多数用户已经了解产品,在此阶段应大力进行人员推销,必须与竞争对手争夺客户;当产品进入衰退期时,某些营业推广措施仍可适当保持,广告则可以停止。

总之,工程机械企业应对各种促销方式的特点、效率、成本及其影响因素进行研究,做出最佳的促销组合决策。

3 任务实施

3.1 准备工作

了解企业产品类型、型号及市场相关情况,为促销活动方案的制订提供依据。

3.2 操作流程

(1)确定促销活动方案。

(2)选择促销手段。

(3)促销准备(机型选择、广告宣传、促销人员准备等)。

(4)促销活动的开展。

3.3 操作提示

(1)正确把控促销折扣、频率。

(2)认真培训促销人员。

任务5 管理工程机械营销活动

1 任务导入

1.1 任务描述

品牌营销——海外并购

近年来,中国工程机械领军企业陆续将触角伸向全球,借力"洋品牌"进军国际市场。从三一重工(微博)并购德国混凝土机械巨头普茨迈斯特、山东重工收购意大利豪华游艇制造商法拉帝,到广西柳工收购东欧最大的机械制造商波兰 HSW、徐工集团并购世界混凝土机械巨头施维英,中国工程机械的民族大旗遍插欧洲大陆,中国制造品牌在全球范围打响。曾经的行业巨头被中国工程机械企业收入囊中,事件本身就是经典的国际营销案例。且不说收购事件会让企业登上多少头版头条,吸引多少眼球,只要能收购并且能成功收购,这就是企业实力和能力的象征。分析人士认为,海外并购既为中国企业赢得了掌声和荣誉,也树立了中国工程机械的民族品牌。通过展开海外并购,中国本土企业品牌可以借力"洋品牌",增强自身品牌在国际上的认知度和影响力,以此提升其国际市场竞争力。当一个行业走向成熟,当市场竞争逐渐加剧,当企业比拼不再局限于产品本身,这时,营销战略就显得格外重要。而优秀的营销战略,则会超越传统法则,让"1+1>2"成为现实。

1.2 任务实施方式

如果作为营销管理人员,在市场低迷情况下,你该如何实施有效的工程机械营销管理活动呢?

2 相关理论知识

2.1 营销管理过程

所谓营销管理过程,就是企业分析、辨别、选择和利用市场机会,以实现企业任务和目标的过程。这一过程包括发现和评价市场机会、研究和选择目标市场、市场定位、制订市场营销组合、决定市场营销预算、执行和控制营销计划。

1)发现和评价市场机会

有未被满足的市场需要,就存在着市场机会。商机无限,企业营销管理者首要的任务就是发现和评价市场机会。寻找和发现市场机会,关键在于寻找潜在需求。

2)研究和选择目标市场

研究和选择目标市场是对企业机会进行进一步的研究,以达到从中找到企业目标市场的目的。研究和选择目标市场包括市场预测、市场细分和目标市场选择三个方面。其中,市场预测是对市场机会的定量化描述,通过预测,可以了解市场的需求规模及发展变化趋势;市场细分是指将一个市场按照消费者需求的差异划分为一系列的具有不同特征的细分市场的过程;对市场进行细分以后,需要企业从不同的细分市场中选择自己要进入的细分市场,这种细分市场就是企业的目标市场。

3)市场定位

企业选定了目标市场后,接下来要做的营销管理工作就是在目标市场上进行产品的市场定位,即企业需要对所提供的工程机械产品在目标市场消费者心目中占据什么样的位置做出决策。

4)制订市场营销组合

企业在选定目标市场后,就要设计有竞争力的市场营销组合,以达到预期的营销目标。

市场营销组合(4P组合)是各种可控制的营销手段及因素的综合应用,是一种动态组合。由于每一个组合因素都是可变的,又是互相影响的,每一个因素的改变都会引起整体组合的变化,形成一种新的组合。市场营销者可以根据这种动态性的特点,灵活地选择符合营销目标的组合。

5)市场营销预算

设计和发展市场营销组合是与市场营销预算相关联的。管理者在设计和发展营销组合时,要考虑两个基本问题:

①企业决定将多少资金用于市场营销。

②决定如何在各个营销组合工具之间合理分配市场营销预算。

6)营销计划的执行与控制

(1)营销计划的执行。营销计划的执行是指各营销职能部门按照营销计划的要求去完成各项营销工作。

(2)营销控制。营销控制是指管理者为使实际营销成果与预期目标一致而采取的必要措施。

营销控制的基本方式有三种:

①年度计划控制。它的基本任务是保证年度计划中提出的销售利润和其他目标的实现。可以通过四个步骤实现:第一,在年度计划中给每个季度、每个月规定具体目标;第二,随时掌握营销计划在市场上的实施情况;第三,及时发现实际工作与计划目标的差距,并找出原因;第四,为缩小目标与实际的差距,确定最佳修正方案。

②盈利性控制。它是对不同地区、不同产品、不同市场、不同营销渠道的盈利情况进行监控,以检查所制定的盈利目标是否实现。

③战略控制。企业除了年度控制和盈利控制外,还必须经常评价企业采取的营销策略、营销方针是否适合市场环境的要求,即战略控制。其重要性超过前两者,因为环境的不断变化,可能导致企业战略目标出现不同程度的问题或偏差,必须及时予以修正和调整。

2.2 不同需求下营销管理的任务

任何市场均可能存在不同的需求状况,根据需求水平、时间和性质的不同,可归纳出八种不同的需求状况。在不同的需求状况下,市场营销管理的任务有所不同。

1)负需求

负需求是指市场上众多顾客不喜欢或厌恶某种产品或服务,甚至愿意出钱回避它的一种需求的状况。市场营销管理的任务是分析人们为什么不喜欢这些产品,并针对目标顾客的需求重新设计产品、定价,作更积极的促销,或改变顾客对某些产品或服务的信念,把负需求变为正需求,实现扭转性营销。

2)无需求

无需求是指目标市场顾客对某种产品从来不感兴趣或漠不关心的一种需求状况。在无需求的情况下,市场营销管理的任务是设法把产品能带来的利益和价值同消费者的自然需要和兴趣结合起来,以引起消费者的关注和兴趣,刺激需求,使无需求变为正需求,即实行刺激性营销。

3)潜在需求

潜在需求是指多数消费者对市场上现实不存在的某种产品或劳动的强烈需求。在这种情况下,市场营销管理的任务就是估量潜在市场的大小和发展前景,努力开发新产品,设法提供能满足潜在需求的产品和劳务,变潜在需求为现实需求,实行开发性营销。

4)下降需求

下降需求是指目标市场顾客对某些产品或服务的需求出现了下降趋势的一种需求状况。在这种情况下,市场营销管理的任务是分析市场衰退的原因,决定是否通过开辟新的目标市场、改变产品特色,或者采取更有效的营销组合来刺激需求,使已下降的需求重新回升,即实行恢复性营销。

5)不规则需求

许多产品和服务的需求是不规则的,即在不同时间、季节的需求量不同,因而与供给量不协调,工程机械受经济波动以及施工季节影响大,而市场营销管理的任务就是通过灵活定价、大力促销及其他刺激手段来改变需求的时间模式,努力使供、需在时间上协调一致,即实行同步性营销。

6)充分需求

充分需求是指当前市场对企业产品或劳务的需求在数量上和时间上同预期的最大需求已达到一致,这是企业最理想的一种需求状况。但是,在动态市场上,消费者需求会不断变化,同行之间的竞争也日益加剧。在这种情况下,市场营销管理的任务是通过改进产品质量、降低成本、激励营销人员等以保持现有的需求水平和销售水平,防止出现下降趋势,即实行维护性营销。

7)过度需求

过度需求是指市场对某种产品或劳务的需求量超过了企业所能供给或所愿供给的水平,这可能是暂时性缺货,也可能是价格太低,还可能是由于产品长期过受欢迎所致。在这种情况下,市场营销管理的任务是实行限制性营销,即通过提高价格、减少促销和服务等方式使需求减少。实行这些措施是难免要受到反对的,营销人员要有充分的思想准备和应变措施。

8)有害需求

有害需求是指有些产品或劳务对消费者、社会公众或供应者有害无益,对这种产品或劳务的需求。有害需求。营销管理的任务是抵制和清除这种需求,实行抵制性营销或禁售。抵制性营销与限制性营销不同,限制性营销是限制过多的需求,而不是否定产品或服务本身;抵制性营销则是强调产品或服务本身的有害性,从而抵制这种产品或服务的生产和经营。例如,安全性能不好、能耗大、不环保的工程机械会逐步受到抵制性营销。

3 任务实施

3.1 准备工作

建立营销组织和营销管理团队。

3.2 操作流程

(1)寻找市场机会。
(2)选择目标市场。
(3)市场定位。

(4) 制定营销组合。
(5) 费用预算。
(6) 营销计划执行与控制。

3.3 操作提示

(1) 认真调研,充分了解市场。
(2) 市场定位要准确。

思考与练习

(1) 某公司参加2012上海国际工程机械宝马展活动,分析这一营销活动意义。
(2) 分析挖掘机销售适用何种营销方式。
(3) 何为过度需求,请举例说明。
(4) 在市场低迷环境下如何实施有效营销管理?

拓展学习

卡特彼勒公司用挖掘机书写跨界营销之道

2019年3月13日晚,CBA常规赛收官战无疑是近年来球迷关注度和媒体曝光率最高的一个收官之夜。伴随着球迷关注度和媒体曝光率的双双走高,这自然也是CBA赞助商们发挥自身营销创意的绝佳时机。细究起来,在这个收官之夜最令人印象深刻的体育营销创意,莫过于在北京首钢主场迎战山西汾酒股份的比赛中场的那场卡特彼勒工装舞蹈。诚然,舞蹈表演是CBA多年来在比赛中场时最常见的惯例,但这一晚CBA球迷们还是首次看到舞蹈演员穿着工装翩翩起舞,在视觉倍感新奇之余,在精神层面上,这一工装元素舞蹈所散发出的自信乐观和卡特彼勒公司宣扬的"实干成就梦想"的正能量同样让CBA球迷获得了一次深刻的洗礼。

站在收官之夜这个时间节点,回顾整个赛季,卡特彼勒本赛季已多次为CBA球迷奉献了令人印象深刻的跨界营销创意。从签约发布会现场姚明进行"实干家大灌篮"到京城德比上演甜蜜求婚,从挖掘机开进CBA赛场到刘炜和球迷进行挖掘机投篮比拼,从CBA全明星周末星锐赛现场举办"CAT挖掘机模型竞速大赛"到广东德比大战中场的"实干家拼图大PK"……卡特彼勒公司的挖掘机本赛季已经相继"开进"CBA签约发布会、CBA全明星周末、东莞、北京、济南、沈阳等CBA赛场。

在卡特彼勒公司看来,其自身所倡导的"实干成就梦想"的精神内涵与CBA联赛的精神内涵是高度相通的。卡特彼勒公司是全球实干家的强大伙伴,以可靠、高效、创新赢得全球合作伙伴的认可和青睐,而CBA联赛则是中国职业体育改革及创新的践行者和实干家,联赛的每位球员都是用拼搏书写"篮途"的最佳代言人。双方在"实干成就梦想"这一精神层面的高度契合也是卡特彼勒公司围绕CBA进行的跨界营销创意能够深入人心的关键原因。

项目 7　制订工程机械营销流程

任务 1　成为一名合格的工程机械营销师

1　任务导入

1.1　任务描述

小王入职某建筑设备广东代理公司,已经来公司 3 个月了,想提升自己的工作能力,但总是改不了与陌生人说话紧张的毛病,提升不了业绩,不敢和同事多交流。强迫自己去和别人说话却总找不话题,或是找到话题却说不了几句话就说不下去了。关于人际关系的书也看了不少,仍是不敢实践,他苦恼极了。小王该如何提升自己,使自己成为一名合格的工程机械营销师?

1.2　任务完成形式

制订一份成为营销师的训练计划,每天根据计划内容进行训练,使自己达到营销师的基本要求。

2　相关理论知识

2.1　正确认识销售工作

21 世纪是一个行销的世纪,如果要把自己的智慧、经验、力量传递给他人,最好的方法就是推销。领导要推销自己的决策,员工要推销自己的能力,作为一名营销人员,需要向客户推销自己能为其带来什么。销售是一个极具挑战力、竞争性的事业,是需要我们从推销员做起,付出艰苦努力才能有所收获的事业。但是我们很多人否认自己是推销员,而用高级营销代表、行销顾问等冠冕堂皇的头衔来遮盖内心的不安。成功的销售没有捷径,它是一个艰难跋涉的过程,只有真正经历过痛苦,经历过快乐,经历过人生的磨炼,你才能做得很好。成功的销售唯一的秘诀就是:你有没有花 5 年以上的时间从事你现在所从事的销售工作? 推销界伟大的大师乔治·吉拉德在 35 岁以前穷困潦倒、一事无成,甚至有严重的口吃。就是这样一个屡遭失败的人,能够在 35 岁以后一举成为世界上最伟大的推销员,除了用心,除了努力,除了执着外,没有第二条路。乔治·吉拉德的成功告诉我们,成功是需要付出汗水、付出努力的,没有经过训练,你不可能达到事业的巅峰。要想成为一名出色的营销人员,你一定付出比常人更多的艰辛和努力。从事销售工作首先必须从推销员做起,经过锻炼才能够成为经理、总监。所以,从事销售工作,对自己的工作定位很重要,只有你蹲得越低,才能跳得越高,也才能真正把自己的工作做好。出色的时间管理造就出色的营销人员,出色的营销人员非常善于时间管理。时间对于每一个人而言都是公平的,但是为什么结果却不一样呢?因为人生的每一分每一秒都在导演着你走向成功或走向失败,营销人员要把握生命中的每一分每一秒。

2.2 营销人员的销售心理训练

2.2.1 营销人员的四种态度和行为习惯

态度决定一切,销售业绩来自两个方面,即态度和能力。要成为成功营销人员其态度与能力同等重要。在销售工作中,人是最关键的因素。一名营销人员的态度决定了他的业绩,营销人员的工作态度是产生销售差异的主要因素之一。营销人员应该具备的四种态度如下:

(1)工作动力的源泉;清楚理解"我为什么成为工程机械营销人员?"

(2)自我肯定的态度;作为一个工程机械营销人员,应该让客户感觉到你的清晰、自然、优雅、专业,这样客户才会对你销售的工程机械产品及服务有信心,你才有可能进行成功的销售。如果你的行为不专业,没有自信,隐没了自己的热情,那么客户必然也会对你没有信心。

(3)拥有成功的渴望;成功的渴望是一种内在的推动,促使你制定一个销售目标,并下定决心去实现它。

(4)坚持不懈的精神;对于工程机械营销人员来说,没有什么比坚持不懈更为重要。英国首相丘吉尔在演讲的时候,告诉大家成功的秘诀,他只用了三句话:第一句是"绝不放弃",第二句是"绝不绝不放弃",第三句是"绝不绝不绝不放弃"。他告诉我们一个道理:在追求成功的道路上,绝不能轻易放弃。工程机械产品都是价格昂贵的商品,销售过程中会遇到很多困难和挑战,但是不要放弃,摔倒了再爬起来,同时,思考为什么会摔倒、怎么爬起来、以后如何避免摔倒,从而领悟到销售方面的技巧。

2.2.2 营销人员的行为习惯

成功的营销人员要在端正自己态度的同时,锻炼自己的技能,才能最终达成销售业绩。要成为一名有动力、有自信、有理想、有知识、有行动的工程机械营销人员需具备四种行为习惯:

(1)明确的目标。营销人员应当设定可以量化、可以实现、具有一定的挑战性和可行的目标。把目标进行分解,并规定自己每年、每月、每个星期、每一天实现多少,如何去实现。

(2)顶好的心情。在日常生活中,也许我们最能体会"情绪是会被感染的"这句话。你快乐了,所以我快乐。因此,营销人员一定要用好心情去面对每一位客户,要学会与客户分享你的目标、喜悦和热情,从而感染、打动客户。如果你没有热情,就不能打动客户,销售业绩必然难以提升。

(3)专业的表现。所谓专业的表现,就是能够赢得他人的认同与依赖的行为。工程机械产品作为高端制作业产品,具有很高技术含量。作为一名工程机械营销人员,当你去拜访客户的时候,你的外表及你所带的资料、合同、演示工具都要经过精心准备,成功在于时时刻刻都有所准备,不要浪费每一次客户给你的机会。如果营销人员在拜访客户时形象邋遢,客户需要的资料忘记带来,如此不专业的表现,就无法让客户认为你是这一领域的专家,也无法让客户认同你及你的产品和服务。

(4)大量的行动:没有行动,销售计划和目标都是空谈。以给客户寄贺卡为例,有些营销人员计划给客户寄圣诞贺卡,但是忘记了,于是打算推迟到春节再寄,可是春节又忘记了,于是推迟到元宵节再寄,这样推来推去,最后不了了之,或者挑了一个不适宜的时机,如清明节寄过去,此时客户收到贺卡,也许感受到的不是你的祝福,而是一种不愉快的感觉。如此行事,如何拉近你与客户之间的关系?乔治·吉拉德一年要寄16.8万张贺卡,反思你自己,你是否采取了行动?作为一名营销人员,应该时刻带足名片,捕捉任何机会与人交流,因为任何一个人都有可能成为你的客户。唯有行动,才能赢得客户。

2.3 建立营销人员正确的"客户观"

2.3.1 工程机械营销人员的心理障碍

成为一名出色营销人员最大的障碍是心理障碍——害怕、恐惧。怕别人嘲笑自己,怕别人不喜欢自己,不能打开心扉与客户互动。因为害怕、恐惧,你不喜欢别人主动与你交流,也不愿自己主动与别人交流。

很多人都有这种恐惧的心理,是因为他们怕别人说,"你是个推销员""这又是一个骗子"。作为一名营销人员,应该树立这样的思想:推销员很伟大,推销员是勇敢者。

我们为什么会害怕?害怕是因为我们得不到别人的肯定,我们的财富、我们的产品、我们的价值以及我自己不能为他人接受,因为害怕,所以最终牺牲了你的行动。

我们每个人要思考的是:你是否是一个对他人不喜欢、不感兴趣的人?如果是,可想而知你就会有心理障碍,无法打开自己的心扉,你会告诉自己,"他不喜欢我"。据调查,在美国这样的商业社会当中,有54%的人害怕在别人面前演讲,也就是说有高达54%的人害怕在别人面前表达自己。每个人都有害怕的感觉,而这种感觉会使你的行动力瘫痪,以至于无所事事。我们不要因为害怕而蔑视自己的行动,而应在害怕、恐惧的过程中,找到自己人生的感觉。

2.3.2 客户的拒绝

营销人员面对的普遍困境,如经常遭到客户拒绝、经常受到客户排斥、总是感受到与客户对立等。造成困惑的原因在于"我卖"与"你买"的一对矛盾。如何能够化解对立的矛盾,达成统一的境界?如何变一贯的对立和对抗为统一中的对立?改变这种状况的关键点在于合二为一,变"我卖你买"为"我帮你买"。

从"我卖你买"到"我帮你买"的销售行为转变的要领是:不一味的要求和催促客户购买(强行销售),而是始终站在顾客的立场,结合自己的产品和服务,为顾客提供解决方案(建设性销售)。

每一名营销人员都要具有耐心,客户对你的拒绝是很正常的,因为客户对营销人员的拒绝是商业社会对推销认同一个标准的反映。但遗憾的是,很多营销人员在第一次被拒绝以后,就没有了第二次行动,没有这样的魄力和勇气告诉自己:"他拒绝我了,那下一次我一定要让他接受我。"如果第二次再被拒绝,就尝试第三次;第三次再被拒绝,那就第四次……你有没有这样的决心和毅力?其实很多客户也许认同你的产品和服务,但是觉得第一次见面就成交不是很放心,喜欢"折磨"一下营销人员。多走一步海阔天空,但是遗憾的是,很多营销员没有多走一步。如图7-1所示,如果十次拒绝等于一次成交,如果成交10 000元的话,一次拒绝等于1 000元,如果你套用这个公式,你就不会害怕被拒绝。但是很多营销人员没有用这一公式告诉自己:客户的拒绝是对自我财富的累计,客户拒绝是走向成功销售的基础。只有把自己每一次被拒绝都看成是成功的基础,我们的人生才会获得更大的成就。

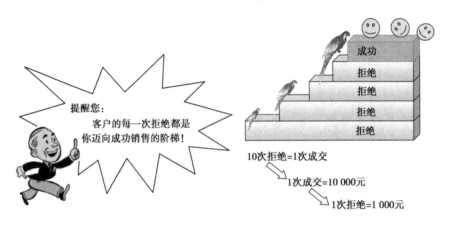

图7-1 每一次拒绝都是迈向成功销售的阶梯

2.3.3 正确对待客户

很多时候,营销人员把客户当成敌人,当成对手。很多的营销人员认为他与客户之间是一种博弈,所以他们会用这样的口吻说,"这个客户有没有干掉?""这个客户有没有上钩?""你搞定了几个客户?"。客户似乎成了营销人员的猎物,成了营销人员所要攻击与消灭的对象。"我们把客户干掉了",这句话很多营销人员都常常挂在嘴上。营销人员应尊重客户,尊重来自内心,你要有灿烂的笑容,告诉对方,你多么希望能够和他在一起畅谈。客户是你的朋友,和他在一起是多么愉快,他在你这里找到了需要和感觉,自然会把他很重要的事业交到你的手上,让你帮助他成功。

营销人员究竟该如何对待他们的客户呢?客户是上帝,是衣食父母,这曾经是一种公认的说法,但是,这一理念并不能为成功销售指出一条道路。把客户当作上帝,你没办法和他融合在一起;把客户当作衣食父母,只是一味地乞求。

当今时代,作为一名营销人员,应该全心全意,用我们的热情全力以赴,帮助我们的客户走向成功。在这个过程中,客户是我们事业双赢的伙伴,是我们服务的对象。应该让客户感觉你和你的产品能够成就他的事业。如果你无法给客户这种感觉,那你就无法让他们从内心接受你的产品。

你害怕与陌生人交往吗?你害怕被别人拒绝吗?先入为主的成见常常会影响你对事物的客观认识吗?客户是否是你工作的对立面?如果你对以上四个问题的回答是肯定的,那么这将成为你通向出色营销之路的障碍。不过今天你将获得破解这四大障碍的法宝:做一个对人感兴趣,尤其是对陌生人感兴趣的人,你将克服与陌生人交往时的害怕与恐惧心理;树立"客户的每一次拒绝都是迈向成功销售的阶梯"的观念,你就能够正确地对待客户的每一次拒绝;透过现象,发现本质,用情绪控制思想,并决定行为,成为自己心灵的导师,你将能够客观地认识事物;把客户当作你服务的对象,事业双赢的伙伴。做到以上四点,你离"出色"又近了一步。

2.4 销售心里法则

2.4.1 因果法则

因果法则是指每个发生在你生活中的结果,必定有一个或多个发生的原因。如果你想了解生活中发生的任何事情,或者想对它有更进一步的了解,只要你能将其定义清楚,你就可以追究出原因,并进而在其他的事情上运用这些原因。

因果法则对于职业生涯的涵义是:假如你要成为行业中最成功、收入最高的营销人员,你就要去发现其他高收入、高成就的营销人员所做的事情,并且学着去做。假如你能够做得和他们一样好,你最后也会得到同样的结果。

因果法则的反面就是,假如你一心向往别人的成就,却不去学习他们成功的原因,你就无法得到同样的结果。

从事销售业的人很多,但大多数的人都不太了解这项简单的法则。他们都认为自己可以晚点上班,慢慢喝咖啡以及享用午餐,花大部分时间去交际应酬,看报消磨时间,然后早早下班——却也能够赚很多钱享受生活。

一般营销人员并不了解因果法则分分秒秒都在引导人们走向成功或失败。成败完全取决于如何把这些法则运用到他们的活动中去。

积极的心态对于销售结果很重要,而你的态度也会受到因果法则的影响。如果你的做法像其他快乐积极的人一样,你就会确立并保持积极的态度。

这完全和你每天上健身房去锻炼身体一样,你马上就会得到和其他人同样的运动效果。你也绝对不会感到意外,或认为这是一种奇迹和好运,这只不过是你实行了因果法则而已。

2.4.2 收获法则

因果法则必然会导出收获法则。不管你在生活和事业中"种植"了什么,你都会或多或少地得到应有的收成。假如你辛勤工作、严以律己、坚定心志、不屈不挠,你就会得到相应的尊重、地位、肯定、销售上的成功、经济上的成就。

收获法则的另外一种说法是,你今天的生活是过去耕耘的结果。当你环顾生活中的各方面——你的健康、你的人际关系、你的收入、你的业绩水准、你对事业的满意度与安全感——你现在所看到的是过去耕耘,即投入生产因素的成果。

不管基于何种原因,如果你对现在的收获不满意,那么完全要看你自己是否愿意立刻开始改变耕耘方式。假如你想改变生活,就要投入不一样的生产因素。就像农人用不同的种子会长出不同的果实一样,你必须植入不同的思想与行动,才能获得不同的结果。

收获法则认为,从长期来看,你的报酬绝对不会超过你的付出。你今天的收入就是过去努力的报酬。假如你要增加报酬,就要增加你的贡献价值。你的心态、快乐与满足感,是耕耘心态的结果。假如你将许多思想、愿景、成功的意念、快乐铭记在心,就会在日常活动中得到积极肯定的经验。

收获法则的另外一个必然结果,也称为超额报酬法则。这个法则是指伟大的成就都是发生在那些有多进少出习惯的人身上。他们会加倍致力于得到回馈,他们一直找机会去超越预期目标,且由于他们一直得到超额报酬,他们也会一直受到雇主及客户的加倍赞赏,并且因为销售非常成功而获得相当的财务报酬。

2.4.3 控制法则

控制法则是指"你欣赏自己,认为自己可以完全掌控自己的生活"。这个法则的相反情况是:你对自己没有信心,所以没有办法完全掌控自己的生活。心理学家把这种情况叫作"控制领域(Locus of Control)"理论。他们认为你的快乐程度完全取决于你在生活的重要领域当中能够有多少控制力。当你无论做什么事,都有做自己命运主人的感觉时,你就是世界上最快乐、最有自信的人。

这种积极心态的关键就是一种控制的感觉,一种你认为自己是生活中最主要的创造力量的感觉。它让你觉得你能掌控所有发生在你身上的事情。发展并维持这种控制感,对培养你积极乐观的个性至关重要。

2.4.4 信念法则

信念法则是指你不一定会认同你看到的一切,但你一定会认同已决定去相信的事物,即"你所相信的任何事,只要投入感情,一定可以实现"。你的信念会左右你的现实生活。

一个人表面上说了什么话,有过什么期望,写出什么文字,许下什么心愿,表现什么企图,都不能用来判断他的信念。这不过是他表现在外的行为而已,只有真实的行为才能透露出他真正的信念。

由于你的行为是内心信念的表现,你能够控制你的行为,那么你就能够间接地塑造及控制你的信念。

例如,如果你确信你的目标就是要在销售业大展宏图,而且你每天举手投足、言谈举止都完全像是一位成功人士,那么,你一定会确立销售高手的心态。一旦有了这样的心态,就会开始得到相应的回报,你的信仰就实现了。

很多人都说:"当我开始销售成功、财务宽裕时,我就会开始大量投资去学习,从而让自己做得更好。"这是一种悲哀的误解。先看到成果才去探究原因,先看到实现才去建立相关的信念,都是慢一拍的做法。

假如一个人坚信自己的销售事业会获得极大的成功,就应该不断地在自己身上投资。缺乏信念会造成负面效果,正如同积极的信念会造成正面的效果一样。

自我设限是一种最危险的信念。这种对自己怀疑与惧怕的信念将会阻挠你获得期望的成功快乐。这是一种对自我能力、才智、外表、创意、体力及技巧的否定看法。

作为一名营销人员,你应该去挑战你的自我设限信念,只有自己的心态才能决定自己的上限。一旦你不允许这些怀疑和惧怕阻挡进步,它们就无法支配你,你就会将这些自我设限抛之脑后,而它们也会从此脱离你的生活。

2.4.5 专心法则

专心法则是指"心中念念不忘的事物,会在生活中成长扩大"。

假如你对某事思考得够多,它到最后一定会主导你的思想并影响你的行为;假如你矢志不忘你的目标及期望的成就,这些思维就会主导你的所作所为。

假如你真的想要增加销售的业绩,你就会发现自己其实正在做一些能够达成期望的事情。你越是专注于你所要实现的目标,你就会越执着的去得到它。如果你思考得越多,你的目标就会更快地在你的世界里出现与扩大。

专心法则是因果法则、控制法则以及信念法则之下的自然从属法则。成功者就是那些不断检讨他们要什么的人,失败者就是那些一直把心思浪费在不想要的事物上面的人。结果,成功者能够得到越来越多想要的东西,而失败者的收获却越来越少。

你一定要把你的榜样以及期望销售成功的类型放在心中。善用这个法则,一定要随时思考你要做哪些事,要学习哪些人,这样才会达到目标。一定要毅然决然地痛下决心,摆脱一切与此无关的言行。

2.4.6 连锁法则

连锁法则会影响销售活动的每一部分,并且是帮助你决定成功销售及收入的关键。它的意义是:"你是一个活生生的'磁铁',你无可避免地会把那些和你想法一致的人与事吸引到你的生活当中。"

你的想法会在身旁创造一种心理能量的磁场。如果你对自己及产品服务有正面而乐观的评价,就会传播出一种积极的心理能量,就会得到业绩领先,成功开发客户,受人推荐及创造销售机会等连锁反应。

如果你对客户的服务越佳,就越能吸引客户接受你的服务,没有一样东西会比成功更具连锁性。你越成功,就会得到越多。

如果你越热衷于这种想法,这种想法就越有力量来影响你的生活;如果你对事情的越积极、乐观及热忱,你的心理磁场威力就越大,也越能够更快地吸引那些你要借以达到目标的人和机会。这是让你随时掌握自己想法的关键。

2.4.7 反映法则

反映法则是指"你的外在世界反映了你的内心世界"。这是了解人类行为的基本原则,它几乎可以解释你生活中的每一部分。你的外在世界是一面镜子,反映出每一个真实的你。

你对他人与环境的基本态度会透露出你的个性。他人对待你的方式,可以说是你对自己和他人态度的一种反射。

如果你希望别人对你好、对你积极,那么你一定要对他们有积极的态度。

你的人际关系是真实个性的一种反映,它会和你的内在心态相互呼应。当你变成一个更好的人时,你周边的人也会变得更好。改变思想的方式,会改变你生活的外在环境。

你在行业中成功的水准会反映出你所接受的训练、经验以及你对身为营销人员的看法。假如你能不断充实并且不断练习,直到你坚信自己能够把工作做到炉火纯青之时,这种态度就会在你所有言行中呈现出来,并且会反映在成果上。

记得爱默生说过:"你一直自认为是怎样的人,你就会变成那样的人。"

2.5 优秀营销人员俱增业绩的六大原则

优秀营销人员用六种方法来观察、反省自己并回应现在以及未来的客户,从而改善销售业绩。

2.5.1 我是老板

拉尔森·里志是雅芳的顶尖营销人员,是雅芳众多营销人员中顶尖的一位。她已是两个男孩和两个女孩的外祖母,她曾说过这么一句话:"我有一个非常严厉的老板,那就是我自己。"我们很多人犯了一个可怕的错误,认为自己是在为别人打工。其实我们每一个人每一天都是在为自己打工。要提升你的收入,提升你的地位,首先要告诉你自己的"老板"你想获得多大的成功。只有做到我是老板,你才能对你自己的行为负责,才能够义无反顾,全力以赴，规划好自己的人生。很多营销人员把自己所有的失败归结到一点，如"竞争对手价格太低了"，"他的产品比我们好"，总之，"我不负责，你去负责"。

2.5.2 我是顾问而非"营销人员"

很多营销人员把自己定位为"营销人员"，认为对产品进行简单的说明及展示，客户就会购买产品。但是从今天开始，你应把自己当作一名顾问。成为顾问的前提就是要学习产品知识、行业知识、客户知识以及一切与之关联的知识，告诉客户："我是一个专家，我是这个行业的权威。"当你对你的产品、你的行业，你自己都不自信的时候，客户如何认可你。

2.5.3 我是销售医生、销售策略专家

医生的工作方式是首先对病人进行检查，然后进行诊断，最后开出处方。销售的流程也一样，对于一个服务对象，如果不能做到这一点，你就不能做到很好的销售。

作为一个"销售医生"，你需要检查客户的需求，判断客户真正的动机，才能够提供最好的解决方案，并且告诉客户，你的产品正是解决他当前问题的最好方案。如果你能做到这一点，你就是一个销售的策略专家。

在日常工作中，我们应该善于思考，对外在的事物要懂得判断。对任何事情都应该计划在先，思考在先，行动在后，只有这样，才能使自己的时间、体力、精力不至于白白地消耗。

2.5.4 我要立即行动，我拒绝等待

我们不应等待，而应立即行动。等待会把你的人生推到边缘地带，让你迷失自己，所以不要用等待去开启我们的人生，而要用"行动"来开启自己的人生。现在就去做，你才会获得丰厚的收获。拒绝等待是一个成功人士获得成功的关键。

2.5.5 我要把工作做好——用心

你有没有用心把工作做好的决心？如果没有，你就很难把工作做好；有了这种决心，才能体现在你的行为上、策略上，才能把工作越做越好。很多营销人员不够用心，在拜访客户的时候，只注重表面，不注意细节，不但错过了很多重要的信息，而且错过了成功销售的机会。要把工作做好，请记住这句话：认真是把事情做对，努力是把事情做完，用心才能把事情做好。

2.5.6 我要立志出类拔萃——执着

任何一个渴望成功的人都希望自己能够在自己的公司、行业中出类拔萃。最伟大的推销员乔治·吉拉德第一次走上讲台做报告的时候，他告诉在座的每一个人："谢谢你们的鼓励，明年我还是会站在这里。"每个营销人员都应有这种出类拔萃的立志精神；而现实中很多营销人员遇到一点儿困难就容易气馁，甚至愤而辞职，换工作、换行业。

要获得真正的成功，你应该认为你的销售事业永远没有尽头，必须让自己每一分、每一秒都认为——"我在做最成功、最顶尖的销售，我能够成为这个行业中出类拔萃的人。"

2.6 积极的心态是怎么炼成的

积极的心态主要包括七个方面，如图7-2所示。

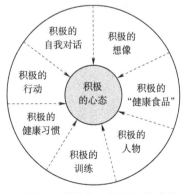

图7-2 积极的心态是怎么炼成的

2.6.1 积极的自我对话

自我对话是一种自我催眠,自我暗示。你应该不断地告诉自己:"我是一个积极的人""我要成功""我要成为顶尖的营销人员"。通过这样的自我对话,不断地激励自己、告诫自己,绝不放弃,要不断进取。每天都进行积极的自我对话,把自己的心态调整到最佳状态,使自己每一分每一秒都充满热情与自信,你就一定能够成功,因为积极的自我对话,能够让你产生力量,让一个营销人员在面临恐惧、失败、拒绝的时候,依然能够前行。

2.6.2 积极的想象

我们需要用积极的想象去推动自己的行动。例如当你达成设定的销售目标之后,公司将奖励你去夏威夷旅游。对于夏威夷旅游,你如何想象呢?想象夏威夷迷人的海滩,一定会激励你努力工作;但是如果你想象在乘飞机的途中飞机有可能会失事、在夏威夷有可能被骗这些消极的方面,那么公司奖励你的夏威夷旅游对你来说没有任何激励作用。所以,我们要进行积极的自我想象,想象事业成功以后,你拥有怎样辉煌的人生。为了成就辉煌的人生,你就要努力地工作;否则,只能庸庸碌碌地过一生。

2.6.3 积极的"健康食品"

很多人把时间都白白浪费在一些无聊的事情上,到最后又如何去实现成功?所以每一个人都要让自己不断补充"健康食品",如阅读一些销售技能的书,不要把时间浪费在无聊的事情上,使自己成为一个充实而积极的人。

2.6.4 积极的人物

每个人都有很多朋友,但是美国著名的兰德公司得出一个可怕的结论:90%失败的人是因为他的周围有90%的人是消极的。

很多人听到这一结论,都不理解为什么。每天和他们交往会很开心,为什么会导致我的失败呢?因为他们的抱怨、牢骚、消极的思想最后会埋没你的战斗力,让你的人生走向负面。如果你每天都与胜利者、成功者在一起,你总有一天会发现,成功原来如此简单。

2.6.5 积极的训练

要想成为一名顶尖营销人员,需要不断提升自身的职业素质及职业技能。提升职业素质及职业技能的途径之一就是参与积极的训练,如参加一些提升表达能力、交际能力、销售技巧等的培训,通过这些训练,在职业素质与技能获得提升的同时,你的自信心也在增加,从而更积极地投入工作。

2.6.6 积极的健康习惯

作为一名顶尖营销人员,身体的健康比什么都重要。要获得身体的健康,就要保持健康的饮食习惯、良好的生活习惯以及积极的运动。例如,进行体育运动,戒掉脂肪性食物,多喝水,充分休息,这些谁都可以做到,但是真正去做的人却很少。行动起来,从现在开始改变,让自己来影响自己的人生。

美国有一个叫作5:00的俱乐部,每个俱乐部成员5:00的时候必须在这里集合,迟到一分钟,罚50美元,迟到两分钟,罚100美元,迟到3分钟,罚150美元。其实俱乐部的目的就是为了让大家养成一个良好的作息习惯,注重休息,以免过早地透支健康。

2.6.7 积极的行动

顶尖营销人员一般早上比别人早到5分钟,晚上比别人迟走5分钟,走路比别人快一些,他们每时每刻都在站如松、行如风。顶尖营销人员之所以能给你这样的感觉,是因为他们时时刻刻都在让自己成为一个积极的行动者,让自己领悟一种积极所带来的快乐与成功。

3 任务实施

3.1 准备工作

(1)做一个对人,尤其是对陌生人感兴趣的人,克服与陌生人交往时的害怕与恐惧心理。
(2)树立"客户的每一次拒绝都是迈向成功销售的阶梯"的观念,你就能够正确地对待客户的每一次拒绝。
(3)把客户当作你服务的对象、事业双赢的伙伴。

3.2 操作流程

(1)以问路方式坚持每天与陌生人交谈,制订一个与陌生人打交道的训练方案,并持之以恒地实施。
(2)学生之间相互训练3m微笑。
(3)建立标准的销售话术并熟记在心;激发、调动客户购买情绪。
(4)演练运用语调和肢体语言调动客户的情绪。
(5)训练记录交谈要点的习惯。
(6)制定可量化的目标,将目标变成计划。将计划变成每一天的行动。

3.3 操作提示

(1)自信才会使别人信任你。
(2)自信建立在对知识的掌握和持久的训练。

任务2 工程机械营销礼仪训练

1 任务导入

1.1 任务描述

以外表衡量人的观念是多么的肤浅、愚蠢,但社会上一切人都每时每刻根据你的服饰、发型、手势、声调、语言判断你。调查发现,世界著名的300名金融公司决策人认为形象是成功的关键;2 500名律师认为个人形象影响收入;印象管理认为个人形象就是公司形象。职业形象通过外表、沟通、礼仪留给客户印象,这个印象反映了公司的信誉、产品及服务的质量。

礼节 + 仪表 = 礼仪

礼仪是一项建立在善良、高效和富有逻辑的基础上的一项传统习俗,它为我们生活中的活动和行为提供了一个准则,如同足球比赛的规则一样。其目的在于提高个人素养,树立企业礼仪形象,塑造和谐的工作氛围。不懂礼就是无礼,是不文明的表现,是缺乏教养的表现。

一个优秀的营销人员,一定要有良好的自身素质,具备一个优秀营销人员的基本特征;一定要比其他人更注重礼仪和形象,当与客户初次见面时,在第一印象上就已经赢了。如果公司安排你接待一位重要客户,你该如何安排接待任务呢?

1.2 任务完成形式

(1)分组按会议、用餐、乘车等不同情境模拟完成接待客户流程。
(2)从每天穿着、仪容、沟通等方面开展训练,让自己充满自信。

2 相关理论知识

2.1 让自己看起来就是一个优秀的营销人员

2.1.1 穿着

给人的第一印象是营销成功的关键。你的服装是第一印象的主角之一,包括上衣、裤子、领带、袜子、皮包、配饰等。作为一名专业的营销人员,整洁得体的服装、一个好看的包、一支高贵的笔,这些都是很关键的,因为这会留给客户专业、值得信赖的感觉,同时也会让你充满自信。

2.1.2 仪容

除了穿着之外,营销人员的仪容也很重要。仪容包括胡须、头发、牙齿、气味、表情等形象。例如,夏天身上的气味重,适当地使用男士香水,保持清新的气味也很重要。

2.1.3 人缘

销售是一个需要"人缘"的工作。这里的"人缘"是指你在面对客户的时候有没有笑脸,有没有热情,举止是否得体大方,能否给客户留下专业的形象,这些都决定着你能否受到客户的欢迎。

要成为一名顶尖营销人员,一定要从穿着、仪容、人缘这些细节入手,让自己更成功。一流的营销人员能够让客户立即冲动,二流的营销人员能够让客户心动,三流的营销人员让客户感动,四流的营销人员让自己被动。

2.1.4 超速行销

如图7-3所示,第一个数字是30分钟,是指在拜访客户前,用30分钟来进行自我修饰,使自己感觉你已经成为一名顶尖营销人员。如果你每天早上匆匆上班,对自己没有进行任何修饰,如何给他人带来良好的第一印象?第二个数字是4秒,是指第一印象是在4秒钟内形成的。在4秒钟内形成良好的第一印象,需要前面的30分钟作为铺垫。第三个数字是17分钟,是指在与客户见面后,营销人员最好能够在17分钟内,激发客户的兴趣。如果你在17分钟内都无法让对方对你的产品,对你的公司产生兴趣,那么你可能会永远失去这个客户。

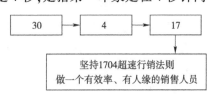

图7-3 "第一印象"与"超速行销"

我们把17分4秒这一销售流程称为超速行销法。如何能做到在17分4秒内让客户认可你,对你产生良好的印象?而第一印象是成功的关键,当一个客户对你的第一印象不认可,感觉你不是一名专业的营销人员的时候,你再怎样向他推销,他都会心存疑虑,因为你无法给他一种信任感。客户是需要信任感作为后盾,才会与你成交的。

2.1.5 第一印象的作用

给客户留下良好的第一印象是实施超速行销的第一前提。你的行销对象会拒绝你,那是因为你首先没有给自己机会,没有在客户面前展现自己良好的形象。要成为一名顶尖营销人员,关键的前提是销售自己。客户在购买产品之前,一定先购买营销代表,当他喜欢你、了解你之后,才会开始选择产品。

你应能够很好地融入客户当中,让客户感觉你就是他要找的那个产品解说人。但是很多营销人员认为"我是推销产品的销售员,不是推销我自己的人"。作为一个营销人员,一定要做到先销售自己,销售你的思想、你的笑容。把你的观念,对产品的理解,向客户宣传,让客户感觉到你就是他要找的人。把自己销售出去后,再来谈公司、谈产品、谈服务。如果与客户直接谈产品,会给客户这样的感觉:"唉!他就是一个见钱眼开的人,巴不得我把钱马上掏出来"。

当今的行销已经由产品行销变成了人际关系行销。你是否在人际关系的互动过程中先把自己推销出去是很重要的,如果客户无法认同你,那么凭什么他会接受你的产品?一旦客户认同了你,你的产品、思路、方案都会逐步得到认可。

2.2 工程机械营销礼仪

礼仪是个人内在文化素养及精神面貌的外在表现。只有当树立了有内涵、有修养的形象,顾客才会欣然接受你,给你销售与服务的机会。作为营销人员,一言一行都要对公司的社会形象负责。卖产品其实就是推销自己,营销人员的良好形象是建立顾客信心的重要基础。当与客户初次见面时,在第一印象上就已经赢了。

2.2.1 工作中基本礼仪

1) 礼仪和形象是销售成功的关键

人的外表关乎公司形象,在上班时男士要着套装或有领衬衣、深色皮鞋,女士要着得体职业服装,服务工程师外出服务要穿工作服;正常上班时间,不能穿休闲鞋、衣、裤或牛仔衣裤;头发要保持清爽,无异味;男性职员头发不得留过耳根、不可卷发;手上佩戴首饰不得超过一个,不配戴叮当作响、耀眼的或过多的装饰品,指甲不可过长,不涂鲜艳的指甲油;不得穿拖鞋或趿拉着鞋,不宜穿着袜子穿凉鞋。

2) 工作中礼貌

公司内的职务称呼上司、同事;客户以先生、小姐等相称;公司内与客人相遇应主动点头致意,下级应主动与上级打招呼;未经同意不得随意翻看同事的文件、资料;非个人保养的办公设备不得擅自使用,确因工作原因动用必须经相关部门主管同意;借用他人办公用品,使用后及时送还或归放原位;严格按操作要求使用办公设备,不得野蛮使用或挪为私用。

3) 仪态

(1) 站姿。两脚脚跟着地,脚尖离开约45度,腰背挺直,胸膛自然,颈脖伸直,头微向下,使人看清你的面孔。两臂自然,不耸肩,身体重心在两脚中间。会见客户或出席仪式站立场合,或在长辈、上级面前,不得把手交叉抱在胸前。

(2) 坐姿。坐下后,应尽量坐端正,把双腿平行放好,不得傲慢地把腿向前伸,或向后伸,或俯视前方。要移动椅子的位置时,应先把椅子放在应放的地方,然后再坐。递交物件时,如递文件等,要把正面、文字对着对方的方向递上去;如所递物品是钢笔,要把笔尖向自己,使对方容易接着;至于刀子或剪刀等利器,应把刀尖向着自己。无论在自己的公司,还是对访问的公司,在通道和走廊里不能一边走一边大声说话,更不得唱歌或吹口哨等。在通道、走廊里遇到上司或客户要礼让,不能抢行。

4)出入房间的礼貌

进入房间,要先轻轻敲门,听到应答再进;进入后,回手关门,不能大力、粗暴。进入房间后,如对方正在讲话,要稍等静候,不要中途插话;若有急事要打断对方说话,也要找机会,而且要说:"对不起,打断你们的谈话"。

5)礼貌用语

(1)敬语,表示尊敬和礼貌的词语。例如,日常使用的"请""谢谢""对不起",第二人称中的"您"字等。初次见面为"久仰";很久不见为"久违";请人批评为"指教";麻烦别人称"打扰";求给方便为"借光";托人办事为"拜托";等等。要努力养成使用敬语的习惯。现在,我国提倡的礼貌用语是十个字:"您好""请""谢谢""对不起""再见"。这十个字体现了说话文明的基本的语言形式。

(2)常用书面化的礼貌语。初次见面,说"久仰";许见不见,说"久违";等待客人,说"恭候";客人到来,说"光临";探望别人,说"拜访";起身作别,说"告辞";中途先走,说"失陪";请人别送,说"留步";请人批评,说"指教";请人指点,说"赐教";请人帮助,说"劳驾";托人办事,说"拜托";麻烦别人,说"打扰";求人谅解,说"包涵";等等。

6)表情礼仪:对眼神的要求

(1)注视的时间。注视对方时间的长短是十分有讲究的。

①表示友好感兴趣。向对方表示友好时,应不时地注视对方。注视对方的时间约占全部相处时间的1/3左右。

②表示轻视。目光以常游离对方,注视对方的时间不到全部相处时间的1/3,就意味着轻视。

(2)注视的角度。注视别人时,目光的角度,即目光从眼睛里发出的方向,表示与交往对象的亲疏远近。

①平视,又叫作正视,地位平等的人进行交往时。

②侧视,即失礼之举。

③仰视,即主动居于低处,抬眼向上注视他人,以表示尊重、敬畏对方。

④俯视,即向下注视他人,可表示对晚辈宽容、怜爱,也可表示对他人轻慢、歧视。

(3)注视的部位。

①双眼。注视对方双眼,表示自己重视对方,但时间不要太久。

②额头。注视对方额头,表示严肃、认真、公事公办。

③眼部—唇部。注视这一区域,表示礼貌、尊重对方。

7)工作中的介绍礼仪

见面介绍的场合,应先把地位低者介绍给地位高者。若难以判断,可把年轻的介绍给年长的,在自己公司和其他公司的关系上可把本公司的人介绍给别的公司的人。把一个人介绍给很多人时,应先介绍其中地位最高的或酌情而定。男女间的介绍,应先把男性介绍给女性、男女地位、年龄有很大差别时,若女性年轻,可先把女性介绍给男性。避免用手指人或物,正确的姿态或五指伸出,手心向上,避免直呼他人姓名。

8) 名片礼仪

① 名片的递受礼仪。名片应先递给长辈或上级,把自己名片递出时,应把文字向着对方,双手拿出,一边递交一边清楚说出自己的姓名。接对方名片,应双手去接,拿到手后,要马上看,正确记住对方姓名后,将名片收起。如遇对方姓名有难认的文字,应马上询问。

② 发送名片。发送名片时注意:不要用左手递交名片;不要将名片背面对着对方或是颠倒着面对对方;不要将名片举得高于胸部;不要以手指夹着名片给人。

③ 索要名片。向对方提议交换名片,应主动递上本人名片并委婉地索要名片;向尊长索取名片,可以这样说:"今后如何向您老请教?";向平辈或晚辈索要名片,可以这样说:"以后怎样与您联系?"

9) 电话礼仪

接(打)电话,请在振铃 3 次内接听电话,首先向对方问好。不允许在讲电话时吃东西、喝茶。不要放下电话要对方等,因为这样又浪费话费又容易泄露公司秘密。不要拿着电话大声叫其他同事听电话,因为这样是很不礼貌的。一旦答应要答复对方,就必须履行诺言。在别人讲电话时,旁人应尽量保持安静,勿在旁边大声搭腔和插话。涉及内容较多的电话,请先列好提纲,以保证讲话的条理。不要躺在床上或其他休闲姿态与对方讲公事电话。在通话结束时,应等候对方先挂机再放下话筒。

2.2.2 接待礼仪

1) 接待准备

(1) 了解客人的基本情况。接到来客通知后,要了解清楚客人的单位、姓名、性别、职业、级别、来访目的和要求,问清客人到达的日期、所剩车次或航班的抵达时间。

(2) 制订接待方案。接待方案一般包括接待工作的组织分工、陪同人员和迎送人员的名单、食宿地点、交通工具、活动方式及日程安排等。

2) 接待工作

(1) 迎接客人。一般客人可由业务部门人员或办公室人员去迎接,重要客人应安排有关领导前往迎接。去迎接的人员在客人到达前就应以场等候。

(2) 安排食宿。客人到达后应把客人引到事先安排好的客房。客人住下后,就把就餐的时间、地点告诉来客。对重要客人应安排专人陪同。

(3) 协商日期。进一步了解客人的意图和要求,共同商议活动的内容和具体日程。如有变化,及时通知有关部分以便进行准备工作。组织活动:按照日程安排,精心组织好各项活动。如客人洽谈供货合同,可提前做好各项工作;如客人去参观浏览,应安排好交通工具和陪同人员。在客人活动全部结束后,应安排领导与客人会见,听取意见,交换看法。

(4) 安排返程。根据客人要求订购返程车票、船票或飞机票并及时送到客人手中。一般应送客人到车站进行最后道别。

3) 送客

送客人离开时要送到客人离开视线为止。

(1) 重点客户及品牌公司领导来访接待要求。重点客户来公司考察、洽谈业务,品牌公司领导来公司考察、访问是公司经营活动中一项重要的工作,公司环境是否整洁、工作管理气氛是否紧张有序、接待工作是否条理、专业都体现公司的专业程度、素质、管理水平及对来宾的尊重程度,为此特制定本要求以提供公司这项工作的工作质量。

(2)所有重点客户、品牌公司领导来访均需按要求准备。必须事先由接待部门相关人员确认来访人员、来访内容、要求,按来访要求协调相关事项,并制作书面的来访行程,提前通知公司相关人员准备;须事先制作欢迎牌;重要来访要提前一天通知综合部、服务部、配件部等部门,保证车间、仓库、样机摆放、各部门环境整齐、卫生,布置绿色植物,统一员工着装,预留来宾停车位;相关人员必须提前按来访要求准备电脑汇报资料。

4)会议室准备

会议室整洁;提前通风、调好空调,布置绿色植物、相关饰物布置(国旗、商标旗等);检查是否准备好茶杯、茶叶或咖啡,打开热水器;调好投影仪,激光笔;投影屏幕打好欢迎词;来宾席放置桌签、公司介绍、来访行程表;整齐摆放必要的汇报材料打印文件;重要接待活动准备好照相设备。

5)其他细节

接待人员必须在客人抵达前提前在会议室等候,准备好相应的名片;接待人员着装必须按商务要求严谨、认真,原则上以白色衬衣、领带、西装为宜;接待会议原则上不得吸烟;准备有意义的纪念品;提前确认招待酒店、标准;提前确认来宾返程机票、车票。

2.2.3 会议礼仪常识

1)圆桌型会议

这是用圆桌或椭圆形桌为会议桌。这种布置使与会者同领导一起围坐,不但清除了不平等的感觉,而且与会者能清楚地看到其他人的目光、表情,有利于相互交换意见。这种形式较适合10~20人的会议。主人和来宾应相对而坐,来宾席应安排在朝南或朝门口的方向。方桌型会议的座席安排体现了主人与业宾平等相处。

2)长桌型会议

长桌型会议席安排突出了与会者的身份,表现出最高领导者的权威性。

3)教室型

这是最常采用的形式,主席台与听众相对,主席台的座次按人员的职务、社会地位排列。主席台的座位以第一排中间为上。这种形式较适合于与会人数较多,不需讨论、交流意见,只以传达指示为目的的大型会议。

4)谈判桌

坐下后,脚不要蹬在或放在任何物体上;不要把鞋底冲人,不要抖腿;不要目不转睛盯着女士,不要过分勤快;不要吸烟,如确需吸烟应征求女士同意;交谈时保持一定得距离,小心别把唾液溅到别人的脸上。

2.2.4 乘坐小轿车的礼节

同级别的同事开车——你坐副驾驶位;比你高级别的同事或领导开车——你坐副驾驶位;比你高级别的同事开车,另外还有一位比你高的上级——比你高的上级坐副驾驶位,你坐后排;职位比你低的同事开车——你可选择坐任何的座位;司机或同事开车,同行有上级——上级坐后排;职位比你低的同事或司机开车,你和上级同乘——则都可坐后排,但上级坐副驾驶后面的座位。

注意：(1)副驾驶后面的座位是一车座位中地位至尊的上级的座位。

(2)进入小车，不应采取爬入的方式进入。

2.2.5 用餐的礼节

1）座位安排

(1)上位。餐桌面正对门(入口)的座位为地位最高或长者的座位，其左右往门方向高、低依次。

(2)勤位。最靠近门的座位为勤位；原则上司机不与总(副总)经理同桌用餐。

2）点菜礼仪

点菜"客随主便"，客人一般不了解当地酒店的特色，往往不点菜，那么，上司就有可能示意随员点菜。此时，随员要同时兼顾上司和客户的喜好，也可以请服务生介绍本店特色，但切不可耽搁时间太久，过分讲究点菜反而让客户觉得你做事拖泥带水。点菜后，可以请示"我点了菜，不知道是否合各位的口味""要不要再来点其他的什么"等。如果事前能与酒店打过电话联络，早已拟定了菜单，那就更周到了。

3）用餐礼仪

取餐沿着餐台顺时针方向依次取用，要耐心等待前面的人取完；每款菜要用专用的夹子，不要拿走菜肴前的公用夹子，否则混杂了味道；每次取适量的食物。不要取太多吃不完浪费。在喝汤的时候，声音要尽量小，不要影响他人，在和他人进行交谈的时候，应该注意尽量停止口中咀嚼食物。用餐时，如不慎弄翻了碗或饮料，或筷子等食器掉在地上，举手请服务生帮忙，避免自己去拣起食器。

2.3 出色营销人员需掌握哪些知识

好学、专业是成为一名出色营销人员的必备条件。营销人员需要了解所销售的产品知识、竞争对手行业的知识、客户营销方法和技巧、法律和票据的一般常识。一名出色的营销人员，一定是一个勤奋好学的人，时时刻刻能让人感觉他充满智慧，并给客户权威、专业的感觉。如果你对自己的产品知识了解不够，对行业知识了解不够，你会心存疑虑，就无法与客户互动，就会失去销售的机会。

一个企业最大的成本不是浪费，而是没有机会训练的营销人员，多少大客户，多少机会客户，就是在他们的手中流失了；作为一名销售经理，一定要培训营销人员，请公司最专业、最出色的营销人员去培养、辅导那些落后的营销人员，把大量的时间用在营销人员的学习与成长上。

3 任务实施

3.1 准备工作

了解客户背景信息、性格爱好；制订接待客户的方案，确定接待交通工具和时间，准备所需资料、设备和演示工具。

3.2 操作流程

(1)给人的第一印象是销售成功的关键，每天按照以下要求，对自己的形象进行修饰，对自己的表现进行自问,见表7-1。

形象修饰检查表　　　　　　　　　　　　　　表7-1

检查事项		检查结果
穿着	服装、领带、鞋、袜、皮包、配饰等	
仪容	胡须、头发、牙齿、气味、表情等	
人缘	脸笑、嘴甜、腰软、热情、礼貌、态度、专业等	

(2)安排接待客户的交通工具和人员。
(3)确定接触客户的方式、时间和地点。
(4)确定接待规格,分组模拟进行接待礼仪训练。
(5)模拟安排会议场景。
(6)模拟用餐礼仪。

3.3 操作提示

(1)熟悉客户信息,才能做到知己知彼;做好客户接触前的演练才能应对自如。
(2)客户拜访时应准时,最好比客户提前到达约定地点,否则可能失去拜访的机会。

任务3　工程机械销售流程

1 任务导入

1.1 任务描述

某公司吕总承揽了一项土方施工工程项目,公司现有设备无法满足要求,计划购买一批土方机械设备用于工程项目施工;工程项目完成后这批设备拟用于开展租赁业务。由于公司在工程项目上短期需投入大量资金,吕总对采用何种方式购买、购买机械品牌和型号犹豫不决。销售公司了解到该业务信息后派你作为技术服务代表进行公司及项目考察,制订技术服务方案为吕总提供售前和售中技术服务,并要求经过双方洽谈和协商,最终签订购买协议。你该如何完成销售计划呢?

1.2 任务完成形式

(1)针对以上任务制订一份销售方案,方案包括顾客接触、顾客拜访、产品介绍等方面具体方案。
(2)分组模拟客户和业务代表开展价格谈判。

2 相关理论知识

2.1 专业销售过程的认识

工程机械的销售(图7-4)遵循事前准备、拜访、资格确定、产品介绍、展示、建议、缔结的流程。营销人员对这一流程一定要有深刻的了解。你现在的销售活动处于哪一阶段;该拜访的,马上安排拜访;该进行资格确定的马上进行资格确定;要做产品介绍的,精心构思如何去做好产品介绍;要做建议的,应该清楚解决哪些问题,进行什么投入,向客户提供怎样的建议,然后去尝试如何成交。这一过程是连贯的,是你走向顺利成交的关键。工程机械产品的购买需求不需要引导,营销人员最重要的工作是在客户产生需求之前得到信息,并准确出现在客户之前。

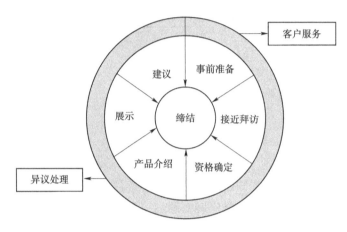

图 7-4 工程机械产品的销售过程

2.2 销售拜访流程

2.2.1 客户信息搜集

1) 客户信息搜集内容

客户信息的搜集是与客户接触的前提,因而平时营销人员最主要的工作之一就是搜集客户信息。获取客户信息的途径一般有自己走访、朋友介绍、老用户介绍、机手介绍、在工程机械集中地采集、同行之间的交流以及通过展示会、联谊会、座谈会等形式采集。实践表明,客户信息无处不在,关键是营销人员一定要做到亲身、亲历、亲为,并在具体实践中不断提高自己的交际能力及交际水平,不断扩大自己的社交范围。除客户购机信息外,客户信息搜集还包括如下内容:

(1) 本公司销售产品信息搜集包括各地保有量、市场占有率、设备使用状况、用户反应等。

(2) 竞争对手产品信息搜集包括竞争对手产品特点、价格、成交条件、销售渠道、竞争策略、用户使用情况、社会保有情况、用户评价等。

(3) 潜在客户信息搜集:潜在客户相关资料。

(4) 各地投资、建设情况及相关信息。

(5) 竞争对手在目标地区的布点及销售力量分布情况等。

2) 寻找未来客户的技巧

客户购买工程机械产品不是一个消费行为,而是一个投资行为。因此,当客户投资条件具备时,其购买行为产生的主动性很强;客户的购买需求取决于其自身创造的投资条件。作为一名营销人员,可能要花 60%~75% 的时间开发新客户,而不能停留在让客户来找你的状态,因为当今的市场已经是买方市场。在这样的情况下,对于开发客户的技巧就有很高的要求。

(1)信息管道。当今社会是信息社会,信息传播的渠道丰富,如报纸、网络、杂志、广播、电视等都是获得信息的渠道,通过这些渠道信息,你可以获得客户信息。

(2)牵线搭桥。牵线搭桥通常是指通过某种人际媒介的方式获得客户资源。例如,通过人际关系网推荐获得的客户资源,也有一些专业的推荐机构,如猎头公司,此外很多展览会让你认识很多圈内人士。

(3)黄金连锁。黄金连锁又称为客户连锁法则。一个客户周围有很多与其类似的人,作为营销人员应该去开发客户周围的资源,应该让你的客户对你的产品和服务满意,从而通过客户把你及你的产品推荐给他的朋友,最终使你也会因此拥有一群客户。一个顶尖的成功人士非常善于使用已有的客户资源及网络,并且一步步往前推进。

(4)陌生拜访。营销人员往往都要进行一些陌生拜访,通过陌生拜访,建立目标客户的初始名单。通过初始名单及对与之相应的市场进行分析,对目标客户进行分级,从而对不同级别的客户采用不同的策略。

(5)整合营销。整合营销强调与消费者进行平等的双向沟通,了解消费者需要什么,把自己的真实情况如实传达给消费者,并且根据消费者的信息反馈调整自身,如此循环,实现双赢。

整合营销的关键在于真正重视消费者的行为反应,进行双向沟通,建立长久的一对一的关系营销,在市场上树立企业品牌竞争优势,从而提高客户的品牌忠诚度,提高企业的市场份额。

所有的这些手段,目的只有一个,那就是开发新客户。一个公司如果开发新客户的能力不强,将会严重地影响下一个阶段的销售业绩。很多伟大的公司,顶尖营销人员之所以能够不断地累积业绩,就是因为他们每时每刻都是在不断地、分阶段地积累客户。

2.2.2 客户筛选

业务员要养成将自己所搜集到的客户信息进行及时汇总、分析的习惯,根据客户特征对客户信息进行汇总、分析、筛选,并在此基础上制定自己的客户拜访、跟踪计划,能够有效地提高业务员的工作效率与工作效果。具体按什么特征去对客户进行分类可由营销人员自己根据实际情况把握,既可以根据客户类型、购机意向的强烈程度、客户资金实力、信誉情况等分别整理,也可以将各种情况综合汇总以便于对客户进行有效分级、评选等。寻找客户的过程是从大众人群内寻找对工程机械感兴趣的人们的过程,客户分析的过程则是将对工程机械感兴趣的人群进行分解的过程。例如,对挖掘机感兴趣的人群中除了业内人士之外,我们都可以把他们看作基础客户群体。我们的客户分析就是从分析基础客户群体开始的:

(1)首先我们按购买意向的强烈程度将客户分成若干等级。

(2)按资金实力再将客户分成若干等级。

(3)还可按客户信誉的好坏将客户分成若干等级。

(4)按是否拥有工程将客户分成若干等级。

(5)其他分级、分等原则。

购买意向与资金实力是我们进行客户分析的最关键因素,我们在具体分析过程中可以作为重点考虑来分级:

一级客户,即购买意向强烈且资金实力雄厚的客户,这是需要我们首先要争取的客户,这部分客户如经考察信誉良好,我们可放心按规定与其操作业务。

二级客户,即购买意向强烈,但资金实力相对较弱客户,对于这部分客户,如果经考察这其中信誉良好且有工程合同的客户,我们可以主张以银行按揭、分期付款或融资租赁的方式与其操作业务。

三级客户,即购买意向不够强烈,但资金实力雄厚的客户,如经考察其信誉良好,我们可积极争取,以促成销售。

四级客户,即购买意向不强且没有资金实力用户,我们可暂先放松对其的跟踪,但放松不是放弃。

在具体实施分析过程中,我们可以把每一项考核原则分成更多的等级,针对不同等级的不同组合,我们可以采取各自不同的应对策略。

2.2.3 制定接触客户计划

提高工作效率最简单的办法就是制定工作计划,营销人员要有计划地与客户进行各种形式的接触,如电话沟通、短信问候、登门拜访、雅室小聚、健身锻炼、体育活动等,总之与客户的接触方式是多种多样的。营销人员将自己所掌握的客户信息整理、分类、筛选后,根据每一个客户的具体情况确定接触的方式与流程,并将这些内容以月计划、周计划、日计划的形式体现出来,同时按计划实施自己的客户接触行动。客户拜访计划包括拜访目的、时间、准备材料及资料、地点、行程、应对策略、小礼品等内容。

2.2.4 明确与客户接触的目的

营销人员在制定客户接触计划的时候,首先要明确针对每一个客户的接触目的,一般情况下营销人员与客户接触基本上基于以下几种目的:

(1)销售产品。销售产品是与客户接触的主要任务。

(2)市场维护。客户开发与市场开发是一个延续的过程,营销人员不仅要建立起与客户之间的关系,而且要处理好市场运作中存在的相关问题,解决客户之间的矛盾,理顺渠道间、客户间关系,确保市场的正常、稳定,因而营销人员必须承担所负责区域的市场维护工作。

(3)建设客情。营销人员要在客户心中建立自己的品牌形象,这样才可能更好地赢得客户对你工作的配合与支持。

(4)信息搜集。营销人员要随时了解市场情况,把握市场的最新动态,与客户接触是最好、最及时把握市场情况的方式。

(5)指导客户。营销人员分为两种类型:一种是只会向客户要订单的人,另一种是给客户出主意的人。两种营销人员的实际工作效果有很大差别,前者获得订单的道路漫长而遥远,后者则很容易赢得客户尊重。

2.2.5 确定接触方式

营销人员要根据客户的实际情况及自己与其交往程度确定每一次接触的具体接触方式,并采取循序渐进逐渐深入的方式不断拉近与客户之间的距离。具体接触方式很多,可由客户自己根据实际情况把握。如电话沟通、短信问候、书信往来、登门拜访、宴请、共同参与体育项目及娱乐活动、座谈会、展示会、联谊会、组织旅游等,几乎社会上存在的所有交际方式都可作为营销人员与客户接触的选用方式。营销人员如果能切实把握实际情况,将这些交际工具使用好了,业务工作的开展可能做到游刃有余。

2.2.6 与客户接触前的准备

为了保证每一次与客户接触的效果,营销人员在与客户接触前必须根据选定的接触方式做好相关的准备工作,包括所需的资料、知识、小礼品、记录工具、调节气氛的小道具、小故事等;如果是登门拜访或其他见面性接触要根据见面方式及客户特点确定自己的衣着、仪表形式、交通工具、工作中需要的各种其他工具、表单等。客户拜访前准备内容如下:

(1)资料。样本、单页、宣传画册及其他宣传材料。

(2)演示资料。宣传品、模型。

(3)市场资料、价格资料以及竞争对手资料,以便全方位向客户介绍产品。

(4)工具、用具。记录本、笔、计算器等。

(5)熟悉产品知识,包括所销售产品及竞争对手产品。

(6)根据客户情况,准备既大方又得体的衣着。

(7)其他准备事项。

2.2.7 客户接触

让客户接受你从而接受你推荐的产品是营销人员与客户接触的主要目的。接触效果如何以及客户是否能够接受你在许多情况下是取决于营销人员自己的。如何让客户在最短的时间内接受你及你所推荐的产品时需要很多技巧的,这些技巧涉及语言、仪表、表达方式、客户心理、营销手段等方面,有效地利用这些技巧可以使你与客户的接触取得事半功倍的效果。在这方面一个新的营销人员是不可能做到很专业的,但最起码要做到以下几点:态度谦和,不亢不卑;口齿清楚,表达明白;善于聆听,尊重客户;着装得体,仪态大方;换位思考,以理服人;注重效率,一诺千金。客户接触可分为以下六个阶段。

1)接触阶段

与客户初步接触不能直入主题,否则容易引起客户反感而得到相反效果。因而营销人员在与客户初步接触的时候一定要讲究时机及切入点,利用良好的时机与切入点赢得客户的好感,在此基础上才能不断深入,渐近主题。如与客户初步接触时可用电话预约、朋友介绍、制造偶遇机会等方式与客户建立联系。

2)探询阶段

探询阶段是指与客户交流的第二阶段,抓住时机探询客户的意向,包括购机意向、关注品牌、设备使用计划及资金情况等内容。

3)聆听阶段

当在营销人员的引导下,客户的话匣子打开的时候,营销人员一定要耐心地聆听客户的讲述,哪怕话题已经转到十万八千里之外也要表现出浓厚的兴趣,这样才可能获得客户的信赖。

4)呈现阶段

当客户对你产生信赖,放松警戒的时候,你可以开始逐渐深入主题,介绍公司、产品,并开始向客户呈现自身优势。

5)处理异议

当客户对你的陈述产生疑问或异议的时候,一定要耐心讲解,自己能够解释的问题马上解释清楚,自己不能解释与决断的问题立即求助或汇报,千万不要不懂装懂,否则可能会产生班门弄斧、贻笑大方的后果。

6)形成约定

当双方意向得到相互认可,并形成某种形式的约定时,拜访即可告一段落,并约定下次见面时间。

2.2.8 接触分析

营销人员与客户进行各种形式、各种目的的接触,有的目的一次接触就可能达成,有的目的需要很多次不断深入的接触才可能达成。不管经过一次接触我们的目的有没有达到,我们都要对本次接触进行详细的分析,找出整个接触过程中我们掌握的比较好的地方以及明显或不明显的失误,通过对客户的言行及具体表现分析客户心理,为制订下一次接触计划提供依据。同时使我们在不断总结经验的基础上逐步提高自己的相关水平。

2.2.9 跟进接触

在对上一次接触进行分析、总结的基础上,对下一次接触做出计划。当然计划仍然包括目的、方式、环境、地点、实施时间等内容,并根据计划跟进、落实。销售过程需要不断跟进,不断分析总结,不断深化接触,直至达成最终目的。

2.2.10 接触分析

对跟进接触的效果进行分析、总结,以便进一步跟进。

2.2.11 跟踪服务

一个接触目的达成后,随之会产生新的接触目的,在此接触目的基础上,营销人员要与客户继续接触。根据前次拜访效果,采取相关措施进一步跟进,以尽快促成销售的实现。

2.3 展厅销售

2.3.1 建立标准话术的必要性

很多企业没有销售话术,对于客户经常问到的问题,没有标准的答案,只靠营销人员的临时反应,但是临时反应不一定能够马上提供非常合理的、科学的答案。科学的做法是事先针对这个问题准备好标准的答案,即建立标准的销售话术。

标准的销售话术,就是列出经常被客户质问的题目,然后拟出标准答案,并装订成册,让每一位营销人员熟背。一些经常被客户问到的问题,一定要及时进行整理,并研究出合理的答案,反复演练,并通过与客户沟通的实践过程,最后确定科学的答案。这样销售效果才有保证。建立标准的销售话术要符合价值推荐法则 FAB(Feature、Advantage、Benefit)原则(图7-5)。

进行产品解说或项目解说时,你如果能够围绕 FAB 法则进行,那么客户一定会对你的产品或项目产生浓厚的兴趣。下面以挖掘机为例进行解说。

F(Feature,属性、功能、特点等):功能很多,除普通挖掘机具备的功能外,还能够安装破碎、打桩和起重等。

A(Advantage,优点):省油、环保、使用。

B:(Benefit,对客户的利益、好处):可以承接土方工程、租赁等。

通过 FAB,客户可以清晰、准确地了解这款挖掘机的功能、特点以及自己从中能获得的益处,这样客户的购买欲望才能很快被调动起来。但是很多营销人员往往讲了很多产品的功能、优点,而没有把客户能够获得的利益表明,客户的感觉往往是"与我无关"。

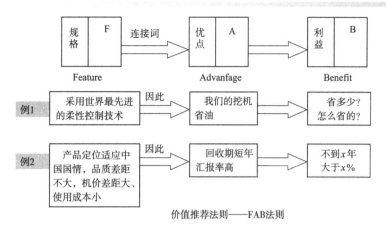

图 7-5 价值推荐法制

营销人员在与客户互动的时候,一定要把对客户的益处明确告知。无论你销售什么,归根到底销售的都是产品对客户的好处,而不仅仅是产品本身。如果你没有掌握这个精髓,那么很多时候,你在进行产品介绍的过程中,便很难靠近客户。只有把它说明,客户才会去寻找你的产品与他的需求之间的切合点。FAB 所要做的就是将产品的功能、特点、属性展示给客户,从而引申出对于客户的益处。

2.3.2 营销人员的职责

在销售现场,面对顾客,营销人员是一个推销员,他们直接和顾客做面对面沟通,向顾客介绍产品,回答顾客提出的问题,诱导顾客做出购买决策。把产品卖出去是营销人员的天职,但成就一个好的营销人员绝不只是把产品卖出去这么简单。销售既然是涉及买卖双方的事,因此,从顾客与企业的角度来看,营销人员的工作职责包括两个方面:为顾客提供服务和帮助顾客做出最佳的选择。

营销人员在了解顾客需求心理的基础上,使顾客相信购买某种产品能使他获得最大的利益。营销人员应从以下方面帮助顾客:

(1)询问顾客对商品的兴趣、爱好。

(2)帮助顾客选择最能满足他们需要的商品。

(3)向顾客介绍产品的特点。

(4)向顾客说明买到此种商品后将会给他带来的益处。

(5)回答顾客对商品提出的疑问。

(6)说服顾客下决心购买此商品。

(7)向顾客推荐别的商品和服务项目。

(8)让顾客相信购买此种商品是一个明智的选择。

一个好的营销人员能向顾客提供很多有用的信息,出许多好的主意,提许多好的建议,能够帮助顾客选择中意的产品。从公司的角度来讲,营销人员的职责包括以下几方面:

(1)宣传品牌。营销人员不仅要向顾客销售产品,更是销售产品背后的品牌,要在流利介绍产品的基础上,介绍产品的品牌价值,介绍一种品牌承诺,让顾客不仅买到产品本身,更是买一份放心。为此,营销人员要做好以下工作:

①通过在卖场与顾客的交流,向顾客宣传本品牌产品和企业形象,提高品牌知名度。

②在卖场派发本品牌的各种宣传资料和促销品。

(2)产品销售。利用各种销售和服务技巧,提高顾客的购买欲望,实现更多的销售。

(3)产品陈列。做好卖场生动化、产品陈列和POP维护工作,保持产品与助销品的整洁和标准化陈列。

(4)搜集信息。营销人员要利用直接在卖场和顾客、竞品打交道的有利条件,多方面搜集并向公司反馈以下信息:

①搜集顾客对产品的期望和建议,及时妥善地处理顾客异议,并及时向主管汇报。

②搜集竞争品牌的产品、价格和市场活动等信息,及时向主管汇报。

③搜集卖场对公司品牌的要求和建议,及时向主管汇报,建立并保持与卖场良好的客情关系,获得最佳的宣传和促销支持。

④了解卖场的销售、库存情况和补货要求,及时向主管反映。

(5)带动终端营业员或服务员做好本产品销售。营销人员不仅要自己做好销售,而且要带动终端店的营业员和服务人员做好自己公司产品的销售。为此,营销人员要做到:

①传递产品知识、企业信息。向终端店员介绍自己的公司和产品信息,让他们在了解情况的基础上做好销售。

②示范。营销人员可进行销售示范,教会终端店员如何销售自己的产品。

③联络感情。与终端营业员沟通感情,以激励其销售积极性。

④利益激励。赠送礼品、样品、返利、开展销售竞赛等。

2.3.3 激发、调动顾客购买情绪的四大核心要素

1)充分调动顾客的五大感觉,并找出主要感觉

五大感觉是指视觉、触觉、听觉、味觉、嗅觉。每一个人的每一种感觉的灵敏度都不一样。作为营销人员,你一定要知道你所服务的顾客是视觉型的,还是听觉型的,是味觉型的,还是触觉型的。

以推销挖掘机为例,通常营销人员都会让顾客绕机一周,让顾客感觉一下挖掘机机身的质感和线条,其实这是营销人员在调动你的触觉。通过调动你的触觉,提升你对这款产品的认识度。在销售的过程中,营销人员一定要充分地调动客户的五种感觉(视觉、听觉、触觉、嗅觉、味觉),这五种感觉被你调动起来后,你才能找到客户主要的需求,然后根据顾客主要的需求,对顾客进行积极的情感暗示,让客户真正认同你。

2)减少说明性语言,增加客户感兴趣的语言

说明性语言过多,顾客听之无味,也无法充分调动顾客的五大感官,因此在与顾客互动的过程中,营销人员应该减少说明性语言,增加客户感兴趣的语言。例如,给顾客讲一些有趣的销售故事,当顾客听完这些销售故事之后,就会产生联想,最后产生购买冲动,导致销售行为。

3)增加与顾客的情感互动

在销售的过程中,营销人员一定要强化情感语言的互动,增加客户的正面情绪,减少顾客的负面情绪,以充分调动顾客情绪。当顾客情绪被激发出来之后,顾客就会产生购买的冲动。营销人员在调动顾客的感觉之前,你必须把自己的感觉调动起来,全身心地融入这一氛围中,才能真正把这种感觉传递给客户。

4）找到客户真正的内心需求

在销售的过程中，如果叙说的比例太大，就会有些"一厢情愿"，因为你说的并不一定是客户想听的。营销人员一味地陈述自己认为重要的内容，结果往往被客户拒绝。正确的做法应该是增加询问、反问等针对性问题，找到客户内心真正的需求，并根据客户的需求进行说明。

2.3.4 资格确定的内容

1）确认对手

销售工作的一个重要前提就是确认竞争对手。营销人员可以询问你的客户："除了我们公司的产品，您还了解过哪些公司的产品？"营销人员也可以委婉地试探："××公司的产品很不错，你了解过吗？"如果客户说了解过，那么你的竞争对手就浮出水面了。

确认对手的目的是知己知彼、扬长避短。很多营销人员不善于询问，无法了解客户真正的顾虑以及产品的竞争对手，于是无法进行有针对性的说明。这就大大降低了销售成功的可能性。

2）确定客户的需求程度

客户的需求程度也需要通过询问确定。例如，"今天如果各方面条件都成熟，你会成交吗？"如果客户说："如果价格合适，今天就会定下来。"从这一回答你可以判断，一个很重要的客户就在你面前。面对这样的客户，一定要跟他签订合同。

确定需求程度是你在销售的过程中与客户互动的关键。只有真正地把握了客户的需求，才能"对症下药"，提高销售成功率。

3）资格确定中的提问艺术

在资格确定过程中，能用提问表现的，就不要去说明。但是提问也要有技巧，真正好的问题，是给自己留下一条退路，把客户引导到你的退路中，一步一步往前推进；而不好的一个问题会把自己逼到一个"死胡同"中。

【举例】

提问1

A："你知道我们公司吗？"

B："知道。"

提问2

A："你对我们公司非常了解吗？"

B："知道，但不是很了解。"

A："那好，我把我们公司的整体情况向你介绍一下。"

提问1中，A失去了一次介绍公司情况的机会，给自己向客户介绍公司情况造成了障碍；而提问2中，A顺利获得了介绍公司的机会。提问1属于封闭式问题，提问2属于开放式问题。一般来说，需要了解更加广泛全面的信息时，应采用开放式提问，而需要引导对方确认或决定某件事情时，应采用封闭式提问。

4）资格确定中的问、听、说比例

在进行资格确定的过程中，应该保持图7-6中所示的问、听、说比例。

但是很多营销人员却倒过来，说占90%、听占5%、问占5%，如此低的问、听比例，怎么能真正把握客户的需求?作为一名营销人员,需要用不断的提问激发客户,使其把自己的一些需求、疑虑、问题说出来,通过了解客户的需求、异议、问题,你就可以有针对性地进行说明。

一个好的问题,能够迅速把客户的疑虑、问题、需求呈现在你面前,比你一味地描述、说明要胜过百倍千倍。

5)问、听、说三角循环

在资格确定的过程中,营销人员需要通过不断地提问,让客户把顾虑说出来。但是,在这一过程中,往往又会陷入另一个误区,即只有问、听,而没有说,营销人员只是机械地向客户提问,客户回答之后,营销人员又开始提另一个问题,在这样的互动过程中,容易使客户感觉是审问和被审问的过程,从而不利于销售。其实,在问和听之间还是应该适当的增加"说"的成分。说是一种在互动过程中的增加双方情感的手段。例如,当你问:"你今年多少岁了?"客户回答:"35岁",如果你此时说一句"你看起来只有30岁",客户一定会很高兴,更愿意向你说出他的真实想法。

问、听、说三角循环(图7-7)中间的区域是客户真正关心的需求,这是营销人员在问听说过程中要把握的细节。但是有些营销人员在提问时,没有围绕客户的需求,从而导致面谈效果不明显。

问、听、说这三个环节,将是你能否成为一个顶尖销售的关键技巧,因为你只有懂得了该问什么,该听什么,该说什么,才能够把握客户的真正需求,才能不断地化解客户的问题,触摸到客户的真实想法,从而为客户提供有效的解决方案(产品)。营销人员一定要正确地使用问、听、说三角循环。

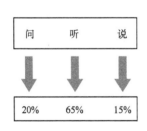

图7-6 顶尖营销过程中的问、听、说比例

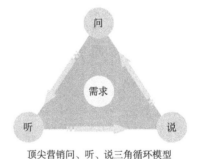

图7-7 问、听、说三角循环

6)营销的聆听技巧

(1)心无旁骛,决不分心。很多营销人员在与客户交流中,根本没有关注客户所说的内容。事实上,人的说话的速度只有120字/分,人的思考速度可以高达500~600字/分,也就是说,作为听众,你有足够的时间去思考客户的话语。最终能否做到心无旁骛,决不分心,决定着营销人员在与客户交流的过程中,能不能真正融入客户,把握客户的真正需求。

(2)停顿片刻再回应。在客户提出问题时,营销人员不应迫不及待地进行说明,更不应该打断客户的话,而应该等客户说完以后,略等两三秒钟,确定客户的意思,再进行回应。

(3)确定客户的意思。当客户将他的疑虑、问题表述完毕后,营销人员应该进行确认,以防止自己在理解上产生偏差,无法对症下药,无法说服客户选择自己的产品。

(4)调动全身肢体,丰富表情与眼神。在听的过程中,还要调动全身肢体,做到有丰富的表情与眼神。如果在听的过程中,营销人员一动不动,没有任何表情与眼神,就不能与客户产生良好的互动。在听的过程中,营销人员应该做到使用丰富的肢体语言,尤其要做到眼神与客户的互动。

(5)与客户融为一体。销售的一个关键前提是做到与客户融为一体,设身处地为客户着想。哪怕同样的话听过一千遍,也要把它当成第一遍听,因为这样才能让客户感觉你很尊重他。客户的每一句话,每一个肢体动作,每一个眼神,对营销人员来说,都是很重要的信息。客户觉得找到了知心听众,才能够真正倾诉有价值的内容。做到与客户融为一体的境界,有利于双方在消费的过程中,建立一个很好的信息交流平台,营销人员才能确定客户的真实需求。

2.3.5 工程机械销售的人际沟通

顶尖营销来自成功的人际沟通,而成功的人际沟通由三部分组成:7%的语言,38%的语调,55%的肢体语言。

1)肢体语言

有些营销人员不懂得使用肢体语言,如果没有眼睛的专注、身体的前倾、微笑的投入,如何让客户感觉与你交往很愉快呢?

但是,不恰当的肢体语言也会给销售带来不利的影响。例如,有时候营销人员双手抱胸,给客户的感觉是你心胸狭窄,感觉冷漠。

掌握这些销售细节,就不会因为你的一个很不好的习惯,一个很不得体的肢体动作,使客户产生不好的联想,导致销售的失败。

2)语调

38%的语调也不容忽视。平铺直叙的语言风格很难激发客户的兴趣,容易造成客户的厌烦情绪,对销售造成不利的影响。营销人员的语调应该抑扬顿挫,有跌宕起伏,也有娓娓道来。

【案例】

荷兰著名的斯丽卡夫人到美国演讲,台下很多听众要求她用波兰语说一段电影对白。她很爽快地答应了,并用非常流利的波兰语说了一段"电影对白"。这段对白由舒缓转入慷慨激昂,最后在悲痛万分的情况下,戛然而止。全体观众都沉浸在痛苦之中,这时一个男人笑了,这个男人就是她的丈夫,刚才斯丽卡夫人所朗诵的这段"电影对白",实际上就是九九乘法表。九九乘法表也能达到这么感人的效果,原因很简单,她是用她的声调、用她的肢体语言,感动了所有听众。

营销人员如果能做到这一境界,能够运用语调和肢体语言调动客户的情绪,就一定能够成为顶尖营销人员。

2.3.6 营销人员魅力行销的五大关键

1)爱的行动

也许我们很多时候都认为爱是一种感觉。但是我们需要思考的是为什么很多女人挡不住男人的甜言蜜语、殷勤的行动、鲜花、赞美等等,原因是什么?爱的行动比什么都重要。

营销人员与客户之间也是一样的道理。如果你与客户之间有误会或者关系还不够深,你可以寄贺卡、打电话、发邮件、上门拜访、送一些小礼物,这样总有一天你们会成为朋友。

2)热情与快乐

顶尖营销人员会用自己的快乐与热情激发客户的兴趣,点燃顾客的购买热情。营销人员的快乐与热情是通过肢体语言、语调等表现出来的。以售楼为例,在你刚要进售楼中心的时候,已经有售楼小姐为你打开了大门,热情地招呼你进来,然后就是让座、倒水……遇到这样的售楼小姐,客户一定会心情舒畅,对于产品的兴趣与购买热情无形中提升了几度。反之,如果售楼小姐非常冷漠,遇到这样的售楼小姐,客户对于产品的兴趣与购买热情必定会直线降低。

3)设身处地地聆听

在买方市场条件下,人们的消费观念向外在化、个性化、自然化的方向发展,其消费心理也错综复杂。但有一点是肯定的,我们不能仅仅把客户当作推销的对象,而忽视了与客户进行情感的交流。

进行营销时,首先要善于聆听,通过聆听挖掘自己与客户的共同兴趣,积极找到与客户之间的相似点,让客户对你产生亲切感。这样,就容易拉近彼此的距离,让客户说出他的需求和意向。这时,营销人员所要做的,就是随时随地为客户提供方便和帮助,为他出谋划策,向他推荐适合他的产品或服务,以此建立并维持与客户的良好关系,这是企业营销活动取得成功的基本保证。通过聆听去搜集、积累有关客户各方面的信息,利用计算机进行综合处理并加以科学的分析,从而可以更加完善的为顾客提供服务,节约营销成本,提高营销效率,并为企业的新业务开发提供准确的信息。

4)舒心的微笑

微笑是一种令人愉快的面部表情,它可以缩短人与人之间的心理距离,为深入沟通与交往创造温馨和谐的氛围。在实际工作中,有人总结出微笑的作用:首先,面露微笑,说明你心情愉快,充实满足,乐观向上,善待人生,这样的人才会产生吸引别人的魅力;其次,面带微笑,表明自己有足够的自信,以不卑不亢的态度与人交往,使人产生信任感,很容易被对方接受;最后,微笑能说明一个人的敬业态度,在工作岗位上时常保持优雅的微笑,说明这个人热爱本职工作。

沃尔玛有一个经营"绝招",即要求自己的员工将"3m 微笑"根深蒂固地植入每一个细胞。这看似简单的微笑,对于沃尔玛成为全球最大的零售商来说功不可没。

真正的微笑是发自内心,毫无包装或矫饰的,只有这样的微笑才有感染力,才是打开客户"心灵"的钥匙。

5)真诚的赞美

赞美可以让别人感受到生活的美好,乐于与你交流。作为立志成为顶尖营销人员的你,应该让对方感觉到你真诚的赞美,如"这一次你做得太棒了",这样的赞美让人听起来才够真诚,才会瞬间拉近你与对方的距离。

2.4 签订工程机械销售合同

2.4.1 促成工程机械成交的技巧

1)趁热打铁

"临门一脚"代表着即将成功,此时营销人员应该趁热打铁,否则就有可能失去销售的机会。有的营销人员听到客户说:"今天我没有时间,你下次再来吧""今天我不会做出决定的""今天我不会跟你签协议的"或者"我不会购买你的产品,竞争对手的产品比你的好",就轻易地放弃了。但是却忽视了一点,当顾客关上一扇门的时候,营销人员一定要懂得打开一扇窗,客户永远不会真正拒绝你,而真正拒绝你的人,一定是你自己。

2)迂回战术

很多顶尖营销人员非常善于利用迂回战术。例如,当被客户拒绝之后,准备离开时,他会说:"今天认识你非常高兴,但是在我走之前,希望您能帮我一个忙,我非常渴望知道今天你为什么拒绝我,我想如果知道这个原因,我能够更好地服务其他的客户。"客户看你这么诚恳,一般都会告诉你真正的原因,这对于你向其他客户推销的时候就有所帮助。通常,客户会说出自己拒绝你的真实原因,如"你的成本比较高"等,那么你就有机会向他解释成本问题。这样,你又获得了一次成交的机会。

3)绝不轻易放弃

迂回战术(反心理战术)是很重要的成交方式。很多营销人员因为客户说一句"我再考虑考虑"就告辞了,让客户考虑。作为一名营销人员,一定要注意,大量营销人员就是在这一刀前面倒下,因为客户本来还有一点热情,考虑两天之后,往往热情也没了。两天之后你再来的时候,客户已经买了其他竞争对手的产品,原因在客户说他考虑试试看的时候,你就轻易放弃,做销售就是要做到绝不轻易放弃。当他提出再考虑的时候,你应该非常巧妙地说:"陈总,我相信我该说的都跟你说明白了,我觉得所有的信息,你都已经掌握了,你就不需要再考虑试试看,现在最大的问题就是把协议定下来,我来给您好好地做售后服务,你觉得还有什么问题吗?"

你要反复去推进,千万不要让客户考虑试试看。当客户说我再考虑试试看时,你一定不要让他考虑试试看,要反复地去告诉他,你的信息已经足够多了,你再考虑试试看,那么我想问你一下,你考虑的是什么。营销人员要知道客户考虑什么,但是很多营销人员都没有了解客户还需要考虑什么就走了。成功与失败的交点就在这里。

成功的营销在于不要让客户轻易地把你打倒,要注重临门的一脚,趁热打铁,击中要害,一定要反复地去推动成交。

2.4.2 销售结案的六大误区

1)轻易放弃,半途而废

很多失败的营销往往源于轻易放弃,半途而废。当客户说"我再考虑考虑"时,营销人员就告辞了,没有打开客户的一扇窗,继续与之沟通。其实,在每一次营销的过程中,或多或少都会遇到拒绝,可能是因为你没有提供足够的信息,没有找到客户真正的需求,客户也会通过几次拒绝来提出他在互动过程中的问题,因此千万不要轻易放弃,半途而废。

2)准备不周,夜长梦多

现在市场上只有极少数产品是垄断性的,绝大多数产品都面临很多竞争对手,所以要想成为顶尖营销人员,你一定要比别人准备得更充分。有些场合,由于准备不充分,拖延了时间,就会给竞争对手机会,导致夜长梦多。

今天的营销提倡准客户回合制,即不要给你的准客户留很多的考虑时间。如果客户专程来看你的产品,像这样的客户,你一定要在今天就把合同签订下来。所以切记要准备充分,才不至于夜长梦多,给竞争对手留下机会。

3)放松戒备,前功尽弃

很多时候眼看就要成交了,但最后却失败了。原因就在于营销人员在快成交的过程中放松了戒备,言多必失。营销人员的一句话,有时会引发客户一连串的问题,导致客户分心,自己急于应付,稍有不慎,前功尽弃。一个顶尖营销人员绝对不会制造新问题。在销售过程中,一定要切记任何时候都不要放松戒备,以免前功尽弃。

4)一让再让,利润尽失

有些营销人员在销售谈判一开始就把一些促销措施告诉客户,然而人往往有得寸进尺的心理。当得知买一台笔记本电脑可送一台台式电脑时,客户会想还有没有其他优惠;又送了两包复印纸后,客户也许还不满意,于是又送一个鼠标等,这样一送再送,利润空间就被全部送完了。

5)疏忽细节,留下后患

在销售谈判和展示产品的过程中,营销人员一定不要忽视细节,以免留下后患。例如,有的客户对产品的缺陷很敏感,但有些营销人员面对这一问题往往会采取逃避、掩盖的态度,把客户的注意力引向其他方面。面对这样的营销人员,客户表面上不发表意见,但心里已经埋下了不满的种子。当顾客认识到产品有什么缺陷时,营销人员一定要向客户详细地说明产品的缺陷不会影响到整个产品的使用功能以及未来解决这一问题的方案。

面对产品缺陷的问题,最好的做法是在客户发现缺陷之前告诉客户。因为人人都知道,人无完人,同样,世界上也没有十全十美的产品。如果客户先于你发现了产品缺陷,也不要回避,而应正确地面对,以免客户对产品产生不信任感。

6)过分高兴,甚至得意忘形

当顾客表示可以签订合同时,有些营销人员表现得过于高兴,甚至得意忘形,全然忘记了客户的存在,这样会给客户非常不好的感觉,甚至取消原来的决定。

所以,当顾客表示可以成交以后,你要保持沉稳的状态,给客户安全感。例如,"陈总,你的决定是非常英明的,这样的价格也只有像你这样的高手才能拿到。"

2.4.3 客户的"价格陷阱"

1)何谓价格陷阱

很多客户在销售谈判一开始就询问价格,很多营销人员,很快就回答了价格问题,然后讨价还价,却最后没有达成协议。其实在这一过程中客户对产品一无所知,营销人员掉入了一个价格陷阱。作为一名营销人员,一定不要一开始就与客户讨论价格问题,而要善于使用迂回战略。

2)价格陷阱的化解技巧

(1)先谈价值,后谈价格。当顾客与你谈论价格的时候,你首先要自信,先谈价值,后谈价格。当产品的价值、产品区别于竞争对手的优势、对顾客的好处没有充分表达之前,不要把价格提出来。但是很多营销人员不明白这一道理,一开始就掉进了价格陷阱,导致最后被客户用一句"买不起"或者"太贵了"拒绝。

(2)分解价格或差价。将你销售的产品整机价格分解到每一台班,从每天使用的价格和工作效率来计算出差价和效率差距。达到让客户接受的目的。

(3)累积负面代价。以挖掘机为例,一台价格是90万元,一台是110万元,其中的差距是20万元,你要推荐的是110万元的,所以你需要做的是说明其中的差距不仅仅是20万元。强调110万元的挖掘机在配置、维修、油耗、工作效率和作业的舒适度上的优势,90万元的挖掘机在配置、维修、作业的舒适度、油耗和作业效率等各方面使用成本远远超过90万元。因此买110万元的那辆车不仅实惠,而且给你带来更高层次的享受。这样的例证,能够让客户充分认识产品的性价比。这样的说明,能够摆脱价格陷阱,使客户把注意力从价格上转移到挖掘机的其他方面。

2.4.4 工程机械设备的购销合同

1)购销合同的内容

合同是平等主体的自然人、法人、其他组织之间设立、变更、终止民事权利义务关系的协议,调整的是动态财产关系。合同是一种契约和承诺,工程机械产品销售合同最直接引用的法律就是合同法。工程机械销售合同模式根据销售模式不同,主要包括:现款销售合同、融资租赁销售合同、分期付款销售合同、银行按揭销售合同四种类型。但合同的内容都包括四大基本功能:

(1)锁定交易平台。出现在合同首部,或正文部位。内容包括合同主体、资格和合同本身基本规则方面的问题。

(2)锁定交易内容。明确双方交易的内容、具体的数量及价格、质量标准等。

(3)锁定交易方式。锁定交易的完成程序、确保交易的实现;内容主要是产品或服务的提供时间、提供地点等。

(4)锁定问题处理。违约情况的处理,确保交易安全。

2)签订合同注意

设备购销合同,最易发生争议的就是设备质量、性能、结款、售后。签订合同式应注意:

(1)设备质量和性能。应该达到有关标准。合同需要明确验收办法。

(2)结款。甲方应该在合同签订后,付给乙方一定的定金,以防甲方违约;在乙方设备运送至甲方指定地点后,甲方应该再次付款,此时,若甲方违约,所付的款项应该能弥补乙方收回设备及前期付出的费用。当设备安装并试车,经甲方确认达到合同要求后,甲方应除质保金外,付清货款。留一部分货款作为质保金,待设备出保修期以后,甲方付清。这一段时间大约为一年。

(3)耗材、易损件、主机应明确区分。耗材费用由甲方负责,易损件在保修期内由乙方更换,主机的保修期要长一些。这需要双方认定,免得以后有争议。

2.4.5 连环客户

作为营销人员,一定要非常重视培养连环客户。如果忽视了连环客户,就会损失一部分重要的客户资源。作为营销人员,应该有将一个客户变为10个客户,将10个变为100个客户的观念和行动。

1) 培养连环客户

顶尖营销人员都会让自己的客户向其朋友、亲戚推荐他的产品,成为他的潜在客户。但是有些营销人员觉得让客户推荐其他客户,可能会遭到客户的拒绝,因而难以启齿。其实客户拒绝你,是因为你跟客户之间距离还不够近,客户还有很多顾虑,对你的产品可能还有一些无法把握的因素。此时,营销人员唯一要做的是用心为客户服务,让客户感到惊喜,让他感觉你是他真正的朋友,他才会真正把他的朋友、亲戚介绍给你。

以医药代表为例,很多医药代表非常用心,如果他的客户对象是治疗脑瘤的医生,他就会很用心地搜集所有关于脑瘤的技术、知识、文章,对其进行整理,每月给这些专家送去。三年服务下来,这位医药代表与客户的关系一定足以让这位专家推荐他的朋友成为该医药代表的潜在客户。

每个营销人员只有与客户之间互动及交流,才能让顾客对你的产品服务,对你的为人产生兴趣与赞赏,你的客户就能从一到二,从二到三,逐渐增多。

2) 培养连环客户的障碍

培养连环客户最大的障碍是营销人员不懂得与客户分享,不懂得去服务已有的客户,以至于最后失去这位顾客。有高达68%的老客户是因为他们的需求得不到关注,抱怨得不到处理而流失的。因此,营销人员一定要理解服务不是销售的结束,而是又一轮销售的开始。遗憾的是,很多营销人员以为卖掉了产品,销售就结束了,再无下文。要想成为一名顶尖营销人员,在客户购买产品后,一定要意识到这是又一轮的销售开始,你要与客户建立的是长久的信任与长久的关系。只有这样做,才能让客户对你产生长久的信任,不断地向你推荐顾客,你才能够成为一名真正顶尖营销人员。

3 任务实施

3.1 准备工作

了解土方工程项目特点、工程量和地质条件,熟悉土方施工机群性能参数、配备、选型,制定土方工程机械机群配套方案和施工方案。了解租赁和融资租赁相关知识和法律法规,制订融资租赁的方案。了解客户有价值的信息,了解客户性格爱好;制订拜访客户的方案,确定拜访计划和时间,准备所需资料、设备和演示工具。

3.2 操作流程

(1)搜集客户信息,对客户信息进行筛选。

(2)制订接触客户方案和计划。

(3)确定接触客户的方式、时间和地点。

(4)客户接触。

(5)客户接触分析和总结。

(6)客户跟进。

3.3 操作提示

(1)熟悉客户信息,才能做到知己知彼;做好客户接触前的演练才能应对自如。

(2)客户拜访时应准时,最好比客户提前到达约定地点,否则可能失去拜访的机会。

(3)自检。
请你阅读以下对话,判断客户的需求程度。
营销人员:"今天你是专门从广西到北京来看我们的样机吗?"
客户:"是的。"
客户的需求程度:_____。

任务4 销售液压挖掘机

1 任务导入

1.1 任务描述

客户卢老板有购机需求,工程是做房屋拆迁工作,之前已与竞品B营销人员多次接触,倾向购买B品牌挖掘机。公司业务经理了解情况后,发现一个重要线索——客户实力不强,行业经验不足,选择品牌有盲目性。业务经理要求小高约见客户,帮助其做风险分析、进而设计投资方案。

1.2 任务完成方式

(1)假设你是营销人员小高,设计具体的实施计划完成业务经理要求的任务。
(2)分组选择某一品牌挖掘机进行讨论,小组派一名学生代表与竞品展开辩论。

2 相关理论知识

2.1 挖掘机技术营销

2.1.1 寻找挖掘机客户

寻找挖掘机客户需要分析哪些行业、哪些对象需要使用挖掘机,以获取销售机会。挖掘机作为一种广泛使用的生产工具,使用的行业包括:
(1)公路、铁路建设行业。
(2)水利、水电、火电、核电、风电建设行业。
(3)港口、码头建设行业。
(4)市政建设行业。
(5)环境卫生、绿化行业。
(6)建筑行业。
(7)矿产开发行业,冶金、有色行业。
(8)拆除清理行业。

挖掘机客户中私人用户占90%,相当一部分为租赁户,公家用户占10%。

挖掘机的销售与固定资产投资息息相关,只要这个地区有固定资产投资,就有挖掘机的需求,固定资产投资增长,挖掘机的销量就会增长,所以寻找挖掘机客户可以按固定资产投资途径展开。

1）以工程项目找客户

(1) 围绕各种工程建设项目，如高速公路、县乡公路、铁路、水利、市政、电站建设、开发区建设、住宅建设等。

(2) 了解清楚各种工程项目的工期、工程量、投资、业主方、中标方等。

(3) 以具体工程建设者(分包商)为主，最主要的是了解所承包的工程情况。

(4) 从工程建设者的工程机械现状调查开始。

(5) 具体的工程机械操作者可以提供很多信息，找到更多的客户。

2）了解客户，再以客户找工程项目

(1) 了解每一个客户的工程项目和作业对象、现有设备状况、购买意向等。

(2) 了解客户的工程项目的工程量、业主方、工期、中标方等。

(3) 了解同一工程项目的其他施工单位，从而找到更多客户。

(4) 围绕不同客户，可以找到更多的工程项目。

3）针对具体的工程，还要了解更多信息

(1) 了解目前施工状况及前景。

(2) 了解施工或矿产开发的作业条件及状况、工程机械工作小时/台班。

(3) 了解现有工程机械状况；了解购买意向。

2.1.2　拜访和跟踪挖掘机客户

挖掘机销售过程中，对顾客拜访和跟踪是非常重要的环节，拜访和跟踪的目的是使客户记住你、想起你、喜欢你和信任你。使你的客户一旦有购买需求时，首先想到你。据美国营销学会的统计：2%的销售是在第一次接洽后完成，3%的销售是在第一次跟踪后完成，5%的销售是在第二次跟踪后完成，10%的销售是在第三次跟踪后完成，80%的销售是在第4～11次跟踪后完成。拜访的基本流程如图7-8所示。

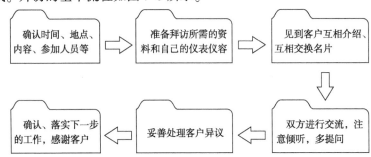

图7-8　拜访挖掘机客户步骤

营销人员实施客户拜访流程可以按销售机会对客户分类，确定拜访和跟单的时机。

A类：已经准备购买所属品牌挖掘机，正在决定购买时间。每2～3天电话联系一次。

B类：对挖掘机感兴趣。上门拜访，每周电话联系一次。

C类：明确有购买挖掘机意向。上门拜访，根据拜访情况确定跟单时机。

D类：潜在挖掘机客户。每月联系一次，让客户时刻记住你和你的产品。

由于营销人员精力有限，所以以保持80%的直接拜访针对有直接需求(A类)客户。营销人员向客户做建设性的访问，准客户对自己的需求总是比营销人员所说的话还要重要，除非你有一个有益于对方的构想，否则不要去拜访他。客户拜访过程中营销人员需要掌握以下

相关交流和沟通的技巧:

(1) 倾听的技巧。具体如下:

①让对方把话说完(保持沉默)。

②允许别人有不同观点(求同存异)。

③听的过程中要点头、微笑、赞许。

④先赞许客户,然后提出建议。

⑤不走神,看着对方的眼睛,注意对方的非语言因素。

⑥搜集并记住对方的观点,不要演绎,一定要在笔记本上记录对方的重点。

(2) 产品的推介。产品推介要紧密联系客户需求,找出自己的卖点。卖点是能够帮助实现销售的特点,卖点是特点,但特点不一定是卖点。通常卖点包括以下方面:

①市场影响。产品品牌、代理店的声誉。

②产品特点。技术特点、配置特点、工作效率、油耗、产品功能等。

③服务。质保期内服务、配件供应、质保期外服务。

④商务条件。价位、首付比例、按揭期限、按揭利率、付款条件、优惠条件等。

⑤与竞争对手相比的优势点。

2.1.3 挖掘机客户异议的处理

1) 限制型异议

(1) 限制型异议表现:

①"听起来很好,但是我们现在的设备用得挺好的,好像没必要再花钱换掉在用的设备。"

②"你们的产品真不错,但是你得找我们总部,我们一般是统一采购。"

③"半年以后再找我们吧,那时我们才会考虑。"

④"我们需要招标,需要至少三家来应标才可以。"

(2) 限制型隐藏的真实想法:

①客户已经和竞争对手达成"意向",需要几个"垫背"的。

②客户没有看清投资回报,不知道投入是否值得。

(3) 处理措施:客户需求不明朗,不是 A 类客户,应放弃重新寻找新客户。

2) 掩饰型异议

(1) 掩饰型异议表现:

①"产品不错,坦白地讲,我现在钱不够。"

②"近期工程量不多,没有设备需求。"

③"你们的某机型很好,其他型号挖掘机还不太了解?"

④"我们最近的生意不太好,没有购机打算。"

(2) 掩饰型隐藏的真实想法:

①客户的资金不足。

②客户对代理店了解不足,还没有建立起足够的信任关系。

③客户对本销售的品牌挖掘机了解不够,不信任。

(3) 处理措施:对于客户"善意的谎言",要找出客户掩饰什么,对客户进行重新定位。

3)拖延型异议

（1）拖延型异议表现：

①"谢谢你的介绍，现在不行……不过，可以将你们的资料留下来，我们再研究一下。"

②"我们现在还在考虑其他几家的产品。"

③"我们在购买之前会很好地研究的。"

④"这次算是了解你们公司和产品了，等到我们真的有需求时，我会首先考虑你们的产品。"

（2）拖延型隐藏的真实想法：

①客户没有决策权，所以需要上级审批。

②没有真正满足客户个人的需求，他们等待营销人员揣摩客户心理，提供承诺。

（3）处理措施：与客户推心置腹、诚恳地交谈，了解原因，找出原因。

4)挑战型异议

（1）挑战型异议表现：

①"你们的价格比××品牌高了几万元。"

②"你们的发动机与××品牌一样，凭什么就你们的省油？"

③"你们的挖掘机回转速度慢。"

（2）挑战型隐藏的真实想法：

①客户听信了竞争对手的"坏话"，导致客户犹豫不决。

②客户正在货比三家，了解各厂家产品和价格、服务等。

（3）处理措施：客户从可能竞争对手处了解到产品缺陷或不足，要做专业的解释，反弊为利。

5)疑问型异议

（1）疑问型异议表现：

①"看来你们的产品不错，我再看看别的产品对比一下。如果你给我的是最低价，我就再回来购买你的产品？"

②"你们的挖掘机不错，我们的需求也不小，什么时间能够提机？"

③"你们的产品很好，但是××公司的好像比你们的价格便宜多了？"

（2）疑问型隐藏的真实想法：

①客户认为营销人员的报价过高。

②客户怀疑你们公司能否按要求供货。

（3）处理措施：客户发出购买信号，即将成功。需按捺住急切的心情，再向客户说明或解释。

2.1.4 客户的跟踪

1）做好客户的资料搜集工作

既然是跟单，就说明我们已经和客户有过一面之交，对客户的基本情况有所了解。那么所要继续做的，就是尽量搜集客户的资料，了解客户的经营情况，为进一步跟单，订立好目标和方法。了解客户是否真正的需要你的产品，是非常重要的。

2)学会分析客户心理,直截了当地问清楚不下订单的原因

(1)C类客户。有些客户可能只是问问价钱,或者并不是真的需要产品,对于这样的客户,在第二次跟单后就应做出判断。完全可以把这些客户列入 C 类,即需要长期争取的客户。这种客户的跟单周期可以长一些,一个月一次为好。

(2)B类客户。有的客户不直接拒绝,也不签单,这类客户很可能是资金问题或者是还在和同类产品进行比较,这类客户可归为 B 类,即短期争取的客户。对于这种客户不要跟得太紧,一周一个电话比较合适。

(3)A类客户。还有一种客户,就是已经答应签单,却迟迟没签合同,这类客户应列为 A 类客户,能及时拜访一定要面谈为好,不能面谈的一定要通过电话问清客户还存在什么困难,及时帮客户解决。

3)做好跟单登记工作,最好写清楚日期和简单的情况

做好跟单登记是避免把跟单变成骚扰的最好方式。因为有了登记,也就把你的跟单变得有计划和有目标。需要注意的是,一个公司不能有几个营销人员同时跟一个客户,这样不但达不到跟单的目的,还会引起客户的反感。

4)跟单的心态要平和,不要太急功近利

许多营销人员不是从客户的利益出发,不关心客户的问题,一味地跟客户要订单,要不到订单时,就恶语伤人,胡搅蛮缠;最终只能让客户讨厌,让客户感到不是在谈业务而是一种骚扰。跟单一定要从长远出发,以交朋友的心态对待,反而更容易拿到订单。

5)即使订单跟丢了,也要保持与客户的关系,争取下一次。任何销售能手也不能保证每次跟单都成功,与客户的关系最重要,下一次就有可能成功。只要在客户心中留下较深的印象:职业、专业、敬业、诚信,客户会给我机会的。与客户成为朋友,努力争取下一次。

6)跟单中存在的问题

(1)没有在思想上重视跟单,认为客户会找我们的。

(2)没有在思想上重视跟单,认为客户会找我们的。

(3)害怕跟单,跟得松客户跑掉,跟得紧客户烦。

(4)跟单太紧,变成对客户的骚扰。

2.1.5　价格谈判

1)挖掘机价格谈判技巧

挖掘机销售价格直接影响到成交和企业利润,所以营销人员在价格谈判时应注意以下三点:

(1)为达到想要的结果,要给自己留下谈判空间,不要一口报出自己的最低价。

(2)尽可能提出"组合"价格。例如,融资等商务条件是关键;每次都要强调特性、优点、受益;赠送配件或油品。

(3)作出让步的时机需要准确把握。不要操之过急,否则就没有价值;同时要求得到回报。

2)应对竞争对手价格战 要争取"双赢"措施

(1)寻找可以增加双方满意度的因素。例如,产品技术配置、技术参数;产品规格型号;产品工作效率;客户同行使用效果等。

(2)延长支付期。分期、按揭、降低首付等。
(3)赠送配件、赠送油品等。
(4)免费送到工地。

2.1.6 挖掘机销售成交的技巧

工程机械产品属于价值量很大的生产资料,客户购买过程属于投资过程,需要考虑回报率;对是否值得购买,何时及购买何种品牌和型号都很慎重。为了促使客户下决心,需要推一把。例如,客户购买意向明确,最后犹豫时,需要推一把;客户几个人意见不一致,主要决策者犹豫时,需要推一把促使客户下决心;"推一把"时,要看与客户的熟悉程度,要掌握分寸,不能"过火"。否则会适得其反。为了促使挖掘机销售成交,需要应用一些销售成交技巧:

(1)综述型成交技巧。例如,"我知道你对该产品满意了,你说什么时候可以签订合同?"
(2)不客气型成交技巧。例如,"这种产品只有一台样机,如果你不能马上做决定,我们就将介绍给另外急需的客户。"
(3)额外激励型成交技巧。例如,"我们老板已经同意,如果现在签合同,赠送你1 000元保养用油品。"
(4)最后机会型成交技巧。例如,"如果你不能马上做决定,下个月可能要涨价了。"
(5)空白订单型成交技巧。例如,在客户已经动心时,营销人员拿出准备好的合同,请客户签字。

2.1.7 售后关怀

签订成交合同后并不意味着销售工作的结束,而是售后关怀的开始。为客户提供帮助、关心客户使用是营销人员的职责,也是营销人员必须做的工作。特别是信用销售,为保证货款按时回收,更应该关注客户使用情况。售后关怀主要体现在以下方面:

(1)关注客户的使用状况。
(2)在客户内部建立自己的关系。
(3)以服务、配件、修理、租赁等争取下一次销售机会。
(4)努力把成交客户变为标杆客户。
(5)逐步使客户成为忠诚客户。

3 任务实施

3.1 准备工作

(1)了解客户想买什么型号的挖机?在哪里施工?是什么程度?
(2)客户户籍在什么地方?落实客户的户籍是从安全角度考虑该机能否销售。
(3)客户手中是否有挖掘机?什么品牌?是按揭还是全款购机,货款是否已经付清?
(4)挖掘机什么时候进工地?
(5)了解客户性格爱好;制订拜访客户的方案,确定拜访计划和时间,准备所需资料、设备和演示工具。

3.2 操作流程

(1)搜集客户信息,制订客户投资分析方案;制订接触客户方案和计划。

A公司营销人员小高及时与卢老板取得了联系,但没有一开始就直接进行产品介绍,而是先询问客户目前主要的工程需求,了解到客户主要的工程需求是做房屋拆除的,之前没有任何挖掘机经验,只听邻村做道路建设的张老板说过,"B品牌产品用的是进口件,质量好,而且售后也不错。"所以,客户准备买B品牌挖掘机,并通过张老板找到了竞品B的营销人员。从客户的讲述中,小高明显感觉到张老板肯定是竞品B的线人,协助竞品B销售进行推荐,但由于不清楚客户和张老板的关系。因此,先对竞品B的品牌进行褒奖,同时指出竞品B在其他某一机械领域确实是中国工程机械的骄傲,无论从质量、品牌等方面都比它的挖掘机强多了,暗示客户B品牌挖掘机做的时间并不长,质量一般。

(2)客户接触分析和总结。

小高帮助客户进行详尽的需求分析,客户项目主要集中在拆楼方面。因此,车辆经常需要在瓦砾废墟中开上开下和进行非地面状态的拆除作业;需要挖掘机底盘宽大、履带较长,能提供很好的稳定性,以保证不翻车;有时候工程涉及楼层较高,需要能够添加加长臂的功能;需要挖掘机配重稳定,能够支持加长臂远距离操作(不翘屁股);工程环境严酷,产品要能够经得住考验,而不是修了坏,坏了再修,延误进度。

(3)产品介绍,通过需求满足分析客户是否接受我方卖点。

经过难点问题的剖析,客户对小高讲解的拆除作业需求非常赞同,并非普通做土方工程的机器都可以满足,并逐渐认可了小高的专业水平。小高于是趁热打铁,给客户讲解由于配重不足、底盘不稳和产品质量不稳所造成的工程危险(如翻车等),以及后续机手索赔等严重后果,使客户觉得确实要在这些方面严格把关。

(4)竞品介绍。

小高有意"看似客观"地介绍了竞品B和A公司产品在底盘、履带、能否连接加长臂以及产品质量稳定性方面各自的特点(实则突出A产品的优势),使客户觉得本公司产品无论在产品、品牌、服务方面都更胜一筹。小高进而给客户提供了一些优质老客户联系方式和曾经用过竞品B的抱怨客户的联系方式,让客户去打听,看似客观,实则暗藏杀机。接着,小高又介绍了A品牌丰富的产品系列设置和部品配备,可以全面地满足客户的多种拆迁要求。随后本来打算就此签约,但由于客户有事便暂告一段落,并约好下次面谈,时间为第三天下午2:00。

(5)客户跟进与价格谈判。

第二次拜访客户时,小高准时到达,带上了宣传样本,并把本公司主打的服务特色和公司完善的售后服务作为重点介绍给客户,通过聊天得知客户短期资金有点困难,但是客户资信度非常好,又给客户分析A品牌挖掘机的性价比,可以和破碎器一起做按揭。带领客户到A公司机械拆迁施工现场参观,帮助客户分析工程适合20t的挖掘机进行施工,这一系列的接触使客户对A品牌产品从陌生到了解,直至最后对产品的信任,最终选择A产品,购买了X型号挖掘机含破碎器一台。

(6)给客户综合解决方案,实现双赢。

(7)制作一份挖掘机销售合同并签订购买协议。

(8)客户使用及售后服务培训。

3.3 操作提示

(1)得到项目机会立即行动。

(2)客户是外行,对产品和工程具体需求并不了解,选竞品B只是道听途说;熟悉客户信息,营销人员一定要做到知己知彼,平时多了解一些竞争对手的信息,向客户介绍时要注意避免拿我们的劣势去与竞争对手的优势比较。

(3)通过背景问题了解客户实际使用情况;挖掘客户工程中可能遇到的难点问题;站在客户的角度帮客户算账,主要集中在性价比高、资金回收速度快、维修成本低等我们具有优势的方面让客户看到实惠。

(4)针对难点问题,结合我方(A品牌)卖点和竞争对手的弱点,强化影响问题;如果客户问及我们的劣势,我们不要不予承认,但要迅速设法巧妙地将客户的注意力转移到我们的优势上,跟客户对比综合优势及性价比等方面。

(5)营销人员一定要多了解竞争对手的情况,包括产品的优劣势、商务政策等,这样能做到知己知彼、百战百胜。如果客户提到对手的优势,我们可以如实向客户说明对于产品的劣势;如果能辅以案例更好,但不要无谓地对竞争对手的产品进行攻击;如果说竞争对手的产品是垃圾、太差等;而要以数据和实施说话,这样更能让客户信服。

(6)通过第三方印证自己的客观分析。

思考与练习

(1)制订一份适合自己成为工程机械营销师的职业发展计划。
(2)分小组开展挖掘机价格谈判模拟训练。
(3)制订一份装载机销售合同。
(4)以班集体为客户成员模拟进行一次展销会的接待流程安排。

拓展学习

工程机械体验式营销

体验式营销是指通过看、听、用、参与的手段,充分刺激和调动消费者的感官、情感、思考、行动、联想等感性因素和理性因素,重新定义、设计的一种思考方式的营销方法。在消费者中形成对产品性能、质量、口碑乃至价格的综合看法需要体验。因此,体验对于品牌营销的重要性显而易见。一般情况下,消费者往往是购买商品或服务之后才进行体验,从而对商品或服务进行评价的。而体验式营销则是将这种体验提前到了商品购买之前,在产品的设计、制造、包装、运输、改进等环节充分考虑了消费者的感官、情感、思考、行动、关联等各个要素,以"靠近用户"为原则,先体验后购买。体验式营销将一定数量的潜在用户召集到一起,通过营造一种舒适、温情的氛围,让用户在潜移默化中认同企业的实力及产品的优良性能,并最终借助既定客户的签单来影响、拉动其他客户签约。体验式营销不但迎合了消费者的消费心理,而且拉近了企业与消费者的距离,让消费者感受到服务的体贴和真诚,从而促进了消费行为。

体验经济学大师伯德.施密特博士在其《体验式营销》一书中指出:"体验是企业以服务为舞台,以商品为道具,围绕消费者创造出值得回忆的活动。"它虽然和服务一样是无形商品,但服务对消费者来说是外在的,而体验则是内在的,是个人在形体、情绪、知识上的参与和共鸣。就商品性质而言,工程机械是工业用品,它不像一场电影、一道好菜或一本好书那样可以让人直接感受其价值。利用体验式营销营造的可视可感的情景,充分调动用户感官、情感、思考、行动和联想,可以说是工程机械行业面对产品同质化严重、服务方式互相模仿的现状的突破与创新。品牌企业重新定义、设计的切合时代发展、符合自身品牌特色的营销模式,无疑给客户,给整个行业带来一种难以忘却的体验。可以预见,体验式营销将成为未来工程机械营销的大方向,创新营销手段或将成为企业竞争决胜的关键。对工程机械行业来说,这种体验的效果就更加直接。工程机械营销具有如下特点:

(1)工程机械的用户群体更有针对性,使用人群都是专业人员。

(2)工程机械的采购决策上具有集约性,即对所采购设备的选型与评价往往由领导、技术人员和操作人员共同协调。

(3)工程机械的采购重视质量和名牌。

鉴于上述特点,工程机械行业采用体验式营销方式实为明智之选。通过体验,专业技术人员对工程机械的设计、改进提供专业性意见,体验后的好评具有更可信、更强大的广告效应和号召力。没错,体验式营销就是这样一个互利互惠的营销模式。在这样的营销模式下,消费者既能获取想要的高质量的商品或服务,企业又能通过消费者的口口相传达到理想的广告和宣传效果,形成口碑,打造品牌形象,降低成本,提高竞争力。

目前,在工程机械行业,体验式营销已得到越来越多企业的青睐,作为工程机械行业的领军企业,卡特彼勒、徐工、沃尔沃等品牌企业都成功开创了一场工程机械体验营销新范式。工程机械行业主要有以下形式。

(1)开发"体验"平台——卡特彼勒建立电商交流网络。为顺应电子商务的发展热潮,结合工程机械行业特点,卡特彼勒与利星行、威斯特、易初明通和信昌机械四大代理商联合推出"创富中国梦"大赛,让更多用户分享他们的成功经验和创富故事,打造了一个很有意义的草根创业和创富交流平台。在这个平台上不仅实现了用户之间经验的交流,更推广了卡特彼勒的产品,卡特彼勒的网上订单迅速增长,工程机械也实现了交易电子化。

(2)创新"体验"模式——徐工"粉墨登场"。大型高清工业电视纪录片《大国重器》在央视播出,引起极大反响。该片以独特视角和震撼技术,记录了中国装备制造业创新发展的历史,徐州工程机械集团有限公司、山推工程机械股份有限公司以产业龙头的优势荣登纪录片,成为我国装备制造业峥嵘岁月的一个缩影。

(3)自己来"体验"——沃尔沃、柳工技能操作大赛。由中国工程机械工业协会与广西柳工机械股份有限公司联合主办的"直通极限——'柳工杯'首届全国土方机械操作技能大赛";国际工程机械品牌沃尔沃举办的"掘战达人"沃尔沃杯全国挖掘机操作手绿色节油挑战赛全国总决赛,掀起了一场浩大的节能环保的绿色浪潮,宣传了沃尔沃"品质、安全、环保"的企业核心价值观,展示了绿色、环保的企业形象。

(4)"体验"始于足下——三一重机开展售后走访服务。三一重机在昆山启动第四届服务万里行活动,其间,三一重机及代理商共派出服务精英、服务车辆奔赴五湖四海,对全国三一设备展开巡检,以完善挖掘机的售后服务。

综上所述,各大品牌举办的大大小小的体验式活动不胜枚举,而企业在采用体验式营销方式的同时也应注意体验式营销所追求的新奇性。人往往对习以为常的事物视而不见,而对非比寻常的事物产生"刺激感"。因此,企业采取体验式营销必须使消费者体验到"新的东西",促使消费者对产品有所感受从而做出评价和选择。营销专家指出,客户满意度并不等同于客户忠诚度,高满意度、低忠诚度现象普遍。在工程机械行业亦是如此,用户可以多次参与各个品牌体验活动,但最终购买哪个品牌的设备却不一定。也就是说,营销手段再高明,不如产品过硬,一个独特的高品质产品,既能带来愉悦身心的体验,又能给用户带来高效的回报,这才是提升客户忠实度的关键。

项目 8　　销售工程机械配件

 概述

　　合理的配件销售管理对于配件生产企业、经销商以及使用配件的客户来说,都具有重要的价值,特别对代理商的发展具有非常重要的意义。工程机械代理商在进行工程机械整机销售时,为了维护市场维护客户,都在同时销售工程机械配件。配件经营是工程机械代理商不可或缺的经营活动组成部分。

　　(1)配件经营是代理商做好整机售后服务的基础。目前,工程机械代理商大多实行的是整机销售和售后服务一体化经营模式,要做好售后服务,保证配件及时供应是非常重要的。客户购买整机时往往要求完整的服务链,配件供应发挥着保障整机正常使用和保证故障及时排除的作用,能有效地增加客户的信任感。

　　(2)配件经营是代理商的利润来源之一。配件经营在代理商经销环节中,既是保障、保证的职能部门,也是利润来源的重要补充。在多数地区,配件毛利率在20%以上,远远高于整机的毛利率;配件销售一般不赊欠,没有分期、按揭之说,货款都能及时收回,经营风险小。

　　(3)配件经营是维护客户关系、建设忠诚客户群体的重要手段。工程机械整机销售完成后,特别是产品质保期结束后,代理商需要通过保外修理和配件供应了解客户状况,与客户保持联系。通过及时供应配件,随时了解客户的设备使用状况、了解客户的工作经营状况、了解客户新的需求,及时充实已建立的客户关系管理系统,对于维护与客户的关系,建设稳定忠实的客户群体具有重要的意义。

　　(4)配件经营是后市场的重要业务之一。在工程机械产品的正常寿命周期内配件的总价值要超过整机价值。因此,围绕"在用设备"经营配件,就能成为代理商的大业务。

　　在工程机械大中型代理商公司都设有整机销售、售后服务、信用管理、配件部等多个部门,分别承担公司经营业务的各个环节。与整机销售、售后服务、信用管理等部门相比,配件部门既是保障、保证部门,也是盈利部门,工程机械代理商应高度重视配件部门,积极支持配件部门做大做强。配件部门也应该努力探索现代配件经营模式,做大做强配件业务,争取更好的效益。

　　进入20世纪70年代以来,由于世界各地大型建设工程的发展,催生了一些大规格的超重型工程机械,其销售数量也在不断上升。其中,世界最大挖掘机工作重量已达980t,最大功率3 360kW,铲斗容量为50m³(载荷80t)。随着各项大型的工程不断开工,对大型的工程机械需求量也随之不断上升。因此,今后不但小型机械的需求量会有较大增长,而且大型工程机械的需求也会增长。随着小吨位以及大吨位工程机械销量的快速上升,对其零部件的需求也会越来越大,在零件销售额中的比重也会随之不断上升。

(5)机种的不断拓宽

各大工程机械企业刚进入市场只有几种机种,但随着市场的需求,机种的类型也逐渐增加。某些工程机械企业部分种类的机械的在市场的保有量甚至只有几台,这无疑给零部件的供应带来了复杂性和不确定性。

任务1　销售与管理工程机械配件

1　任务导入

1.1　任务描述

工程机械配件市场的年销售额在2000亿元,三一重工在全国建有21家6S中心(整机销售、配件供应、售后服务、专业培训、产品展示、市场信息反馈);在全球拥有169家销售分公司、1774个服务中心、6133名技术服务工程师。近年来,三一重工相继在印度、美国、德国、巴西等国家和地区投资建设工程机械研发制造中心。三一重工以自营的机制、完善的网络、独特的理念,将星级服务和超值服务贯穿于产品的售前、售中和售后全过程。

1.2　任务完成形式

(1)分组搜集和讨论各品牌的配件流通模式。

(2)制订工程机械配件管理方案。

2　相关理论知识

2.1　工程机械配件的销售

2.1.1　配件经营模式

工程机械配件经营的基本模式为单独店铺经营,随着经营规模的扩大,逐步发展为连锁经营、特许经营、自营自销经营、代理制经营、网络经营、报纸及杂志等其他媒体的经营模式等。

1)连锁经营模式

连锁经营模式是指经营同类商品的若干公司,以一定的形式组成一个联合体,通过公司形象的标准化、经营活动的专业化、管理活动的规范化以及管理手段的现代化,使复杂的经营活动在职能分工的基础上实现相对的简单化,把独立的经营活动组合成整体的规模经营,从而实现规模效益。目前,该模式已成为国际上普遍采用的经营模式之一。

2)特许经营模式

特许经营模式是指特使人和受许人之间的契约关系,对受许人经营中的领域、经营诀窍和培训,特许人有义务提供或保持持续的兴趣。受许人的经营是在有特许人所有和控制下的一个共同标志、经营模式和过程下进行的,并且受许人从自己的资源中对其业务进行投资。

3)网络营销模式

网络营销模式是指利用互联网进行产品营销的一种电子化商务活动。现在,网络营销模式不仅包括生产商为用户提供产品和服务,还包括生产商与生产商、生产商与用户、产品购买、产品促销、商务洽谈、信息咨询、广告发布、市场调查、电子付款、账目结算、售前售后服务、技术协作及网上服务的全方位商业交易活动。它使经营活动的内容增加到商业、服务业和技术领域,经营活动范围扩大到全世界,经营时间延长到每天24小时。

4)自营自销模式

自营自销模式是指配件生产企业自筹自建的销售网络体系。

它的优势如下:

(1)网点布建快。由于是自产自销的营销体系,可以省略许多商务与法律程序,在单一权力意志的推动下,集中人、财、物进行单刀直入的网点布建工作。

(2)产品占领市场快。自营自销营销网络便于形成金字塔式的多层次性销售网络体系,能使新产品迅速渗入各个区域市场和市场的各个层面。

(3)有利于树立品牌形象。自建自营销售网点,一般只经营自己的品牌,故使品牌形象迅速传播与确立。

(4)便于市场管理。

它的弊端如下:

(1)运作成本高。在营销体系的构建过程中,由于配件生产企业需投入大量的人力、物力、财力和精力,同时由于产权—经营权一体化的运作机制,缺乏有效的监管和目标,致使铺张浪费严重,使生产企业的销售成本不堪重负,企业利润大为下降。

(2)客户的利益得不到保障。由于产销一体化销售机制,服务意识不强,以桀骜自居者多,视客户为"上帝"者少,严重地影响了企业的市场口碑与品牌的公众形象。

5)代理制经营模式

代理制经营模式是营销领域中的虚拟经营模式,通过代理制,借助中间商的分销系统来销售产品,这被一再证明是一种十分有效的分销网络模式。

工程机械代理商在进行工程机械整机销售时,为了维护市场维护客户,都在同时销售工程机械配件。也就是说,配件经营是工程机械代理商不可或缺的经营活动组成部分,对代理商的发展具有重要的意义。

(1)配件经营是代理商做好整机售后服务的基础。目前,工程机械代理商大多实行的是整机销售和售后服务一体化经营模式,要做好售后服务,保证配件及时供应是非常重要的。客户购买整机时往往要求完整的服务链,配件供应发挥着保障整机正常使用和保证故障及时排除的作用,能有效地增加客户的信任感。

(2)配件经营是代理商的利润来源之一。配件经营在代理商经销环节中,须清楚其到底是保障、保证的职能部门,还是利润来源的重要部门。我们知道,在多数地区,配件毛利率在20%以上,远远高于整机的毛利率。配件销售一般不赊欠,没有分期、按揭之说,货款一般都能收回,经营风险小。现阶段,对于那些配件经营成功的代理商来说,配件利润占整个公司利润的20%以上,真正实现了配件经营的利润支柱作用。

(3)配件经营是维护客户关系、建设忠诚客户群体的重要手段。一般而言,整机销售完成后,特别是产品质保期结束后,代理商多是通过保外修理和配件供应了解客户状况,与客户保持联系。保外修理很难经常性给代理商创造接触客户的机会,但只要客户的设备在正常运转,肯定需要配件,配件经营与客户之间的联系是经常而频繁的。通过及时供应配件,随时了解客户的设备使用状况、了解客户的工作经营状况、了解客户新的需求,及时充实已建立的客户档案,对于维护与客户的关系,建设稳定忠实的客户群体有重要意义。

(4)配件经营是后市场的重要业务之一。近年来,业内人士都在探讨工程机械后市场问题。在工程机械产品的正常寿命周期内,购买整机只有一次(二手机另当别论),而购买配件则是经常的,有些易损件用不了两三个月就要换新的。这些配件加上油品,其生命周期内的总价值应该相当于整机价值,有些机种可能还要超过。因此,围绕"在用设备"经营配件,就能成为代理商的大业务。

2.1.2 店址的选择

在总结配件经营成功经验时,许多配件公司都认为,开店地址是否合适是经营成功重要的原因之一。

1)商圈分析

商圈是指店铺以其所在地点为中心,沿着一定的方向和距离扩展,吸引顾客的辐射范围。简单地说,商圈就是来店顾客所居住的区域范围。商圈由核心商业圈、次级商业圈和边缘商业圈构成。核心商业圈是离店铺最近,顾客密度最高的地方,约占商店顾客的50%~70%;次级商圈的用户占到用户总数的15%~25%,位于核心商圈的外围,用户相对分散;边缘商圈包括了所有的剩余用户,用户最分散。

商圈分析内容包括:

(1)人口规模及特征。
(2)劳动力资源的保障。
(3)供货来源。
(4)促销活动。
(5)经济发展情况。
(6)竞争情况。
(7)相关的法律法规。

2)店址的选择

经过商圈分析后,就可在商圈中选择区域作为店址。店址的选择一般考虑下列因素:

(1)步行交通。例如,人员流量及类型。
(2)车辆交通。例如,车流流量及交通状况。
(3)停车设施。例如,停车场的数量、质量,离店铺的距离,员工停车等。
(4)运输。例如,离高速公路、城市主干道的距离,运输的有效性及搬运装卸的方便性。
(5)同类店铺的构成。例如,数量、规模等。
(6)特定地点。例如,可见度,店铺地形,建筑物形状、大小、建筑年代等。
(7)开店条件。例如,自建与租赁条件、营运和维持成本、税收、区域规划等。
(8)确定区位和地点。

2.1.3 店面布置

1)配件的陈列

对于工程机械配件流通企业来讲,配件的主要销售方式是门市销售。消费者到门市来选购配件,首先映入眼帘的是配件的陈列,因此如何陈列配件极为重要。目前,配件的陈列方式主要有橱窗陈列、柜台货架陈列、架顶陈列、壁挂陈列和平地陈列等。

(1)橱窗陈列是指利用门市临街的橱窗专门展示样品,这是商业广告的一种主要形式。橱窗陈列的特点:一要有代表性,体现企业特色;二要美观大方,引人注目。

(2)柜台、货架陈列,主要陈列工程机械配件中的小件。它具有陈列、销售、更换频繁的特点。

(3)架顶陈列是指在货架顶部陈列商品,具有视野范围较高,消费者容易观看的特点,适用于相关产品,如清洁剂等的陈列。

(4)壁挂陈列,一般是指在墙壁上设置悬挂陈列架来陈列商品,适用于质量较轻的配件。

(5)平地陈列是指将体积大而笨重的、无法摆上货架或柜台的商品,在营业场地地面上陈列。

2)配件摆放注意事项

(1)易于消费者辨认,满足消费者要求。要将配件摆放得成行成列、整齐、有条理。

(2)要将陈列的配件明码标价,有货有价。配件随销随补、补断档、不空架,把所有待销售的配件展示在消费者面前。

(3)定位定量摆放。配件摆放要定位定量,不随便移动,以利于营销人员取放、盘点,提高效率。

(4)分类、分等摆放。应按配件的品种、系列、质量等级有规律地摆放,以便消费者挑选。

(5)连带商品摆放。把使用上有联系的商品摆放在一起,这样能引起消费者的联想,具有销售上的连带效应。

2.1.4 工程机械配件销售注意事项

(1)建立准确的需求计划和预测。
(2)建立准确的库存计划,以避免缺货或多余库存。
(3)维持所需的服务水平,当好客户的参谋。
(4)管理好售后配件的技术数据,最好使用管理软件。
(5)接待并处理好客户退换货业务。
(6)注意使用可替换配件,不要拿错配件。
(7)包装好配件。热情、准确、迅速、周到及时地为客户服务。
(8)完整地向客户介绍工程机械配件及其质量保修规定。

2.2 工程机械配件销售管理

2.2.1 人员管理

1)营销人员的基本要求

(1)职业操守。爱岗敬业、遵纪守法、诚实守信、办事公道、团结互助、文明礼貌、开拓创新。

(2)待人接物。着装朴素大方,外表干净整洁,语言规范得体,举止大方从容。

(3)专业知识。掌握工程机械配件、市场营销、销售心理学等知识,并能熟练运用。

(4)职业素养包括:

①开单制票。开出的单据字迹清楚,严格按照单据的格式逐项填写,准确无误。

②管理售货卡。营销人员在售货时,不仅能迅速抽出卡片完成售货,减少顾客等候时间,同时能做到登记、统计、结转账卡准确,保管完整。

③书写信函。对外地来函求购急缺配件,应来信必复、复必及时。

④正确使用重要量器具。量器具包括游标卡尺、百分表、千分表、扭力扳手、万用表等。

⑤熟练运用计算机软件管理系统。

2)营销人员的岗位职责

(1)负责日常客户接待,向客户介绍经销配件的用途、性能、规格、价格、质量等情况,帮助客户选择配件。

(2)负责办理售货开票、收款等一系列手续。对客户所购配件需到别处提货所得,向客户指引提货地点、路线,或根据客户要求联系送货上门。

(3)负责所销售配件的票据、账目的清点、记载、整理和汇总。

(4)负责客户需要配件的登记、要货、到货通知等一系列手续。

(5)负责柜台、橱窗、平地陈列配件的摆放、更换以及配件标签的填制。

(6)负责与进货人员、仓库保管人员的业务沟通。

(7)负责根据配件的实有情况,及时反馈不足库存配件信息,督促进货。

(8)负责按规定退换售出配件和更换差错账目。

(9)负责答复客户有关配件产地、质量、价格、单车用量、使用寿命以及通用互换等方面的咨询。

(10)负责搜集客户信息,并向有关部门(或人员)及时反馈。

(11)负责整洁销售环境。

2.2.2 客户管理

1)建立客户档案

客户的档案管理是对客户的有关材料以及其他技术资料加以搜集、整理、保管和对变动情况进行记录的一项专门工作。与客户保持长期来往,使客户成为配件采购的稳定客户,是建立客户档案的主要目的。

档案管理必须做到以下几点:

(1)档案内容必须完整、准确。

(2)档案内容变动必须及时。

(3)档案的查阅、改动必须遵循有关的规章制度。

(4)要确保某些档案及资料的保密性。

客户档案可采用卡片的形式,主要内容包括:

(1)客户姓名、联系电话、家庭住址、邮政编码、施工地址、机械设备类型、数量和使用状况等,注意根据变化随时补充。

(2)公司内部员工与客户的工作往来、联系的记录。

(3) 客户每次购买的配件明细和油品明细,客户配件货款回收记录,客户与公司历年交易记录等。

2) 对客户进行分类

在建立客户档案并对客户进行调查分析的基础上,对客户进行分类。

(1) A 类客户。资信状况好,经营作风好,经济实力强,长期往来成交次数多、成交额较大,关系比较牢固的,可作为基本往来户。这类客户可酌情实行日常供货、季度结账的办法。

(2) B 类客户。资信状况好,经济实力不太强,但也能进行一般的交易,完成一定购买额的一般往来户。

(3) C 类客户。资信状况一般,业务成交量较少,可作为普通联系户。

对于不同类别的客户要采取不同的经营策略。优先与 A 类客户成交,在资源分配和定价上适当优惠;对 B 类客户要"保持"和"培养";对 C 类客户则应该积极争取,加强联系。

3) 保持与客户的联系

建立客户档案和客户分类的目的在于及时和客户联系,了解客户的要求,并对客户的要求做出答复;经常查阅最新的客户档案,了解客户配件的使用情况以及存在的问题。与客户进行联系时应遵循以下准则:

(1) 了解客户的需求。应了解客户在配件使用中有什么问题,或者客户还有哪些需求。

(2) 专心听取客户的要求,并做出答复。

(3) 多提问题,确保完全理解客户的要求。

(4) 总结客户的要求。在完全理解客户的要求以后还要进行归纳,并记录好。

(5) 对于 A、B 类客户,可定期或不定期召开用户座谈会或邀请他们参加本企业的一些庆典或文化娱乐活动,以加深与其之间的感情。

4) 送货上门或质量三包

送货上门服务大大方便了顾客,目前在工程机械配件行业较为普遍。为此,配件的日常进出,应该配置货运车辆,以保证进货出货的及时快捷,并且加强与当地的物流单位联系,保证把配件及时完好地送到客户使用地

5) 了解配件的使用信息

要积极主动地向大客户了解其购买配件的使用情况。

3 任务实施

3.1 准备工作

组织动员,让全体参与人员都能了解企业的现状,理解销售体制改变的重要意义。

3.2 操作流程

(1) 引进"1+3"配件捆绑销售体制,即 1 名配件营销人员与多名服务工程师实现配件销售、回款捆绑,让不同岗位的作用充分发挥,更好地保证配件供应的准确性、及时性。

(2) 建立"1+2"销售出库模式,即以现款现货为主,合同赊销、承诺赊销为辅。合同赊销主要是为战略客户量身定制的销售模式,在保证配件货款安全性的同时,给予客户配件消费额度支持,保证客户在额度内的配件及时供应。承诺赊销主要是对资信好,对于长期合作

的中小型客户,在充分掌握其资信状况后,可以由配件营销人员担保,先使用配件,在一个月内将货款清欠。

(3)实施"1+1"销售督办体系,即"督办领导"督办模式。在泵送服务公司内部建立督办体系,其每个部门主管督办5个省份的配件销售管理,使其月度绩效与督办区域内的配件销售、回款目标达成情况挂钩。同时,在配件销售部内部,还实施了内部岗位配件销售区域督办制,各岗位在做好本职工作的同时,每天了解各自督办区域内存在的问题、资源等需求并及时满足解决。

3.3 操作提示

(1)企业领导要高度重视,制订详细的制度规定,并贯彻执行。
(2)企业的应对措施是根据不同环境随即而制,这就要求企业的决策层要能够高瞻远瞩,未雨绸缪。

任务2 网上销售工程机械配件

1 任务导入

1.1 任务描述

登录三一重工股份有限公司网站,客户可以选择"配件在线订购"服务,只要按要求认真填写,稍后就会有相关人员联系,确认订购意向,完成网上配件采购。那么,作为工程机械品牌企业应如何使用和实施电子商务活动呢?

1.2 任务完成形式

(1)讨论和比较工程机械配件电子商务与普通商品电子商务异同。
(2)体验一次网上购物。

2 相关理论知识

2.1 电子商务概述

1)电子商务的概念

电子商务(Electronic Commerce)是指利用计算机技术、网络技术和远程通信技术,实现整个商务(买卖)过程中的电子化、数字化和网络化。电子商务是传统产业面临的新的经济环境、新的经营战略和新的动作方式。电子商务的目标是利用互联网技术,优化产品供应链及生产管理,优化用户服务体系,完成传统产业的提升与转化。

电子商务主要内容包括:
(1)企业应用现代信息技术——互联网。
(2)通过优化生产和供应链来降低成本。
(3)通过更加直接和广泛的客户服务来扩大市场覆盖面。
(4)基于互联网经济的新兴公司的生产及优化动作方式,以及利用互联网优化传统企业的动作方式,达到传统企业向新经济的转型。

(5)电子商务的最终目标就是在新的经济环境下,企业形成新的核心竞争力。

电子商务是一种全新的商务活动形式,它采用现代化信息技术手段,以通信网络和计算机装置代替传统交易过程中的纸介信息载体的储存、传递、统计、发布等环节,从而实现企业管理和服务交易管理等活动的全过程在线交易。电子商务既不是单纯的技术概念,也不是单纯地商务概念,而是依靠互联网支撑的企业商务过程。

2)电子商务的分类

按照商业活动的运行方式划分,电子商务可分为完全电子商务和非完全电子商务。

按照开展电子交易的范围划分,本地电子商务、远程国内电子商务、全球电子商务。

按照使用网络的类型划分,基于专门增值网络的电子商务、基于因特(Internet)网络的电子商务、基于Intranet(企业内部网)网络的电子商务。

按照交易对象划分,企业对企业的电子商务(Business-to-Business,B2B)、企业对消费者的电子商务(Business-to-Consumer,B2C)、企业对政府的电子商务(Business-to-Government,B2G)、消费者对政府的电子商务(Consumer-to-Government,C2G)、消费者对消费者的电子商务(Consumer-to-Consumer,C2C)。

3)电子商务的发展阶段

企业电子商务的基本流程如图8-1所示。按服务水平、运作程度和保证状况,电子商务大体可以分为以下四个阶段:

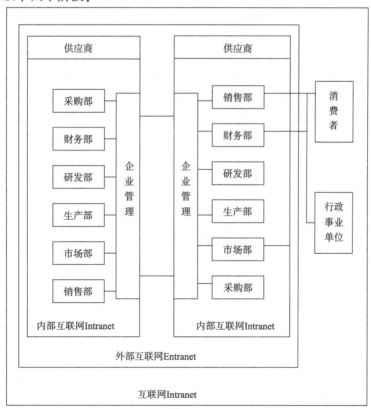

图8-1 企业电子商务的基本流程

（1）电子商务的启动阶段。在电子商务的启动阶段，企业内部初步建立内部联网，利用计算机网络进行信息处理、信息交流和部分企业管理。在此基础上，企业与供应商之间可以实施外部联网运作，如采购品调配，定期、定量供货等，还不能实现网上确定商务合同，进行货币支付等；企业与消费者之间，可以在互联网上以虚拟的形式展示产品、提供产品的目录以及产品的性能参数介绍，确定购买意向等，但还不能实现网上付款、开具单据等来完成买卖。这一阶段的电子商务实质上是传统商务的补充和提高，由于不涉及复杂的技术和法律问题，较易展开。我国的电子商务水平正处于启动阶段。

（2）电子商务的初级阶段。在电子商务的初级阶段，企业已建立较为完整的内部联网，在企业内部实现信息化管理体制；与业务往来密切的供应商之间建立了外部联网，具有使用的信息化供货体系；在互联网上建立了一套方便消费者的网上购物体系，有产品的电子目录、购物指南、还提供免费的电话咨询服务，消费者只要输入姓名、地址、信用卡号，用鼠标点击选中商品的代码即可完成交易。初级阶段的电子商务的宏观运作环境得到了很大的改善，具体表现为出现了金融银行领域中的电子商务资金网、交通运输领域的电子商务物流网以及市场中介机构与电子商务服务中心等。电子商务的社会与法律环境正逐步规范化，由于对电子商务的运行规律还有待探索和总结，故而在标准化问题、安全问题、税收问题、保护知识产权问题乃至个人隐私和商业秘密问题等方面，都有待进一步解决。经济发达国家的电子商务水平正处于初级阶段。

（3）电子商务的成熟阶段。电子商务成熟阶段的标志：

①国际上已制定有统一的法律、标准、政策、法规，确保电子商务的安全、便利以及公正性。

②企业商务活动的全部程序已由计算机网络的信息处理和信息传输所代替。在企业内部和各企业间，从交易达成商品生产、原材料供给、贸易伙伴间单据的传输、货款清单、商品供应服务等各个方面实现一体化的计算机网络信息传输和信息处理。

③电子商务的基础设施和实用技术达到了新的水平，在网络技术、互联网技术、电子数据交换技术、电子支付相关技术等方面具有良好的安全性、可靠性、正确性、适应性、高效性和可操作性。

④电子商务的普遍性。从企业角度来说，普及率大体达到90%左右；从网上消费者而言，将达到"网民"的50%以上，营业额将占到总商业营业额的30%以上。

（4）电子商务的高级阶段。电子商务的高级阶段是指达到了比较理想的境界，这是和经济发展相联系而共同发展、相互促进的结果。高度发展的竞技水平下形成高水平的消费和新的消费观念，更高层次的电子商务模式必将产生以适应其需求。

4）我国电子商务现状以及发展趋势

电子商务已经成为中国最具活力的经济活动。中国是全球最大的网络零售市场，拥有5.33亿网络购物用户，网民的网购使用率达到69.1%。中国网民数量居全球首位，2017年已达到7.72亿人。

电子商务在中国实现了长足的发展，增长潜力依然巨大。2017年，中国电子商务交易额（含B2B及网络零售）达29.16万亿元人民币（约合4.3万亿美元）、同比增长11.7%。2017年，中国网络零售额71751亿元（约合11288亿美元），比上年增长32.2%。其中，实物商品网络零售额 54806 亿元,增长 28.0%,占社会消费品零售总额的比重达到 15%。

2017 年中国跨境电商交易规模(含 B2B 及网络零售)达到 7.5 万亿元(约合 9033 亿美元),同比增长 24%,占中国进出口总额的比重从 2015 年的 24.7% 上升到 27%。2017 年,中国跨境电商零售进口规模继续高速增长,达到 6500 亿元(约合 963 亿美元),同比增长 56.6%。

2.2 配件电子商务

2.2.1 工程机械配件电子商务的应用模式

现代企业已开始将信息网络技术广泛于应用于企业业务的管理之中,尤其是在企业内部、企业与企业间以及企业与客户间的管理方面逐渐形成专门的网络,即通过企业"内联网"进行内部管理,通过"外联网"进行供应链管理,通过"国际互联网"进行客户管理。三种网链相互间有效的应用,构建了企业电子商务的完整模式。对工程机械行业来说,其配件电子商务的应用也不外乎下述三种模式。

1)企业内部的电子商务应用

企业信息化是企业完整的电子商务应用的前提。目前,大多企业信息管理系统主要是通过企业的管理信息系统(MIS)或企业资源计划(ERP)系统来实现。两者是企业内部实现电子商务的关键。在具备了内部业务电子化后,企业内部的电子商务系统主要利用 Internet 技术和产品建立起来的企业内联网,通过企业的内联网实现企业内部员工之间的信息交换系统。

2)企业与企业之间的电子商务应用

电子商务的真正突破是 B2B 电子商务,即在供应链上下游企业之间从事电子商务活动。B2B 电子商务面向企业整个供应链管理,并带来了供应链的变革,企业可整合上下游企业,以中心制造厂商为核心,对上游供应商、下游经销商、物流运输商以及银行进行垂直一体化的整合,构成一个电子商务供应链,消除不必要的运作和消耗,促进供应链向动态的、全球网络化方向发展。

3)企业与客户之间的电子商务应用

企业对客户的电子商务应用主要体现在几个方面:

(1)信息服务。以满足客户对企业产品信息的需要。

(2)会员管理。以吸纳会员并对其进行管理和提供个性化服务。

(3)网上磋商。当买方定价或卖方定价策略确定后,通过网上交易信息的沟通达成交易。

(4)客户订单执行和管理。订单的执行涉及货物的交付和货款的结算,有些网站实行网上洽谈、网下交易的模式。

(5)网上支付。有条件的网站已经实行网上结算货款的方式,以提高交易的效率和实现更完整、更快捷的电子商务服务。

2.2.2 工程机械配件电子商务的应用情况

近年来,工程机械行业强力推进技术改造和升级,用信息技术改造落后的技术、工艺,全行业尤其是起着支柱作用的大型企业初步建设起信息化设施基础,并从自身的实际情况出发,积极推广和应用信息技术,大幅提高了行业的整体技术水平。在这一过程中,一些企业进行了大胆的电子商务探索和尝试。

1）Cat Part Store™综合采购系统

自2000年起,卡特彼勒便采用了Part Store™综合采购系统,这确保了全天候24小时,客户可以随时通过Part Store向本地卡特彼勒代理商订购零件。客户无须离开办公室,甚至无须拿起电话。他们只需在线选择所需的零件,并直接将其发送到施工地点。

Part Store综合采购系统（PS/IP）主要具有以下优势:

（1）高效。订单直接从客户的业务系统下到卡特彼勒代理商系统,减少了手动操作。同时也避免了重复输入。然后,卡特彼勒代理商可将电子发票发送到客户的业务系统,并自动与原始采购订单对账。

（2）订单准确性。客户从多个来源选择零件,如Part Store网站的卡特彼勒在线零件手册;Part Store网站内创建的经常性订单列表;业务系统中的卡特彼勒零件和价格列表,定期以电子形式更新。

（3）即时消息。即使在非营业时间,实时价格和现货率也可帮助客户做出正确的采购决策。

（4）自动库存补充。无须手动操作即可自动发出库存补充订单。

（5）节约成本。

所有这些优点可大大节省交易成本。

2）三一集团配件电子商务平台

对于配件企业来说,三一集团配件电子商务平台属于开创性的尝试,是对传统销售模式的一次大胆突破。

三一集团配件电子商务平台,可以在应用与数据统一的前提下,实现配件数据管理、销售分析统计与部署、商机信息把握等功能,迅速提升集团品牌价值,同时有助于整合集团现有配件网络资源、统一规范配件网络宣传、树立三一配件行业标杆形象。三一集团与中国手中国工程机械商贸网及旗下子网站杰配网打造的网上交易平台,可自由设置及增删页面显示模块,实现更加便捷地对网站风格的更改及组合不同的模块;同时,多语言版本支持的后台管理可以算是为国际化的三一量身打造;完善的B2C交易平台在为用户提供海量及时的产品和服务信息交流的同时,更可在平台进行市场活动推广。

3）徐工的"鼠标+配件"电商模式

2008年伊始,徐工就开始实施"鼠标+配件"电商模式,一方面,倾力打造统一的对外服务窗口,从甚是普及的终端通信工具—电话、手机上入手。另一方面,借助互联网平台,着力推动徐工的网站建设和网络推广,扩大徐工品牌的网络影响力,通畅网络销售渠道。使得无论是从"一个电话"的简单呼叫,还是到电脑上"动动鼠标"的点击,多种终端设备都能获得"一键式"的信息获取与接入。徐工的"鼠标+配件"电商模式,不但给工程机械这个传统产业平添了现代气息,而且为徐工建立覆盖全价值链的业务运营和支撑体系,提高经营效率和整体运营能力,奠定良好的基础。

各大工程机械企业的与时俱进的变革,必将为工程机械配件行业在电子商务领域的进一步开拓奠定坚实的基础。

2.2.3 工程机械配件电子商务发展所面临的问题

工程机械电商平台以制造商为纽带,形成制造商、经销商、配件供应商、维修服务商、用户以及相关金融单位等构成的行业产业链,但由于工程机械的电商仍然处于起步阶段,至今仍然面临着一些问题。

1)配件价格问题

配件价格难以实现透明。目前,电商平台的价格不会是最终销售价,只是参考价,尤其是对于一些二级市场来说,更多的是以线下渠道为主,线上渠道仅仅是线下渠道的补充,拓展销售,实际的销售价格不以线上价格为准,而是根据交易情况进行价格的线下沟通及调整。

2)工程机械的在线交易及服务

工程机械产品是作为生产资料使用的,用户对售后服务特别重视,尤其对售后服务的完善性更是一大顾虑。部分配件的价格较高,配件交易金额较大,如何支付货款、如何退换货、如何追缴货款等都是现实存在的问题。部分用户不愿意在线上支付,有些用户甚至需要金融贷款的方式购买产品,因此,电商平台的功能设计及服务的完善性都是目前行业发展电商的难点。

3)用户对于行业电商的安全及信任度不高

工程机械行业的用户普遍对互联网认识程度不高,尤其是对于工程机械的电商操作不熟悉。配件价值相对较高,配件市场的鱼龙混杂,产品参差不齐,采购者对于网络信息的信任度较低,使得采购者更倾向于去经销商那深入了解产品。

2.2.4 拓展工程机械配件电子商务应用的主要途径

从目前电子商务发展的现实来看,网络结构复杂,不同行业以及行业内部的各种资源难以互享,网络应用落后于网络技术的高速发展,传统企业难以适应信息技术的快速发展。工程机械配件行业要摆脱自身行业性质的限制,必须基于"应用主导,面向市场;网络共建,资源共享;技术创新,竞争开发"的指导方针,开展适合自身行业特点的电子商务应用。

(1)大力推动行业的信息化进程

企业信息化是电子商务应用的重要前提和保障。提高行业电子商务应用整体水平,必须从推进行业的信息化开始。

工程机械行业信息化内容可大致分为两部分:产品设计、制造过程信息化和管理信息化。

①产品设计、制造过程信息化是指工程机械产品设计和生产过程的数字化和自动化,其主要目标是利用计算机辅助设计、计算机辅助工艺、制造、质量保证等技术和生产过程监控等手段和工具,通过产品和制造过程信息的处理,实现设计和制造的自动化,并向协同商务和产品全生命设计、制造拓展。相对其他领域人员来讲,工程机械技术开发人员具有较好的计算机知识和应用经验。从这个角度来讲,将设计过程信息化作为企业信息化建设的突破口,在行业中业已形成共识。

②管理信息化是指企业经营管理过程的数字化和自动化,其主要目标是利用计算机辅助决策、质量、成本财务等管理手段和工具,通过对经营管理过程的信息处理,实现企业经营、计划、管理的数字化、自动化和智能化。例如,企业改善管理水平的 ERP,提高企业工作效率的办公自动化、改善上下游工作效率的供应链管理、客户关系管理等先进信息化系统。

(2)深刻把握电子商务行业应用的规律,探索行之有效的电子商务盈利模式。电子商务是一种全新的管理理念,贯穿于企业运营全过程。例如,IBM 倡导"随需应变"(On Demand)电子商务一样,要对客户和市场一切的变动更敏感和更灵活地做出有效的响应;采用可变的成本结构来提高投资效率和财务结果的可预测性;让战略合作伙伴承担周边次要任务,而自身专注于提升核心竞争力。行业电子商务应用需要结合行业自身的特点,将电子商务理念融入各个操作环节,整合全行业资源,形成整体优势,提升产业链条核心竞争力。

(3)建立电子商务发展的支撑体系。以国家 CA 认证中心为基础,建立起安全可靠的计算机信用网络平台,积极推行企业信用查询,强化网上企业信誉;积极发展现代物流体系,鼓励企业多渠道筹集资金,因地制宜,加快建设企业物流网络体系,积极发展第三方物流;大力发展各类电子支付和结算工具,大力推进网上银行业务。

(4)要努力营造电子商务发展的外部环境。各有关部门要密切配合,通力合作,采取切实有效的政策措施,加快本地区、本系统电子商务的发展;应大力扶持社会化、专业化经营的电子商务第三方服务体系。同时,积极发展公用电子商务平台,为全行业的电子商务发展提供有效的服务。

工程机械行业电子商务的应用发展,不但要依靠自身的努力,而且要依赖于政府的宏观规划、指导和推动。只有联合政府和企业的力量,才能打造工程机械行业完整、统一、高效的电子商务应用体系。

3 任务实施

3.1 准备工作

企业建立自己的网站或租用别人的网站。

3.2 操作流程

(1)建立完备的网上订购系统。
(2)及时处理订购中遇到的各种问题。
(3)通过法律途径解决供求中出现的矛盾。
(4)采取措施,鼓励消费者网上订货。

3.3 操作提示

(1)由专人负责、管理网上订货的一系列工作。
(2)注意物流配送的及时、安全、准确。

任务 3　配送工程机械配件

1 任务导入

1.1 任务描述

中国作为世界上最大的工程机械设备市场,为配件的销售带来了绝佳的发展机遇。制造商和代理商都已经意识到配件市场的重要性,互联网的发展也给配件市场带来新的机遇,各种配件销售的互联网平台也层出不穷,配件市场的竞争将会更加激烈。配件和服务的需求对于及时性要求很高,作为工程机械配件销售企业讨论如何合理利用配件配送功能,快捷、安全和准确地将配件送到客户手里?

1.2 任务完成方式

制订方案并讨论作为物流企业如何实施有效的配送功能,将配件快捷、安全和准确地将配件送到顾客手里。

2 相关理论知识

2.1 物流配送与供应链管理

2.1.1 物流配送

物流服务是指物流供应方通过对运输、储存、装卸、搬运、包装、流通加工、配送和信息管理等功能的组织与管理来满足其客户物流需求的行为。现代物流是借助现代科技特别是计算机网络技术的力量,对社会现有的物流资源进行整合,实现物品从生产地到消费地的快速、准确和低成本转移的全过程,获取物流资源在时间和空间上的最优配置。随着全球和区域经济一体化的深度推进,以及互联网信息技术的广泛运用,全球物流业的发展经历了深刻的变革并获得越来越多的关注。目前,现代物流已经发展成包括合同物流(第三方物流)、地面运输(公路和铁路系统提供的物流)、快递及包裹、货运代理、第四方物流、分销公司在内的庞大体系。其中,物流活动以物为主体,以运输和储存两大功能为框架,辅以适当的包装、装卸搬运、流通加工、配送和相应的信息处理功能,实现商品使用价值的转移。

在物流服务过程中,人们通常把面向城市内和区域范围内需要者的运输称为"配送"。也就是说,"少量的货物末端运输"是配送。这是广义上的概念,是相对于城市之间和物流结点之间的运输而言的。随着物流业的发展,人们对配送的理解与人士也在发生变化,相应地,配送的内涵也在不断发生变化。综合来说,配送就是根据客户的要求,在配送中心或者其他物流结点进行货物配备,并以最合理的方式交给用户的过程。它是在整个物流过程中的一种既包含集货、储存、拣货、配货、装货等一系列狭义的物流活动,也包括运输、送达、验货等以送货上门为目的的商业活动,它是商流与物流紧密结合的一种特殊的综合供应链环节,是物流过程中关键环节。现今,配送作为供应链的末端环节和市场营销的辅助手段,日益受到重视,物流是国民经济的基础和企业生产的前提保证。

2.1.2 供应链管理

供应链管理(Supply Chain Management,SCM)是一种集成的管理思想和方法,它执行供应链中从供应商到最终用户的物流计划和控制等职能。从单一的企业角度来看,它是指企业通过改善上、下游供应链关系,整合和优化供应链中的信息流、物流、资金流,以获得企业的竞争优势。供应链管理主要涉及四个主要领域:供应、生产计划、物流、需求。供应链由原材料供应商、制造商、分销商、物流与配送商、零售商及消费者组成,一条富于竞争力的供应链要求组成供应链的各成员都具有较强的竞争力,不管每个成员为整个供应链做什么,都应该是专业化的,而专业化就是其优势所在。

现代物流行业的发展趋势是从基础物流、综合物流逐渐向供应链管理发展。供应链概念是传统物移理念的升级，将物流划为供应链的一部分，综合考虑整体供应链的效率和成本。供应链是生产及流通过程中，涉及将产品或服务提供给最终用户活动的上游与下游企业，所形成的网链结构。供应链管理渗透物流活动和制造活动，涉及从原材料到产品交付最终用户的整个物流增值过程。供应链管理属于物流发展的高级阶段，供应链管理的出现标志着物流企业与客户之间从物流合作上升到战略合作高度。物流企业从基础服务的提供逐渐转变为供应链方案的整合与优化，在利用较少资源的情况下，为客户创造更大的价值。供应链管理与物流服务有着十分密切的关系。供应链管理是物流运作管理的扩展，是物流一体化服务的延伸。具体表现在以下几个方面：

（1）供应链管理是物流服务发展到集约化阶段的产物。

（2）物流服务贯穿整个供应链管理的过程。

（3）供应链管理是物流服务新的竞争战略。

现代物流业属于生产性服务业，是国家重点鼓励发展行业。现代物流业作为国民经济基础产业，融合了道路运输业、仓储业和信息业等多个产业，涉及领域广，吸纳就业人数多，现代物流业的发展可以推动产业结构调整升级，其发展程度成为衡量综合国力的重要标志之一。中国物流业市场规模位居全球第一，美国位列其次，预计未来几年，全球物流业仍将快速发展。随着信息技术和供应链管理不断发展并在物流业得到广泛运用，通过物联网、云计算等现代信息技术，实现货物运输过程的自动化运作和高效化管理，提高物流行业的服务水平，降低成本、减少自然资源和市场资源的消耗，实现智能物流，更多物流企业向提供供应链服务方向延伸发展。

2.1.3 物流配送的特点及其运作条件

1）物流配送的特点

根据配送的概念可知，配送具有以下几个特点：

（1）配送的产生和发展是社会化分工的进一步细化的结果。随着市场化经济的发展，顺应社会化大生产发展的要求，社会分工进一步细化，社会分工的细化使业内部在追求组织结构的优化与重组的同时，开始寻求专业的物流服务，形成对配送服务的需求。

（2）配送是接近客户资源配置的全过程。配送不仅是在恰当的时间、通过恰当的方式、花费最少的费用将货物最终传递到需求者，而要将最优质的服务传递给需求者。因此，它头连着物流系统的业务环节，一头连接着客户，直接面对服务对象的各种服务要求。配送功能完成的质量及其达到的服务水准，直接而有具体地了物流系统对需求的满足程度。

（3）配送是一种"中转"形式。配送是从物流结点至用户的一种特殊送货形式。从送货功能看，其特殊性表现为从事送货的是专职流通企业，而不是生产企业；配送是"中转"型送货，而一般送货尤其从工厂至用户的送货往往是直达型；一般送货是生产什么、有什么就送什么，配送则是企业需要什么就送什么。所以，要做到需要什么送什么，就必须在一定中转环节筹集这种需要，从而使配送必然以中转形式出现。当然，广义上来说，许多人也将非中转型送货纳入配送范围，将配送外延从中转扩大到非中转，仅以"送"为标志来划分配送外延，也是有一定道理的。

（4）配送是"配"和"送"有机结合的形式。配送与一般送货的重要区别在于，配送利用有效的分拣、配货等理货工作,使送货达到一定的规模,以利用规模优势取得较低的送货成本。如果不进行分拣、配货,有一件运一件,需要一点送一点,就会大大增加动力的消耗,使送货并不优于取货。所以,追求整个配送的优势,分拣、配货等项工作必不可少。

(5)配送以用户要求为出发点。在整个配送过程中,要始终强调客户的主导地位。配送是从用户利益出发、按用户要求进行的一种活动。在观念上必须明确"用户第一""质量第一",配送企业的地位是服务地位而不是主导地位,因此不能从本企业利益出发,而应从用户利益出发,在满足用户利益基础上取得本企业的利益。更重要的是,不能利用配送损伤或控制用户,不能利用配送作为部门分割、行业分割、割据市场的手段。

2)物流配送的运作条件

物流配送是一种现代化的流通方式,具有很多优点,但物流配送的实施是一项较为复杂的工作,它具有一定的条件,主要包括以下几方面:

(1)须具备稳定的资源保障。
(2)须具备足够的资金。
(3)须具备完善的配送手段。
(4)须具备高效的信息系统。
(5)须具备一支素质高的职工队伍。

2.1.4 物流配送的功能要素

1)备货

备货是配送的准备工作或基础工作,备货工作包括筹集货源、订货或购货、集货、进货及有关的质量检查、结算、交接等。配送的优势之一,就是可以集中用户的需求进行一定规模的备货。备货是决定配送成败的初期工作,如果备货成本太高,会大大降低配送的效益。

2)储存

配送中的储存有储备及暂存两种形态。

配送储备是指按一定时期的配送经营要求,形成的对配送的资源保证。这种类型的储备数量较大,储备结构也较完善,视货源及到货情况,可以有计划地确定周转储备及保险储备结构及数量。配送储备保证有时在配送中心附近单独设库解决。

储存形态为暂存,是指在具体执行日配送时,按分拣配货要求,在理货场地所做的少量储存准备。由于总体储存效益取决于储存总量,因此这部分暂存数量只会对工作方便与否造成影响,而不会影响储存的总效益,因而在数量上控制并不严格。

还有一种形式的暂存,即在分拣、配货之后,形成的发送货载的暂存,这个暂存主要是调节配货与送货的节奏,暂存时间不长。

3)分拣及配货

分拣和配货是配送不同于其他物流形式的有特点的功能要素,这是配送成败的一项重要支持性工作。分拣及配货是完善送货、支持送货准备性工作,是不同配送企业在送货时进行竞争和提高自身经济效益的必然延伸,即送货向高级形式发展的必然要求。因为有了分拣及配货就会有效地提高送货服务水平,所以,分拣及配货是决定整个配送系统水平的关键要素。

4）配装

在单个用户配送数量不能达到车辆的有效载运负荷时,就存在如何集中不同用户的配送货物,进行搭配装载以充分利用运能、运力的问题,这就需要配装。与一般送货不同之处在于,通过配装送货可以大大提高送货水平及降低送货成本。配装既是配送系统中有现代特点的功能要素,也是现代配送不同于以往送货的重要区别之处。

5）配送运输

配送运输属于运输中的末端运输、支线运输,它和一般运输形态的主要区别在于其配送运输是较短距离、较小规模、额度较高的运输形式,一般使用汽车做运输工具;它与干线运输的另一个区别在于其配送运输的路线选择问题是一般干线运输所没有的,干线运输的干线是唯一的运输线,而配送运输由于配送用户多,一般城市交通路线又较复杂,如何组合成最佳路线、如何使配装和路线有效搭配等,是配送运输的特点,也是难度较大的工作。

6）送达

配好的货运输到用户还不算配送工作的完结,这是因为送达货和用户接货往往还会出现不协调,使配送前功尽弃。因此,要圆满地实现运到之货的移交,并有效、方便地处理相关手续并完成结算,还应讲究卸货地点、卸货方式等。送达服务是配送独具的特殊性。

7）配送加工

在配送中,配送加工这一功能要素虽不具有普遍性,但是往往有重要作用的功能要素。其主要原因是通过配送加工,可以大大提高用户的满意程度。配送加工是流通加工的一种,但配送加工有其不同于一般流通加工的特点,即配送加工一般只取决于用户要求,其加工目的较为单一。

2.1.5 物流配送的作用

(1)通过专业化降低成本,提高效率。专业化是高效率、低成本的基础,在业进行营销活动实现实体分配时,如果不引入专业的渠道成员参与实体分配,则由于每个企业的核心能力不同,进行运作是必然使成本上升、效率下降。而通过专业化的配送,企业在完成配送时能够比其他人更好地承担实体分配功能,从而实现提高效率,低成本,进一步增强企业的竞争力。另外,配送环节的建立,为大型企业集团统一采购,集中库存创造了良好的条件,使这些企业集团的规模经济优势得以充分实现。

(2)简化手续,方便用户。每个客户由于自身的实际情况不同,对供应的要求也有所不同。采用配送方式,客户只要向一个企业订购,就可订购到以往须向许多企业才能订购到的货物,同时,接货手续可简化,因而大大减轻了客户的工作量、节省了开支、方便了客户。

(3)实现企业的低库存或零库存。如果工商企业自己保持库存来维持生产或销售,由于受到库存费用的制约,则很难提高商品供应或销售保证程度。实现了高水平的配送之后,尤其是采取准时配送方式之后,企业可完全依靠配送中心的准时配送而不需保持自己的库存。或者,只需保持少量保险储备而不必留有经常储备,这就可以实现企业多年追求的"零库存",将企业从库存的包袱中解脱出来,同时解放出大量的储备资金,从而改善企业的财务状况。采用配送方式、配送中心,实行集中库存,其总量远低于不实行集中库存时各企业分散库存至总量,同时增加了调节能力,也提高了社会的经济效益。销售企业通过商品配送服务,可及时满足客户多样化、个性化需求,大大提升企业的竞争力。

2.2 工程机械配件物流配送

2.2.1 配件物流配送模式

近几年,随着中国工程机械产业的高速发展,工程机械配件市场呈现出前所未有的巨大发展空间,也正因如此,配件的物流配送也日益得到重视。现阶段工程机械配件物流配送模式主要有以下几种。

1) 自营配送模式

自营配送模式是指企业物流配送的各个环节由企业自身筹建并组织管理,实现对企业内部及外部货物配送的模式。这种模式的特点是有利于企业供应、生产和销售的一体化作业,系统化程度相对较高,既可满足企业内部原材料、半成品及成品的配送需要,又可满足企业对外进行市场拓展的需求;其不足之处表现在,企业为建立配送体系的投资规模将会大大增加,在企业配送规模较小时,配送的成本和费用也相对较高。

一般而言,采取自营配送模式的工程机械配件企业大都是规模较大的集团公司。其采用此种配送模式主要由以下因素决定:

(1) 一般来说,在整个工程机械配件供应链中,工程机械配件生产企业处于绝对核心地位,对渠道或整条供应链过程的控制力比较强,往往选择第二方物流模式,即作为龙头企业来组织全过程的物流活动和制定物流服务标准。

(2) 由于工程机械制造企业是实力比较雄厚的大中型企业,有能力建立自己的物流系统,制定合适的物流需求计划,保证物流服务的质量。

(3) 配件服务的销售利润率远远高于持续下跌的工程机械整机利润率,吸引了越来越多的工程机械配件生产企业转向售后服务市场。售后服务市场的丰厚利润弥补了工程机械配件生产企业选择自营配送模式所带来的高昂的物流总成本。

2) 第三方配送模式

第三方是指为交易双方提供部分或全部配送服务的外部服务提供者。第三方配送模式是指交易双方把原本需要自己完成的配送业务委托给第三方来完成的一种配送运作模式。具体而言,第三方配送模式对于工程机械配件生产企业提升竞争力具有良好的促进作用。

(1) 采用第三方配送模式,有利于工程机械配件生产企业提高物流效率、降低运营成本。

(2) 采用第三方配送模式,有利于工程机械配件生产企业减少投资、提高核心竞争力。

(3) 采用第三方配送模式,有利于构建客户和工程机械配件生产企业的信息沟通渠道。

但是,企业将配送业务外包后,对配送业务控制力减弱,容易受制于第三方配送组织。特别是我国专业化、社会化配送还没有广泛形成,这时的企业采用第三方配送模式承担了一定的风险。但随着物流产业的不断发展以及第三方配送体系的不断完善,第三方配送模式已经得到社会各方的广泛关注,在配送领域发挥着积极的作用。

3) 共同配送模式

共同配送模式是指只是一种配送组织间为实现整体的配送合理化,以互惠互利为原则,互相提供便利的配送服务的协作型配送模式。共同配送模式是一种现代化的、社会化的配送模式,可以实现配送资源的节约和配送效率的提高,是现代社会中采用较为广泛、影响面较大的一种配送模式。

2.2.2 配件物流配送运作流程图

所谓的配件物流配送运作流程图是指配件配送活动的典型作业流程图。在市场经济条件下,用户所需的配件大部分都由配件销售企业或者是供需企业某一方委托的专业配送企业进行配送服务,但由于不同的配送配件具有不同的特征,因此,配送服务形态也有所差别。下面是一种极为常见的配件配送业务运作流程图,如图8-2所示。

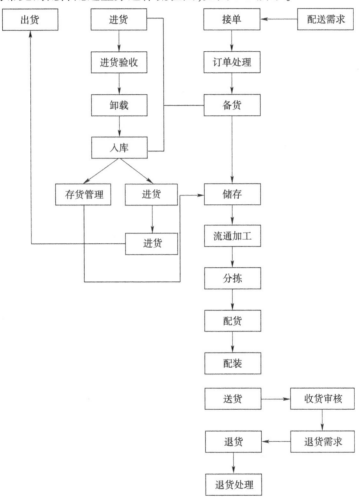

图8-2 配件物流配送业务运作流程图

2.2.3 配件物流配送所面临的问题

物流配送发展在我国是近几十年的事,从目前来看,发展表现出了一些问题,主要表现在以下方面:

(1)配送的环境。物流配送作为一个小的社会行业,面临的环境状况并不太好,主要表现为制度环境有待改善、基础设施尚不完善以及商业环境较为落后。

(2)配送的规模较小。我国现有的配送中心规模都不大,跟国外相比存在很大差距。

(3)配送的人员素质不高。国外物流教育和培训很发达,从业人员具有一定的知识水平和实践经验;而我国在这方面还非常落后。高等院校中设置物流专业及课程的很少,物流在职人员的职业教育更是贫乏。可见,停留于传统操作形态、费用高、时效低的物流业已成为我国经济发展一大阻力。

(4)配送的技术较为落后。物流配送中心设施薄弱,功能不齐,机械化、自动化程度低。由于高科技的发展,国外配送中心普遍采用了机械化和自动化作业,装卸搬运由吊车、电动叉车和传送带完成。设有高层货架的立体仓库,使储存向空间延伸。在美国,其立体仓库大部分都建有专业通信网,货物的存取搬运都利用托盘、货架铲车和吊车。在日本,已呈现出采用尖端物流技术的趋势,如电脑控制的机器人和搬运特殊物品的机械手,高速分拣装置和特殊运货车辆等,而我国的大部分连锁商业目前尚处于较为落后的状态,运输、通信等手段都很落后,技术和设备还比较缺乏,无法完成配送功能,致使配送效率低、效益差。

2.2.4 我国配件物流配送的发展趋势

在当前专业分工越来越细、电子商务发展迅速和交通运输业快速发展的大好形势下,我国的物流配送企业只要紧跟时代发展脉搏,做好自身发展,学会内外联合,做强做大,那么配送企业就必然走向专业化、大型化、国际化;在当前科学技术迅速发展的状况下,越来越多的技术和设备会应用到物流配送企业,配送中心会走向机械化、自动化、立体化;在当前国家对物流的大力扶持下,配件物流配送企业会走向现代化、社会化、产业化。

综上所述,配送企业(中心)作为物流的重要组成部分,是有效完成的重要保障,要想突破当前配送的瓶颈,除了当前的交通基础设施建设、电子商务的发展和科技的发展外,还应该努力建成社会化、产业化、高效化的合理的物流配送体系,使配送在物流这一环节得以不断发展和完善。

3 任务实施

3.1 准备工作

(1)查找相应法律法规。
(2)技术、管理、资金、人员等要到位。

3.2 操作流程

(1)建立完善的物流配送系统。
(2)严格规章制度,保障配送物资的安全。
(3)处理好配送中出现的各种问题、矛盾。
(4)树立企业良好形象。

3.3 操作提示

与配件销售企业建立良好的合作关系,互惠互信,保持长期合作。

 思考与练习

(1)请问什么叫作工程机械配件电子商务。
(2)简述工程机械如何实施有效配件管理。
(3)简述工程机械配套件如何实施有效的物流配送。

（4）比较普通商品的电子商务与工程机械配件的电子商务有何不同。

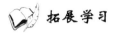 拓展学习

中国工程机械行业"十三五"发展规划简介

工程机械行业是国家装备制造业的重点产业之一。行业的发展与国民经济现代化发展和基础设施水平息息相关。工程机械行业发展规划的科学编制关系行业健康、可持续发展的大局。自2014年9月起，中国工程机械工业协会受工信部装备工业司的委托开展行业"十三五"发展规划（以下简称"规划"）前期研究及制定工作，在所属各专业分支机构及行业各相关企业的积极支持、密切配合下，协会充分利用掌握的数据、重要案例、国内外发展的成果等，深入、前瞻、开放、创新地开展"十三五"规划的编制工作。经过一年多的调研、编制及反复修改，终于如期完成了中国工程机械行业"十三五"发展规划工作，并向全行业正式发布。

规划结合当前经济形势和国际产业发展趋势，针对行业发展现况和市场需求，分析研究我国工程机械行业"十二五"发展状况及存在的问题，提出了"十三五"期间工程机械行业发展的战略思路、发展目标、主要任务、应对措施及政策建议。

规划明确了"十三五"期间行业发展的指导思想是：全面贯彻党的十八大和十八届三中、四中、五中全会精神，努力实现工程机械行业中高速增长和迈向中高端水平的"双目标"；加快实施工程机械行业产业和产品走出去战略，推进国际产能合作；实施"制造强国"战略，坚持创新驱动、质量为先、优化结构、绿色发展、人才为本，努力强化基础，推动智能转型，坚持持续发展，加快工程机械从制造大国转向制造强国；结合工程机械行业特点，实施"互联网＋"行动计划，推动互联网、云计算、大数据、物联网与工程机械优化产业结构、加速结构调整和推进智能化制造相结合，全面实现规划战略目标。同时，规划还从行业发展总体指标、总量目标、智能化信息化发展目标、提升出口及海外营业收入所占比重等四个方面提出了行业"十三五"期间的具体发展目标。

规划通过对国内外工程机械市场发展的分析，尤其是根据"一带一路"倡议、京津冀协同发展、长江经济带三大战略所引发的基础设施建设为行业所带来的机遇及新的发展环境，预测，到2020年我国工程机械在国内外市场的销售额将达到6500亿元；行业出口及海外营业收入占比到"十三五"末将超过30%；出口力争实现稳步增长，行业出口额达到240亿~250亿美元，占行业年总销售额20%以上。

规划强调"十三五"期间行业发展应以质量效益、结构优化为重点，着力实施"制造强国"发展战略，坚持创新驱动、智能转型、强化基础、绿色发展，加快工业化和信息化深度融合步伐，充分利用现代化技术，在产品智能化、制造数字化及智能化、服务网络化等方面取得明显突破；加快实施走出去战略；建立和完善技术标准体系，加团体标准的制定，着力提高工程机械产品和服务标准水平，实现行业的可持续发展和迈向中高端水平。

同时，为保障用户安全使用、保护企业资产安全及客户权益、有序推进二手和再制造工程机械规范流通，为进一步建立二手和再制造工程机械市场交易评估与定价机制及淘汰报废制度创造条件，提出行业应加快建设工程机械后市场服务平台，到"十三五"末，要基本建

成工程机械机身识别码数据库,以及设备全生命周期使用记录和交易情况记录,为规范在用工程机械管理及流通提供基础数据服务。

规划列明了"十三五"期间行业需要重点开发的九大类创新产品,分别是:海洋工程机械产品、智能化技术工程机械产品、绿色节能产品、大型和超大型产品、抢险救援工程机器人、能源多样化工程机械产品、具有电传动综合技术的工程机械产品及产业化、环保机械成套装备、大埋深跨海隧道设备等。

为充分发挥企业在技术创新中的主体地位,规划鼓励企业加强对产品在可靠性;数字化智能化制造;检测、试验与评价数字化智能化平台建设;强基等四方面示范创新工程的投入,以推进企业为主导的产学研协同创新的示范效应,促进工程机械产业结构和产品水平迈向中高端,完成"走出去"战略,加快中国从制造大国转向制造强国迈进的步伐。

规划凝聚了工程机械行业科学发展共识,勾画了行业未来五年的发展蓝图,它的编制和发布,对行业未来五年转型、升级,科学可持续地发展起到了方向性的导引作用,对推动行业实施"走出去"和"制造强国"战略具有重大的指导意义。

项目 9　开拓工程机械租赁业务

 概述

  融资租赁于 1952 年源自美国，起初是以设备促销为目的，将分期付款的方式改革成融资租赁方式，从此这种做法迅速传遍世界。融资租赁在国外发达国家的发展中经历了开创期、转型期、繁荣期和稳定期。进入 20 世纪 80 年代，融资租赁市场空前繁荣。进入 21 世纪，融资租赁在经历了几次全球经济的波动之后，已经回归理性，但在全社会固定资产投资中的比重基本保持在 30% 左右，在工程机械行业占到 50% 以上。国外跨国公司有庞大的营销和售后服务体系来支持自己的市场销售，即已经成功地开辟工程机械的后市场运作。从事后市场运营的公司，其资产规模、员工数量甚至大于制造业自身，制造商实际主导着设备流通的全过程：销售、租赁、配件、技术服务以及服务于租赁和二手市场的再制造中心。租赁、二手交易、再制造等不但是其营销体系的重要组成部分，而且是最大限度地发挥其品牌效应，维护产品市场流通秩序，多环节地寻求利润的有效措施。

  中国最早的融资租赁公司是成立于 1981 年的"中国东方租赁有限公司"，它是一家中外合资的租赁公司，这标志着我国专业化的租赁公司产生。租赁公司经过了近 40 年的发展取得了长足的进步。截至 2018 年底，全国融资租赁企业总数约为 11,565 家，中国租赁行业已进入快速成长期。其中，金融租赁 69 家，内资租赁 466 家，外资租赁 11,099 家。随着施工企业全面推行项目管理，孕育了工程机械租赁业的产生和发展，工程机械租赁业已经形成了一定的规模。施工单位和工程机械制造商对租赁越来越认可，对其重要性也有了较深刻的认识。

  近年来国家实施了稳健的货币政策，为解决实体经济发展中的资金稳定供应难题，为企业技术改造、设备升级提供融资服务，融资租赁这一集融资与融物、贸易与技术于一体的新型非银行金融业务开始得到中央和有关政府部门的重视，并出台了一系列促进融资租赁行业的发展政策：

  (1) 2015 年 9 月 7 日，国务院办公厅发布《关于加快融资租赁业发展的指导意见》，从改革体制机制、加快重点领域发展、创新发展方式、加强事中事后监管等方面对融资租赁业发展进行全面部署，并提出到 2020 年融资租赁业市场规模和竞争力水平位居世界前列。

  (2) 2016 年 3 月 7 日，商务部、税务总局发布《关于天津等 4 个自由贸易试验区内资租赁企业从事融资租赁业务有关问题的通知》，以贯彻落实天津、福田、广东自由贸易试验区总体方案和进一步深化上海自贸试验区改革开放方案，支持自贸试验区融资租赁企业积极探索、先行先试,促进融资租赁业蓬勃发展。

(3)2017年3月,中国人民银行、工业和信息化部、中国银监会、中国证监会、中国保监会联合发布《关于金融支持制造强国建设的指导意见》,鼓励加快制造业融资租赁业务发展及其资产证券化。

(4)2018年5月14日,商务部官网发布通知,商务部已将制定融资租赁公司、商业保理公司、典当行业务经营和监管规则职责划给银保监会,自2018年4月20日起,有关职责由银保监会履行。融资租赁机构实现归口管理,融资租赁行业市场秩序得到进一步规范。

虽然目前我国融资租赁的行业状况与高速的经济发展仍不相称,我国的融资租赁行业尚处起步阶段,属于"朝阳产业"。与世界主要国家15%以上的融资市场渗透率相比,我国6%左右的融资市场渗透率表明了我国的融资租赁行业距离成熟还有较大的距离。但是随着企业对融资租赁认知的逐步加深,加上融资租赁业务产品的不断改革与创新,融资租赁作为一种日趋畅行的融资手段,将在中国未来的金融市场中扮演着越来越重要的角色。

任务1　认识工程机械设备租赁业务

1　任务导入

1.1　任务描述

某A公司通过投标承揽了一项高速公路沥青路面工程项目。由于公司自有摊铺机较旧,无法达到路面施工技术等级要求,于是选择租赁某品牌的沥青混凝土摊铺机,并向某B租赁公司的业务代表提出融资租赁申请,租用期为3个月。该租赁公司接到申请后,派出业务代表前往承租公司洽谈租赁方案,并进行公司及项目考察,经过双方就租赁方案相关条款进行洽谈和协商,最终签订了摊铺机租赁协议。

1.2　任务完成方式

制订一份沥青混凝土摊铺机租赁业务方案,画出业务流程图。

2　相关理论知识

2.1　工程机械租赁的分类

在我国的法律中广义的租赁分两大类,即租赁和融资租赁。

2.1.1　租赁

按照承租人占用租赁物件的时间或服务计算租金,出租人计提折旧,租赁费可全部摊入承租人经营成本,租赁物件所有权不转移给承租人,它是纯粹的一种租赁,是一种传统的、简单的交易方式,工程机械领域里租赁的概念大都指这种租赁。传统租赁目前有两类企业:一是设备制造厂商办的租赁机构,另一个是不依附任何企业的独立租赁公司,在工程机械租赁领域里更多的是这类微型企业。租赁由于手段灵活,经营成本低廉,在竞争中突显优势。

2.1.2　融资租赁

按照承租人占用出租人资金和服务的时间计算租金,融资租赁包括:

(1)简单融资租赁是指全额融资、最终所有权转移给承租人、担不负责维修保养;承租人计提折旧,折旧费和利息可以摊入承租人经营成本。

(2)经营性租赁是指非全额融资、最终所有权不一定转移、可提供维修保养;出租人计提折旧,租赁费可全部摊入承租人经营成本。它实际上是一种租售行为,属于现代租赁,交易方式比较复杂,租赁结束后,租赁物件的产权大都转移给承租人。由于它对外部环境要求较高,近几年刚刚在工程机械领域兴起,规模在行业中所占比重非常微薄。

融资租赁是知识密集型和资金密集型产业,对企业人才的素质要求非常高,其发展速度较慢。简单融资租赁与经营租赁的区别见表9-1。

简单融资租赁与经营租赁比较　　表9-1

项目类型	融资租赁	经营租赁
租金计算方法	占用融资成本的时间	租赁物使用时间
风险和责任	物权和债权分离	物权和债权分离
租赁的目的	承租人获得租赁物	承租人短期使用租赁物
物件的选择	承租人(客户)自由选择	出租人购买,承租人选择使用
库存	无	有
租赁合同期限	中长期(1年以上)	一般多是短期使用
标的物管理责任	承租人(客户)	出租人
保险	承租人按约定购买	出租人购买
保险受益人	出租人	出租人
中途解约	不可以	可以
合同期满的处理	承租人(客户)留购	归还出租人
留购价格	一般是象征意义的价格	市场公允价格

2.2 我国工程机械租赁未来经营模式发展

在我国,全社会固定资产的大力投入使工程机械市场连续多年飞速发展的背景下,制造商主要集全公司力量在新机的研发、销售和售后服务上,对于工程机械后市场尚未引起关注,或已经关注但尚未开发。随着新设备销售进入微利时代,大型设备企业必将把获利空间转移到后市场上,工程机械租赁未来具有广阔前景。

2.2.1 租赁经营模式的架构

成熟租赁经营的模式(图9-1),是指在制造与最终用户中间建立服务产业链,代替工程机械制造商进行后市场运作,集融资租赁、经营租赁、再制造、二手设备交易和代理销售等功能为一体,引入大租赁概念,打造设备综合服务商,实现产业多功能化,满足终端用户和制造商的各类需求,开创双赢局面。

2.2.2 运行租赁经营模式的前提条件

(1)租赁公司需要具备品牌的吸引力,或关注品牌影响力的建设,被市场认同。

(2)租赁公司和制造商建立有良好的战略合作关系,具备采购要价能力。

(3)行业先进的管理手段和可以复制的各项经营管理制度。

(4)拥有自己覆盖全国的强大租赁网络,有足够设备存量和从事经营租赁的专业技术人员、服务团队。

(5)在租赁网络基础上搭建二手设备营销网络。

(6)拥有再制造的能力,并能再制造部分核心部件。

(7)取得融资租赁资质。

2.2.3 租赁模式中的角色分工

1)制造商

制造商是工程机械交易的起点,生产工程机械产品,销售给客户。

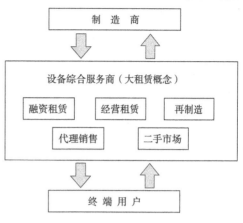

图9-1 租赁经营模式示意图

2)终端用户

对于工程机械市场而言,终端用户是工程承包商、混凝土制造商(混凝土设备的终端用户)等,只有他们才是追求设备使用价值的真正群体。而制造商、融资租赁商、经营租赁商均不会追求设备使用价值,他们只在乎流动过程中的服务增值。终端使用客户重视设备的使用价值,弱化产权的归属,为经营租赁、二手设备市场提供了发展的可能。

3)设备综合服务商

设备综合服务商是制造商与终端用户销售环节的产物,集融资租赁、经营租赁、再制造、二手交易、代理销售等多种经营模式于一体,是租赁经营的理想模式。

2.2.4 设备综合服务商各功能模块分析

1)经营租赁

设备综合服务商首先必须以经营租赁为核心,建立强大的经营租赁网络平台,只有经营租赁打下坚实基础,才有为其他功能模块提供长足发展的可能。简单地说,经营租赁是以让渡设备的使用权取得收益的一种经营模式,由于它与生俱来的灵活性及化解风险的能力,在市场的地位和作用不可低估。对于融资租赁而言,它可以盘活回购设备,消除回购风险;对于二手交易而言,它可以成为二手设备最大的供货商,也可以成为最大的购货商,通过自己的经营租赁网络,建立二手设备的采购和销售渠道,最大限度盘活二手资产。

2)融资租赁

融资租赁角色的作用就是在产权流动过程中给经营租赁商或终端使用客户提供融资能力。经营租赁通过融资租赁为媒介,达到规模的迅速扩张,同时结合融资租赁和经营租赁,为客户提供全面、整体的解决方案。融资租赁的最大商业风险就是出现大量呆账、坏账,如果仅由融资租赁商(金融公司背景)或制造商以回购方式消除呆账、坏账,由于没有经营租赁和二手处置渠道,回收的设备必将成为沉没成本,不可能从根本上化解风险。在理想模式中,融资租赁归属于设备综合服务商,而综合服务商同时拥有自己的经营租赁业务和二手处置市场,一旦出现资金风险,可以马上回购,将设备补充进入经营租赁领域,赚取经营租赁收益,或进入再制造,整体翻新后,进入二手交易。在融资租赁交易付款比例设定上,回购成本不仅低于新设备同等年限重置成本,存在较大的利润空间,而且对经营租赁业务而言,二手设备在使用和收益上,与新设备没有什么区别,仅在油耗、配件消耗上有一点影响。在经营租赁的同时,可以发布在二手设备信息平台,有市场需求,就可以在二手市场上出售。

3)再制造

再制造是一种对废旧产品实施高技术修复和改造的产业。引入再制造不仅符合节能减排、低碳生产要求,而且可以开创制造商、最终用户、设备综合服务商的双赢局面。

(1)再制造对于制造商的影响:

①再制造是制造商二手销售渠道,可以帮助制造商销售法制机、退货机、存货机、展示样机、实验机等,解决不良存货。

②制造商开展以旧换新销售渠道,帮助制造商解决收购的客户旧设备的二次销售。

(2)再制造对于最终用户的影响:

①协助制造商以收代修,从根本上解决客户抱怨,通过再制造技术,实现产品质量提升。

②为客户开辟非厂商层面的"以旧换新"或"以旧换旧"的渠道,交易灵活,设备可供选择的空间大。

(3)再制造对于设备综合服务商的影响:

①通过二手机经营翻新、再销售、服务配件等各环节使利润多元化、扩大盈利空间。

②可取得部分来自厂商的优惠旧件或已停产型号的库存核心配件的优惠。

③建立与制造商及最终客户的旧设备收购交易,是经营租赁设备来源的重要渠道。

4)代理销售

以租赁、融资租赁、再制造、二手销售为平台的多元化经营,完全具备成为制造商的代理销售商,进入新机销售渠道,取得代理销售利润。

5)二手交易

二手交易市场是租赁设备、再制造设备的最终退出平台。为实现企业的长足发展,必须经过二手设备交易市场实现更新换代,将拥有的旧设备在二手设备市场上卖出,利用卖出的资金交付制造商首期,并进行融资租赁,从而快速实现规模扩展、服务提升。二手交易市场越完善,设备评估体系越完备,处置价格越透明,越有利于经营租赁的选择性采购,为经营租赁实现差异化服务提供了可能。

2.2.5 设备综合服务商各功能模块的运营流程

工程机械设备综合服务商租赁业务循环流程(图9-2),包含以下九个环节。

(1)经再制造的设备转至经营租赁,降低存货沉没成本,增加再制造环节盈利。

(2)制造商回购的设备二次出售,降低制造商风险,购入价格存在盈利空间。

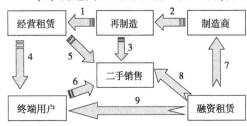

(3)再制造的设备经二手交易销售到终端用户,盘活资产、实现二手交易盈利。

(4)为终端用户提供经营租赁,实现经营租赁收益。

(5)经营租赁的设备可随时通过二手交易销售到终端用户,实现设备更新和二手交易盈利。

图9-2 工程机械租赁运营流程图

(6)二手交易平台可供终端用户直接销售或置换,化解终端用户经营风险,置换实现二手交易盈利。

(7)为制造商或代理商提供融资租赁服务,实现融资租赁盈利。

(8)为二手设备销售提供融资租赁服务,为资产顺利变现提供资金支持,并实现融资租赁盈利。

(9)为终端用户提供融资租赁服务,实现融资租赁盈利。

3 任务实施

3.1 准备工作

阅读相关法律法规,制订租赁方案,准备所需合同文本、设备和演示工具。

3.2 操作流程

(1)了解客户需求,制订摊铺机租赁方案。
(2)准备摊铺机技术资料,实施摊铺机租赁有效谈判。
(3)签订摊铺机租赁合同。

3.3 操作提示

(1)了解摊铺机租赁行情,才能做到知己知彼。
(2)签订合同条款要明确,注意每天工作时间和保养时间。

任务2　融资租赁工程机械设备

1 任务导入

1.1 任务描述

承租人张某选择了工程机械供应商某品牌的混凝土泵车,型号为HH-ZL201002-18,并确定了混凝土泵车的购买价格为335万元人民币。该品牌的营销代表受承租人委托向某融资租赁公司提出融资租赁申请。该融资租赁公司接到申请后,派出信用调查人员前往承租人张某处洽谈融资租赁方案,并进行资信调查,从此进入工程机械融资租赁交易全过程。

1.2 任务完成方式

制订一份开展融资租赁业务实施计划,模拟洽谈融资租赁方案。

2 相关理论知识

2.1 工程机械融资租赁概述

融资租赁是与银行信贷、直接融资、信托、保险并列的五大金融形式之一。在拉动社会投资、加速技术进步、促进消费增长以及完善金融市场、优化融资结构、降低金融风险等方面起着重要作用。在国际上已发展成为仅次于资本市场、银行信贷的第三大融资方式。随着"一带一路"倡议国际战略推进、金融政策以及产业环境整体向好,工程机械融资租赁业发展前景将更加广阔。

2.2 工程机械融资租赁定义

融资租赁又称为金融租赁,是租赁公司根据承租企业的要求为其筹资或供货厂商购买承租企业已经选定的机器设备,租给承租人使用,承租人按约定币种支付租金,在租赁期满时,通常按约定的办法取得租赁物的所有权。现代租赁业是由出租人、承租人、设备供应商以及金融机构共同参与进行的一项新型的信贷交易活动,通常称为设备租赁贸易。现代租赁贸易是企业获得机械设备的一种独特的筹资方式,从经济学的角度来看,它是出租人支付了全部设备的价款;从金融学角度来看,是出租人向承租人提供了100%的贷款,实际上起到融资的作用,即以物融资。可见,现代租赁作为建立在信用关系上的一种新型的借贷资本的运动形式,具有其独特的优越性。

购置设备供承租人在约定的期限内使用。在租赁期间内设备所有权属于出租人,承租人只有使用权,承租人作为使用设备的代价,必须按合同规定分期付租金,同时承担设备的日常维修、保养、承担设备经济技术过时的风险。租赁期满,按合同约定,设备可以由承租人留购、续租或者退还给出租人。《中华人民共和国合同法》把融资租赁合同作为新增五种合同之一。合同法第二百三十七条,对融资租赁合同做了明确的界定:"融资租赁合同是出租人根据承租人对出卖人、租赁物的选择。向出卖人购买租赁物,提供给承租人使用,承租人支付租金的合同。"

2.3 工程机械融资租赁企业分类

工程机械融资租赁企业包括厂商租赁公司、专业租赁公司、附带专业租赁公司以及其他类别的租赁公司四类。

(1)厂商租赁公司是指以厂商为控股公司的、主要销售以自己生产的产品为目的的融资租赁公司。例如,卡特比勒(中国)融资租赁有限公司(卡特彼勒)、北京中联新兴建设机械租赁有限公司(中联重科)、中国康富国际租赁有限公司(三一重工)、海斯特叉车制造有限公司(海斯特)、山东通发租赁有限公司(通发集团)等。

(2)专业租赁公司是指以从事工程机械为主的专业融资租赁公司,销售不止一家以上的工程机械设备。例如,上海葛洲坝—日商岩井设备租赁有限公司、上海腾发建筑工程有限公司等。

(3)附带专业租赁公司是指虽从事其他领域的融资租赁业务,但也为工程机械设备租赁设立了专门的机构。国内主要专业公司包括远东国际租赁有限公司、万向租赁有限公司、美联信金融租赁公司(原纽科国际租赁有限公司)、中铁租赁有限公司、江苏金融租赁有限公司、河北省金融租赁有限公司等。

(4)其他类别的租赁公司,从理论上来讲,任何具备融资租赁经营资质的企业都可以做工程机械的融资租赁。

2.4 融资租赁的作用

融资租赁作为一种新型的经济动作模式,它把工业、金融、贸易三者紧密结合起来,克服

了工业资本和银行资本各自的不足,其功能越来越得到人们重视。其主要功能体现为:

(1) 缓解企业资金需求压力。用户采用融资租赁方式,不必一次性大量投入资金即可获得所需的机器设备。制造商通过向金融租赁企业出售机器设备,迅速收回资金,减少营销环节的资金占有量,加快了企业流动资金流转速度,减少了企业营销费用。

(2) 改变企业资金结构,加快了企业技术改造步伐。实行融资租赁后使用户企业流动资金比率迅速提高,同时提高了企业更新改造资金的利用效率。制造企业由于资金占有量减少,资金使用效益相应地提高了。

(3) 有利于企业加强内部管理,提高企业整体管理水平。实行融资租赁后使用户企业,面对不属于自己所有的机器设备,支付高于一般金融利率的资金使用代价的双重压力,必须加强企业内部管理,提高机器设备使用效率。制造企业由于金融企业参与利润的分配,企业要应对中间所有者和终端用户的双重选择,企业必须提升自己的核心竞争能力,才能处于市场竞争不败地位。

(4) 有利于资产保全,完善市场信贷关系。这是融资租赁具有融资与融物功能决定的。由于融资租赁具有融物的功能,机器设备的所有权和使用权分离,面对长期不能按合同约定支付租金的用户,金融企业不必借助司法途径,即可中止合同,变更工程机械设备使用用户,从而大大减少金融信贷风险。

(5) 有利于合理利用企业资源。由于融资租赁合同中出租人和承租人规定了的权利和义务,因此减少了租赁双方对租赁物选择的盲目性,更符合承租人的实际情况,充分发挥了出租人和承租人双方的优势。制造企业也可以把工作的重点放在产品研究开发和制造工艺提升上面来。

(6) 开辟了利用外资、引进国际先进技术设备的新途径。融资租赁和国际信贷相比,可以避开一些贸易壁垒,且具有手续简单、经济方便、可操作性强、符合国际惯例等特点,是一种有效地引进国外设备和技术的方式。

2.5 工程机械融资租赁的模式与业务流程

2.5.1 直接租赁

1) 直接融资租赁定义

直接融资租赁是指租赁公司用自有资金、银行贷款或招股等方式,在国际或国内金融市场上筹集资金,向设备制造厂家购进用户所需设备,然后再租给承租企业使用的一种主要融资租赁方式。这种直接融资租赁方式,是由租赁当事人直接见面,对三方要求和条件都很具体、很清楚。直接租赁方式没有时间间隔,出租人没有设备库存,资金流动加快,有较高的投资效益。按合同法中对融资租赁的界定进行操作。这种运作模式已被世界各国接受,成了一种国际商业惯例,经济发达国家的绝大部分租赁公司普遍采用直接融资租赁的做法。在我国,资金力量雄厚的大租赁公司也采用这一方式。

2) 直接融资租赁的特点

(1) 直接融资租赁业务的租约一般包括两个合同:
① 出租人与承租人签订一项租赁合同。
② 出租人按照承租人的订货要求,与厂商签订一项买卖合同。
(2) 直接融资租赁的条件除必须具备融资租赁的特点外,还必须满足以下两个附加条件:

①出租人向承租人收取的租金确有保证且可合理的预计。

②不存在影响出租人成本补偿的重大不确定因素。此项不确定因素包括出租人向承租人承诺为租赁资产提供广泛的服务，或排除租赁资产过时或陈旧的保证等。租赁开始起，这种租赁涉及的租赁资产账面价值，等于其公允价值。

3) 直接融资租赁的手续

直接融资租赁是一项涉及出租人、承租人和供货商三方当事人，并至少由两个以上合同买卖合同和租赁合同构成的自成一类的三边交易。其业务手续大致可以分为以下几个步骤：

(1) 未来承租人(用户)根据自己的需要确定拟委托租赁的技术、设备，向租赁机构递交以下文件，提出租赁委托：

①项目建议书和可行性研究报告或设计任务书。

②用户有工商登记证明文件和有关会计报表。

③填写租赁委托书，并按国家规定的审批权限，加盖申请单位、批准单位公章。

④经租赁机构认可的担保单位出具的对承租人履行租赁合同给予担保的不可撤销的保函。

(2) 租赁机构审查上述文件，向用户提供初步租金概算，经租赁机构对项目的效益、企业还款能力和担保人担保资格对项目的效益、企业还款能力和担保人担保资格等审定、批准、确认和同意后，内部立项，对外正式接受委托。

(3) 与用户最后商定租赁条件，制订租金概算方案，签订租赁合同，并由经济担保人盖章确认担保。

(4) 租赁机构会同用户与供货商进行技术和商务谈判，谈妥条件后，由租赁机构作为买方、用户作为承租人，与卖方共同签订供货合同。

(5) 租赁机构履行购货合同，支付货款，同时，供货商交货，用户验收。

(6) 通知承租企业租赁合同正式起租承租企业按起租通知规定按期支付租金。

(7) 租赁期满，承租企业可对租赁设备做如下选择：以名义价购买、续租或租赁设备退回租赁机构。

2.5.2 售后回租

1) 售后回租的定义

售后回租是指承租人将自制或外购的机器设备先按账面价格或重新估价卖给租赁机构，然后再以租赁方式租回使用。回租合同中，承租人与出卖人为同一主体。回租合同双方所指客体是租赁物的所有权。回租业务中不存在实物交割。售后回租使设备制造企业或资产所有人(承租人)在保留资产使用权的前提下获得所需的资金，同时又为出租人提供有利可图的投资机会。

2) 售后回租的特点

售后租回是一种集销售和融资为一体的特殊形式，是企业筹集资金的新型方法。它具有以下特点：

(1) 在出售回租的交易过程中，出售/承租人可以毫不间断地使用资产。

(2) 资产的售价与租金是相互联系的，且资产的出售损益通常不得计入当期损益。

(3) 出售/承租人将承担所有的契约执行成本(如修理费、保险费及税金等)。

(4) 出售/承租人可从出售回租交易中得到纳税的财务利益。

2.5.3 杠杆租赁

1) 杠杆租赁的定义

杠杆租赁又称为平衡租赁或减租租赁,即由贸易方政府向设备出租者提供减税及信贷刺激,而使租赁公司以较优惠条件进行设备出租的一种方式。它既是一种利用财务杠杆原理组成的租赁形式,也是目前较为广泛采用的一种国际租赁方式。在实施过程中,出租人自筹租赁物价款项20%~40%的资金,其余通过把租赁物作抵押,以转让收取租金的权利作附担保,向银行或者其他金融机构借款,以购买大型资金密集型设备,出租人拥有设备的法定所有权;提供给承租人使用,收取承租人租金。杠杆租赁法律关系中,合同主体包括出租人、出卖人、承租人和贷款人四方。杠杆租赁合同包括买卖合同、租赁合同和借款合同三种,且三者之间互为条件,相互依存。

杠杆租赁的做法类似银团贷款,主要是由一家租赁公司牵头作为主干公司,为一个超大型的租赁项目融资。操作过程需首先成立一个脱离租赁公司主体的操作机构,专为本项目成立资金管理公司垫付出项目总金额20%以上的资金,其余部分资金来源主要是吸收银行和社会闲散游资,利用100%享受低税的好处,"以小搏大"的杠杠方式,为租赁项目取得巨额资金。其余操作方法与融资租赁基本相同,只是其合同的复杂程度因涉及面广而随之增大。由于可享受税收好处、操作规范、综合效益好、租金回收安全和费用低,因此杠杆租赁一般被用于金额巨大的物品,如民航客机、轮船、通信设备和大型工程机械成套设备的融资租赁。

2) 杠杆租赁主要的优点

(1) 刺激租赁公司购租。某些租赁物过于昂贵,租赁公司不愿或无力独自购买并将其出租,杠杆租赁往往是这些物品唯一可行的租赁方式。

(2) 减少出租人租赁成本。美国等资本主义国家的政府规定,出租人所购用于租赁的资产,无论是靠自由资金购入的还是靠借入资金购入的,均可按资产的全部价值享受各种减税、免税待遇。因此,杠杆租赁中出租人仅出小部分租金却能按租赁资产价值的100%享受折旧及其他减税免税待遇,这大大减少了出租人的租赁成本。

(3) 租赁物租金相对较低。在正常条件下,杠杆租赁的出租人一般愿意将上述利益以低租金的方式转让给承租人一部分,从而使杠杆租赁的租金低于一般融资租赁的租金。

(4) 对出租人相对有利。在杠杆租赁中,贷款参与人对出租人无追索权,因此,它较一般信贷对出租人有利,而贷款参与人的资金也能在租赁物上得到可靠保证,比一般信贷安全。杠杆租赁的对象大多是金额巨大的物品,如民航客机、盾构设备等。

3) 杠杆租赁条件

(1) 具备真实租赁的各项条件。

(2) 出租人必须在租期开始和租赁有效期间持有至少20%的有风险的最低投资额。

(3) 租赁期满租赁物的残值必须相当于原设备有效寿命的20%,或至少尚能使用一年。

(4) 承租人行使合同规定的购买选择权时,价格不得低于这项资产当时的公平市场价格。中国租赁市场还不很发达,实践中,租赁的形式多为典型的融资租赁和出售回租,杠杆租赁的作用还没有发挥出来。

4) 杠杆租赁会计处理

(1) 杠杆租赁所产生的主要利益由三项因素组成:出租人的租金收入扣除利息费用后的

净额;投资减税(投资扣抵);租赁资产残值的处理。再投资利益是指出租人比较少的投资(如20%),对租赁资产取得所有权采用加速折旧法,使出租人获得全部递延交纳所得税的利益。此项递延所得税,等于税务当局在租赁的早期提供了一笔无息贷款,而在租赁后期逐步偿还,如将此项资金运用于营业中,必能产生利益。

(2)杠杆租赁会计处理的主要方法如下:

①出租人应收租金为租金总额减去长期借款本金和利息的和,即

$$租人应收租金 = 租金总额 - (长期借款本金 + 利息)$$

②出租人的投资(在租赁开始日)为租赁资产成本与长期借款之差,或者为出租人的应收租金加预计残值和投资减税然后减去未实现租赁收益(租赁投资税前利益加投资减税利益)。

$$出租人的投资(在租赁开始日) = 租赁资产成本 - 长期借款$$

或

$$出租人的投资(在租赁开始日) = 出租人的应收租金 + 预计残值 + 投资减税 - 未实现租赁收益(租赁投资税前利益 + 投资减税利益)$$

③计算投资报酬率。投资报酬率是根据每年现金流出流入量求得的,该投资报酬率不同于租赁内含利率。

④确认出租人每年净利。首先计算出租人每年净投资。

$$每年净投资 = 出租人应收租金余额 + 预计残值 - 未实现租赁收益 - 递延所得税余额$$

或

$$每年净投资 = 上年净投资 - (上年现金流量 - 上年净投资 \times 投资报酬率)$$

⑤递延所得税为会计确认的所得税费用和税务所得税减免额之间的差额,该项差额应贷记或借记"递延税金"。

⑥出租人的净收益为租赁投资税前利益加投资减税利益减会计确认所得税费用。

⑦各年租赁投资税前利益和投资减税利益,应根据每年净收益除以净收益总额求得的百分比分配。

5)杠杆租赁业务流程

(1)物主出租人与物主受托人签订信托协议。

(2)物主受托人与合同受托人签订合同信托协议。

(3)债权人(通常指银行或财团)支付货款给合同受托人,物主受托人(通常是租赁公司)支付投资现金给物合同委托人。

(4)物主受托人出具借据与债权人。

(5)物主受托人与承租人签订租赁合同。

(6)合同受托人与物主受托人签订担保契约。

(7)供货商与承租人签订购货协议。

(8)承租人与物主受托人签订购买协议转让书。

(9)合同受托人向供货商支付货款。

(10)物主受托人拥有设备物权。

(11)承租人开具租赁物件收据给物主受托人,与此同时供货商发货给承租人。

(12)承租人支付租金给合同受托人,合同受托人将部分租金给物主受托人。
(13)合同受托人将另一部分租金支付给债权人,作为还本付息的资金。
(14)物主受托人在扣除相关费用后,将租金余额付给物主出租人。

6)杠杆租赁办理材料

承租客户向租赁公司递交租赁申请书,表明融资意向;租赁公司向客户介绍公司的业务流程,并搜集客户的资料、文件。

2.5.4 转租赁

1)转租赁的定义

转租赁是指出租人先从其他租赁机构租入机器设备,然后再将机器设备出租给承租人使用。转租赁合同中,转租人有独立法律地位。转租赁有两次租赁业务开展,有两份不同主体的租赁合同。承租人支付的租金包括转租人手续费和其他租赁机构租金。转租业务基本符合新增在名合同中行纪合同的法律特征,也可以作为一种特殊行纪合同认定。

2)转租赁的特点

(1)转租赁至少涉及三方:原出租人、原承租人和新承租人。
(2)两份租约(原出租租约和转租约)。
(3)转租赁当事人包括设备供应商、第一出租人、第二出租人和第一承租人、第二承租人四个。
(4)转租赁合同包括购货合同、租赁合同和转让租赁合同。

2.5.5 委托租赁

1)委托租赁的定义

委托租赁是指具有从事金融租赁业务资格的公司作为出租人,接受委托人的资金或租赁标的物,根据委托人的书面委托,向委托人指定的承租人办理的融资租赁业务。在租赁期内,租赁标的物的所有权归委托人,出租人只收取手续费,不承担风险。租赁期满后,租赁标的物产权可以转移给承租人,也可以不转移给承租人。在合同订立过程中,由租赁中介人、委托人和承租人三方洽商租赁条件,共同签订租赁合同。委托租赁业务基本符合新增有名合同的法律特征,也可以作为一种特殊居间合同认定。

2)委托租赁的流程(图9-3)

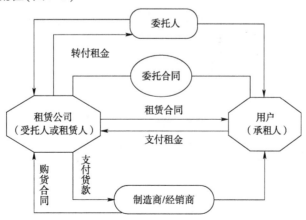

图9-3 委托租赁流程图

(1)租赁公司以受托人的身份接受委托人的委托资金,与委托人签订《委托租赁资金协议》,并接受受托资金。

(2)租赁公司与由委托人指定的承租人签订《委托融资租赁合同》。

(3)承租人根据《租赁合同》的约定向租赁公司支付租金,租赁公司向承租人出具租赁费发票。

(4)租赁公司根据《资金协议》的约定从租金收入中扣除手续费及代扣代缴的营业税后,将剩余所有租金返还委托人,委托人向租赁公司出具符合税务要求的正式资金往来发票。

(5)《资金协议》及《租赁合同》执行完毕,租赁资产产权可以转移,亦可以不转移。

3) 委托租赁的特点

(1)出租人接受委托人的资金或租赁标的物,根据委托人的书面委托,向委托人指定的承租人办理融资租赁业务。在租赁期内租赁标的物的所有权归委托人,出租人只收取手续费,不承担风险。

(2)委托租赁可以实现集团公司或关联方资金注入方式的多样化。

(3)委托租赁也可以使企业享受加速折旧的好处,调节客户税前利润,调整所得税支出。

(4)委托租赁可以使资金使用方和资金委托方二者关系清晰,便于确定双方的权利义务。

3 任务实施

3.1 准备工作

阅读相关法律法规,制订融资租赁方案,准备融资租赁合同、产品买卖合同、保险资料、租金支付表和其他有关资料。

3.2 操作流程

直接融资租赁的业务程序,如图9-4所示。

1) 选择租赁设备及其制造厂商

承租企业根据项目的计划要求,确定所需引进的租赁设备。然后选择信誉好、产品质量高的制造厂商,并直接与其谈妥设备的规格、型号、性能、技术要求、数量、价格、交货日期、质量保证和售后服务条件等。如果承租人对市场行情缺乏了解,也可由租赁公司代为物色租赁设备和制造厂商。

2) 申请委托租赁

承租人首先要选择租赁公司,主要是了解租赁公司的融资能力、经营范围、融资费率等有关情况。选定租赁公司之后,承租人提出委托申请,填写《租赁申请表》或《租赁委托书》交给租赁公司,详细载明所需设备的品种、规格、型号、性能、价格、供货单位、预定交货期以及租赁期限、生产安排、预计经济效益、支付租金的资金来源等事项。租赁公司经审核同意后,在委托书上签字盖章,表明正式接受委托。

3) 组织技术谈判和商务谈判,签订购货合同

在租赁公司参与的情况下,承租人与设备厂商进行技术谈判,主要包括设备造型、质量

保证、零配件交货期、技术培训、安装调试以及技术服务等方面。同时,租赁公司与设备厂商进行商务谈判,主要包括设备的价款、计价币种、运输方式、供货方式等方面。承租珍与设备厂商签订技术服务协议,租赁公司与设备厂商签订购货合同。

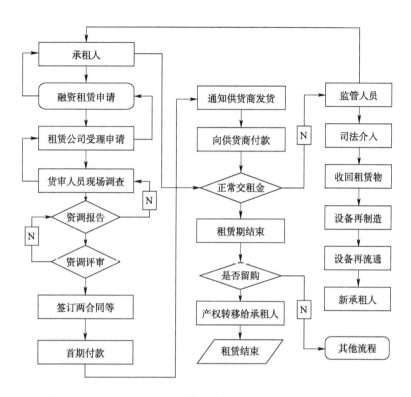

图9-4 融资租赁业务流程图

4) 签订租赁合同

租赁公司与承租人之间签订租赁合同,租赁合同的主要条包括租赁物件、租赁物件的所有权、租赁期限、租金及其变动、争议仲裁以及租赁双方的权利与义务等。租赁合同的签订表明承租人获得了设备的使用权,而设备的所有权仍属于租赁公司。

5) 融资及支付货款

租赁公司可用自有资金购买设备,但如果其资金短缺,则可以通过金融机构融通资金,或从金融市场上筹集资金直接向供货厂商支付设备货款及运杂费等款项;也可由租赁公司先将款项提供给承租单位,用于预付货款,待设备到货收到发票后,再根据实际货款结算,转为设备租赁。

6) 交货及售后服务

供货厂商按照购货合同规定,将设备运交租赁公司后转交给承租人,或直接交给承租人。承租人向租赁公司出具"租赁设备验收清单",作为承租人已收到租赁设备的书面证明。供货厂商应派工程技术人员到厂进行安装调试,由承租企业验收。

7) 支付租金及清算利息

租赁公司根据承租人出具的设备收据开始计算起租日。由于一些事先无法确定的费用

(如银行费用、运费及运输保险费等),租赁公司在支付完最后一宗款项后,按实际发生的各项费用调整原概算成本,并向用户寄送租赁条件变更书。承租企业应根据租赁条件变更通知书支付租金;租赁公司再根据同金融机构签订的融资合同以其租赁费等收入偿还借款和支付利息。

8)转让或续租

租赁期届满后,租赁公司按合同规定或将设备所有权转让给承租人,或收取少量租金继续出租。若转让设备所有权,则租赁公司必须向承租人签发"租赁设备所有权转让书"证明该租赁设备的所有权已归属承租人所有。

3.3 操作提示

(1)租赁物条款,一定要注意租赁物的型号规格;工程机械行业内对同一个租赁物的叫法有多种,除了国标规定叫法正确外,其他都是错误的。

(2)了解设备租赁行情,才能做到知己知彼;签订合同条款要明确,注意每天工作时间和保养时间。

(3)租赁期间一直由承租人占有和使用,租赁物一般会有各种程度的被损伤事件发生。防止这种事件发生的有效措施就是给租赁物购买保险。

任务3 控制工程机械融资租赁风险

1 任务导入

1.1 任务描述

原告某A建筑设备租赁部与被告某B建工集团有限公司签订建筑设备租赁合同,向某B建工集团租赁钢管、扣件等。合同签订后,原告交付了租赁物,被告仅支付3万元租赁费,尚欠原告租赁费231 793元未付,现诉至法院,请求判令被告支付租赁费231 793元,承担逾期付款违约金77 084.17元及本案诉讼费用。某B建工集团有限公司辩称,租赁关系属实,但欠款金额有异议,合同中约定了代理人,只有代理人签收的收发结算单才能作为合同履行的凭证,并且其不应承担违约金。双方出现异议,造成融资租赁风险。

1.2 任务完成方式

分组讨论融资租赁风险控制措施,制订融资风险控制方案,降低风险。

2 相关理论知识

2.1 工程机械融资租赁风险分类

2.1.1 法律风险

企业法律风险,即企业在法律实施过程中,由于企业外部的法律环境发生变化,或由于包括企业自身在内的各种主题未按照法律规定或合同约定行使权利、履行义务,而对企业造成负面法律后果的可能性。法律风险的表现形式主要有:

(1)融资租赁合同不能受到法律应予的保护而无法履行或融资租赁合同条款不周密。

(2)法律法规跟不上融资租赁创新的步伐,使融资租赁交易的合法性难以保证,交易一方或双方可能因找不到相应的法律保护而遭受损失。

(3)形形色色的各种犯罪及不道德行为给融资租赁资产安全构成威胁。

(4)经济主体在融资租赁活动中如果违反法律法规,将会受到法律的制裁。

2.1.2　道德风险

道德风险是20世纪80年代西方经济学家提出的一个经济哲学范畴的概念,即"从事经济活动的人在最大限度地增进自身效用的同时做出不利于他人的行动。"或者说:当签约一方不完全承担风险后果时所采取的自身效用最大化的自私行为。道德风险又称为道德危机。道德风险产生的主要原因有:

(1)认识误区。许多企业还没有从财政拨款、"伸手要钱"的惯性中转变过来,认为"企业是国家的、银行也是国家的",都是国家的钱,还不还一个样。

(2)法制观念淡薄。企业法人法制观念淡薄,认为企业变相逃废债务的行为不是可耻的,反而振振有词自身推脱。

(3)过度竞争。一方面,几家金融机构去竞争一家优质客户,另一方面,劣质客户却告贷无门,客观上培养了客户的不良习惯。

2.1.3　管理风险

由于租赁公司本身经营中的信贷风险预测机制、风险转移机制、风险控制机制不健全或不协调或不统一等原因给公司带来利益损失。这种由于租赁公司内部的管理缺失从而给公司造成利益损失带来的风险,被称为管理风险。管理风险的特点:

(1)企业自身的风险管理理念至关重要。

(2)风险管理和业务经营的矛盾贯穿于始终。

(3)风险的大小与风险管理体系和体制是否有效成正比。

(4)好的风险管理能产生巨大的经济效益。

(5)高素质的风险管理人才队伍是创造良好的风险收入必不可少的。

2.1.4　市场风险

通常把在经营活动中,市场诸多的不确定性称为市场风险。市场不确定性是市场风险的函数。市场的不确定性往往由企业自身以外的因素构成。没有哪个企业没有市场风险。市场的不确定性是可以通过企业自身能力的提高、对不确定性研究的水平提高、对不确定性内部规律的研究和把握能力的提高来缩小和限制的。因此,凡是企业,就应该加强对市场规律的研究,提高自身规避风险的能力,从而,在市场激烈的竞争中立于不败之地。

市场风险通常包括政策风险、经济周期风险、利率风险、承租人经营风险、购买力风险和竞争对手造成的风险等。市场风险的特点:

(1)不确定性长期存在。市场是发展的,影响市场的因素也是不断变化的,因此,市场风险是长期存在的。

(2)影响不确定性的因素也常不确定。不确定因素就是风险,表现在市场中,就是市场风险,影响风险的因素本身也是个变量,它也受其他因素支配。

(3)竞争就是市场风险。没有竞争就没有市场,有市场就有风险,竞争本身就是产生市场风险的动因之一。

(4) 市场风险是有规律可循的。正是由于这个特点,在市场中,才有成功者和失败者。

2.1.5 其他风险

关于市场的分类很多,各有各的分法。但不论怎么分,总有一些风险不能归纳出来,通常将这类风险说成是其他风险。

2.2 风险产生的环境

2.2.1 风险产生的社会环境

社会环境是指人类生存及活动范围内的社会物质、精神条件的总和。社会环境的构成因素是众多而复杂的,但就对传播活动的影响而言,它主要有四个因素:政治因素、经济因素、文化因素、讯息因素。

2.2.2 风险产生的人文环境

人文环境包括风俗习惯、社会风尚、人际关系、文化教育、个人修养、社会道德、宗教信仰和价值观。

2.2.3 风险产生的管理环境

管理环境分为外部环境和内部环境。其中,外部环境一般有政治环境、社会文化环境、经济环境、技术环境和自然环境;内部环境有人力资源环境、物力资源环境、财力资源环境以及内部文化环境。

2.2.4 风险产生的市场环境

市场环境通常有六个方面的因素:人口因素、经济因素、竞争因素、技术因素、政治因素和文化因素。

2.3 工程机械融资租赁风险管理

租赁的风险控制体系要与公司的法人治理结构、企业管理制度、业务流程和风险控制手段紧密的交联在一起。租赁公司有了这个体系,不仅股东权益得到保障,公司可以持续发展。从出资人的角度来看,你就是一个负责任的出租人,他们愿意为这样的租赁公司提供资金。反之,就是现在普遍存在的问题:出资人不愿意给租赁公司提供资金。哪怕是有厂商背景的租赁公司,如果被划为"不负责任的租赁公司"依然有融资难度。

融资租赁是金融和贸易结合的边缘产业,涉及面比较广,是个系统工程,风险控制也要是系统工程。融资租赁风险主要有以下控制手段:风险预测、风险预警、风险预防、风险监控、风险锁定、风险转移和风险化解等。

2.3.1 风险预测

风险预测首先要划分融资租赁经营管理中到底有多少种风险。一般说有以下几种:

(1) 金融风险。融资租赁是一种金融性质的活动,既然涉及金融就必然摆脱不了金融的风险。主要体现在汇率、利率、(资金来源)以短不长、金融诈骗等风险。

(2) 政策风险。工程机械受建设项目影响很大,建设项目又和我国的宏观政策影响比较大,因此工程机械租赁的人员要研究宏观调控对租赁正反两方面的影响。

(3) 企业风险。

(4) 承租人的信用风险是主要风险,要从企业及法人代表的经济实力、行业中的地位和影响、管理团队、财务状况等方面进行衡量,这一点和一般的贷款审贷没什么区别,但要强调的是项目未来产生现金流的能力。对于租赁公司本身的经营管理同样存在着风险,而且是主要风险的来源。仔细分析当前业内对环境的抱怨,大都是因为自身管理不善造成的。

(5)市场风险。不同的工程机械有不同的市场领域,这些领域的变化对市场产生直接的影响,要根据地区分布、历史销售状况,预测未来的市场需求。尤其是在设立融资租赁公司阶段,如果没有市场预测,就没有项目的可行性。租赁主要玩的是残值,设备未来的价值比现值更重要,因为盈亏都反映在这里。因此,租赁物件的二手市场非常重要,既是物权的退出通道,也是盈利的一个环节。贸易环节中的风险也不得不防。

(6)管理风险。管理上的漏洞是当前租赁风险的主要大敌。预测不到管理漏洞就不可能避免管理风险。

(7)技术变革风险。工程机械技术更新频率相对较低,但不排除某些新材料、新工艺对产品带来革命性的变革,只要稍加留意就可以了;技术变革慢给我们提供了预测租赁设备保值曲线的机会。工程机械要想得到资本市场的支持,就必须能提供租赁物件的保值曲线。

(8)不可抗力。工程机械普遍价值相对来说不高,一旦发生不可抗力也是没有办法的事情。但仔细研究现在的市场环境,许多所谓的不可抗力都可以解决。预测不可抗力的目的有两点:一是尽量躲避,二是根据市场环境和技术创新的手段,转换为可控风险。

2.3.2 风险预警

在预测的基础上要建立预警制度预测才有作用。对于预测到的风险要及时通报有关部门,采取预防措施。同时,也为止损制订了基本标准,以便将损失控制在最低。

2.3.3 风险预防

对于一些可以预见并可以防范的风险,要纳入企业管理体系和业务流程。企业操作人员要严格按照业务操作流程执行。

2.3.4 风险监控

风险控制是一个闭环的控制体系。它经过"操作—检测—反馈—调整—再操作"这样一个过程。监控的目的就是要避免这类风险,随时发现问题,随时解决问题,随时改进管理体系和风险控制系统。

2.3.5 风险锁定

风险锁定实际上是一种止损的措施。从理论上来讲,租赁不可能没有风险,而且风险越高,有可能利润越大。如果损失超过了收益,就没有必要冒这个风险。就算是不可控的风险也要把损失锁定在能够承受的范围内,否则企业则无法生存。例如,风险五级划分(把租赁的债权质量按正常类、关注类、次级类、可疑类、损失类划分)在每个阶段都要有限定的时间和有效的处理手段(如财产保全、强制公证执行、申请承租人破产等)。层层把关以免损失进一步扩大,有条件还要把处置当作盈利来操作。

2.3.6 风险转移

租赁公司本身控制风险的能力是有限的,可以依靠社会力量,把他们的优势整合到风险控制体系中。例如,财产保险、信用担保、信用保险、应收账款保理等"保"字号的机构为企业排忧解难;把企业风险分解为社会风险,让社会力量为企业承担风险;或要求厂商回购租赁物件,在他们具有翻新销售的条件下,通过中间的收益使他们更愿意承担这个责任;或可以把租赁资产交给有能力的专业资产管理公司,让他们支付一定保证金来分担风险。

2.3.7 风险化解

有的风险是暂时的,如果处理得当,不仅可以规避风险,还可以从中收益;如果处理得不好则会扩大风险带来的损失。例如,有些承租企业信用比较好,但因某种原因遇到暂时的困难。如果市场还在,现金流还在,通过缓收租金、租金放假、提供租赁项下流动资金贷款等方式帮助企业渡过难关。保住企业就保住了租赁债权。

有些政策性风险可以通过行业组织不断地进行呼吁,改善外部环境增加租赁安全性、流动性和收益性的金融属性。租赁的风险控制不仅需要制度保证,还从管理结构上给予保证。比如开发项目的人不得参与审批,管钱的部门不能管业务;反之亦然,管项目的不能管业务开发等。

3 任务实施

3.1 准备工作

阅读相关法律法规,制订风险控制预案,了解 GPS 卫星定位系统的知识。

3.2 操作流程

(1)建立健全企业风险控制规章制度。
(2)制订一份行之有效的管理流程。
(3)建设一支有素质的专业化人才队伍。
(4)建立一个量身定制的融资租赁信息管理平台及有效的退出机制。
(5)安装 GPS 卫星定位系统。

3.3 操作提示

(1)及时跟踪企业经营状况。
(2)签订合同条款要明确,熟悉相关法律法规。

任务4　签订工程机械融资租赁合同

1 任务导入

1.1 任务描述

广州某公路工程有限公司选择了某品牌代理商的 AP-600 沥青混凝土摊铺机,该品牌代理商向 B 融资租赁公司提出融资租赁申请。B 融资租赁公司接到申请后,派出信用调查人员前往承租公司洽谈融资租赁方案,并进行资信调查,经过多次洽谈达成了融资租赁协议。融资租赁公司派出营销代表计划前往与其正式签署融资租赁合同。

1.2 任务完成方式

讨论融资租赁合同注意事项,制订一份融资租赁合同。

2 相关理论知识

2.1 工程机械融资租赁合同

2.1.1 工程机械租赁合同签订应注意的问题
(1)认真审查对方代理人的资格,看其是否具有代理人资格。
(2)其代理事项或权限代理行为是否超越了代理权限范围。
(3)其代理权是否已终止或过期。

2.1.2 租赁合同期限应注意的问题
(1)合同中对期限的约定要明确肯定,不能模棱两可、含糊不清的语言,期限的约定可以直接规定年、月、日等具体日期,也可以规定一个时间段。
(2)租赁合同有最长期限而无最短期限的限制。租赁期限不应长于所租机械的使用寿命年限。

2.1.3 交付出租机械应注意的问题
(1)合同中对交付时间作明确的规定,最好确定一个时间点,切忌含糊用语。
(2)在合同中对履行地点作明确规定。
(3)在合同中对数量、质量作明确规定。
(4)大型机械设备的出租,应支付配件、备件、检修工具。
(5)对于技术要求较高的出租物,出租人应交付有关图纸、使用说明书和操作规程,如果承租人需要,出租人还应派出技术工作人员指导出租机械的装配工作,并指导承租人学会设备操作。

2.1.4 承租人保管租赁机械应注意的问题
(1)承租人保管租赁机械应如保管自己的机械,尽到管理职责。
(2)承租人在使用租赁机械时要妥善保管。一旦发现重大故障而且依法或约定应该由出租人排除,承租人要尽快通知出租人。
(3)承租人的共同居住人、以承租人允许使用租赁机械的第三人如果违反了保管义务,出租人可以直接向承租人要求赔偿。
(4)出租人要注意承租人是否对租赁机械进行了应有的妥善保管如果承租人没有尽到保管租赁机械造成损失的,出租人在收取租金的同时应主张自己的损害赔偿权利。

2.1.5 对租赁机械进行改善或增设他物应注意的问题
(1)承租人为维护自己的合法利益,首先在订立合同时,就应该明确出租机械的用途,以及由此而确立的对租赁机械的要求。
(2)出租人要关注承租人对租赁机械的使用情况。如果租赁机械确有改善或增设他物的必要,应该同意承租人的要求。

2.1.6 返还租赁应注意的问题
实践中承租人往往疏忽依约定返还租赁机械这一项义务,认为租金已付给出租人,稍迟一点返还也无妨。对于承租人来说,最不幸的是迟延返还租赁机械,租赁机械恰在这一段时间发生毁损、灭失,造成责任认定困难,因此当事人应注意:
(1)在合同的订立阶段,为了保护双方当事人的合法利益,防止纠纷发生,对租赁机械的返还事项应该做详细明确的规定。返还的时间、地点,不能模棱两可、含糊不清的语言。

(2)合同订立中,要对返还租赁机械时租赁机械的使用后状态有所约定。

2.1.7　转租赁应注意的问题

(1)转租赁是指承租人将租赁机械再次出租给次承租人使用收益,而承租人自己并不退出租赁关系。

(2)合法转租及法律后果。出租人与承租人之间的租赁关系,不因转租而受影响,他们之间仍发生原来的权利义务关系。承租人为转租人,其与次承租人之间的关系与一般租赁关系并无区别。

(3)非法转租及法律后果。所谓非法转租是指承租人未经出租人同意而转租机械的。在非法转租中,承租人的转租行为是违法行为,承租人应赔偿出租人因此所受的损害,出租人也有权终止合同。

2.1.8　租赁合同主要条款常见纠纷及应注意的问题

(1)租赁机械的名称。租赁机械的名称必须是唯一的,特定的。

(2)租赁机械的数量。数量一定要列明。数量标准也应统一,填写准确,应订明"套"或"件"。

(3)租赁合同可以约定用途,也可以不约定。未约定用途的,承租人应依租赁机械的性质使用。

(4)合同的条款一定要全面,首先是主要条款,其次是为保证合同履行可根据实际需要订立其他条款。主要包括:违约责任条款;押金条款;捐税义务的承担。

2.1.9　订立合同应注意的其他事项

(1)合同的条款一定全面,特别是主要条款,更不得遗漏。

(2)合同文字表述要清晰具体,要避免含糊不清的词语出现。

(3)可附加一些条款,如担保条款、附期限条款、附条件条款。

(4)加强对合同的审查、把关。

2.1.10　租赁相关法规

工程机械租赁合同必须以国家的有关法律、法规和政策为基础,签订时细致细心,提高警惕,防止纠纷发生,防范合同欺诈,降低各种风险,维护出租方和承租方的合法权益,使机械租赁业务顺利开展。与租赁业有关的法律主要为《融资租赁法》《合同法》。其中,《合同法》第十四章第 242 条、第 246 条和第 248 条内容如下:

(1)第 242 条:出租人享有租赁物的所有权。承租人破产的,租赁物不属于破产财产。

(2)第 246 条:承租人占有租赁物期间,租赁物造成第三者的人身伤害或者财产损害的,出租人不承担责任。

(3)第 248 条:承租人应当按照约定支付租金。承租人经催告后在合理期限内仍不支付租金的,出租人可以要求支付全部租金;也可以解除合同,收回租赁物,同时追索租金债权。

3　任务实施

3.1　准备工作

参考相关法律法规,制订融资租赁方案,准备融资租赁合同、产品买卖合同、保险资料、租金支付表和其他有关资料。

3.2 操作流程

(1)租赁前风险评估。要求客户提供符合要求的担保;要求对租赁物进行投标,指定公司为投保收益人;加强对违约物的绑定,制订违约惩罚措施。

(2)租赁过程中风险防范。定期进行走访和跟踪,掌握客户信息及变化,做好应对预案。通过GPS定位系统来控制租赁物以控制承租人风险。

(3)事后风险应对。客户出现信用不良情况,启动风险应对措施。

3.3 操作提示

在工程机械领域,信用风险涉及的不仅仅是融资租赁公司和用户,有时还会涉及代理商。

任务5 销售工程机械保险

1 任务导入

1.1 任务描述

李先生通过租赁购买挖掘机,购买金额80万元,租期3年,保费为15 000元。2018年7月1日下午4时左右,挖掘机正在××石矿厂挖掘石料,工作平台突然下陷坍塌,挖掘机从工作平台上侧翻入湖中,造成挖掘机受损。驾驶员及时跳车离开,未受伤。事故发生后,司机立即通知了被保险人张林,并向保险公司报案。根据现行保险条款,"在保险期限内,被保险财产因自然灾害或意外事故造成的直接物质损坏或灭失,保险公司按照保险单的规定负责赔偿。"本次事故出险原因属于保险责任范围,保险公司应负责赔偿。李先生感叹:"多亏有了保险!"。

1.2 任务完成形式

根据以上案例帮李先生制订一份保险方案,并进行保险金核算。

2 理论知识

2.1 工程机械设备投保险种

2.1.1 工程机械设备综合险

(1)功能是指转嫁工程机械在工地上,因为火灾、洪水、暴雨、泥石流、滑坡、地陷、岩体坠落、碰撞、倾覆等灾害事故,造成的工程机械本身的财产损失和施救费用的风险。其功能相当于车辆保险中的车损险。

(2)保险费。年保费=新机购置价×0.49%。

2.1.2 第三者责任险

(1)功能。转嫁工程机械在工地上使用时,因为意外事故造成第三者人身伤亡和财产损失的风险,其功能相当于车辆保险中的第三者责任险。

(2)保险费。年保险费 = 5 万 ×0.84% 10 万 ×0.63% 20 万 ×0.49% 50 万 ×0.46% 100 万 ×0.35%。

2.1.3 操作人员责任险

(1)功能。转嫁工程机械在工地上使用时,因为意外事故造成操作人员伤、残或死亡的风险,其功能相当于车辆保险中的车上人员责任险。

(2)保险费。年保险费 = 每人赔偿限额 ×0.35% × 操作人员人数。

2.1.4 整机盗抢险

(1)功能。转嫁工程机械在工地伤,因为整机遭盗抢的风险。

(2)保险费。如果工程机械安装了 GPS,年保险费 = 保险金额 ×0.21%;如果工程机械未安装 GPS,年保险费 = 保险金额 ×0.273%。

2.1.5 玻璃单独破碎险

(1)功能。转嫁工程机械在工地使用时,因为意外导致的挡风玻璃破碎的风险。

(2)保险费。年保险费 = 新机购置价 ×0.105%(进口);(国产)费率 0.07%。

2.1.6 自然损失险

(1)功能。转嫁工程机械在工地上使用过程中,因为自身电器、线路、油路等原因引起的火灾造成工程机械损失的风险。

(2)保险费。年保险费 = 购置价 ×0.14%。

2.2 赔偿处理

(1)事故发生后,工程机械业主或相关人员须在 24 小时内向保险公司报案。

(2)全部险种均实行统一的免赔率为 10%。

2.3 某保险公司工程机械设备保险条款(略)

3 任务实施

3.1 准备工作

参考相关法律法规,设计融资租赁保险方案,准备所需保单文本。

3.2 操作流程

3.2.1 投保流程

(1)被保险人投保前,代理商要如实告知被保险人"保险责任范围",被保险人确认投保,传真身份证、机器合格证复印件至代理商。

(2)代理商确认无误后,传真被保险人身份证、机器合格证、填写投保确认函至融资租赁公司。

(3)融资租赁公司对工程机械设备进行投保,保险公司在收到公司融资投保资料传真件的次日为保险合同生效日,并承担相应的保险责任。

3.2.2 理赔操作流程

1)查勘工作

(1)报案后保险公司与被保险人联系进行现场查勘,并尽可能在 24 小时内派查勘人员到达出事现场。为就近进行查勘服务,保险公司可视情况委托公估公司代理查勘,被保险人应予配合。

(2)若保险公司无法在规定时间内到达现场,应与被保险人协商确定查勘时间;若因保险公司原因无法及时查勘(报案3天后)的,可由被保险人协同融资租赁公司或代理商代为处理,结案后凭融资租赁公司或代理商单位证明及损失单证办理理赔手续;或委托双方认可的公估公司前往当地查勘定损,所发生的费用由保险公司支付。

(3)保险公司应当在15个工作日内协助被保险人跟踪落实异地查勘材料的搜集,15日后保险公司亦可委托双方认可的公估公司或当地代理商代为搜集,所发生的费用由保险公司支付。

2)损失核定

(1)现场查勘后,被保险人应按照实际出险提出索赔申请,保险公司与被保险人协商确定损失(包括损失项目和配件价格、修复方案及维修费用等)。保险公司可参照品牌代理商提供的配件价格进行核定。一般情况保险公司应当在与品牌代理商确认修复方案(包括配件价格及维修费用)后,15个工作日内核定并确定赔付金额。

(2)如双方未能就赔付金额达成一致,可聘请双方认可的公估公司代为估损。

3)资料搜集

提供索赔必须单证包括以下几项:

(1)出险通知单(按要求填写并盖公章)。

(2)赔款收据及权益转让书(不用填写,只盖公章)。

(3)索赔清单(一式两联,按要求填写并加盖公章)。

(4)购买合同、购买发票(复印件)。

(5)工程机械设备的损失清单及损坏项目的价格。

(6)机器出险前3个月的维修保养记录(必要时)。

(7)由正规机构出具的检验检测报告、维修报告及报价单明细(必要时)。

(8)出险时操作司机的操作证复印件(必要时)。

(9)向责任方提出的索赔函(涉及第三者责任时)。

4)正常理赔期限

责任明确、索赔材料齐全、手续完整的一般事故(10万元以下的赔案),5个工作日内结案;责任明确、索赔材料齐全、手续完整的重大事故(10万元以上50万元以下的赔案),10个工作日内结案。

3.3 操作提示

(1)保险公司是否会赔,关键看是否在保险责任范围内,投保时,请多看看保险责任及免除责任。

(2)当损失金额小于保单中约定的免赔额或免赔率时,即使事故在保险范围内,被保险人是得不到赔偿的。

(3)注意保留证据;每一步骤都尽可能用手机或照相机拍照下来;拍照时可附加当日的报纸一起拍照;第一次拍照应对现场情况,机械设备身份识别号码等进行拍照;拆解后对于受损部件进行拍照。

思考与练习

(1) 融资租赁公司的组织机构、风险控制和对外融资有什么关系？

(2) 租赁公司的核心竞争力在什么地方？

(3) 怎样才能让融资租赁保持持续发展的活力？

(4) 融资租赁相关税收政策都有哪些？其中，哪些属于合理政策？哪些需要完善？哪些需要规避？

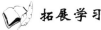 **拓展学习**

卡特彼勒的中国融资租赁战略

融资租赁在发达国家是仅次于银行贷款的第二大融资工具，现已成为工程机械设备制造企业的现代营销体系的核心内容之一。美国卡特皮勒公司作为世界最大工程机械企业在中国开展融资租赁业务不仅带来了竞争，也带来了先进的经营理念和经营模式。卡特皮勒在中国市场特供的是一条以制造业为龙头，向下游不断延伸的完整经营链。其自身控制着研发、制造、配件采购、融资服务和培训服务。卡特彼勒公司本身不销售、不租赁（总部经济），一切交给本土独立代理商和分销商（租赁店，销售产品）；本部只提供产品、操作、服务和管理（销售理念）。卡特彼勒中国租赁店由其中国四大独立代理商操作，主要有：信昌机器（负责广东、广西、海南、福建、江西、湖南、新疆及港澳地区）、利星行（负责上海、山东、安徽、河南、江苏、湖北、浙江）、易初明通（负责云南、四川、重庆、贵州、西藏、甘肃、陕西、青海）、威斯特中国（负责山西、天津、北京、辽宁、黑龙江、吉林、河北、内蒙古）。

1. 卡特彼勒租赁店

卡特彼勒租赁店作为卡特彼勒的附属品牌，通过卡特彼勒公司在全球的代理商，为新老用户提供卡特彼勒的工程机械、发电机组以及其他联盟产品的出租服务。卡特彼勒在全球的租赁店构成了世界上最大的工程机械专业租赁网络。

租赁店是由卡特彼勒公司授权，卡特彼勒产品代理商在其代理区域内投资开设的专业租赁公司，为顾客提供多种灵活的租赁形式，构建了全面的一站式租赁服务模式，同时还将为客户提供配件服务、设备故障诊断、设备修理和设备救援服务。

卡特皮勒中国代理商建立的卡特彼勒租赁旗舰店为中国客户提供"一站式"解决方案，包括：

(1) 通过融资租赁、以租代售、以旧换新的多种方式购买卡特或山工设备。

(2) 租用卡特及其联盟产品。

(3) 选择卡特认证的二手设备。

(4) 获得快捷、专业的维修保养服务。

(5) 为客户提供高技能的操作手，他们经过专业的培训并已经获得卡特的认证，使设备能得到及时的维修保养，使客户得到最高的效能。

2. 卡特彼勒的维修服务网络和客户管理系统

卡特彼勒为租赁业务的开展配备了高可靠性的工程机械设备，并为租赁管理配备了高效率的服务团队。出租前维修工程师需要对设备精心维护和检查,出租中在租赁协议中明确约定维护保养职责,租赁期间,维修服务团队具备快速反应能力,为用户提供技术咨询和检修、更换、置换各类租赁服务,以充分维护租赁用设备的高可靠性。

卡特彼勒针对出租设备的管理研发了专门的客户管理系统,对出租设备、合约、客户信息等进行详细登记,出租后,记录设备的运转和维修保养情况,并将设备记录与提供金融服务和二手设备的销售挂钩。卡特彼勒拥有自己的保险公司和金融公司,为卡特彼勒租赁店提供服务。卡特彼勒还创建了全球金融网络的直达交易账户,用户可以使用一个账户在全球范围内及时获得租赁、配件和维修服务。

3. 卡特彼勒的再制造和二手交易

卡特彼勒拥有先进的再制造技术(尖端的回收、材料清洁和再制造技术),能使再制造产品的质量和新品一样。再制造产品能享受和新品一样的保修服务。卡特彼勒通过遍布全国的租赁店回收大量的二手设备,然后通过再制造中心进行再制造,接着输送给各租赁店,极大地满足了客户的需求,同时也丰富了租赁店的设备。

4. 卡特彼勒的销售代理商

卡特彼勒采用产品的销售方式是本身不直接参与经营,而是通过代理商面向终端客户销售,为代理商提供管理技术、营销方式和培训,甚至提供资金。这种相互信任和充分支持的方式使得该公司在全世界拥有上千个分销商,庞大的营销网络不仅解决了产品的销售问题,也为其设备的租赁提供了广阔的市场空间。

5. 独特的风险管理机制

卡特皮勒融资租赁专由卡特皮勒金融公司提供资金。从项目筛选到审批,从款项拨付到过程跟进都处在严密的系统化控制下。为了防止人情因素产生风险,卡特皮勒采取了项目开发与项目审批分离的风险控制方式,即项目开发由代理商进行,而项目审批由租赁公司完成。代理商负责筛选与资信材料送到,卡特皮勒融资公司负责项目审批,对风险构筑第一道屏障。第二道屏障是权、钱分离。尽管卡特皮勒融资租赁公司有项目审核权,但是它并没有财权,还需要卡特皮勒金融服务公司进行再次审核来决定是否通过并拨款。租赁公司和金融公司虽同属卡特皮勒,但在法律上是独立经营的公司,人情因素的风险得到了再一次降低。

项目 10 管理工程机械技术服务

概述

随着中国工程机械行业的发展,作为工程机械产品的重要组成部分,技术服务日益受到工程机械制造商和用户的重视,越来越多的制造商将技术服务作为公司发展的一个重要环节甚至品牌战略的高度来看待,尤其在产品技术和质量趋同化的情况下,技术服务已作为用户选择购买产品品牌时的一个重要依据。为此,各个制造商对产品的技术服务越来越重视,特别在国外著名工程机械制造商进入中国以后,给中国工程机械技术服务带来了全新的服务理念和服务模式,从根本上促进和提高了中国工程机械行业技术服务的整体水平。

任务 1　认识工程机械技术服务

1　任务导入

1.1　任务描述

中联重科混凝土机械公司推出"蓝色关爱"服务品牌,以"为客户创造最大价值"为宗旨,打造"以现场服务为中心,总部支持为后盾,全过程信息化管理"的内外互动式服务体系和保障平台,率先将设备服务从"被动式维修"带入"主动式关怀",为客户提供售前、售中、售后一站式整体服务解决方案。

1.2　任务完成形式

(1) 制订一份售前服务计划并模拟实施。
(2) 模拟实施工程机械售中服务

2　相关理论知识

2.1　工程机械技术服务的含义

工程机械技术服务是指工程机械企业在向客户出售产品的同时,为客户提供和出售的针对其产品与技术有关的所有服务产品。技术服务具体化就是为使工程机械产品在安装、调试和运行中保持良好的技术状态,由产品制造企业或代理商向用户提供各项组织措施和技术措施的服务。技术服务是现代工业经营管理的一个重要环节,它不仅有利于用户提高使用工业产品的技术经济效果,还有利于企业本身提高产品质量和改进产品结构,并为扩大市场销售等经营决策提供依据。

技术服务是客户服务的一个重要组成部分,它是基于技术的、发生在购买方、销售方和第三方之间的以有效转化适当成本的方式来降低客户购买产品或服务的购买成本,为供应链上的所有成员提供显著的增值服务,并最终实现各自的价值。在这个定义中有以下几个要点:

(1)技术服务是客户服务中与技术相关的重要组成部分。所以,实施技术服务,也是对企业技术能力与产品质量的展示。

(2)技术服务是一个过程,它贯穿客户购买产品的整个流程。所以,企业必须时刻关注自身的技术服务,而不是当客户对企业产生抱怨、不满时才开展客户服务。

(3)技术服务要花费适当的成本。作为一项增值活动,技术服务会消耗企业的人力、资金、时间、设施等资源。

(4)技术服务成本要有效转化。企业要想获得客户服务所带来的益处,就必须想方设法使客户服务的成本花费能够有效转化。

(5)技术服务可以降低消费者购买成本。技术服务为客户带来时间、精力和距离上的便利,让客户感到心理满足,这些都可以降低客户购买产品的购买成本。

总之,技术服务的目标是使供应链上的所有成员获得增值服务,实现自身在这一生产活动中的价值。与客户服务的其他方面一样,技术服务是一种"双赢"的战略。对于企业来说,它可以带来更多客户、更高的客户忠诚度、更多的利润;对于客户来说,它带来更低的购买成本、更多的价值。

2.2 工程机械技术服务的特点

2.2.1 服务内容的有形性与无形性

一般意义上,服务在很大程度上是抽象的和无形的。而技术服务的内容往往却是有形的、物质的东西。在形式上,技术服务又保留着与一般服务共有的无形性的特征,即同样需要精力的支出。它的中心内容是向客户提供有价值的技术活动,并非转移某种产品的所有权。技术服务项目则包括一些物质产品,提供技术服务的资源和手段也往往也是有形的。

2.2.2 服务标准的确定性与不确定性

技术服务的标准比普通的客户服务的标准更精确和客观的。由于技术服务解决的问题都是与技术直接相关的疑惑、故障、质疑,因此能实现大批量生产,又由于它是从属于客户服务的,因此客户服务原有的那些主观的感受、体验、体会等模糊的评价标准也必须被满足。所以,对技术服务的评价标准是客观与主观的结合物,是精确与模糊的结合体。换句话说:"不但要把活干好(具体的技术服务工作),还要满脸陪笑"。由于不确定性,对一些人来说是满意的服务,而对另外一些人来说可能并不满意,技术服务的质量往往比物质产品变化更大,客户不满意的情况也会增大。

2.2.3 服务的不可分割性与离散性

技术服务与一般的服务一样,它的产生和消费是同时完成的,客户参与到其中。一方面,客户服务不能储存,提供服务的过程,往往是消费的过程,并且在很大程度上又具有临时性质。因此,技术服务在可以利用的时候如果不被购买和利用,它就会消失。但是另一方面,客户服务又有离散性质。这是因为提供客户服务的一些设备和手段是离散的、可分的,如产品的库存量、客户热线电话等。

2.2.4 服务的多样化与个性化

伴随着市场由以产品为导向转为以客户为导向,客户的需求变得逐渐多样化。客户的需求的多样化则要求企业提供更多的个性化的服务。能否满足客户的多样化的个性要求,关系着企业成功与否的关键。这就需要企业成立独立的客户服务部门,提高客户服务部门的服务人员的素质,如技术服务人员的个人技能、技巧和态度等,以满足客户的多样化需求,提供个性化服务。

2.2.5 服务需求的引申性

和其他服务不同,技术服务往往不是客户的真正需要。也就是说,客户购买产品的目的是利用产品的效用来满足使用需求,而不是为了购买产品期间享受的客户服务或技术服务。技术服务也是由于客户购买产品的需求而引申出来的一种服务需求。

2.3 技术服务的内容

按照服务的不同阶段,可以将工程机械服务分为售前服务、售中服务及售后服务三个阶段。

2.3.1 售前服务

售前服务是工程机械服务的第一个环节,主要包括产品的广告宣传及产品的技术交流。其中,广告宣传包括在行业网站、行业杂志、行业报刊以及行业展览会的广告宣传;产品的技术交流包括制造商或者代理商举办的各种形式的技术交流会、用户恳谈会、用户座谈会、对制造商工厂实地考察等方式。

售前服务的作用是使用户对制造商的企业规模、实力、管理水平、企业文化等有一个全面的了解,对制造商或代理商所销售产品的种类、规格型号、先进性、技术性能特点、产品价格以及售后服务等方面有一个全面地了解和掌握,使用户根据需要和自身实力确定购买意向,制订购买决策。对于制造商或代理商来说,售前服务是一种变被动销售为主动销售的重要转变。在工程机械行业产品销售由卖方市场转变为买方市场后,售前服务变得越来越重要,也越来越受到制造商和代理商的重视。售前服务是制造商或者代理商对用户了解的过程,通过售前服务,制造商或代理商对用户的规模、实力、资金、信用等各种资信情况有一个全面地了解,并对用户的资信进行评估,采取相应的销售政策。

2.3.2 售中服务

售中服务是工程机械服务的第二个阶段,主要包括制造商或代理商同用户之间购销合同的洽谈和签订、安排设备的生产及运输工作。在售前服务完成后,就进入售中服务阶段。当用户通过对制造商及其产品的了解,确定购买意向后,制造商或代理商根据用户的工程和需求,结合用户现有设备,站在用户的角度给用户一个比较合理的设备选型建议,使用户的设备采购能够在有限的采购资金下获得最大的工作效率和使用效益。使用户感觉到制造商或代理商是真正为用户着想。在洽谈和签订合同时,应该明确双方的权利和义务,对包括产品规格型号、价格、付款方式、交货期限、运输及保险、交货地点、产品验收、质量保证期、技术培训、零部件供应、售后服务承诺、争议的解决及方式等主要条款进行明确,并尽量为用户提供方便;当不能达到用户的一些特殊要求时,要客观说明情况,取得用户的谅解。使合同签订能够顺利完成。在合同签订完成后,制造商认真履行工程机械产品的质量包括产品本身的质量及售前、售中及售后服务质量。

2.3.3 售后服务

1) 工程械售后服务的作用

售后服务是工程机械服务的第三个阶段,也是最后一个环节。它主要是指制造商或代理商履行合同的各项售后服务条款的服务。在工程机械发展初期,工程机械制造商及代理商一般都比较重视产品技术的先进性和产品本身的质量,制造商通过采用提高产品的技术的先进性、提高产品本身的质量以及建立健全销售体系来占领市场,达到销售的目的。用户一般也只重视产品的先进性、产品本身质量、价格等因素,而将售后服务作为一种辅助性的因素来考虑。然而,当市场发展到一定程度时,产品的先进性、产品本身的质量越来越趋同或者相差不大时,售后服务才受到制造商、代理商及用户的重视,其作用也日益受到制造商、代理商和用户的重视。工程机械售后服务的作用主要体现在以下几个方面:

(1) 作为产品质量的重要组成部分,是产品质量的延伸和重要体现。

(2) 减少设备故障率,缩短因设备故障的停机时间,保证用户购买设备的使用价值及利益实现。

(3) 提高用户满意度,增强已购买用户对产品的信任度和忠诚度。

(4) 作为新用户购买设备时的重要考虑因素,促进销售。

(5) 通过售后服务的技术质量分析,及时发现重大质量问题,并及时采取措施,使制造商和用户的损失减少到最小。

(6) 通过售后服务的技术质量分析,获得产品技术及质量信息,为产品技术改进和产品质量的提高提供依据。

(7) 为零部件采购部门向零部件配套厂家的质量索赔提供依据。

(8) 作为解决制造商同用户关于产品质量方面争议的重要依据。

(9) 在产品出现重大质量问题时,给予用户重大工程延误造成损失赔偿的依据。

(10) 通过质量保证期外的有偿维修服务,促进零部件销售,在为制造商和代理商创收的同时,保证用户设备的正常使用,解决用户的后顾之忧。

(11) 有效提高公司的品牌形象以及产品的品牌形象。

2) 工程机械售后服务的内容

工程机械售后服务一般包括产品的安装调试、交接验收、技术培训、质量保证期内的免费维护保养、零备件供应、质量保证期外的有偿维修服务等内容。

(1) 设备的安装调试。当交接验收设备到达用户使用现场时,制造商或售后服务代理商的售后服务人员应及时到达设备现场,对设备进行安装、调试以及交接验收,并对用户的操作人员进行简单的操作和维护保养培训。该项服务包括以下内容:

①对设备机型、机号、数量、随机工具、随机零部件及随机技术资料等的确认。

②对该合同用户的单位名称或业主姓名、地址、施工地点、联系电话及设备操作、管理人员的联系方式等信息确认。

③负责设备的安装、调试,使设备处于完好的可使用状态。

④按照设备的验收标准逐项检验,经用户确认全部合格后交付用户。

⑤对设备的操作人员进行现场操作及维护保养知识培训。

(2)产品在质量保证期内的维护保养及维修。制造商或售后服务代理商在承诺的质量保证期内,负责兑现合同所承诺的对设备的定期免费维护保养,故障排除及维修,非用户操作使用不当所造成损坏的零部件给予免费更换,以及因设备本身有严重质量问题时对整机给予免费更换,对因产品质量问题造成用户工期的重大延误,给予用户合理的补偿。该项服务包括以下内容:

①设备的定期维护保养。按照合同规定的售后服务承诺,定期到用户设备作业现场进行免费保养和维护。

②了解和检查设备的使用情况,对设备的使用状态进行记录。

③对用户使用过程中的不当操作及维护保养进行纠正。

④对用户投诉及时做出答复,在承诺的时间内派出服务人员到达现场进行故障检测并排除故障。对有质量问题的零部件进行免费维修或更换。

⑤对确因产品质量重大问题而严重影响使用的设备,按照承诺给予部件或者整机更换。

⑥对因产品严重质量问题给用户造成重大工期延误,给予用户合理的补偿。

(3)技术培训。工程机械制造商一般都具有专门的技术培训中心,承担对制造商的服务人员、代理商的服务人员以及最终用户的操作人员、设备管理人员及维修技术人员的培训。有的实力雄厚的代理商具有技术培训机构设置,对所辖区域的用户进行培训。制造商或者售后服务代理商的培训部门应该具有年度培训计划和课程设置,满足各种层次培训需求。

①培训计划。制造商或有培训机构的代理商应在每年年底制定下一年度的培训计划,培训计划应包括以下内容:

a.制订年度技术培训计划,包括培训的组织、对不同培训对象培训的期次、计划培训学员人数及培训教师设置。

b.培训时间及课时计划,培训内容及课程安排。

c.用户特殊培训要求的培训计划。

②培训对象。技术培训包括对以下人员的培训:

a.制造商的售后服务人员。

b.售后服务代理商的售后服务人员及维修技术人员。

c.用户的设备操作人员、设备管理人员以及维修技术人员。

③培训的内容及课程设置。根据不同的培训对象进行不同层次的培训,如对制造商和售后服务代理商的技术服务人员、用户的操作人员、维修技术人员以及设备管理人员制订相应的操作、维修及设备管理方面的培训。无论哪种培训,都应该包含以下内容,不同的只是培训的侧重点有所不同:

a.在设备制造商的生产现场进行参观学习,在生产现场给学员讲解产品的基本结构、工作原理、加工工艺、装配过程等,使学员对产品的结构、生产过程有一个直观的了解。

b.在专门的培训中心,通过解剖的主要零部件实物或模型,结合培训资料、投影、光盘等进行产品的结构、工作原理讲解。

c.主要零部件实物分解及装配训练。

d. 维护保养、故障分析判断及维修理论讲解,故障分析判断及排除实际操作训练。

e. 设备管理知识讲授。

f. 整机操作实习训练。

g. 理论及实际操作考试。

④培训的地点。在合同规定或者双方约定的地点进行培训,培训的地点一般包括以下两种:

a. 在制造商培训中心或者经制造商授权的售后服务代理商的培训机构进行技术培训。

b. 在用户设备施工现场进行技术培训。

(4)备件供应。备件供应体系包括制造商对服务代理商的备件供应、制造商对用户的备件供应,根据制造商的售后服务体系模式不同而有所差异。其目的是满足最终客户的零备件需求。制造商一般采取下列模式对零备件进行管理,满足市场对零备件的需求:

①在制造商工厂所在地的零备件中心有90%~100%的零部件种类和充足的库存量。

②制造商根据市场产销量及市场分布情况,在全国分区域建立区域性零备件供应中心,这些区域性零备件供应中心的零备件库存种类一般应达到整机零备件的80%~90%,并保证规定数量的库存量。

③制造商的售后服务代理商的零备件库存的种类一般应达到整机零备件的70%~80%,并保证规定数量的库存量。

④制造商工厂的零备件中心对区域性零备件供应中心、售后服务代理商的零备件仓库进行库存零备件种类和库存量的管理和监控,保证其零备件的种类和库存量始终达到规定的要求。

⑤制造商零备件中心对区域性零备件中心及代理商零备件仓库进行不定期检查,保证其零备件的品质。

⑥制造商工厂零备件中心对区域零部件供应中心和售后服务代理商的零备件的价格进行指导和监控。

(5)质量保证期外的服务,主要包括以下内容:

①在质量保证期外,制造商或售后服务代理商对用户进行有偿维修服务。

②在质量保证期外对用户的零备件供应,保证零备件的纯正品质及合理的价格。

③质量保证期外的用户回访。通过回访,听取和搜集用户关于产品技术、质量及售后服务的意见和建议,达到改善和提高产品的技术水平和产品质量,提高售后服务水平的目的。

3)中国工程机械售后服务的模式

制造商根据自身实力、发展阶段、经营目标以及销售体系建立相应的售后服务体系和售后服务模式。一般来说,完善的售后服务体系应包括售后服务网络、技术培训体系、备件供应体系、售后服务评价及激励机制等。

随着中国工程机械代理商的发展,中国工程机械制造商的销售及售后服务的体系和模式发生了根本的变化。

根据现阶段制造商同代理商的不同合作方式,中国工程机械制造商的销售模式分为长期战略合作伙伴模式、制造商管理型模式以及松散型合作模式三种。

根据销售模式,可以将中国工程机械售后服务模式分为长期战略合作伙伴型服务模式、制造商管理型服务模式和制造商服务型模式。

售后服务代理商有两种:一种是同时具有销售与售后服务功能的代理商,另一种是专门的售后服务代理商,其中以同时具有销售和售后服务的代理商占多数。

(1)长期战略合作伙伴型服务模式。制造商与代理商的规模和实力都比较强,具有长期合作伙伴关系,相互具有较高信任度和忠诚度,制造商产品的售后服务全部采用代理的方式。在目前中国工程机械市场,主要是外国独资、合资制造商同外资代理商的合作模式。

(2)制造商管理型服务模式。制造商的规模比较大,实力比较强。代理商规模和实力比较小。合作时间比较短,制造商产品的售后服务绝大多数采用代理的方式。在中国工程机械市场,主要是产销量比较大的外国独资、合资制造商以及实力比较雄厚、产销量比较大的国内制造商同国内代理商的合作模式。

(3)制造商服务型模式。制造商分两种:一种是实力比较强,产销量比较小的外国独资、合资制造商;另一种是规模和实力都比较小,产销量也小的国内制造商。制造商产品的售后服务基本由制造商自己来完成。

3 任务实施

3.1 准备工作

了解各种技术服务规定,了解商品三包政策。

3.2 操作流程

3.2.1 售前技术服务服务

(1)制订拜访计划,实施客户接触;制订信用销售方案和设备分析报告。

(2)查看工程项目,制定设备配套方案。

(3)安排考查工程机械生产企业,使用户对制造商或代理商对用户的规模、实力、资金、信用等各种资信情况有一个全面的了解。

(4)对用户的资信进行评估。

3.2.2 售中技术服务操作流程

(1)推介设备购置方案,分析方案产生的效益。给出合理的设备选型建议,使用户的设备采购能够在有限的采购资金下获得最大的工作效率和使用效益。

(2)展开销售洽谈,明确双方权利和义务。

(3)制定信用销售方案,明确相关流程和法律法规。

(4)签订信用销售合同。

(5)提升售后服务事项。

3.3 操作提示

(1)技术服务代表的行为影响到客户对产品的判断,服务代表应熟练掌握相关知识。

(2)设备选型方案是否合理,直接影响项目施工,设备推介方案应结合客户工程项目使用情况和工程完工后的租赁情况制定。

(3) 信用销售涉及金融和保险机构。

任务2　创建工程机械顾客管理系统

1　任务导入

1.1　任务描述

工程机械企业规模发展到一定程度，企业就需要靠制度、靠规范来维护与发展。此时，企业的客户关系管理绝不能仅仅依靠"感情投资"来完成，而需要利用先进的IT技术，建立客户数据库，并运用现代的数据分析技术，强化对数据的分析与处理，从而提炼出一些对公司真正有意义的信息，为公司的营销和服务决策提供支持；同时，企业还要通过对客户行为的分析来为客户提供个性化的定制服务、定制营销信息等。未来的企业"感情投资"和"CRM信息系统"一个都不能少，那么现代工程机械企业是如何建立工程机械顾客管理系统来为企业服务呢？

1.2　任务实施形式

用图示方式分组设计CRM信息系统界面，讨论应包括的内容。

2　相关理论知识

2.1　客户关系管理

2.1.1　客户关系管理系统概念

客户关系管理系统(CRM)是利用信息科学技术，实现市场营销、销售、服务等活动自动化，是企业能更高效地为客户提供满意、周到的服务，以提高客户满意度、忠诚度为目的的一种管理经营方式。客户关系管理既是一种管理理念，又是一种软件技术。以客户为中心的管理理念是CRM实施的基础。

客户关系管理的英文为Customer Relationship Management，由Brina Spengler于1999年提出。CRM为企业构建了一整套以客户为中心的有关客户、营销、销售、服务与支持信息的数据库，帮助企业了解管理渠道，建立和优化了前端业务流程，包括市场营销、销售、产品的服务与支持、呼叫中心等。该系统涵盖了潜在客户发现、商机跟踪、协议签订、整机维修、部件配送等业务，并与400呼叫中心互动，实现了客户全生命周期的360°管理，代理商和客户的满意度大幅提升。基于单机管理理念，将机器配置信息、维修换件信息、财务结算信息集成共享，实现单台挖掘机的全面管理，并结合GPS系统，有效地控制收款风险。统一的客户数据管理、丰富的系统功能，可以为企业开发价值客户、挖掘市场潜力提供了强有力的技术和信息支撑；也可以进行深层次分析和挖掘，从而发现最有价值的客户、新的市场和潜在的客户，创造业务良机。该系统可扩展、可连接的特性可以与企业的SCM、ERP系统无缝集成，实现实时的数据交换，增强企业与供应商、合作伙伴、客户间的关系，加快客户服务与支持响应速度，增强企业在电子商务时代的竞争优势。

2.1.2 工程机械企业顾客管理系统功能和应用

1）工程机械 CRM 系统的三大功能

(1) 行销管理的功能,在分析市场价格变化、预测市场趋势以及妥善规划市场活动管理。

(2) 销售管理的功能,在整合企业的行销资源,统合一切的行销资讯。

(3) 顾客管理的功能,在提升顾客满意度,抓住核心顾客的需求,开发潜在顾客市场,同时提供线上平台查询界面与透过线上记录,随时回应顾客的问题和抱怨,且即时检讨服务流程和进度。

2）CRM 系统的具体应用

CRM 系统实现了客户关系管理业务自动化和企业内部各职能部门的协同工作,帮助企业提升与客户的关系,提升了整体管理水平。实施于企业的市场、营销、技术支持等与客户有关的工作部门,具体应用:

(1) 建立服务过程控制,提供服务支持。

(2) 客户关怀;帮助企业关注客户与企业交易的细微变化,识别出企业的价值客户、价值变动客户和问题客户,从而有针对性地采取相应的行动:感谢或者鼓励价值客户(或价值变动客户),与问题客户充分沟通;消除误解、解决问题,最终避免客户的流失。

(3) 特别关怀;可以帮助企业在节日、生日或者其他纪念日中保持与客户及其核心联系人的情感交流。

2.1.3 CRM 系统的 IT 定位

目前的 CRM 应用,因管理策略和技术应用不同,细分出两种明显的类型。

1）运营型 CRM

运营型 CRM 建立在这样的一种概念上:客户管理在企业成功方面起着很重要的作用,它要求所有业务流程的流线化和自动化,包括多个客户接触点的整合、前台和后台运营之间的平滑连接。运营型 CRM 是最为原始、最为根本的系统应用。企业可以应用 CRM 系统计划、管理、控制、总结和简单统计整个业务流程及结果数据。通过分析运营型 CRM 中获得的各种数据,进而为企业的经营和决策提供可靠的、量化的依据。

2）分析型 CRM

分析型 CRM 系统采用数据仓库、在线/实时事务分析和数据挖掘等方法分析企业业务积累和当前应用所产生的相关数据,从而实现客户群体分类分析和行为分析、客户效益分析和预测、客户背景分析、客户满意度分析、交叉销售、产品及服务使用分析、客户信用分析、客户流失分析、欺诈发现、市场分类分析、市场竞争分析、客户服务优化等,这些分析可纳入四个阶段:

(1) 进行客户的分析。

(2) 将市场分段信息运用于客户分析。

(3) 进行日常市场活动的分析。

(4) 预报客户行为的各种方法的模型。

2.1.4 CRM 系统模块

经典 CRM 系统主要由营销管理—市场、销售管理、服务与技术支持管理三部分组成;结合新的市场与营销管理趋势,也将营销管理模块与销售管理模块合并起来,并进一步强调企业决策信息系统的应用。

1）营销管理模块

营销管理使营销人员彻底地分析客户和市场信息，获取潜在客户；策划营销活动和行动步骤，制定灵活、准确的市场发展计划，更加有效地拓展市场。其系统功能包括：

(1) 实现全面的营销管理自动化。

(2) 通过预建的相关行业客户的数据，提高决策的成功率。

(3) 通过对自己和竞争对手的数据进行分析，策划有效的营销战役。

(4) 支持整个企业范围的通信和资料共享。

(5) 评估和跟踪多种营销策略。

2）销售管理模块

销售管理模块管理商业机会，账户信息及销售渠道等方面。它支持多种销售方式，确保销售队伍总能把握最新的销售信息，实现销售力量自动化。其系统功能包括：

(1) 广告销售机会、企业客户账户及合同管理。

(2) 动态的销售队伍及目标市场区域管理。

(3) 可以进行广告产品的配置、报价。

(4) 最新的信息刷新。

(5) 商务分析功能。

(6) 现场推销，电话征订，渠道销售和网上广告销售。

(7) 企业集成功能可以实现与其他信息系统的整合。

3）服务管理模块

服务管理可以使客户服务代表（如综合部门电话征订人员、客户投诉受理人等）有效地提高服务质量，增强服务能力，从而更加容易捕捉和跟踪服务中出现的问题，迅速准确地根据客户需求分解整个企业业务流程各个环节中的问题，延长客户的生命周期。服务人员通过分解客户服务的需求，并向客户建议更多、更适合的产品和服务，来增强和完善对每一个客户的解决方案，全面提高客户满意度和忠诚度。其系统功能包括：

(1) 通过访问知识库实现对客户问题的快速判断和解决。

(2) 广泛支持合同和资产管理。

(3) 依据数据驱动的工作流设定、授权和加入新的资源。

(4) 客户服务历史。

4）其他功能模块

其他功能模块包括：

(1) 现场服务管理模块。

(2) 呼叫中心模块。

(3) 电子商务模块。

2.1.5 CRM 数据库

1）建立 CRM 数据库

数据库是现代企业信息化系统的核心。建立 CRM 数据库，首先要保证数据质量。经确认的数据对建立 CRM 数据库而言相当重要。相反，则可能会为一个相同的客户建立很多条记录,也完全有可能为两个不同的人只建立了一个记录。这样,可能会出现给一个顾客发很多份相同的邮件。而企业很可能会因此而疏远甚至失去顾客。

2)数据结构

在一个决策支持系统中,不具有特定数据结构的文本信息是很难查询和分析的。哪些数据是 CRM 数据库使用者所关心的,又怎样才能使这些数据对他们变得更为有用,成为设计数据结构首要考虑的问题。如市场业务人员应用系统时,应该能够查询到自己接触的客户是否已在客户数据库中,是否已有部门同事对该客户开展了市场活动。

3)数据的应用

发挥数据的最大价值在于应用。在这方面,最重要的是把数据放到使用者的手边,使得他们能方便、快捷地得到相关数据。每个进入客户关系管理系统的顾客资料,客户服务、电话销售等部门都应很容易得到他们的数据。这些数据对客户服务等部门来说非常重要,他们可据此来判断一个用户是否能为企业带来效益,有利于企业与顾客保持一个良好的关系。

2.2 顾客满意战略

2.2.1 顾客满意的含义

顾客满意(Customer Satisfaction)是指顾客对一件产品满足其需要的绩效(Perceived Performance)与期望(Expectations)进行比较所形成的感觉状态。当商品的实际消费效果达到消费者的预期时,就导致了满意;否则,则会导致顾客不满意。现代意义上的企业产品是由核心产品(基本功能等因素组成)、有形产品(质量、包装、品牌、特色、款式等组成)和附加产品(提供信贷、交货及时、安装使用方便及售后服务等组成)共三大层次构成的。顾客满意包括产品满意、服务满意和社会满意三个层次。

(1)产品满意是指企业产品带给顾客的满足状态,包括产品的内在质量、价格、设计、包装、时效等方面的满意。产品的质量满意是构成顾客满意的基础因素。

(2)服务满意是指产品售前、售中、售后以及产品生命周期的不同阶段采取的服务措施令顾客满意。这主要是在服务过程的每一个环节上都能设身处地为顾客着想,做到有利于顾客、方便顾客。

(3)社会满意是指顾客在对企业产品和服务的消费过程中所体验的对社会利益的维护,主要指顾客整体社会满意,它要求企业的经营活动要有利于社会文明进步。

顾客满意和顾客信任是两个层面的问题。如果说顾客满意是一种价值判断的话,顾客信任则是顾客满意的行为化。因此,我们说顾客满意仅仅只是迈上了顾客信任的第一个台阶,不断强化的顾客满意才是顾客信任的基础。同时,需要明确的是,顾客满意并不一定可以发展致顾客信任,在从顾客满意到顾客信任的过程中,企业还要做更多的事情。

2.2.2 顾客满意与顾客忠诚的关系

在多数情况下顾客满意和顾客忠诚并不是简单的线性关系,这说明在顾客满意和顾客忠诚两个变量之间存在着一些调节变量。这些调节变量及其作用强度会因行业的不同而有所差异。

1)社会规范与情境因素

顾客主观的行为规范.会受到社会规范的影响。例如,当一个少年消费者对一件时尚款式的服装表现出极高的态度倾向时他也许会觉得他的父母对他穿此类服装感到反感而取消购买的决定。澳大利亚学者 Macintosh& Lockshin(1997 年)在对零售业的研究中证明了商店类型、地理位置等社会规范与情景因素对顾客忠诚的影响作用。

2)产品经验

顾客先前的经验和知识会很大程度地影响顾客的态度与行为。顾客以前的经验无形中也就构成了今后使用这种服务的满意度的门槛。在顾客忠诚的形成过程中,产品经验通常作为一个情景因素发挥着调节作用。

3)替代选择性

如果顾客感知现有企业的竞争者能够提供价廉、便利和齐全的服务项目或者较高的利润回报,他们就可能决定终止现有关系而接受竞争者的服务或者产品。如果顾客没有发现富有吸引力的竞争企业,那么他们将保持现有关系,即使这种关系被顾客感知不太满意。

4)转换成本

转换成本是指顾客从现有厂商处购买商品转向从其他厂商购买商品时面临的一次性成本。由于转换成本存在,顾客终结当前的关系先前的投资就会受到损失,于是就被迫维持当前与供应商之间的关系。即使顾客对这种关系不满意,当顾客转换成本较高时,顾客的行为忠诚度也较高。Jones & Motherbaugh 的研究表明,当转换成本非常小时,由于大部分人喜欢尝试多样性,即使一些顾客高度满意,但重购率并不高。

2.2.3 CS 经营战略

在理性消费时代,物质不很充裕,消费者首先着眼于产品是否经久耐用,较多考虑的是质量、功能与价格三大因素,评判产品用的是"好与坏"的标准。进入感性消费时代后,物质比较充裕,收入与产品价格比有所提高,价廉物美不再是顾客考虑的重点,相反,消费者比较重视产品的设计,品牌及使用性能,评判产品用的是"喜欢与不喜欢"的标准。进入感情消费时代,消费者往往关注产品能否给自己的生活带来活力、充实、舒适和美感,他们要求得到的不仅仅是产品的功能和品牌,而是与产品有关的系统服务。于是消费者评判产品用的是"满意与不满意"的标准。因此,企业要用产品具有的魅力和一切为顾客着想的体贴去感动顾客。正如一位汽车销售商说得好:"当顾客的汽车出毛病,你也应当为他难过。"

CS 战略的内容包括:

(1)站在顾客的立场上研究和设计产品。尽可能地把顾客的"不满意"从产品本身去除,并顺应顾客的需求趋势,预先在产品本身上创造顾客的满意。

(2)不断完善服务系统,包括提高服务速度、质量等方面。

(3)十分重视顾客的意见。据美国的一项调查,成功的技术革新和民用新产品中有 60% ~ 80% 来自用户的建议。

(4)千方百计留住老顾客,他们是最好的"推销员"。

(5)建立与顾客为中心相应的企业组织。要求对顾客的需求和意见具有快速反应机制,养成鼓励创新的组织氛围,组织内部保持上下沟通的顺畅。

(6)分级授权。这是及时完成令顾客满意服务的重要一环。如果执行工作的人员没有充分的处理决定权,什么问题都须等待上级命令,顾客满足是无法保证的。

2.2.4 CS 经营战略的局限性

CS 战略存在一定程度的内在矛盾:

(1)企业作为一个独立的经济实体,不可能没有自己的利益,也不可能不为实现自己的利益而努力。CS 战略要求企业把顾客满意作为战略目的,不免引起怀疑——企业是真心的吗?

(2)产生企业的无差别化。CS 战略建立的前提之一,是各企业之间在产品上几乎无差别、只提供给顾客舒适、便利、愉快等所谓心的满足感和充实感。那么,企业会不会由此去处处逢迎、一味地讨好顾客,使企业的个性丧失殆尽,当所有的企业都几乎同一个面孔时,乏味感就难免要产生了。

(3)容易将发展战略与销售战略混淆。在根本上来说,CS 战略应为企业发展战略。这来自对企业与顾客关系的正确认知。然而骨子里有的企业为了实现自身利益的真正动机,把 CS 战略视为销售战略,只有顾客满意了,企业产品才能扩大销路,自己才能更多地获利,因此企业视顾客为"摇钱树",企业谋求与顾客建立互相利用的关系。

认识到 CS 战略的缺陷(有的并非 CS 战略本身缺陷,而是战略运用过程中容易出现的问题),并不影响我们对 CS 战略重要的优点的认识及运用 CS 战略的积极性。相反,应当想方设法更充分有效地利用其优点,并尽可能地抑制其负面的消极影响,寻求适应本企业发展的成功战略。

2.3 期望值管理

2.3.1 客户期望值

服务期望是指顾客心目中服务应达到的和可达到的水平,服务期望等同于"期望的服务"。因为服务的质量、顾客对服务的满意程度是顾客对服务实绩的感受与自己的期望进行比较的结果,所以了解服务期望对有效的服务营销管理是至关重要的。

为什么要进行客户期望值管理? 在今天这个技术快速发展、服务日益提升的年代,产业竞争加剧、规则不断变化,客户的期望值也是越来越高,提供简单的服务已经难以满足客户的需求,如果没有达到客户期望,那么最后的结果将带来更多的麻烦,也许你丢掉了一个忠诚的客户,也许你从此永远失去了一个公司的利润贡献者……但是,如果你一味地顺着客户的期望来服务,势必加大公司的服务成本,投资回报如果不乐观,那么老板未必开心,因此,对客户的期望值进行管理势在必行,尤为重要。良好的客户期望值管理能够使你迅速走出困境,使更多的客户成为你的忠实拥护者。

2.3.2 客户期望值与服务满意度的关系

客户期望值是客户满意的内部因素,客户期望值管理是在代理商不增加运营成本的前提下有效提升客户满意度的一个实际有效的方法。服务满意度,如图 10-1 所示,是指服务期望值与服务满意度之间的差值关系,图 10-1 中所示的差值越小,顾客越满意。

2.3.3 客户期望值管理的方法

(1)过得去的客户服务远远不够。
(2)客户服务要从百分百的满意做起。
(3)客户的看法就是客观事实,尽管可能是偏见。
(4)过错是公司销售人员改进的机会。
(5)问题可以开创有利的新局面。
(6)应该让客户觉得自己很重要。

（7）善于提问是服务高手和行销高手的标志之一，所以要不断学习如何问问题。
（8）要做到聆听、再聆听，三思而后行。
（9）客户只有一个目的——需要帮助。
（10）口碑的威力比公共媒体广告强大50倍。

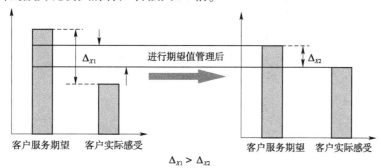

图10-1　客户满意度管理图

2.3.4　服务的层次性

服务可以分为四个层次，即基本的服务、满意的服务、超值的服务和难忘的服务（图10-2）。

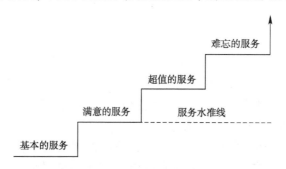

图10-2　服务层次示意图

（1）基本的服务，如顾客在超市里购买了100元的商品，付款后买方与买方互不相欠，钱货两清，这时候顾客的基本物质价值利益得到满足，这就是基本的服务。

（2）满意的服务是指提供服务的商家态度友善，使得客户得到精神方面的满足。

（3）超值的服务是指具有附加值的服务，指那些可提供可不提供，但是提供了之后能够使客户更加满意，觉得有更大的收获。

（4）难忘的服务是客户根本没有想得到的，远远超出他的预料的服务。

2.3.5　服务对企业的影响

优质服务（图10-3），是需要通过人员来完成。希尔顿酒店有一句名言："如果没有希尔顿的员工队伍，希尔顿酒店只是一栋建筑。"正是因为员工提

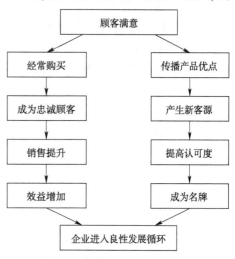

图10-3　优质服务对企业影响图

供的优质服务才使希尔顿酒店驰名世界。优质的服务不仅能让顾客当时觉得满意,更重要的是可以留住客户。

1)优质服务的影响

(1)客户会平均转告 5 个人。

(2)有效地解决客户的问题,95% 会成为忠诚客户。

(3)开发新客户要比维护老客户多花 5 倍的成本。

(4)1 个忠诚客户的价值 = 10 次重复购买产品的价值。

(5)维系老客户的价值 = 新客户价值的 60 倍。

2)劣质服务的影响

(1)平均每个客户会把抱怨告诉 10 个人,有 20% 的客户会把抱怨传播给 20 个人。

(2)一次不好的服务需要 12 次好的服务来修正。

(3)一般我们只听到 4% 的抱怨声(96% 没有说出来,懒得跟你理论)。

(4)81% 的抱怨客户会永远消失。

3 任务实施

3.1 准备工作

(1)客户资料查询。数据库存储各种客户信息,便于企业员工快速查询客户资料,使企业对客户不再陌生,在交往过程中使客户感觉自己备受企业关注。

(2)客户关怀功能实施。帮助企业关注客户与企业交易的细微变化,识别出企业的价值客户、价值变动客户和问题客户,从而有针对性地采取相应的行动:感谢或者鼓励价值客户(或价值变动客户),与问题客户充分沟通。

(3)沟通功能实施,消除误解、解决问题,最终避免客户的流失。

(4)特别关怀功能实施。可以帮助企业在节日、生日或者其他纪念日中保持与客户及其核心联系人的情感交流。

3.2 操作流程

(1)识别那些与工程机械行业有关的消费者价值观。

(2)理解对每一个消费群体来说都相当重要的价值观。通过对营运数据分析,挖掘价值信息,确定哪类产品、如何服务对客户具有确定的商业价值。

(3)明确价值观是否以肯定的方式影响客户经营业绩。分析不同的行业客户、客户与竞争对手合作、公司是否能够用自身产品与服务将其转变为重点客户、老客户,以决定是否对自身策略做出变动。

(4)与每一个客户群体交流,灌输合适的价值观,并通过客户想要的接收信息的方式。将合理的自身策略应用于客户。

(5)评估结果,证实投资回报。既包括应用系统后业务回报,也包括系统本身的回报。

3.3 操作提示

(1)"①寻找准客户;②约见拜访;③建立信任关系;④挖掘客户需求;⑤研究解决方案;⑥提出客户方案;⑦签约承诺;⑧客户满意"是企业业务部门、CRM 系统以及业务部门应用

CRM 系统都应遵循的销售管理步骤。

（2）工程机械客户关系管理系统包括服务车管理系统、市场信息管理系统、短信报价系统、个人桌面系统、数字化人力资源系统、配件全呈条形码管理系统、销售计划管理系统、服务计划管理系统、销售呼叫中心、客户管理系统、物流管理系统和服务。

任务3　实施工程机械技术服务

1　任务导入

1.1　任务描述

某品牌服务工程师小张接到客户段师傅打电话来说："600 强夯机上到处都是液压油，不知道是怎么回事"。小张先是安慰客户，然后驱车来到工地。到工地后发现是液压油独立散热器在随着车辆的运转一直往外流液压油，认真检查完后判定是液压油独立散热器漏油了，于是将这一情况汇报售后服务部。而此时公司还没有现货，经售后服务部的多方协调，最终在次日的下午 5 点钟将配件及时送达客户工地。经过小张两个多小时的安装调试，终于使设备运转正常。客户非常高兴，拍着小张的肩膀说你们的售后服务太周到、太及时了，我原以为要好几天才能修复，没想到这么快就修复好了，一点儿也没有影响到工程的进度。小张听到客户赞许马上说："这是我们应该做的。"

根据此案例制订维修服务流程。

1.2　任务完成方式

制订一份品牌代理商考核评价方案，监督代理商技术服务质量。

2　相关理论知识

2.1　入厂维修技术服务流程

2.1.1　维修接待要求

（1）接待礼仪要求。接待人员应遵守礼仪规范，主动热情，真诚友好，仪表端庄，语言文明。

（2）技术能力要求。接待人员应能及时为客户提供咨询服务。

（3）接待规范：①自报工号，认真听取客户关于机械状况和维修要求的陈述，并做好记录；②查验机械相关证件；③与客户一起环机检查；④填写机械交接单，办理交接手续；⑤安排需要等待的顾客休息，为顾客保管贵重物品。

2.1.2　工程机械维修过程控制

（1）进厂检验后，应告知客户车辆技术状况、拟定的维修方案、建议维修项目和需要更换的配件。

（2）经营者应在业务接待室等场所醒目位置公示相关信息。例如，企业负责人、技术负责人及业务接待员、质量检验员、维修工（机修、电器、钣金、涂漆）、价格结算员照片、工号以及从业资格信息等。

(3)维修过程中,应采用合理措施保护机身内外表面等部位。经营者宜采用可视窗或视频设备等方式,供客户实时查看在修机械。

(4)经营者对原厂配件、副厂配件和修复配件应明码标价,并提供常用配件的产地、生产厂家、质量保证期、联系电话等相关信息资料,供客户查询;有条件的经营者可配备计算机、触摸屏等自助电子信息查询设备。

(5)维修过程应严格按照合同约定进行。确需增加维修项目的,经营者应及时与客户沟通,征得同意后,按规定签订补充合同。

2.1.3 机械维修检验规程

(1)检验施工项目,执行检验规程。

(2)填写检验记录。

(3)签发合格证。

(4)列明费用清单,对维修项目收费价格、维修工时定额、工时单价,配件现行价格作说明;结算维修费用。

(5)客户对维修作业项目和费用有疑问时,业务接待员或价格结算员应认真听取客户的意见,作出合理解释。

(6)客户完成结算手续后,业务接待员为客户办理出门手续,交付机械钥匙、客户寄存物品、客户支付费用后剩余的维修材料,以及更换下的配件。

2.1.4 返修

(1)执行返修制度。

①在质量保证期内,因维修质量原因造成车辆无法正常使用,且经营者在三日内不能或无法提供因非维修原因而造成车辆无法使用的相关证据的应优先安排无偿返修。

②在质量保证期内,机械因同一故障或者维修项目经两次修理仍不能正常使用的应联系其他经营者修理且承担修理费用。

(2)建立返修记录。

(3)对返修项目进行技术分析。

(4)执行抱怨处理制度,留存抱怨办理记录,定期进行分析总结。

(5)对返修和客户抱怨处理后的结果继续跟踪。

2.1.5 客户回访

(1)车辆维修竣工出厂后,经营者可通过客户意见卡、电话、短信或登门等方式回访客户,征询客户对车辆维修服务的意见,并做好记录。对客户的批评意见,应及时沟通并妥善处理。

(2)对客户反馈意见做好记录,对客户的批评意见,应及时沟通并妥善处理,及时反馈给相关部门处理,做好统计分析客户意见。

2.2 上门维修技术服务流程

上门维修技术服务流程(图10-4):客户报修→技术客服或工程师收到报障→通过客户关系系统产生服务派单→安排工程师分析问题→工程师分析结果适合哪一类处理方案→安排工程师实施方案并执行→客户在服务单上签字→交回服务单→是否解决问题→是或否→①是→在产品售后管理系统进行填单解决方案;②"否"→服务事件升级→分析工程师带回的问题确认故障→重新安排工程师上门服务→解决问题。

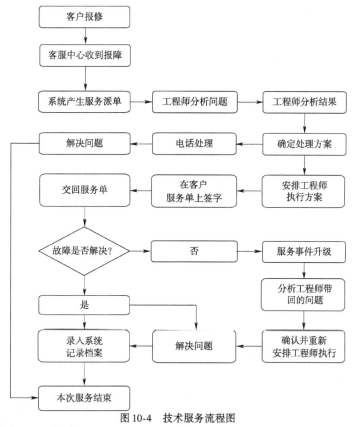

图 10-4 技术服务流程图

2.3 呼叫中心服务流程

2.3.1 呼叫中心的作用

1）对服务企业作用

(1) 加强了对服务队伍的管理。

(2) 能随时了解服务人员工作情况。

(3) 及时了解客户对产品、对服务满意度。

(4) 了解客户及服务人员对公司的意见和建议。

(5) 提高了服务管理人员工作效率。

(6) 为管理层提供决策依据，提升了企业品牌形象。

2）对服务人员作用

(1) 为自己建立了设备的维修台账。

(2) 了解客户对自己满意程度，便于改进服务。

(3) 对代理商绩效有了公正评价体系。

(4) 在服务过程中遇到困难时，能得到公司更快速更有效的支持。

(5) 了解紧急配件供应进度。

(6) 提升服务人员自豪感。

3）对客户的作用

(1) 如果客户无法联系上服务工程师、客户找的服务工程师正忙、设备异地使用需要服务和客户对服务的工程师不太满意这些原因,客户可以与公司总部的服务专家沟通。

(2)呼叫中心会根据客户的召请,了解客户对服务是否满意。

(3)可使服务企业更方便、更规范、服务质量更好。

2.3.2 呼叫通信工具介绍

呼叫中心组成,如图 10-5 所示,4008 称一码通商务热线,由信息产业部核发。企业服务热线通常包括售后服务热线和咨询投诉电话。

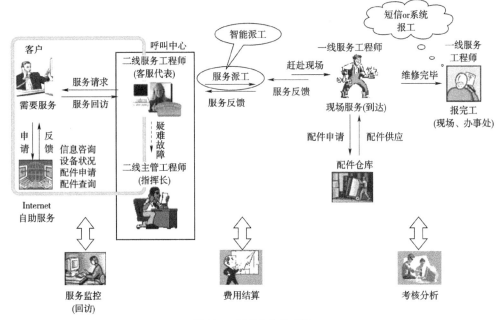

图 10-5 呼叫中心组成图

1) 售后服务热线

4008××××1 是客户设备故障受理电话,是企业为保证客户设备正常使用的热线电话,当客户的设备出现故障,需要服务工程师上门服务,或客户在使用工程机械产品的过程中,需要提供技术支持时都可以拨打该电话。

2) 咨询投诉电话

4008××××2 为业务咨询、客户投诉、用户建议及其他增值服务电话。利用 4008 号码实现集中接入的呼叫中心服务,完成全国统一语音接入功能。由最终用户承担本地网通话费用,由被叫方(如公司)承担长途电话费用,现整个呼叫中心系统共设有多路进线,多路电话同时拨入不占线,支持时间 7×24 小时和 365 天。

3) 4008 服务热线与 800 服务热线区别

800 服务热线:只能用座机拨打,电话费由被叫方承担。

4008 服务热线:手机、座机均可直接拨打,长话费与市话分别由被叫与主叫分担。

4008 服务热线的优点:支持多种通信方式,更方便,减少了骚扰电话。

4) 短信方式

短信是在客服代表接到客户召请后做完服务派工单时系统自动生成的。短信格式按企业规定编写。例如,250085#电话召请#LSY821C55060258#无法启动 c#张三#张三#

1366××××李四。短信回复:将原信息全部回复至呼叫中心短信平台。

5) GPS

狭义上的 GPS 是指具有定位功能的接收机;广义上的 GPS 是指具有定位功能、通信功能和简单控制功能的设备,甚至与电子地图相结合形成手持式导航设备。定位功能包括导航功能、防盗功能、报警功能、控制功能。

2.3.3 召请服务

1) 召请服务派工流程

召请服务是指客户在用机器(含保修期内机器和保修期外机器)在工作过程中出现运行不良,客户在申报企业呼叫中心后,呼叫中心形成召请订单后通知维修中心,维修中心服务人员为客户进行的维修服务。召请服务热线由客户发起,4008 ××××2 呼叫指挥中心受理客户需求,召请服务派工流程如图 10-6 所示。

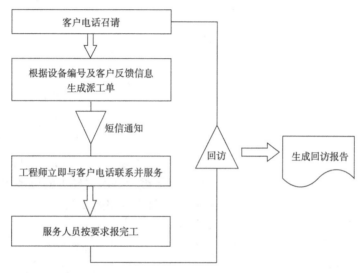

图 10-6 召请服务派工流程图

2) 召请服务流程

(1) 客户电话召请。客户拨打 4008 ××××× 后,系统弹出客户信息,客服代表向客户确认设备信息,根据客户所提供的相关信息在系统中生成召请服务订单。

(2) 通知服务工程师。系统自动给责任服务工程师和服务经理发送短信。服务工程师和服务经理在收到短信后的 3 分钟内予以回复并与客户取得联系,如果在 3 分钟内未回复,客服代表打电话通知责任工程师和服务经理,要求立即与客户电话联系并服务。

(3) 完成服务。服务工程师完成服务后,需要客户在服务报告上签署意见,服务工程师再报完工。

(4) 服务回访。监控根据系统显示的完工记录,对客户进行回访,跟踪和监督服务情况。

(5) 回访总结。回访员出具回访报告,提交公司领导。

3) 过程控制

(1) 来电后 10 分钟回访客户。保证服务工程师及时与客户联系,约定上门维修时间。

(2) 在报完工 24 小时回访客户。了解客户满意度。

(3)对召请后24小时未报完成订单回访服务工程师。了解服务工程师未报完工原因,了解服务工程师在服务过程中的困难,并协助服务工程师跟进。

2.3.4 主动服务

主动服务是指预验收服务、开机服务和定期检查(巡检)服务。

(1)预验收服务。其服务流程如图10-7所示。

(2)开机服务。开机服务属召请服务开机操作其服务流程如图10-8所示,开机日期维护权限在呼叫中心客服代表,服务工程师发现开机日期错误时可向客服代表反馈,由客服代表确认后修改。

(3)定期检查(巡检)。其服务流程如图10-9所示。

2.3.5 业务咨询

客户提出的关于与产品业务相关的非保密信息咨询,包括服务流程和规则、设备操作方法、产品性能、服务网点、配件的价格以及客户在使用设备过程中碰到的各类问题等。

(1)业务咨询受理流程,如图10-10所示。

(2)用户投诉和建议受理流程如图10-11所示。

①质量故障信息。质量信息已经进入订单管理中,具体维护是由报完工的服务工程师在报完工时按公司规定的格式填写。

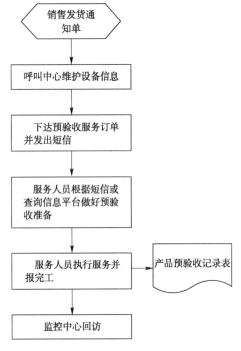

图10-7 预验收服务流程图

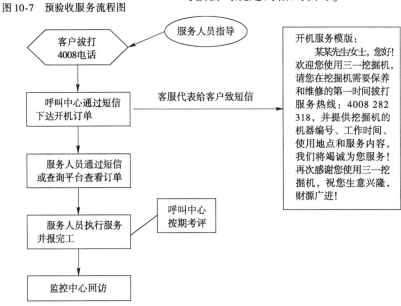

图10-8 三一开机服务流程图

②服务工程师收到短信后需立即向调度中心回复短信,并在3分钟内与客户联系。

③服务工程师收到短信通知后要立即与召请客户联系,保证满足客户的召请要求。当服务工程师服务有困难时,需立即将情况反馈给服务经理,请求支持。

④客户联系电话是联系和回访客户的唯一标志,一定要准确。

⑤服务完成后要立即报完工,可电话通知呼叫中心报完工,但客户电话及故障现象一定要报准确。

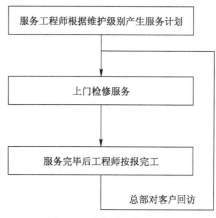

图10-9 定期检查流程图

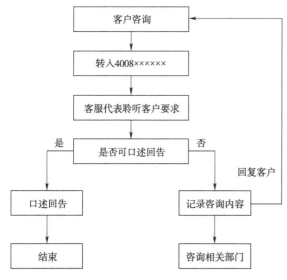

图10-10 业务咨询受理流程

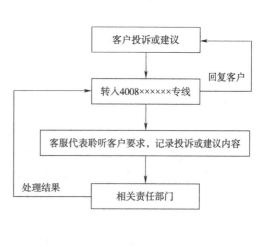

图10-11 用户投诉和建议受理流程图

3 任务实施

3.1 准备工作

(1)了解客户描述故障现象,对故障做出初步判断。
(2)准备维修工具和配件。
(3)准备技术资料,以便查询。

3.2 操作流程

(1)客户报修,客户可通过4008服务热线保修。
(2)技术客服或工程师收到报障,通过客户关系系统产生服务派单。
(3)安排工程师分析问题,确定分析结果适合哪一类处理方案。
(4)安排工程师实施方案并执行。
(5)客户在服务单上签字。

(6)交回服务单。
(7)在产品售后管理系统进行填单解决方案。
(8)技术服务回访,确定维修满意度。

3.3 操作提示

(1)服务是否及时,准备是否充分,都会直接影响顾客对服务满意度。
(2)服务过程的有效沟通可以使客户增强对产品的信任度。
(3)规范的操作方可避免客户投诉。
(4)为客户降低维修成本,容易实现顾客感动。

任务4　管理工程机械技术服务

1　任务导入

1.1　任务描述

某代理商客户肖某,某日 11:40 分致电呼叫中心反映大臂油缸漏油现象,当日呼叫中心四次通知该代理商服务部,并五次回访客户,该代理商还是没有和客户联系,约定服务时间。次日 8:40 呼叫中心再次回访,依旧无人联系,客户对此抱怨很大。

该代理商此行为违反了公司呼叫中心召请服务流程,严重影响了公司的客户满意度,违背了公司"一切为了客户"的服务理念,对公司的服务形象造成负面影响。对该代理商公司提出批评,扣除该代理商当月绩效考核资质分5分,对监督不力的服务管理者代表提出批评,并处罚20分。

为了避免类似事件发生,了解公司技术服务状况,公司经理决定开展顾客满意度调查,以便制订出更有效的技术服务管理。

1.2　任务完成形式

根据工程机械技术服务特点,设计一份顾客售后服务满意度调查表,并开展满意度调查。

2　相关理论知识

2.1　售后服务组织机构及主要职责

工程机械售后服务组织机构包括服务科、管理科、配件科和技术支援科,如图 10-12 所示。

2.1.1　售后服务部主要职责

(1)接受公司总经理的领导,对本部门的各项工作负责。
(2)负责部门的成本预算及控制并对口品牌生产厂有关部门。
(3)督促和组织各科室、各分公司服务、配件工作。
(4)协调各科室的人员、车辆及工作。

(5)公司成立服务科、服务部、总经理三级处理机制,客户投诉、抱怨在每一级不超过24小时对投诉及抱怨,建立24小时处理故障制。

(6)总经理办公室专设服务助理强化用户回访工作快速处理用户反映的情况。

(7)每月25—28日对月服务总结汇总。

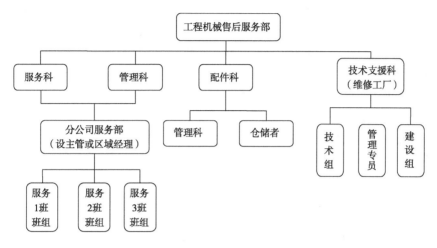

图 10-12　组织机构图

2.1.2　服务科主要职责

(1)严格遵守公司的各项法律、法规及各项管理制度和规章制度。

(2)负责管辖区域内机器的预验、转移、防锈运转、交付、定检、保养、维修等所有现场服务及相关的管理工作。

(3)负责对核心客户的专门服务工作。

(4)完成公司下达的服务扩展效益指标(包括配件销售、附件销售、主机销售信息提供等)。

(5)提供其他品牌的信息,积极提出对公司工作改进建议。

(6)完成领导交办的其他工作。

2.1.3　管理科主要职责

(1)建立客户档案。

(2)负责公司内部及客户服务信息的搜集、派工、跟踪、反馈。

(3)应对公司4008服务热线。

(4)调查客户满意度。

(5)服务人员的动态管理。

(6)维修用件数据搜集并整理提供给配件科。

(7)服务工作的预警系统。

(8)售后部预算系统及管控体系。

(9)负责服务工程师奖金核算。

(10)负责与公司服务费申请和索赔费结算。

(11)负责工具资料管理及服务单据处理等工作。

(12)负责疑难故障向公司召请服务工程师。

2.1.4 技术支援科主要职责

(1)负有区域内的服务工作统一难处理的故障技术支援。

(2)负责区域内服务工作的分管和督导。

(3)负责技术咨询及现场技术支援,为分公司提供支持,协助分公司处理故障。

(4)公司的服务技术培训。

(5)公司服务策略推进,修订完备各项服务政策。

(6)每月定期到分公司系统检查工作,检查内容包括工作日志、工具单据、表格、车辆、配件等,汇总报部和公司总经理。

2.1.5 配件科主要职责

(1)公司配件进、销、存的管理与经营。

(2)分公司配件经营督导。

(3)外购件采购与管理。

(4)维修换件的管理。

(5)赠送件的统计及发放。

(6)大修工厂的筹建工作。

2.2 服务政策

2.2.1 责任范围

除非国家法律另有规定外,公司总是保证在保修期内对工程机械因产品质量出现的任何故障,将通过修理或更换零部件的方式解决,公司不承担本保证书未明确表述的责任(包括由于设备故障附带造成的经济上或道义上的损失),而且在任何情况下,公司都有拥有对本保证的最终解释权。

若工程机械上的零部件因为滥用、疏忽、不正确使用或不按《使用说明书》中的规定进行保养、操作,不配合服务人员工作、不听从劝告或未经批准进行改装、加装而导致机器故障或失效,该机将丧失保修期内的一切权利。

2.2.2 保证期间和保证内容

按照使用说明书操作,在正常使用情况下,品牌企业整机主要结构件,如挖掘机动臂、斗杆、回转平台、行走车架(铲斗除外)、发动机、主泵、控制阀、油缸、行走机构、回转机构、回转齿圈、空调压缩机等的质量保证期限为12个月或2 000小时;加装破碎锤和小于13t的挖掘机质量保证期限为9个月或1 500小时;工作装置各滑动轴承(与铲斗连接除外)、皮带、发电机、启动马达的质量保证期限为3个月或500小时。这些情况中以自机器向第一位最终用户交货之日起,或者机器累计运转的时间为准计算(所有计时均指机载计时器的读数),以最先达到者为质量保证期限终止。

2.2.3 除外条款

虽在保修期内,但属于下列情况之一的,不予保证:

(1)由于事故,使用不当,疏忽或者自然灾害造成的损坏或缺陷。

(2)未经公司的书面认定,使用非本公司提供的零件或安装附属件所造成的损坏或缺陷。

（3）非公司服务人员或指定的维修人员实施更换、改变或改造机器及其任何零部件,从而影响到机器的性能、稳定性和机器的用途。

（4）一般不至于影响机器稳定性、可靠性和使用性能的轻微故障。

（5）机器的保养,如发动机清洗、散热器的清洁、消耗件的更换、机器润滑以及制动调试等。

（6）易耗品如油料、冷却液、玻璃、反光镜、各种滤芯、油脂、油杯、皮带、密封垫、橡胶件、保险丝、线缆、碳刷、灯具、锁具、黄油嘴、喷油嘴、高压燃油泵柱塞、出油阀、铲斗、斗齿、与铲斗相连接的销轴、轴套及相关零件、履带板、履带板螺栓、电瓶、收音机、点烟器及其他类似部件。

（7）拒绝使用公司提供的维护保养零配件的以及故意损坏GPS、损坏计时器等,从发现之日起,公司有权终止一切服务与保养指导。

2.3 基本服务政策

（1）交付服务及培训。服务工程师向用户交付产品时,须向用户讲解、演示机器的操作、保养及基本维修正确方法,按公司的要求办理相关交机手续建立联络渠道。

（2）定期维护。服务工程师必须在保证期间内对机器用户实施5次定期上门维护保养和可以在保证期外进行2次定期上门维护保养。第1次:交机后50个工作小时;第2次:交机后250小时;第3次:交机后500小时;第4次:交机后1 000个工作小时;第5次:交机后2 000小时;保证期外的2次保养分别为交机后2年或4 000小时,以先到为准;交机后3年或6 000小时,以先到为准,在实行上述服务时以公司呼叫中心下达的订单和客户签字的服务报告作为结算依据。

（3）维修服务。服务工程师在接到公司下达的质量保证期内用户的维修服务订单时,原则上须24小时内到达现场并以最快的速度给予正确的处理。

（4）技术改进。对于已经交付使用的产品,公司认为有必要进行改进并向销售公司发出《技术文件》和下达技术改进订单时,销售公司必须在公司指定的时间内组织实施。

（5）保外有偿服务。服务工程师在接到区域质量保证期外用户的维修服务订单时,不论该机是否属本公司销售,乙方都应迅速、满怀诚意地完成客户付费订单,并收回服务费用。

（6）实施特优服务。按公司服务部要求,加大索赔预算建立特优服务基金,服务部可按客户情况申请无货服务索赔预算,并将预算分解月特优服务的指标、控制在总经理。

2.4 服务保障

（1）客户服务内容参照公司基本服务政策。

（2）服务担当工程师制度。设立区域服务主管(或区域经理)、服务担当分班组,负责该地区所有用户有关于服务或配件乃至其他方面问题,并由其负责处理直至问题解决,协助片区经理的日常工作。

（3）服务资格。服务工程师应取得公司服务资格证,公司提供的所有服务均由公司认可的,由取得公司服务资格的服务工程师实施。

（4）满意度回访。在用户接受服务的3天内,我公司将由服务科进行电话跟踪回访,调查工程师的服务质量。

(5)投诉电话。服务部长投诉电话(手机或座机);接受公司内其他部门或客户的直接投诉,也可以投诉总经理办公室回访专线、座机电话。

2.5 服务管理制度

(1)日常工作短信管理。

(2)服务人员每天从事每件服务工作必须填写派工单,特别情况可电话请示及发送工作短信请示后无完成任务,后补派工单。

(3)短信平台系统号码为平台电话。

(4)服务人员工作短信方案格式。服务人员编辑短信时必须按照以下方案格式发送,否则短信系统将接收不到:①机种;②工作时数;③故障位置及现象;④联系人;⑤联系电话;⑥服务内容;⑦其他(是否收费等)。

2.6 服务资料管理

1)服务资料正确性

(1)对于服务单据中服务日期、机号、工作小时、出厂日期、故障件制造编号等基本数据,填写必须完整、无误,交机报告必须要有客户签名,填写时出现错误的,导致索赔损失的,服务费用申请不能批复的,除罚款外,当事人还要承担公司损失的50%。

(2)当用户在使用工况、操作方法上存在不当或日常保养、维护中未使用纯正部件,出现明显故障隐患,必须在服务单据上注明。如果未注明引起纠纷而导致公司损失的,当事人还要承担公司损失的50%。

(3)从事保内维修服务时,必须拍摄相应照片。其中至少应包括工况照片、工作小时照片、机器铭牌照片、故障照片、故障处理过程照片、故障处理完毕照片,如有配件更换还应有新旧件对比照片,如系重大故障还应有反映故障详情或可能导致故障产生原因的照片(如动臂开裂需有斗杆和铲斗部位的照片等)维修照片不合格造成不能索赔的,除扣发奖金外,当事人还要承担公司索赔损失的50%。

(4)以上服务资料不完整或不正确的,服务经理及责任人将受到处罚。

2)服务资料及时性

(1)实施接货检查时,本公司在接到产品5日内向公司客户服务部提交由公司服务代表签字确认的"产品预验收"报告。若发现零部件丢失或产品损坏,须在24小时内以传真的形式向客户服务部提交由公司服务代表签字认可的"缺件要求书",原件在次月8日前随同其他服务报告一起提交。

(2)向最终客户实施交机服务时,服务工程师应填写"开机验收报告""到货检查""质量保证声明""操作手培训记录""交机检查与培训"经用户、服务工程师及公司服务代表签字确认,次月提交公司客户服务部。因此,服务管理科要求服务完成后10日内,以上相应资料必须返还到服务管理科处(以签收日为准)。

(3)实施定期维护时,服务工程师应填写"定期检查服务报告",经用户签字确认后寄回服务管理科收,服务管理科在次月8日前提交公司客户服务部。

(4)在维修服务过程中,经服务工程师确认是因为制造或材料缺陷发生故障时,服务管理科必须在24小时内以传真的方式向公司客户服务部提交由公司代表签字认可的"维修换件申请单"报告,服务工程师必须在 12 小时内以传真的方式至服务管理科,该报告原件 10 日内随其他服务报告一起寄服务管理科收。

(5)在产品质量保证期内,经服务工程师确认是因制造或材料缺陷发生故障且需要申请配件索赔时,服务管理科必须在 24 小时以内以传真的形式向公司客户服务部提交有用户和公司服务代表签字确认的"维修服务报告""维修换件申请单"和"索赔申请表",保存、提取、传送公司所要求的索赔证据。服务工程师将该报告 12 小时内传真至服务科,并将原件 10 日内随其他服务报告一起寄回服务科,于当月底 30 日之前将"月度索赔统计表"传真至服务科收。

(6)服务科须在每月 8 日前向公司客户服务部提交"月度服务报告"。

(7)按公司提供的《服务行政及运作手册》的要求及时提交其他各项服务报告。

(8)以上服务资料传送不及时的,服务经理及责任人会受到处罚。

2.7　服务用件管理制度

1)服务用件丢失

(1)服务人员在服务的过程中把公司的配件(新件)丢失,所相关的人按照配件价格的 100% 进行处罚。

(2)服务人员在服务的过程中公司的配件(新件)被抢,必须有被盗地方公安派出所证明文件,不需按价赔偿。

(3)若配件在发货的过程中丢失,所相关的人按照配件价格减去货运公司赔偿金额的 10% 进行处罚。

2)服务用件损坏

服务人员在服务的过程中由于自身过失造成配件的损坏,相关责任人按照配件价格的 20% 进行处罚,其中现场主要负责人及损坏者各占一半。如果因此导致机器停机或重大损失,每次扣除 3 分。

3)扣除方法

以上处罚金额均从其当月的岗位工资中扣除,如当月工资不足额时则下月续扣。

2.8　服务及时性管理

(1)对于机器发生故障,要求收到故障信息后当天到达现场(不超过 8 小时),服务工程师接到信息后,立即反馈 8 小时是否可以到达现场。如不能 8 小时到达时,应向服务管理科请求服务支援,无正当理由而未及时到达现场的,将受到处罚。

(2)定检率管理。管理科每月对每位服务担当下发月度定检计划,当月个人定检率无充足理由而未达到 100%,将处罚责任人。

(3)重大故障必须立即向服务区域分管领导反映,停机 1 天必须反馈到部长,停机达 2 天以上必须反馈到总经理,若发生停机故障而未及时反馈将会受到处罚。

(4)对重大故障引起重大服务纠纷,影响新机销售和公司信誉的事件,需及时向部长报告,并由部长向总经理报告,以便采取措施并及时解决。

2.9　服务旧件管理

(1)故障件返还时间要求。除有特别要求外,故障处理完毕后 7 日内,分公司须将故障件及"配件免费更换证明单""顾客索赔申请表"带到或寄到配件科收,委托物流公司托运时必须办理送货上门,运费由分公司先行支付。

(2)返还方式。分公司须在故障件上牢固地贴上故障件标签,注明该故障件的详细信息(机器编号、客户名称、使用小时数、更换日期、更换地点、故障描述、分公司名称、责任服务担当)。

(3)由于故障件返还不及时造成不能索赔的,除扣发岗位工资外,当事人还要承担公司索赔损失的20%。

(4)故障件标签出错或故障件返还不及时的,服务经理及责任人承担责任。

2.10 维修规范管理

(1)小修是指比较简单的故障,一般为1人4小时以内工时可完成的任务。

(2)中修是指故障原因不太明确,有一定技术难度或维修工作量较大,一般为1人4~8小时内完成的任务。

(3)大修是指大型故障、恶化故障或技术复杂、难度较高,维修工作量很大的故障,一般1人或多人8小时以上工时才能完成的任务。

(4)对单一小、中修,要求一次成功,因未带全配件、工具或判断失误,出现两次以上返工的,不累计计算服务奖金,当出现3次返工的,则故障维修服务奖金全部取消。出现3次以上返工的,扣除责任人岗位工资。

(5)现场检查出现疑难问题时,必须在现场电话请求技术指导,在无法独立完成时可以向管理科申请技术支援。

2.11 三包外服务管理制度

(1)三包外维修服务是服务扩展的手段之一,由公司统一管理。

(2)收费。三包外维修工时费,总公司服务人员返回公司后,即上交给财务部。分公司以月度结算,必须全数足额上缴总公司财务。

(3)三包外维修服务合同管理。对三包外维修服务,应在维修前签订"三包外维修服务合同";对所需配件价值超过5 000元以上的维修,应先派人诊断机器故障,与客户签订三包外维修服务合同传真至管理科备份,售后部长同意后携带配件进行维修服务。

(4)三包外维修同样需要发送工作短信,并需向售后部提交维修服务记录单和维修合同(案值5 000元以上大型维修),在维修服务单上要注明收取费用明细(配件费和工时费分列),售后部以此为依据计算奖金。

(5)三包外维修工时费收入的一定比例,即

$$配件提成 = [差价费用 - 税金(差价的20\%)] \times 百分比$$

作为经办人的个人提成,售后部按每月到账统计,次月发放。

2.12 服务工具管理制度

(1)工具管理。公司的服务工具由配件科全权管理、统一采购、统一配置发放。

(2)工具领用。建立工具保管卡,由领用者负责。

(3)工具的保管。个人工具由个人保管,分公司工具由服务经理保管。

(4)工具更新。废旧工具更换,必须以旧换新;维修中正常使用损坏的工具,要把损坏的工具还回服务科报批给服务科长审批后,到配件库给予调换新工具。

(5) 外购工具管理。临时急用的工具,经部长同意后可临时购置,购置后需将发票清单等报管理科备案,配件库入库后,再领用并入库单及有关财务规定到财务部报销。

(6) 损坏或丢失责任。非正常使用造成损坏的工具,价值在 100 元以下的工具责任人按 50% 进行赔偿;价值在 100 元以上的工具责任人按 40% 进行赔偿;服务的过程中工具被抢必须有被盗所在地的公安派出所证明材料,无须赔偿;丢失和非正常使用损坏的工具由服务经理打专题报告报服务管理科,服务管理科按以上处罚比例确定赔偿金额,在当月奖金中扣除。

2.13 服务无贷管理(特优服务)

服务无贷是在处理服务事件中,不在三包范围内,厂家不给予索赔,由公司承担损失的款项,由服务、管理科统一管理。

(1) 无贷资金的使用事先应以书面报告形式向售后部申请,1 000 元以内并由部长审批。

(2) 服务无贷流程参照维修换件流程、考核标准参照服务部考核方案。

(3) 服务无贷资金单次超 1 000 元的服务无贷事件报公司总经理批准。

(4) 出现停机故障状态超过 1 天,可先采用服务无贷资金处理。

2.14 服务投诉管理制度

(1) 客户关于服务质量方面的投诉,由产品部长代表公司向客户致歉并提出改进措施。

(2) 服务完工后,客户依旧有抱怨的,必须反映至分管领导处;总经理办公室设回访专线电话、并接受用户抱怨。

(3) 用户对乱收费或服务态度方面提出投诉的,确认属实后,取消当次服务奖励并罚款,情节严重者,公司给予行政及辞退处理。

2.15 服务考核方案

1) 售后服务体系的管理及评价考核

(1) 制造商每年度对售后服务体系进行评估,包括对现有售后服务人员及能力、技术培训能力、备件供应是否能适应市场的变化等项进行评估,并根据市场变化和预测进行适时调整,采取具体措施加以改进。例如,增加售后服务人员的数量,增加维修车辆、监测及维修工具,增加培训的期次、增强培训效果、完善零部件供应体系、提高零备件管理水平等。

(2) 制定下年度售后服务目标。

(3) 对售后服务代理商进行评价考核,对业绩好的售后服务代理商进行奖励,对下一年度采取更加优惠的政策,比如实行更加优惠的零部件供应价格;对业绩不好的代理商进行分析,帮助其找出薄弱环节,建议加以改进并给予援助,提高其售后服务的整体水平。

2) 工程机械售后服务的评价

工程机械售后服务评价的方式是顾客满意度。顾客满意度既是制造商对自身售后服务体系的评价方式,也是对售后服务代理商评价及考核的方式之一,同时,它是售后服务代理商对自身服务人员评价考核的一种方式。最重要的一点,顾客满意度也是用户对工程机械制造商产品售后服务评价的重要方式。另外,中国工程机械行业协会和消费者协会定期对中国工程机械制造商产品进行顾客满意度评价,对产品质量和售后服务都优异的制造商颁发质量和服务满意企业或满意产品证书。

（1）产品质量和服务满意度评价的内容包括产品的技术先进性；产品本身的质量，即产品的可靠性；售前、售中及售后服务的质量。

（2）售后服务评价的主要内容包括售后服务的及时性；售后服务的效率，即维护保养与维修的工作效率；售后服务人员的技术水平及服务态度；零部件供应的及时性；技术培训的能力及培训效果。

（3）售后服务评价（顾客满意度调查）的方式：

①电话调查，即由专门的调查人员以电话调查的方式，通过对用户跟踪访问，对售后服务各项工作的质量进行调查。

②用户访问，即制造商或代理商以用户回访的方式，对售后服务质量进行调查。

（4）顾客满意度调查表。

顾客满意度调查必须由专门的机构和人员来完成，一般制造商或者代理商都将顾客满意度调查工作分配给产品服务部来完成。在进行顾客满意度调查时，必须及时与销售部门及售后服务人员加强联系，建立详尽、准确的客户档案；根据顾客满意度调查的内容制定简洁实用的顾客满意度调查表。顾客满意度调查表一般包括以下主要内容：

①客户的单位名称、地址、联系方式、设备负责人姓名及被调查人姓名、职务及联系方式。

②用户购买设备的型号、数量、机号、购买时间。

③产品的可靠性。

④产品售后服务的及时性。

⑤备件供应的及时性。

⑥技术培训的课程设置及培训效果。

⑦售后服务人员的工作态度、工作效率、是否给用户提出过无理要求。

⑧用户对改进产品技术、质量、售后服务质量的意见和建议。

2.16　配件管理细则

1）配件管理细则

配件进、销、存的管理与经营、分公司配件经营指导、外购采购与管理、维修换件的管理与核销以及赠送件的管理及发放另行细则。

（1）配件的及时性要求：

①机器工作500小时以内造成停机故障的需更换配件时，必须及时处理。必要时可以特事特办，可先发配件后补办手续；紧急情况可由售后部向总公司服务部请求支援。

②三包内的机器出现故障需要维修，本公司缺件时，如果公司内没有配件并不能及时供应时，经区域分管领导或部长同意后，允许在市场采购，以便及时处理故障，恢复机器正常工作。

③正常维修保养用件或者维修件本公司制件时，管理科第一时间报配件科，配件科必须在2天内解决，若存在问题应立即上报总经理处理，如不上报则扣罚50元。

（2）无贷配件。服务无贷是在处理服务事件中，不在三包范围内，厂家不给予索赔的，由公司索赔损失的款项，由服务管理科统一管理。无贷资金的使用事先应以书面报告形式向售后申请，并由部长批准。服务无贷流程参照维修换件流程。处理细则如下：

①服务无贷资金单次达1 000元的服务无贷事件，必须报由售后部部长审批。

②服务无贷资金单次达1 000~2 000元的服务无贷事件必须由区域经理报由售后部长同意和配件科备案。

③服务无贷资金单次达2 000元以上的服务无贷事件必须报由公司总经理同意和配件科备案。

2)维修换件配件供应

(1)总部有货,分公司无货,1天内必须当天发送到分公司。

(2)公司无货,集团公司有货,2天内必须报到产品支援部部长。

(3)公司无货,品牌厂家无货,2天内自行采购,超过2天必须报到售后部长。

3)配件计划制订

(1)配件计划。服务经理和商务代表每月5日前,按时上报"分公司配件订货单"至配件科。

(2)配件计划。配件综合主管每月8日前,按时上报"月份配件计划"至公司配件部。

(3)滞销配件。服务科长和配件主管所订配件3个月内滞销库存,按配件金额的1%处罚,由配件担当和服务科长共同承担。

4)配件销售价折扣(不含油品)按代理商的最新规定执行。

3 任务实施

3.1 准备工作

(1)针对调查计划和范围进行必要的调研,确定满意度调查内容。

(2)确定调查方式和日期。

(3)准备技术资料和调查工具。

3.2 操作流程

(1)确定工程机械代理商评价指标。

(2)研讨指标权重。

(3)设计工程机械代理商客户满意度评价模型,见表10-1。

工程机械代理商客户满意度评价模型(单位:%)　　　　表10-1

一级指标及权重	二级指标及权重	三级指标及权重
销售服务(25)	专业性(70)	产品和服务的熟悉程度(40)
		沟通能力(30)
		针对客户不同工程的建设性建议(30)
	供货及时性(30)	整机供货及时性(100)
售后服务质量(35)	服务的专业性(60)	对问题的判断准确性(30)
		沟通能力(30)
		解决问题的成功率(40)
	服务的及时性(40)	服务人员是否在规定时间到达现场(100)
售后服务价格(10)	服务价格的合理性(50)	性价比满意度(100)
	服务价格的竞争性(50)	与竞争对手相比(100)

续上表

一级指标及权重	二级指标及权重	三级指标及权重
处理抱怨(15)	—	解决问题的及时性(50)
	—	解决结果的成功率(50)
客户忠诚度(15)	当前忠诚度(50)	再次选择的可能性(50)
		推荐的可能性(50)
	长期忠诚度(50)	长期合作的可能性(100)

(4)设计工程机械代理商售后人员客户满意度调查表,见表10-2。

工程机械代理商售后人员客户满意度调查表　　　　表10-2

客户姓名		联系方式		机型	
售后服务内容					
服务工程师姓名		服务开始时间		服务结束时间	
回访时间		回访人			
A1 对售后服务工程师的总体评价如何?(5)很满意(4)较满意(3)满意(2)较不满意(1)很不满意					
A2 售后服务工程师是否按约定时间及时上门?(5)很及时(4)较及时(3)一般(2)较不及时(1)很不及时					
A3 您认为售后服务工程师的专业技术水平如何?(5)很好(4)较好(3)一般(2)不太好(1)很不好					
A4 是否已全部解决问题?(5)全部解决(4)解决了绝大部分(3)解决了大部分(2)解决了很小部分(1)没解决					
A5 您认为售后服务工程师的态度如何?(5)很好(4)较好(3)一般(2)不太好(1)很不好					
A6 售后服务人员是否针对维修情况(维修内容、保养费用、预计完工时间等)向您做详细解释如何?(5)很详细清晰(4)较详细清晰(3)一般(2)不太详细清晰(1)很不详细清晰					
A7 售后服务人员是否给予的保养建议是否满意?(5)很满意(4)较满意(3)满意(2)较不满意(1)很不满意					
B1 配件供应是否及时?(5)很及时(4)较及时(3)一般(2)较不及时(1)很不及时					
B2 配件价格是否满意?(5)很满意(4)较满意(3)满意(2)较不满意(1)很不满意					
				回访人签名:	
				年　月　日	

(5)评价体系模拟测试。

(6)确定调研的方式,评价体系的培训和实施。

(7)制订存在问题的改进策略。

3.3　操作提示

(1)售后服务是决定客户满意度高低的最主要因素,包括售后服务的质量和价格。售后服务的质量包括专业性和及时性两部分,价格包括合理性和价格的竞争力等指标。

(2)处理客户抱怨的满意度主要决定于解决问题的及时性和成功率。

(3)客户忠诚度可通过询问客户是否愿意继续购买或推荐的产品来大致衡量。

思考与练习

(1)请回忆你经历过的最差服务。

(2)交流你所经历的最好服务。

(3) 请简述挖掘机交机服务规范。
(4) 查阅资料了解各工程机械品牌的保修规程。

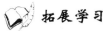拓展学习

从蝴蝶效应看客户投诉

20世纪的70年代,美国一个名叫洛伦兹的气象学家提出了著名的蝴蝶效应理论。打个比方,南美洲亚马孙河流域热带雨林中一只蝴蝶偶尔扇动几下翅膀,所引起的微弱气流对地球大气的影响可能随时间增长而不是减弱,甚至可能在两周后在美国得克萨斯州引起一场龙卷风。初始条件的十分微小的变化经过不断放大,对其未来状态会造成极其巨大的差别。

纵观所处理过的客户投诉,无一不是由最初的、最简单的小事发展而来。一个客户会把他的不满告诉身边的5个人,而这5个人又会把这件事情告诉身边的10个人,这句服务行业中的知名理论也足以证明可能就由最初我们在服务的第一阶段的一丁点的失误会产生多大的效应。一般我们只听到4%的抱怨声(96%没有说出来,懒得跟你理论);81%的抱怨客户便会永远的消失。一次不好的服务需要12次好的服务来修正。优质服务是需要通过人员来完成。希尔顿酒店有一句名言:"如果没有希尔顿的员工队伍,希尔顿酒店只是一栋建筑。"因为员工提供的优质服务才使得希尔顿酒店驰名世界。

参 考 文 献

[1] 王定祥,谢慧超,杨光华.工程机械技术服务与营销[M].北京:人民交通出版社,2008.
[2] 李刚.汽车营销基础与实务[M].北京:北京理工大学出版社,2008.
[3] 叶志斌,李云飞.汽车营销[M].北京:人民交通出版社,2009.
[4] 杜艳霞.汽车与配件营销实务[M].北京:科学出版社,2011.
[5] 肖国普.现代汽车营销[M].上海:同济大学出版社,2004.
[6] 宓亚光.汽车配件经营与管理[M].北京:机械工业出版社,2008.
[7] 吴清一.现代物流概论[M].北京:中国物资出版社,2005.
[8] 李战峰.中国工程机械售后服务现状及与分析[J].建设机械技术与管理,2003,16(12):40-44.
[9] 李秀然,金英姬.工程机械行业融资租赁应用分析[J].经济研究导刊,2009,46(8):160-161.
[10] 郑明秀,朱琳.从卡特彼勒租赁体系探索我国工程机械经营租赁的理想模式[J].建设机械技术与管理,2010,23(9):52-55.
[11] 张帆.市场营销[M].西安:西北工业大学出版社.2018.
[12] 王光娟,程芳,汪嘉彬,等.市场营销学[M].北京:清华大学出版社.2018.
[13] 李松庆.现代物流学[M].北京:清华大学出版社.2018.